高等院校通识教育系列丛书

逻辑导论（第三版）

LUOJI DAOLUN

主　编 ◎ 王　洪

撰稿人 ◎（以撰写章节先后为序）

王　洪　徐海燕　孔　红

张　鹰　朱素梅　王建芳

中国政法大学出版社

2024 · 北京

声　　明　　1. 版权所有，侵权必究。

2. 如有缺页、倒装问题，由出版社负责退换。

图书在版编目（CIP）数据

逻辑导论 / 王洪主编. -- 3版. -- 北京：中国政法大学出版社, 2024. 10. -- ISBN 978-7-5764-1198-0

Ⅰ. B81

中国国家版本馆CIP数据核字第20248CQ619号

出 版 者	中国政法大学出版社
地　　址	北京市海淀区西土城路25号
邮　　箱	fadapress@163.com
网　　址	http://www.cuplpress.com（网络实名：中国政法大学出版社）
电　　话	010-58908435(第一编辑部) 58908334(邮购部)
承　　印	保定市中画美凯印刷有限公司
开　　本	720mm×960mm　1/16
印　　张	24.25
字　　数	435 千字
版　　次	2024 年 10 月第 3 版
印　　次	2024 年 10 月第 1 次印刷
印　　数	1~3000 册
定　　价	69.00 元

出版说明

在高等教育中，通识教育对于人才培养具有基础性价值和决定性作用。故此，中国政法大学早在2005年就正式启动了通识教育改革，此次改革承继了20世纪90年代开启的文化素质教育。在学校"打造有灵魂的通识教育""建设有法大特色的通识教育课程体系"的两大改革目标指引下，在全校各方共同努力下，历经持续不断的艰苦摸索，学校通识教育课程体系终于从无到有，逐渐呈现出一种科学系统且生机勃勃的发展状态。

作为一所以法学专业为主的多科性大学，学校通识教育的资源相对匮乏。对于这一客观缺陷，学校并未盲目扩张，而是凭借"专业互通"的理念开放专业课程，以其作为其他专业的通识课，如此循序渐进，补足通识教育资源。同时，学校以《中华文明通论》《西方文明通论》这两门跨学科、综合性的全校必修课为基础，打造了通识教育四大类课程体系——人文素质类、社会科学类、自然科学类、法学类。而后又进一步围绕着四大类课组，纵向建立了"通识主干课""一般通识课"两种类型的选修课。

经过十余年的实践探索，学校对于通识教育有了更加深入、立体的理解和认识，希望通过"高等院校通识教育系列丛书"这一全新的系列教材，达成以下目标：

1. 总结过往经验，修正教学实践中发现的问题。在十余年实践过程中，广大师生对通识教育课程反馈了大量有益信息，学校认为有必要在此基础上，将渐成体系的教案加以完善，升级为更为成熟、更为系统的教材。而在教材的后续使用过程中，也会获得进一步的有关教学效果的反馈信息，使得本系列教材不断修正、完善。

2. 完善通识教育课程体系，更好地服务教学。通识课的课程特性、课时等因素，导致学生在接受知识时难免有"点到为止、浮光掠影"之感。对此，学校希望通过编写体例明朗、脉络清晰的通识课程配套教材，来帮助学生梳理所学知识，构建基本框架与知识体系，从而能够在现有基础上提高教学质量。

3. 扩大影响，增加交流合作的机会。学校之所以将本系列教材命名为"高等院校通识教育系列丛书"，而未将其局限于"中国政法大学"，乃是希望通过本系列教材的推广使用，在各高校间进行教学方法、教学实践的交流互动，互通有无、集思广益，将"通识教育"这一教学理念推广至全国高校，并总结、收集其在各高校的实践经验、教学反馈，对现有体系结构进行查漏补缺、更新换代的工作，以期对中国高等教育做出一定的贡献。

本系列教材的参编人员，均是从事一线教学多年、拥有丰富教学经验的教师，其中不乏学校十年通识教育改革的亲历者。相信他们深厚的学识水平、认真的治学态度，能够保证本系列教材的质量水准。当然，由于本系列教材的编写是一次全新的尝试，书中错漏在所难免。希望广大师生在使用过程中多提问题，以便我们逐步完善。

最后，希望我们可以秉持通识教育的基本理念——"通识、博雅、全人"，服务中国高等教育，在教学中打破学科壁垒，实现知识的融会贯通；在专业培养之外注重培育学生的性情、兴趣和趣味，实现人格的健康发展与人的全面发展。

中国政法大学
2016 年 8 月

前　言

正如爱因斯坦所言："要是没有能独立思考和独立判断的有创造能力的个人，社会的向上发展就不可想象。"[1]逻辑思维是批判性思维与创造性思维的基石。因此，提高学生的逻辑思维能力，从而提高学生的思维素质与能力，是大学教育的一项重要任务。

本书是在我们多年逻辑学教学与研究的基础上写成的。本书的体系和内容充分体现了现代逻辑的观念和成果，同时又保留了传统逻辑的有用知识。本书以语言分析、逻辑演算、合情推理、有效论证与合理论辩为框架，介绍逻辑学的基本理论与方法，并且结合实例、案例与练习阐述这些理论与方法的实际运用，以帮助学生掌握逻辑思维的方法与技能。本书力求内容充实、重点突出、简明扼要、通俗易懂，便于学生学习、理解和掌握，以适应逻辑学教学的需要。

本书由王洪教授担任主编。作者撰稿分工如下（依章节次序）：

王　洪（中国政法大学教授）：第一、三、五、六章（第三、五、六节）、拓展阅读材料；

徐海燕（中国政法大学副教授）：第二章（第一节）、第七章（第七节）；

孔　红（中国政法大学教授）：第二章（第二节）、第四章（第一、二、五节）、第六章（第一、二、四节）；

张　鹰（中国政法大学副教授）：第四章（第三、四节）、第九章；

朱素梅（中国政法大学副教授）：第七章（第一至六节）、第十章（第一、二节）；

王建芳（中国政法大学教授）：第八章、第十章（第三、四节）。

---

[1]《爱因斯坦文集》（第三卷），商务印书馆1979年版，第39页。

本书是在作为"21世纪普通高等教育法学精品教材"的《逻辑导论》一书基础上修改而成的,并且参考了黄菊丽、王洪主编的《逻辑引论》,得到了逻辑学界许多专家学者的热情关怀,得到了中国政法大学通识教育委员会和教务处的大力支持,中国政法大学黄厚仁教授、黄菊丽教授提出了许多宝贵意见,在此一并表示衷心的感谢!

由于作者学力所限,书中难免有错误和疏漏之处,还请逻辑学界、法学界的专家学者和广大读者批评指正。

编　者

2016年春天于北京中国政法大学

第三版前言

德国思想家莱布尼茨（W. Leibniz）曾说："阿尔诺在他的《思维术》中发表了如下意见：人们不易发生形式上的错误，而错误几乎完全是内容的问题。但我看实际上不是这回事，惠根斯先生同我的看法一致，他认为，一般数学错误（例如'悖论'）就是由于人们不注意形式而产生的。"[1]应当指出，要避免形式上的错误，就必须遵守逻辑规则，在法律领域中也是如此。正是在这个意义上，德国法学家考夫曼（A. Kaufmann）指出：对于法律和法学而言，逻辑规则并不是可有可无的。法官的判决不但要服从法律，也要受逻辑规则的约束。这是一个不可辩驳的事实。有足够的证据表明，法官的判决由于违背了思维规律，背离了逻辑规则的约束，便产生了可上诉性。[2]

正是在这个意义上，可以说，逻辑学在法学教育中具有举足轻重的地位。应当着重训练学生们运用逻辑——一种基础性的、根本性的分析、推理和论证的技术与艺术。"使学生们熟悉类推、区分和演绎的诸过程，熟悉司法判决所使用的逻辑语言。"[3]使学生们具有逻辑理性的意识与精神，将来承担得起新时期全面依法治国的责任与使命。教育部《普通高等学校本科专业类教学质量国家标准》将逻辑学列为法学等专业的必修课程，其意义也在于此。本书是在前版的基础之上修订而成的，保留了前版的框架体系，但变动了一些章节和细目内容的表述，增加了一些例题与练习题，对错误与疏漏之处加以修正。希望这些变动是对前书体系与内容的完善，也希望这些工作为教学带来更多的便捷。本

---

〔1〕 转引自［德］肖尔兹：《简明逻辑史》，张家龙、吴可译，商务印书馆1993年版，第49页。

〔2〕 参见［德］阿图尔·考夫曼等：《当代法哲学和法律理论导论》，郑永流译，法律出版社2002年版，第316页。

〔3〕 Oliver W. Holmes Jr., "The Path of the Law", in Colected Legal Papers ed., Mark de Wolfe Howe (Cambridge, Mass.: *Harvard University Press*, 1910), p. 1

书由王洪教授主持修订，原作者按前版的分工参与了修订。感谢中国政法大学出版社尹树东社长对逻辑学著作出版的大力支持，感谢编辑同志们为本书再版付出的辛勤而又创造性的劳动。本书难免还有错误与疏漏之处，敬请逻辑学界、法学界专家学者及广大读者批评指正。

编　者

2024年于北京中国政法大学

目 录

第一章 绪 论 ……………………………………………………………… 1

    第一节 逻辑学的对象 / 1

    第二节 逻辑学的方法 / 7

    第三节 逻辑学的性质和作用 / 9

第二章 语言分析 ……………………………………………………………… 16

    第一节 语词分析 / 16

    第二节 语句分析 / 43

第三章 逻辑推理：命题演算 ………………………………………………… 59

    第一节 复合命题：形式语言 P^L / 59

    第二节 重言式：语义推导与等值变形 / 70

    第三节 基本有效式 / 81

    第四节 其他有效式 / 93

    第五节 自然推理系统 P^N / 106

第四章 逻辑推理：类演算与关系推理 ……………………………………… 134

    第一节 直言命题 / 134

    第二节 直接推理 / 142

    第三节 三段论 / 149

    第四节 直言命题推理：有效性判定 / 159

    第五节 关系推理 / 167

第五章　逻辑推理：谓词演算 ········ 180

　　第一节　概　述 / 180
　　第二节　谓词逻辑公式：形式语言 Q^L / 181
　　第三节　自然推理系统 Q^N / 184

第六章　逻辑推理：模态、规范推理 ········ 196

　　第一节　模态命题 / 196
　　第二节　模态推理 / 199
　　第三节　自然推理系统 T^N、QT^N / 208
　　第四节　规范命题 / 214
　　第五节　规范推理 / 217
　　第六节　自然推理系统 DT^N / 228

第七章　合情推理：归纳逻辑 ········ 237

　　第一节　概　述 / 237
　　第二节　回溯推理 / 238
　　第三节　归纳推理 / 240
　　第四节　密尔五法 / 243
　　第五节　类比推理 / 252
　　第六节　概率与统计推理 / 254
　　第七节　假说方法 / 257

第八章　逻辑基本规律 ········ 279

　　第一节　同一律 / 279
　　第二节　矛盾律 / 285
　　第三节　排中律 / 292

第九章　论　证 ········ 299

　　第一节　证明与反驳 / 299
　　第二节　证明的规则 / 307

第三节　证明的方法　／311

　　第四节　反驳的方法　／316

第十章　论　辩 ·· 324

　　第一节　对话与争辩　／324

　　第二节　论辩的准则　／330

　　第三节　论辩的方法　／338

　　第四节　诡辩与谬误　／353

后　记 ·· 370

第一章 绪 论

第一节 逻辑学的对象

一、"逻辑"的含义

"逻辑"一词是由英文 Logic 音译而来的。英文 Logic 源于古希腊文 λόγος（逻各斯）。古希腊文 λόγος 原意是指言辞、思想、理性、规律、尺度等。在现代汉语中，"逻辑"是个多义词，它主要有以下几种含义：

1. 指称客观事物的规律。例如，"新生事物不可战胜，腐朽的东西终究灭亡，这是事物发展的逻辑"。这里的"逻辑"是指事物发展的规律。

2. 指称一种理论、观点或说法。例如，"康德的先验逻辑是一种思辨哲学"。此处的"逻辑"是指一种哲学理论。又如，"明明是侵略，却硬说是'友谊'，这是强盗的逻辑"。这里的"逻辑"是指一种说法或观点。

3. 指称思维规律或推理规则。例如，"只有思维合乎逻辑，说话、写文章才会条理清晰"。这里的"逻辑"是指思维规律或推理规则。

4. 指称逻辑学这门学问。例如，"古代的逻辑是和当时的语法学、修辞学、论辩学密切结合在一起的"。此处的"逻辑"是指逻辑学这门学科。

二、逻辑学的对象

逻辑学是一门历史悠久的学科，已有两千多年的历史。这门学科是由古希腊思想家亚里士多德（Aristotle，公元前 384～前 322 年）创立的。它是在古希腊时期的思想争论的土壤里成长起来的，是在那个时代的思想的自我反思的基础上发展而来的。

公元前 6 世纪～前 4 世纪是古希腊思想争论的时代。这个时期在三个领域里发生了激烈的思想争论：其一，伦理学和形而上学等哲学上的争论，如"万物的本原"之争；其二，数学上的争论，如"无理数"之辩；其三，政治的和法庭上的辩论，如普罗达哥拉斯等人的法庭辩论。在这些思想争论过程中，出现了许多著名的论证或论辩，例如，芝诺悖论——"阿基里斯追不上乌龟"，普罗达哥拉斯与欧提勒士之辩——"半费之讼"等；也涌现了一大批"言论上竞争的行家里手"（柏拉图语）——人们称他们为"智者"。这些智者"对任何事物，即使最坏或最无理的事物，也能说出一些好的理由"，他们"可以替一切东西辩护，但同时也可以反对一切东西"。[1]他们"以任意的方式，凭借虚假的根据，或者将一个真的道理否定了，弄得动摇了，或者将一个虚假的道理弄得非常动听，好像真的一样"。[2]如同我国春秋战国时期的辩者一样，"好治怪说，玩奇辞……然而其持之有故，其言之成理，足以欺惑愚众"（荀子语）。[3]智者们的一些论证或论辩令人困惑，自然引发人们对论证和论辩中的对错或是非问题的思考。

亚里士多德发现并区分了论证或论辩中的前提和推理的对错问题。他指出一个论证或论辩具有两方面的是非或对错问题：其一，前提是否真实、可接受或无可争议？即前提的对错问题；其二，结论是否由前提必然地得出，或者说前提与结论是否具有必然联系？即推理的对错问题。在他看来，解决前提对错问题是一个与事实或价值相关的问题，解决推理对错问题是一个与逻辑相关的问题，这两个方面的问题不可相互替代。亚里士多德以推理和论证为研究对象，总结了"从前提必然得出结论"的推理规则，建立了人类历史上第一个演绎逻辑系统——三段论系统，从而创立了逻辑学这门学科。亚里士多德指出："一个三段论是一种言辞表述，在这种表述中，有些东西被规定下来，由于它们是这样，必然得出另外一些不同的东西。"[4]但他尚未使用"逻辑"一词来指称这个理论。

亚里士多德的逻辑著作称为《工具论》，是古代最完备的一部逻辑著作。亚里士多德的《工具论》包括以下几个部分：《范畴篇》主要研究各类语词及其意义；《解释篇》主要研究语言与思想之间的关系以及各种命题之间的关系；《前

---

〔1〕［德］黑格尔：《小逻辑》，贺麟译，商务印书馆1980年版，第264页。
〔2〕［德］黑格尔：《哲学史讲演录》（第二卷），贺麟、王太庆译，商务印书馆1978年版，第7页。
〔3〕我国春秋战国时期，辩者之风盛行。出现过与古希腊智者相似的人物——"辩者"，如邓析、惠施、公孙龙。也出现过像古希腊一样有名的论证，如邓析的"两可之说"，惠施的"历物十事"，公孙龙的"白马非马"等。荀子这样感叹"辩者"："是说之难持也，而惠施、邓析能之。其持之有故，其言之成理，足以欺惑愚众，是惠施、邓析也。"
〔4〕《前分析篇》，转引自王路：《逻辑的观念》，商务印书馆2000年版，第22页。

分析篇》主要研究正确推理的普遍形式——三段论和模态三段论；《后分析篇》主要研究科学中的推理和证明方法；《论辩篇》主要研究对话和辩论的理论与方法；《辩谬篇》主要研究对话和辩论中的各种谬误。在亚里士多德之后很长一段时期里，逻辑学是与哲学、修辞学、论辩术（dialectica 原意是指对话或谈话的艺术）等方面的学问交织在一起的，经历了一个漫长的过程之后，逻辑学才从相关学科中分离出来，逐渐成为一门独立的学科。公元前 1 世纪，古罗马哲学家西塞罗最早使用"逻辑"一词指称关于推理或论证的这门学问。

16 世纪以后，随着自然科学的发展和实验科学的兴起，英国思想家培根（Francis Bacon，1561～1626）创立了归纳逻辑。他认为，逻辑学应当是发现的工具、发明的工具，但亚里士多德的逻辑不是发现的逻辑，不是发明的逻辑，不能发现科学原理。因此，应当有一种新的逻辑作为科学的工具。培根提出了归纳方法，开创了归纳逻辑。为了与亚里士多德的演绎逻辑相区别，培根将自己的归纳逻辑称为《新工具》。19 世纪英国学者密尔（Mill，1806～1873）[1]对归纳方法进行了进一步的研究，提出了探求事物因果联系的"密尔方法"。这些工作充实了传统逻辑在归纳法和科学方法论方面的研究。

18 世纪，德国数学家莱布尼兹（Leibniz，1646～1716）沿着亚里士多德的逻辑道路，"企图建立一种'通用代数'（spécieuse générale），在其中，一切推理的正确性将化归于计算。它同时又将是通用语言，但却和目前现有的一切语言完全不同；其中的字母和字将由推理来决定；除去事实的错误以外，所有的错误将只由于计算失误而来"。[2] 莱布尼兹上述关于"通用语言"和"逻辑演算"的思想，为逻辑的发展奠定了重要的基础。不管其后的逻辑学家们有没有看过莱氏的著作、知不知道莱氏的计划，但所做的研究工作大体上都是沿着莱氏所期望的方向进行的。

18 世纪，德国哲学家康德（Immanuel Kant，1724～1804）以"形式逻辑"一词指称亚里士多德的逻辑，从此开始通行"形式逻辑"一词。狭义的形式逻辑仅指演绎逻辑，广义的形式逻辑还包括归纳逻辑。"逻辑"通常就是形式逻辑这门学科的简称。自欧洲近代起，人们开始通用"逻辑"一词来指称这门研究推理与论证规律的学问。

19 世纪中叶以后，英国数学家布尔（Boole）、德国逻辑学家弗雷格（Fre-

---

[1] 以前也译为穆勒。
[2] G. T. Kneebone, *Mathematical Logic and the Foundations of Mathematics*, Dover Publications, 2001, pp. 151～152.

ge)、英国哲学家罗素（Russell）等人，完成了莱布尼兹设想的工作，在形式语言和演算思想的基础上发展了逻辑。亚里士多德的逻辑是建立在概念"包含关系"的基础之上的，它主要是一种概念逻辑或类逻辑。古希腊麦加拉学派裴洛（Philo）提出了实质蕴涵（material implication）的概念，斯多噶学派的逻辑建立在实质蕴涵的基础之上，扩展了亚里士多德的逻辑，奠定了命题逻辑的基础。1879年，德国逻辑学家弗雷格重新发现实质蕴涵，并将实质蕴涵扩展为形式蕴涵，在"形式语言"和"逻辑演算"的基础上，建立了一阶逻辑系统——现代逻辑意义上的经典逻辑。

自此以后，逻辑学有了新的巩固的基础并向各个方向迅速发展，已经成为一个包括经典逻辑和非经典逻辑及众多分支学科的理论体系。它越过一阶逻辑的疆域而扩展到其他知识领域或理论领域，对这些领域中的思维形式及其规律进行深入的研究，成为哲学、语言学、法学、认知科学与计算机科学等许多领域里不可或缺的思想或语言工具。比如，哲学逻辑就是以哲学概念、范畴和一般方法论问题为研究对象的形式理论，包括两大类逻辑系统：一类是经典逻辑的扩充系统，另一类是经典逻辑的变异系统；前者有模态逻辑、时态逻辑、问题逻辑、认知逻辑、道义逻辑、命令逻辑等，后者有模糊逻辑、弗协调逻辑、非单调逻辑等。语言逻辑是在现代逻辑和现代语言学基础上发展起来的理论，主要研究自然语言的结构形式、意义分析与语用推理等问题。法律逻辑是一门逻辑学与法学的交叉学科，主要研究法律领域中的事实推理、法律推理、判决推理与法律论证的规律、规则与方法。

逻辑学这门学科在历史上经历了上述演变发展的过程。根据逻辑学的历史发展阶段的不同，可以将之分为传统逻辑和现代逻辑。从古希腊亚里士多德开创至19世纪中期进入现代发展阶段以前的逻辑理论和体系称为传统逻辑；19世纪中期以后建立起来的一阶逻辑以及在此基础上发展起来的逻辑理论与体系，相对于以往的逻辑体系来说通常称为现代逻辑（亦称为符号逻辑），它包含了传统逻辑的现代演变及其发展。现代逻辑学家们认为，逻辑学是一门关于推理或论证的学问，以推理形式及其规律作为主要研究对象。

推理是以一个或几个命题为根据或理由，从而得出或推出一个命题的思维过程。

【例1】 正当防卫是不负刑事责任的，
所以，应负刑事责任的不是正当防卫。

【例2】 凡故意犯罪是要负刑事责任的，
凡盗窃罪是故意犯罪，
所以，凡盗窃罪是要负刑事责任的。

这是两个不同的推理，作为推理根据或理由的命题称为前提，由前提得出的命题称为结论。推理都是由称作前提和结论的命题序列组成的。

人们可以从不同的角度对推理及其过程进行研究。逻辑学主要研究推理形式及其规律。推理形式是指前提与结论之间的联结方式，它反映推理的内在结构、前提与结论之间的内在关系。任何一个推理都是具有内在结构的，前提与结论之间都是具有内在关系的。

【例3】 凡法律是有强制性的，

凡刑法是法律，

所以，凡刑法是有强制性的。

将例2与例3进行比较：这两个推理涉及的具体对象或内容是不同的，但是，这两个推理具有相同的内在结构或内在关系，其推理形式是相同的。它们都由三个命题组成，包含三个不同的概念。如果用一些符号来代替具体的概念，不同的概念分别用不同的符号表示，同一概念用相同的符号表示，例2与例3就具有共同的推理形式：

凡 M 是 P

凡 S 是 M

所以，凡 S 是 P

推理形式是由推理的前提与结论的命题形式决定的。前提与结论具有怎样的命题形式，推理就有相应的推理形式。

【例4】 如果某甲是案犯，那么某甲有作案时间；

某甲没有作案时间，

所以，某甲不是案犯。

【例5】 如果某溶液呈酸性，那么某溶液能使石蕊试纸变红；

某溶液不能使石蕊试纸变红，

所以，某溶液不呈酸性。

这两个推理涉及的具体内容是不同的，但是，这两个推理具有相同的内在结构或内在关系，其推理形式是相同的。它们都由三个命题组成，包含两个不同的基本语句。如果用一些符号来代替这些基本语句，不同的语句分别用不同的符号表示，同一语句用相同的符号表示，例4与例5就具有共同的推理形式：

如果 p，那么 q；

非 q，

所以，非 p。

如果以横线表示前提和结论之间的推理关系，横线上面的命题是前提，横线下面的命题是结论，那么例2与例3、例4与例5的推理形式可分别表示为：

凡M是P　　　　　如果p，那么q
凡S是M　　　　　非q
───────　　　　───────
凡S是P　　　　　非p

推理是由命题组成的，推理形式是由命题形式决定的。命题形式是由逻辑常项和变项组成的表达式。在命题形式中，逻辑常项是表示词项之间或命题之间的逻辑关系的语词，它所表示的某种关系是确定的、不变的。例如，在"凡S是P"中，"凡……是……"是逻辑常项；在"如果p，那么q"中，"如果……，那么……"是逻辑常项。在命题形式中，变项是表示词项或命题的符号，它所表示的词项或命题是任一的、可变的。例如，在"凡S是P"中，S和P是词项变项，它可以表示任一词项；在"如果p，那么q"中，p和q是命题变项，它可以表示任一命题。如果用相应的变项符号替换前提与结论中的具体词项或命题，逻辑常项保持不变，就可以得到相应的推理形式——命题形式序列。

在实际思维过程中，推理形式与推理内容总是交织在一起的。推理的内容是否真实或成立，这不是逻辑学研究的对象，而是其他有关学科所研究和解决的问题。推理形式是否有效或正确，这是逻辑学所要研究和解决的问题。什么样的推理形式是有效的？如果一个推理形式是有效的，当且仅当依据此推理形式的任一推理（即其变项的任一代入）都不会出现前提为真而结论为假。

【例6】有青年人是律师，
所以，有律师是青年人。
其推理形式是：有S是P，所以，有P是S。

这是一个有效的推理形式，依据此推理形式进行推理，无论对其变项S和P作怎样的代入，都不会出现前提为真而结论为假的情况。有效的推理形式亦称为正确的推理形式或逻辑有效式，依据有效的推理形式进行的推理称为有效的推理或正确的推理。

【例7】凡整数是有理数，
所以，凡有理数是整数。

显然，该推理前提为真而结论为假，这说明相应的推理形式是无效的。无效的推理形式亦称为错误的推理形式或逻辑无效式，依据无效的推理形式进行的推理称为无效的推理或错误的推理。

【例8】有青年人不是律师，

所以，有律师不是青年人。

其推理形式是：有 S 不是 P，所以，有 P 不是 S。

依据此推理形式进行推理，不能保证从真的前提得出真的结论，这是一个无效的推理形式。这个推理的前提和结论都是真的，但推理形式是无效的。这表明，推理形式是否有效是就推理结构或推理关系而言的，与推理内容无关。

逻辑学研究推理形式的有效性，其意义在于：根据有效的推理形式进行推理，从真前提推不出假结论，即前提为真时结论必真，前提与结论之间具有逻辑上的必然得出联系，不管代入什么内容，情况都是如此。人类思维领域都有哪些有效的推理形式？如何辨识或判定推理或论证的有效性？如何保证推理或论证的有效性？这些就是逻辑学研究的中心问题。

逻辑学的主要任务，就是系统地揭示有效推理、合情推理与合理论证的规律、规则与方法，为判断或检验推理或论证是否有效或成立提供相应的判定程序、准则与方法。正是在这个意义上，在亚里士多德看来，"逻辑是研究有效推理的规则的"[1]。"人们应用这些规则就能从已给定的一些公理得出科学定理，从而建立一门科学学说。"[2]

第二节　逻辑学的方法

一、逻辑研究与语言分析

语言是实现思维的工具。人们凭借着语言，以抽象的方式进行思考，在交往中实现思想的交流。思维与语言的这种不可分割性，构成了人类所特有的思维方式。思维和语言之间的密切关系，决定了逻辑与语言的密切关系：其一，逻辑研究离不开语言分析，人们只有通过对语言的分析与抽象才能总结出思维形式及其规律，比如，人们只有通过对语句联结词（逻辑常项）的语义分析与概括，才能从中抽象出真值算子及其真值形式，进而讨论命题形式、推理形式

---

[1] [英] 威廉·涅尔、玛莎·涅尔：《逻辑学的发展》，张家龙、洪汉鼎译，商务印书馆1985年版，第3页。亚里士多德在《论辩篇》和《辨谬篇》中，将论证或论辩中的逻辑规则之外的其他规则称之为 topos（"条条"或"格言"），并将 topos 的学问称之为 Topics（论辩学）。参见 [德] 肖尔兹：《简明逻辑史》，张家龙、吴可译，商务印书馆1993年版，第29页。

[2] [德] 肖尔兹：《简明逻辑史》，张家龙、吴可译，商务印书馆1993年版，第9~10页。

及其有效性；其二，逻辑研究也离不开语言载体，人们只有通过语言这种载体才能实现对思维过程的逻辑研究。

现代逻辑追求语言的精确化与通用性，建立了人工语言（形式语言）并以人工语言代替自然语言，像数学运算那样进行逻辑推演或演算，这是逻辑学的一次历史性飞跃。但是，从自然语言的直观形态到人工语言的抽象形态或符号形态，逻辑研究都离不开语言这种载体。联结词对应着逻辑算子，语词和语句对应着词项和命题，语句序列对应着推理和论证。逻辑研究与语言分析有着不可分割的联系。但是，逻辑研究不等同于语言分析，它们有不同的研究对象，逻辑学与语言学是两门不同的学科。它们虽然都涉及对语言的语形、语义、语用问题的研究，但语言学主要研究语言的基本形式及其规律，逻辑学主要研究思维的基本形式及其规律。

二、自然语言与符号语言

在人们的思维与思想交流过程中，自然语言所具有的地位与作用是其他任何语言都不能与之相比的。这是因为：①自然语言的充分性和语法的系统性是任何一种符号语言所不能比拟的。不论是多么复杂的事物或现象，也不论是多么抽象的理论或学说，自然语言都能给予充分的表述与表达。②自然语言具有体系的自足性和意义的透明性。在思想的交流过程中，自然语言不需要借助其他解释，也不需要变换成其他符号，通过自然语言自身就能理解其中的意义。

自然语言也存在一些缺陷或不足。首先，自然语言有歧义性，一些语词或语句有不同的指称或语义。语言的歧义可以由一词多义引起，也可以由语句结构的不确定性引起。比如，"违法所得"至少有两种含义：一是"违法获利额"；二是"违法销售额"。如果在交流中对该语词不加以限制，就会有不同的理解，就会产生歧义。又如，"找到了被告的孩子"也是有歧义的，可以有不同的理解。一是"找到了｜被告的孩子"；二是"找到了被告的｜孩子"。这是由于句子结构的不确定性造成的。其次，自然语言有模糊性，一些语词没有清晰的或明确的边界或界限。例如，"中年人""高个子""秃头""重伤""黎明时""黄昏时"等。最后，自然语言有语境关联性。自然语言的意义或含义与语言情境或环境（简称为语境）相关联，一个语词或语句在不同语境中会有不同的含义或意味。比如，"漂亮"一词可以是指一个人的相貌美，也可以是指一块花布的图案美，还可以是指一件事情办得很成功等。

自然语言的上述特点与科学思维的严密性与精确性是不相容的。为了适应科学发展的需要，产生了人工语言。人工语言就是人为制定出来的用以表示某种意义的符号。这些人工语言严格贯彻符号的专一性或单义性原则和抽象性原则。例如，数学系统中运用的符号语言和逻辑系统中运用的形式语言就是这样的人工语言。这些人工语言又称为"形式语言"或"符号语言"等。由于人工语言具有专一性和抽象性，因此，使用人工语言来研究思维形式及其演算规律，就比自然语言具有更大的优越性。符号语言的专一性，有利于思维的精确化，不会出现模棱两可或含混不清的情况；符号语言的抽象性，有利于思维过程的简化或形式化；符号语言摆脱了思维的具体内容，使思维的推演或演算变得更加方便与快捷。当然，人工语言也像所有的自然语言以外的符号系统一样，不能完全取代和排斥自然语言，它以自然语言为基础，把自然语言作为最终的解释语言。

第三节 逻辑学的性质和作用

一、逻辑学的性质

一门学科的性质是由它所研究的对象决定的。逻辑学不研究自然规律也不研究社会规律，不提供任何有关事实真理的知识，不是自然科学和社会科学。它也不是关于世界观、道德观或价值观的哲学学问。逻辑学是研究正确思维或有效思维法则的学科，提供有关逻辑真理的知识。

逻辑学是一门全人类性的科学。它的基本内容是没有阶级性的，不论哪个国家、哪个民族、哪个阶级，人们的思维形式及其规律是共同的。一个推理形式是否有效，不是由人们的意志来决定的，而是根据逻辑准则来判定的。逻辑学所提供的知识是全人类普遍适用的，逻辑法则的规范作用对所有的人都一视同仁，正因为如此，人们的语言或思想的交流才成为可能。

逻辑学是一门基础性学科。在联合国教科文组织制定的学科分类中，逻辑学与数学、天体物理学与天文学、地球科学与空间科学、物理学、化学、生命科学并列为七大基础学科。逻辑学理论在其他科学那里被当做是普遍适用的基本原则和方法。任何一门科学都是由概念、命题、推理、论证所构成的思想体系，逻辑原则和方法为这些思想体系或理论体系的建立铺平道路，是各学科建立的基础，是各学科迈向真理殿堂的台阶。比如，作为一个思想体系或理论体系不能出现自相矛盾，因为自相矛盾是一种逻辑错误，这对任何一门科学都是适用的。此外，对学习和研究各门科学来说，逻辑学所提供的知识也是学习和研究其他各门科学知识的基础。

逻辑学是一门工具性学科。逻辑学是关于理性分析与批判、正确推理、合情推理和有效论证的学问，因此，它是人们正确或有效思维的必要工具，也是人们有效表达和成功交际的必要工具。成功的交际与合乎逻辑的思维也是有密切联系的，成功的交际要求有合乎逻辑的思维，合乎逻辑的思维最终也要表现在成功的交际之中。逻辑学从建立开始起就被当做是工具性学科，亚里士多德的逻辑学说《工具论》主要是论证和论辩的工具，培根的逻辑学说《新工具》主要是发现和探索的工具。今天，现代逻辑可以像数学方法一样广泛应用于其他科学，成为推动现代科学发展的强有力的思维或演算工具。从这个意义上说，"任何科学都是应用逻辑"。[1]

二、逻辑学的作用

1. 有助于人们正确认识事物、探寻新结果、获得新知识。正如英国经济学家凯恩斯（Keynes）所言："我们的知识部分是直接获取的，部分是由推理与论证得到的。"[2]以观察事实、科学原理或假说为前提，通过推演与验证解释更多的现象和问题，这是近代以来自然科学突飞猛进的重要基础，观察、实验和假说是人们正确认识事物和作出科学发现的重要手段。"只要自然科学运用思维，它的发展形式就是假说"。[3]

逻辑学提供了进行这些合情推理与合理论证的工具和准则。人们运用这些思维工具和准则，可以从观察事实、科学原理和假说出发进行推演与验证，从已知推出未知，探寻新结果、获取新知识。例如，英国科学家牛顿提出万有引力定律，解释物体坠地并说明行星的运行轨道；法国天文学家勒费里埃运用万有引力定律推算出了海王星的空间位置，他的推算为其后的科学观测所证实。对此，爱因斯坦说道，西方的科学发展以两个伟大的成就为基础，那就是希腊哲学家发明的形式逻辑体系（在欧几里得几何学中），以及通过系统的实验有可能找出因果关系（在文艺复兴时期）。因此，"甚至形式逻辑也首先是探寻新结果的方法，是由已知进到未知的方法"。[4]

2. 有助于人们清晰而严密地表达思想和建构理论体系。如何有效地表达自己的思想，这对成功的交际是至关重要的。毛泽东曾说："写文章要讲逻辑。就是要注意整篇文章、整篇讲话的结构，开头、中间、尾巴要有一种关系，要有

---

[1] [苏联] 列宁：《哲学笔记》，人民出版社 1974 年版，第 216 页。
[2] J. M. Keynes, *A Treatise on Probability*, MacMillan, 1921, p. 3.
[3] 《马克思恩格斯选集》（第四卷），人民出版社 1995 年版，第 336 页。
[4] 《马克思恩格斯选集》（第三卷），人民出版社 1995 年版，第 174 页。

一种内部关系，不要互相冲突。"[1]掌握逻辑的知识与技能，有助于人们避免思想的冲突或混乱，建立起条理清楚、结构严密、前后一致的理论体系。而且，只有学会语法、修辞和逻辑，才能使思想成为有条理的和可以理解的东西。因此，逻辑是必须掌握的基本技艺。

3. 有助于人们进行有效的和有说服力的论证。任何的思想争论都离不开推论或论证，各种思想都有自己的系统，既为系统就不能离开推论与论证。"若不利用推论，则根本不能成系统。若利用推论，则不能没有命题方面的推论工具。"[2]逻辑的任务就是提供推论与论证的工具。掌握这些推论与论证的工具，有助于人们的论证更加严谨、更加无懈可击、更加具有说服力，从而使正确的观点或主张得以声张与确立，使正确的思想或理论显示出真理的威力。英国哲学家培根曾经说道，读史使人明智，读诗使人灵秀，数学使人周密，科学使人深刻，伦理使人庄重，逻辑修辞之学使人善辩。掌握逻辑工具是提高论证能力的必由之路。

4. 有助于人们揭露谬误和驳斥诡辩。在思想争论过程中，不仅会有谬误还会有诡辩。诡辩就是故意地或有意地否定正确观点或为错误主张辩护。正如黑格尔所言，诡辩是一种似是而非的论证，就是以任意的方式，凭借虚假的根据，或者将一个真的道理否定了，弄得动摇了，或者将一个虚假的道理弄得非常动听，好像真的一样。逻辑学是关于有效思维和正确思维的学问，因此，它就成为思想分析与思想批判的工具，成为揭露谬误和驳斥诡辩的不可或缺的手段。正如金岳霖所言，"它是思想的剪刀，……它排除与它们标准相反的思想"[3]，那些不符合逻辑的思想都会"由于触到逻辑这块礁石而沉没"[4]。掌握这些逻辑法则，有助于人们发现和揭露谬误、识破和驳斥诡辩。黑格尔曾经说道："当一个人自诩为能说出理由或提出根据时，最初你或不免虚怀领受，肃然起敬。但到了你体验到所谓说出理由究竟是怎样一回事之后，你就会对它不加理睬，不为强词夺理的理由所欺骗。"[5]不但不会为其诡辩所迷惑，而且能够揭露它、打击它、消灭它。

据说古希腊有个叫欧提勒士（Euathlus）的人，向著名的辩者普罗达哥拉斯（Protagoras）学习法律。两人订有契约，约定欧提勒士结业时付一半学费，其余一半等欧提勒士结业后第一次打赢官司时付清。但欧提勒士结业后，一直没替

---

[1]《毛泽东选集》（第五卷），人民出版社1977年版，第127页。
[2] 金岳霖：《逻辑》，生活·读书·新知三联书店1961年版，第275页。
[3] 金岳霖：《逻辑》，生活·读书·新知三联书店1961年版，第259页。
[4]《金岳霖学术论文选》，中国社会科学出版社1990年版，第442页。
[5] [德] 黑格尔：《小逻辑》，贺麟译，商务印书馆1980年版，第264页。

人打官司，自然也就没有支付普罗达哥拉斯另一半学费。普罗达哥拉斯等得不耐烦了，于是向法庭起诉，要求欧提勒士支付另一半学费。他向法庭说："如果这场官司欧提勒士打赢了，那么，根据我们订的契约，他应该付给我另一半学费，因为这是他第一次打官司，而且打赢了；如果这场官司欧提勒士败诉，换言之，我胜诉，那么，根据法庭的判决，他也应该付给我另一半学费。总之，无论法庭判决欧提勒士胜诉还是败诉，他都应当付我那另一半学费。"欧提勒士不但没被老师的论证所迷惑，而且针对其主张毫不示弱，提出以下答辩与之对抗："我根本就不必付给你那另一半学费。因为，如果这场官司我打赢了，那么，根据法庭的判决，我就不必再给你学费；如果法庭判我败诉，那么，根据我们订的契约，我也用不着给你学费，因为这是我打的第一场官司，而且打输了，不合原先契约的要求。总之，无论法庭判决我胜诉还是败诉，我都不必支付那另一半学费给你。"欧提勒士的目光是敏锐的，手法是高明的。他从老师提出的理由或根据出发，确立了同老师相反的主张，从而驳倒了普罗达哥拉斯的请求，驳得有理和有力，这就是人们津津乐道的"半费之讼"。掌握逻辑的技能，正是达到这种境界的有效途径。

  早在古希腊时代，法律与逻辑就有着千丝万缕的联系。古希腊的法庭辩论，曾是亚里士多德逻辑学产生的重要源泉。法律孕育了逻辑，而逻辑也塑造着法律。不论是立法还是司法，都得应用逻辑技术和方法，都要遵循逻辑规律和法则。国家制定的法律是人们的行为准则，也是审判机关作出裁判的依据，因此，法律规定不得含混不清、自相矛盾、漏洞百出，否则，势必导致法律适用的混乱。在刑事侦查中，要查清案件事实，对案情作出判断，这不但需要进行深入细致的侦查，而且需要进行合情而严密的推断。在法庭辩论中，诉讼双方对其诉讼主张和请求，不但要有确凿的证据和确实的理由，而且要进行充分的、有说服力的论证。在司法判决中，法官要公开判决的理由，要对判决作出具有说服力的论证，要排除公众对判决的合理怀疑。因此，《牛津法律指南》指出："法律研究和适用法律要大量地依靠逻辑。在法律研究方面，逻辑被用来对法律制度、原理、每个法律体系和每个法律部门的原则进行分析和分类，对法律术语或概念的内涵以及它们之间的逻辑关系进行分析。……在适用法律中，逻辑是与确定某项法律是否可以适用于某个问题、力图通过辩论说服他人、决定某项争执等问题关联在一起的。"[1]

  在法律的世界里，到处充斥着逻辑的语言。人们对逻辑要有相当深入的了

---

[1] David M. Walker, *The Oxford Companion to Law*, Oxford University Press, New York, 1980.

解，并且能够融会贯通地运用到自己的决断中去。对于法律工作者来说，掌握逻辑的工具至关重要。正如麦考密克所言："我们需要法律的技术人员——能干和有想象力的技术人员。但是，要成为这样一个技术人员，其任务就是要仔细研究技术。在律师们的技术当中，主要的就是进行正确的推理和有力的论证的技术。"[1]如果我们不懂得逻辑的基本语言，不知晓逻辑的基本法则，不依靠逻辑的基本力量，无论是对社会还是对我们本人都会是一场噩梦。逻辑是一种生存法则，也是一种生活智慧。它需要理论的传授，也需要实践的磨砺。

思考题

1. 逻辑学的研究对象是什么？
2. 什么是逻辑常项和变项？
3. 什么是有效的推理形式？
4. 逻辑学是一门什么性质的学科？
5. 学习逻辑学有什么意义？

练习题

一、指出下列语句中"逻辑"一词的含义。

1. 跨过战争的艰难路程之后，胜利的坦途就会到来了，这是战争的自然逻辑。

2. 哪里有压迫，哪里就有反抗，这是社会的必然逻辑。

3. 法不禁止，就意味着自由。这与法庭审判的无罪推定原则，即不能证明有罪，就意味着无罪，属于同一个逻辑范畴。

4. 侵略者与被侵略者、掠夺者与被掠夺者之间，明明是你死我活的关系，但帝国主义强盗们却硬要说成是"共享幸福"。这是屠夫与牛羊"共享幸福"的荒谬逻辑。

5. 诡辩就是有意地为错误思想或言论进行辩护，它或者违背事实或价值，或者违反逻辑。

6. 为了训练人的思维，提高人的智力，我们应当重视逻辑的教育与研究。

7. 黑格尔在形式逻辑学说方面没有专门的著作，只是在其主要哲学著作《大逻辑》和《小逻辑》中的主观逻辑涉及主观性的这一部分，对形式逻辑略有

---

[1] [英]麦考密克、[奥]魏因贝格尔：《制度法论》，周叶谦译，中国政法大学出版社1994年版，第131页。

论述。

二、分析下面实例中所包含的推理,并指出其前提和结论。

1. 1794年深秋,一位法军统帅获得报告:"有人看见蜘蛛大量吐丝结网。"将军据此推断:"干冷天气快要到来。"于是他发布了一项新的军事行动命令。请问:将军的推理过程是怎样的呢?推理的前提和结论是什么?

2. 一位富翁相信金钱万能,认为世界上的一切都能用金钱买到。在一次晚会上,萧伯纳正在专心地想自己的心事。这位富翁悄然地走过来说:"萧伯纳先生,我想出一美元,来打听您在想什么。"

萧伯纳回答说:"我想的东西不值一美元。"

富翁又好奇地问:"那么您究竟在想什么呢?"

萧伯纳幽默地回答道:"我想的就是您!"

富翁听到回答,非常尴尬地走开了。萧伯纳的巧妙回答隐含了一个推理,有力地嘲讽了富翁,把富翁贬得不值一美元。请问:萧伯纳的回答包含了一个什么样的推理?其前提和结论是什么?

3. 据说古代京城画院,曾要求以"深山藏古寺"这一句诗为题作画,以考进京作画的考生。结果有的考生画的是:深山密林环抱,中央一座古寺庙;有的画面是:密林深处露出寺庙一角;有的画面是:深山密林上空处,高高飘着一幅幡(即条形旗子,寺庙的标记);等等。这些画都未选中,因为这些画没有命中题目的关键——"藏"字。这些考生都在画面上露出了寺庙,而没有藏好。唯独有一个考生的画面是:山峦起伏,树林密布,山外一条狭窄的小道上,有一和尚在挑着水上山。这幅画深得赞赏,被选中了。这是作者独具匠心,巧妙构思的结果。请问:凭此画面,为什么可以判断此深山藏有古寺呢?

三、分析下列语句,其中哪些是逻辑常项?哪些是可用变项符号表示的部分?

1. 凡含有黄曲霉的食品都是致癌物。

2. 有些足球迷不是青年人。

3. 我国是一个大陆国家并且是一个海洋国家。

4. 如果说古希腊艺术突出人的感情,那么古希腊哲学强调人的理性。

5. 有法不依,则有法亦同无法。

6. 只有行为是出于行为人的故意或过失,才认为是犯罪。

7. 判决不当,或者是事实认定错误,或者是法律适用错误。

拓展阅读书目

1. ［英］斯泰宾：《有效思维》，吕叔湘、李广荣译，商务印书馆 2008 年版。

2. ［英］威廉·涅尔、玛莎·涅尔：《逻辑学的发展》，张家龙、洪汉鼎译，商务印书馆 1985 年版。

3. ［美］斯东：《苏格拉底的审判》，董乐山译，生活·读书·新知三联书店 1998 年版。

4. 张家龙：《数理逻辑发展史——从莱布尼兹到哥德尔》，社会科学文献出版社 1993 年版。

拓展阅读材料

1. 埃利亚的芝诺　　　2. 苏格拉底之死　　　3. 休谟问题

第二章　语言分析

第一节　语词分析

一、语词的应用

语词是词、词组一类的语言成分,[1]词是语言里最小的、可自由运用的单位。[2]现代汉语中的词可分为实词和虚词两大类。实词是意义比较具体的词。例如"学生""走""美丽""一些""这"等。虚词是不能单独成句,意义比较抽象,有帮助造句作用的词。例如"非常""呢""的""地""得"。在现代汉语中,实词和虚词及它们的组合都是语词。

语词是一种语言成分,语言是人类所特有的用来表达意思、交流思想的工具。语词在语言中的应用体现在:语词是对象的指称或概念的表达。在不同的语境中,语词有时表达名称,有时表达概念。

语词是对象的指称,是指语词通过对一个对象的某个特征的描述而指称这个对象。"指称"的意思是某个语词和某个特定的对象之间存在一种对应关系,我们就用这个语词指代这个对象,使得这个语词就成了这个对象的名称。例如,当我们教幼儿学习"汽车"一词时,我们会指着路上一辆一辆的汽车对幼儿说:"这是汽车。"经过反复教导,幼儿就能把"汽车"一词和这种事物对应起来。以后当他再看到这种事物时,他就会指着这种事物说:"汽车!"这样,在这个幼儿头脑中,"汽车"就成了这种事物的名称。

名称是指事物的名字,是专有名词和普通名词的统称。专有名词简称"专名",例如"亚洲""鲁迅";普通名词简称"通名",例如"人""学校"。所

---

[1]《现代汉语词典》,商务印书馆2005年版,第1665页。
[2]《现代汉语词典》,商务印书馆2005年版,第221页。

以，名称就是对象的称呼，用来指称对象的。世界上的事物多种多样，人们为了区分各种不同的事物，就给对象命名，用不同的名称来称呼事物，以示它们之间的区别，不同的名称就是不同对象的标记。

语词所指称的对象，有时是具体的，有时是抽象的。即使同一个语词，有时在不同语境中指称的对象也是不同的。

【例1】王老师很喜欢喝咖啡。

这个"咖啡"是事物的名称，指称的是具体事物，并且我们把这个事物冠以"咖啡"的名字。

【例2】"咖啡"这个词是一个外来词。

这个"咖啡"指称的是个概念，是在抽象意义上使用的。

在日常用语中人们往往将概念与名词、名称等同，例如"中国""蝴蝶""电流""判决书"等。概念也可用来指称对象，但不同于名称。

概念是对事物特有属性的反映。事物的特征、大小、颜色、功能等都是事物的属性，一种事物又与其他事物有着这样或那样的联系，所以，事物具有各种各样的属性。根据事物的属性相同或相异，可以将事物分为不同的类。有些属性是不同类别的事物所共有的，而有些属性却是一类事物所独有的。

事物的特有属性是指该类事物都具有而他类事物都不具有的那些属性，也就是能把该类事物和他类事物区分开来的那些属性。人们把握了一类事物的特有属性，就形成了关于该类事物的概念。

例如："法律"具有许多属性：

（1）法律是由国家制定或认可，并由国家强制力保证实施的行为规范；

（2）法律反映统治阶级意志，维护有利于统治阶级的社会秩序；

（3）法律属于上层建筑，为经济基础服务；

……

但我们给"法律"下定义时，只需揭示"法律是由国家制定或认可，并由国家强制力保证实施的行为规范"即可，这就是"法律"的特有属性，将法律和其他行为规范区分开来。"考场纪律""公民诚信公约"也是行为规范，但它们不具有这样的特有属性，所以它们不是法律。

认识一个事物仅仅停留在其一般属性上是不够的，只有把握了它的特有属性，才能把这类事物与其他事物区分开来，才能知道该事物之所以为该事物的根据，才能真正认识这个事物。概念并不反映事物的所有属性，而是只反映事物的特有属性。例如，《刑法》第93条第1款规定："本法所称国家工作人员，是指国家机关中从事公务的人员。"这段法条揭示了"国家工作人员"是在"国家机关中从事公务"这样的特有属性,而没有揭示也没有必要揭示这类人的性别、年龄、住址、文化程度等其他属性,因为这些属性不足以也不可能将"国家工作人员"和其他身份的人员区分开来。

对于同一个事物,可以从不同角度反映它的特有属性,从而形成不同的概念。例如,给"水"下定义,在化学中称之为"最简单的氢氧化合物,化学式是 H_2O",在物理学中称之为"无色、无味、无臭的液体,在标准大气压下,冰点0℃,沸点100℃"。

在一些逻辑学著作中,经常使用"词项"一词。

简单命题的主项或谓项称为词项。

【例1】 <u>珠穆朗玛峰</u>是世界上<u>最高的山峰</u>。

【例2】 <u>法院</u>是<u>审判机关</u>。

【例3】 <u>在火星表面软着陆的宇宙飞船</u>是<u>地球上的人制造的</u>。

上面各例中画有横线标记的都是词项,它们充当简单命题的主项或谓项。词项可以是一个词,也可以是一个词组;可以是事物的名称,也可以是概念。

事物的名称或概念是词项的内容,语词(词或词组)则是词项的表达形式。词项与语词的关系密不可分,凡词项都要通过语词来表达,但两者并非一一对应。

当词项是事物的名称时,名称和语词是对应一致的关系。名称就是指称对象的语言符号。一个语词表达一个名称,不同的语词表达不同的名称。

当词项是事物的概念时,则概念与语词并非一一对应。语词表达概念,是指语词的词义与概念是相同的。例如,"中国人民是勤劳勇敢的",这个命题中的"中国人民""勤劳勇敢"既是语词,也是概念,它们所表达的意思是相同的,这是语词与概念一致性的方面。但有时语词与概念并不是一一对应关系,这种不一致性表现在:

1. 任何概念都必须通过语词来表达,但并非所有的语词都表达概念。现代汉语中的实词都是表达概念的,虚词一般不表达概念。例如,助词"的""地""得"等离开实词则没有确定的含义;感叹词"呀""啊",疑问词"呢""吗"等,这些虚词单独使用都不表达概念。许多语词都是经过和其他语词的组合才能表达概念。例如,"贪""污""罪"分别是语词,将这三个语词组合起来,成为"贪污罪"时,就是概念了。一些复杂的概念有时不能简单地通过词的形式体现出来,而是通过词组的形式体现出来。例如,言语行为理论。

2. 由于现代汉语中存在同义词,同一个概念可以用不同的语词来表达。例如,"红薯""地瓜""白薯"等不同的语词,它们表达的是同一概念。不同语词所表达的概念具有不同的作用。例如,"妻子"和"老婆"指称对象是相同的,但如果某审判员在开庭时说:"将同案犯王某的老婆带上来!"虽然"老婆"的法律地位和"妻子"相同,但这样口语化的说法使得法庭审理的威严性大打折扣。

3. 由于现代汉语中的语词大都是多义的,同一个语词在不同的语境中可以表达不同的概念。例如,"逻辑"一词,既可以用来表达"思维规律"这个概念,又可以用来表达"事物规律"这个概念,还可以用来表达"逻辑学"这个概念。又如"贪婪"一词,既可以当做褒义词使用,如"他贪婪地汲取知识的营养";也可以当做贬义词使用,如"他贪婪地获取钱财"。

二、语词的意义:语境原则与语用原则

自语言哲学出现以来,语词的意义问题一直是其关注的焦点之一,也是困扰语言哲学家们的难题之一。语言哲学家们从不同角度、不同侧重点提出了不同的意义理论:

1. 以英国哲学家、数学家、逻辑学家罗素为代表的意义指称论认为,语词与客观具体事物之间有某种一一对应关系,语词的意义是它所指称的存在于客观世界中的事物,具有客观对应物的语词才是有意义的。

2. 以英国哲学家约翰·洛克为代表的意义观念论认为,人们的思想都是在胸中隐藏不漏的,别人并不能看见它们,而且它们自身亦不能显现出来。因此,人们必须借助外界把自己思想中所含的不可见人的观念表达出来。语词的意义就在于能表达出各种观念。

3. 受行为主义刺激—反应理论的影响,以美国语言学家布龙菲尔德为代表的意义行为论认为,语词的意义在于"说话人发出语言形式时所处的情境和这个形式在听话人那儿所引起的反应"。[1]

4. 以后期维特根斯坦[2]为代表的意义使用论认为,语词的意义在于它的使用,语词在一定的语境中所产生的功能或所起的作用就是该语词的意义,反对离开语词的实际使用而抽象地讨论其意义。

这些意义理论各有优缺点,但大多注意到了语境对语词意义的重要作用。

语词的意义在于应用,语词的意义只有通过它在语言中的应用才能体现出来。只有一个语词的意义确定了,它才能指称对象,表达概念。

---

[1] [美]布龙菲尔德:《语言论》,袁家骅、赵世开、甘世福译,商务印书馆1980年版,第28页。
[2] 维特根斯坦(1889~1951),出生于奥地利,后入英国籍。哲学家、数理逻辑学家,语言哲学的奠基人,20世纪最有影响的哲学家之一。维特根斯坦的前后期思想变化很大。

弗雷格[1]在《算数的基础》中写道:"只有在语句的语境中,而不在孤立的词中,才能找到词的意义。"维特根斯坦在《哲学研究》中写道:"一个字词的意义是它在语言中的用法。"为了正确地表达思想,进行交流,人们必须使用彼此都能接受和理解的语词。对语词的准确理解,不仅和语词本身的意义有关,也和语词的使用有关。

由于自然语言中有些语词是多义词,使得语词与概念不是一一对应的,同一语词可以表达不同的概念,它们的不当使用和理解有时会引起歧义,以致在表达思想过程中出现"混淆概念""偷换概念"的逻辑错误。例如,"活路"在自然语言中是个多义词,它的含义有:①走得通的路;②比喻行得通的方法;③比喻能够生活下去的办法。"这是一条活路"中的"活路"到底指称哪种含义?在大多数情况下,这种"一词多义"的使用不会引起太大的混淆,因为我们把语词当做语句的组成部分,研究语词的时候要联系到语境。

【例1】遇见白杨树向右转是一条活路。

这里的"活路"指称的是第一种含义。

【例2】他提出的技术革新方案,大家觉得是条活路。

这里的"活路"指称的是第二种含义。

【例3】得找条活路,不能等着挨饿。

这里的"活路"指称的是第三种含义。

语词的使用和理解离不开语境原则和语用原则。

语境是指使用语言的环境。语境有内部语境和外部语境之分。内部语境,也称为狭义的语境,指一定的言语片断和一定的上下文之间的关系。外部语境,也称为广义的语境,指存在于言语片断之外的语言的社会环境,例如,当时的社会历史条件、出现的时间、地点和说话人的意图目的、听话人的感受,交际双方所共同具有的背景知识等。这些语境因素对于准确理解语词的意义有着重要的影响。语境具有确定语词意义、消除歧义的功能。语境还可以补充话语中省略的信息,揭示话语中的隐含内容。脱离语境,语词和语句可以有不同的解释,表达不同的概念和命题。人们常说的语词歧义有时就是因为脱离语境而断章取义。如果把语词放在一定的语境中,基本上是可以消除歧义的。

【例1】哇!你贪污了我的冰淇淋!

这个语境中的"贪污"含有朋友间善意玩笑的意思,绝对不是刑法上的犯罪行为。

---

[1] 弗雷格(1848~1925),德国数学家、逻辑学家和哲学家,是数理逻辑和分析哲学的奠基人。

【例2】对于一起绑架案来说，不同的案件当事人对于"警察"这个词可能具有不同的理解和反应。如果是作案人说："警察！"则含有"警察来了"，提醒同伙赶快逃跑的意思；如果是被害人说的，则含有"我们得救了"的意思；如果是警察对作案人说的，则含有命令作案人立即停止作案的意思；如果是警察对被害人说的，则含有"我们来解救你"的意思。

【例3】垃圾分类，从我做起！

这个宣传用语中的"我"是不是指称垃圾呢？当然不是，是指称"自己"。

【例4】计划生育，人人有责！

这个宣传用语中的"人人"是否可以指称婴儿呢？当然不是，是指称育龄夫妇。

有时语词的意义在语境中会出现一些重要的变化，以致偏离它通常所具有的意义，而产生一种新的意义即语用意义。[1]语词的语用原则是指为了将思想交流顺利进行下去，人们不仅要研究语词的语境问题，还要从认知的角度出发研究语词的理解和运用问题。出于各种原因和目的，有时人们说话时要表达的真实意思往往不限于所说语词本身的意义，在这种情况下人们就要结合特定的语境来理解说话者的真实意思。

【例1】臧克家有一首著名的诗《有的人》，开头有这样一小节：

有的人活着，

他已经死了。

有的人死了，

他还活着。

在这首诗的语境中，语词"死""活"已经偏离它本来的生物学意义，而获得了一种新的象征意义。

【例2】"火"，作为自然语言，它只是一个语词，不是语句，而放在特定的语境中，它的指称意义可以发生变化，有时它可以代表语句，并且在不同的语境中，它的意义也不相同：[2]

（1）幼儿指着火焰问妈妈："这是什么？"妈妈回答："火。"

这里的火是"这是火焰"的意思。

（2）一个吸烟的人向另一个吸烟的人借用打火机，说："火。"

这里的火含有"请借用一下打火机""点火"的意思。

---

[1] 陈波：《逻辑哲学导论》，中国人民大学出版社2000年版，第33页。

[2] 马佩主编：《逻辑哲学》，上海人民出版社2008年版，第37页。

(3) 一个人半夜起来，看到邻居家失火，他赶忙到处惊呼："火！火！"

这里的火含有"有火灾了""救火"的意思。

(4) 在一个仓库里，墙壁上写着"禁止烟火"的标语，一个人在标语下吸烟，另一个人指着他的烟说："火！"

这里的火含有"不要吸烟""灭火"的意思。

语词的意义是在社会活动中逐渐形成并被人们所认可的，一旦形成就具有一定的社会性、稳定性，但也常常有一个历史演变过程。例如，"自云先世避秦时乱，率妻子邑人来此绝境，不复出焉，遂与外人间隔"。在陶渊明的《桃花源记》中，"妻子"是指"妻子和儿子"，"绝境"是指"与世隔绝的地方"，和今天的用法完全不同。可见，同一个语词由于时代背景的不同，意义发生了变化。

由于人们的社会、政治、经济、文化背景的不同，语用原则及语境原则会受到不同的影响。语用原则在不同的文化中都有不同的设定和框架，拥有共同文化背景的人才会对该文化设定下的言语行为进行正确理解并给予回应。[1]如果在交流时不顾不同的社会、政治、文化、经济形成的语境，不了解听话者的情况，不管谈话场合，只按照自己已经习惯了的语境和话语系统说话，就不能正确地表达、传达自己的观点并让他人理解这些观点。外交学院院长、前中国驻法国大使吴建民在谈到语言交流必须注意语境时，曾举例说明，一次在法国举行的招商引资会议上，中国有的商务代表团在交流中念稿："我们正在贯彻邓小平理论和'三个代表'重要思想，全面建设小康社会的道路上阔步前进。我市是一块投资的热土，商机无限。我们会采取平等互利原则，实现双赢。我市工业门类齐全，人力资源雄厚。我们的对外开放是全方位、多层次、宽领域，我们欢迎大家到我市投资……"吴建民以上述事例说明不能把国内约定俗成的语境和话语系统照搬到国外去，否则，就会走进"虚多实少、鸡对鸭讲、信息不对称的交流误区"。因为，法国的政治、经济、文化背景形成的语境和话语系统与中国是不同的，他们不知道"三个代表"是什么？"三个代表"和招商引资有什么关系？"热土"具有什么含义？商机怎样无限？平等互利的具体内容是什么？双赢的目标是什么？……所以，这些话只能让法国人听得云山雾罩，不能产生共鸣。[2]

法律概念是一种特殊的概念，它通过对社会实践和事实的抽象归纳，使得

---

〔1〕阮育芳、周志高："试析语用原则与特定文化的关系"，载《辽宁行政学院学报》2008年第12期。

〔2〕袁正校主编：《逻辑学基础教程》，高等教育出版社2007年版，第38页。

指称对象与这一概念在自然语言中的指称对象相比，其含义往往发生变化。

【例1】某些语词在法律概念和自然语言中都使用，但其含义不完全相同。例如，"人"一词在民法中的意义，就不同于自然语言中所指称的"人"。它在民法中，不仅包括自然人，也包括法人及其他主体。对于法律适用对象来说，在适用和遵守法律时，必须以法律所规定的"人"来理解。

【例2】某些语词的含义在法律概念和自然语言中完全不同。作为法律概念，在制定、运用和研究法律的语境下，其含义与语词原有的含义无关；而在日常语境下使用这些语词时，又与其在法律中的含义无关。例如，"第三人"在日常语境中，是依一定序列而确定的某个人，比如"坐在第一排位置上的第三个人"；在法律语言中则专指与法律行为、诉讼标的有关联的第三方。

【例3】某些语词在自然语言中的含义已经不再使用或不常用，但给它赋予一个新的法律含义，只在法律的语境中使用。例如，"标的"一词的原意是靶子、目的，但是这些含义均已退化，表达这些含义时不再使用"标的"这个词。"标的"现在作为法律概念使用，指合同当事人双方权利和义务共同指向的对象，如货物、劳务、工程项目等。

三、概念的分析

概念是对事物的特有属性的反映，是对语词的抽象。语词不仅有指称方面的意义，也有其他方面的从属意义，如语境、情感、语气等方面的意义。例如，"牺牲"和"毙命"两个词，都是指人的生命结束，但两者的感情色彩完全不同。不过这类从属意义与逻辑推理无关，在由语词到概念的抽象过程中，这类从属意义就都被过滤或抽象掉了。从这个意义上讲，概念就是意义确定的、抽象掉了非逻辑特征的语词。

一个事物之所以是这种事物而不是那种事物，是由这个事物的特有属性决定的。事物所具有的特有属性和具有该特有属性的一类对象，是事物不可分割的两个方面，这两个方面构成了概念的两个基本的逻辑特征，即概念的内涵与外延。例如：在讨论自然数时经常会用到"偶数"这个概念。偶数的外延是一个无穷集合：0，2，4，6，8，10……它的内涵是"可以被2整除"。

（一）概念的外延

概念的外延是指一个概念所指称的一类对象。例如，"人"的外延，就是古今中外所有的人。"商品"的外延，就是市场上用来交换的所有商品。"刑事诉讼证据"的外延，则包括"物证；书证；证人证言；被害人陈述；犯罪嫌疑人、被告人供述和辩解；鉴定意见；勘验、检查、辨认、侦查实验等笔录；视听资料、电子数据"。凡共同具有某个特有属性，可以用一个概念来称谓的一类对象，我们就把这个类称为该概念的外延。

一个概念的外延，可以是某个特定的对象，如"长城""鲁迅"；可以是许多对象组成的类，如"律师""汽车"；可以是现实世界中存在的一类对象，如"大学生""国家""商品"等；也可以是现实世界中根本不存在的一类对象，如"神""鬼""三头六臂的人"等。这些现实世界中不存在任何分子的类称为"空类"。

（二）概念的内涵

概念的内涵是指一个概念所指称的一类对象所具有的特有属性。例如，"刑事诉讼证据"的内涵是"可以用于证明案件事实的材料"，"人民法院"的内涵是"国家的审判机关"。

概念的内涵与外延和客观事物及其特有属性，两者并非等同。事物的特有属性以及具有该特有属性的一类对象，这是客观的存在物，属于客体。它们只有被主体反映和掌握，才转化为概念的内涵与外延。两者之间是主体与客体，反映与被反映的关系。

一个概念是否明确，就是看这个概念的内涵或外延是否明确。要明确一个概念，就是要明确它的内涵与外延。例如，我们需要明确什么是"艺术"，可这样来阐释：艺术是通过塑造形象，具体地反映社会生活，表现作者一定思想感情的一种社会意识形态。由于表现的手段和方式的不同，艺术通常可以分为表演艺术（如音乐、舞蹈）、造型艺术（如绘画、雕刻）、语言艺术（如文学）和综合艺术（如戏剧、电影）。这是从"艺术"的内涵和外延两个方面来明确这一概念的。

概念必须明确，不容许含混，否则就不能准确地表达思想。例如，第十一届全国人民代表大会第三次会议上审议的2010年政府工作报告第24页写道："坚决打击取缔非法收入，规范灰色收入，逐步形成公开透明、公正合理的收入分配秩序，坚决扭转收入差距扩大的趋势。"其中"灰色收入"这个概念就是不明确的。有人理解为灰色收入一般指回扣、红包等半贿赂性质的收入，应该算作不合法收入；有人理解为是指那些说不清道不明的收入，应该被定义为非法收入；有人理解为是那些拿着是合法的，但是没有按照国家的税收去缴税的收入。由于"灰色收入"的内涵和外延是不明确的，政府工作报告中提到"规范灰色收入"，也就引起了人们各种各样的理解。是否代表"灰色收入"今后可以存在下去？是否要将灰色收入合法化？有灰色收入的人群都是具备一定资源的人，如果灰色收入被规范，就是扩大了收入差距，这又和"扭转收入差距扩大的趋势"相矛盾。如果政府不能立即对灰色收入做出明确定义，并出台具体的规范制度，恐怕今后灰色收入会大肆泛滥。所以，政府工作报告中出现"灰色

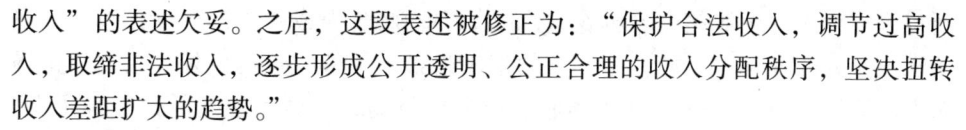

收入"的表述欠妥。之后，这段表述被修正为："保护合法收入，调节过高收入，取缔非法收入，逐步形成公开透明、公正合理的收入分配秩序，坚决扭转收入差距扩大的趋势。"

明确法律概念的内涵与外延，对于正确实施法律至关重要。例如，我们对"正当防卫"这个概念的内涵不清楚，那么我们就很难判断某个人的行为是正当防卫还是非正当防卫，这就可能造成错案，或使犯罪分子逍遥法外。

（三）概念的种类

根据不同的标准，可以将概念分为不同的种类：

1. 正概念和负概念。根据概念所指称的对象是否具有某种属性，将概念分为正概念和负概念。

正概念陈述了一个对象具有某种属性。负概念陈述了一个对象不具有某种属性。

【例1】"成年人"和"未成年人"这两个概念中，"成年人"是正概念，是指已满18周岁的人；"未成年人"是负概念，是指未满18周岁的人。

【例2】"正式解释"和"非正式解释"这两个概念中，"正式解释"是正概念，是指具有法律约束力的法律解释；"非正式解释"是负概念，是指不具有法律约束力的法律解释。

从语词上看，负概念一般都带有"非""不""无""未"等否定词，但含有否定词的不一定都是负概念，如"非洲""非常"等。

为了准确表达思想，人们可将事物分成不同的类。凡具有某种属性的事物可以构成一类，凡不具有某种属性的事物也可以构成一类。例如，凡已满18周岁的人，就构成成年人一类；凡未满18周岁的人，就构成未成年人一类。人们对事物类与类的划分总是具有相对的特定范围。例如，成年人与未成年人的划分，是相对"人"这个范围的；共产党员与非共产党员的划分，也是相对"人"这个范围的；犯罪既遂与犯罪未遂的划分，是相对"犯罪形态"的。与此相应，概念所指称的对象都有其相对的特定范围。逻辑学上把某一概念所指称的对象的特定范围称为论域。例如，有理数、无理数的论域是"实数"，偶数、奇数的论域是"自然数"。

与正概念相比，负概念的外延往往显得不那么明确，因为负概念反映了一个对象不具有某种属性，那么不具有这种属性的对象是否就都属于负概念的外延呢？当然不是。负概念的外延要结合一定的论域才能确定。

负概念的论域，就是该负概念及与它相对应的正概念所反映的全部对象组成的类。例如，让我们来分析一下"未成年人"的论域。未成年人是一个负概念，与它相对应的正概念是成年人，这两个概念所反映的对象组成的类是人，所以未成年人的论域是人，鲜花、汽车等都不属于未成年人的论域，因而不属于未成年人的外延。又如，非党员的论域是人，是指称党员以外的人；非正当防卫的论域是行为，是指称正当防卫以外的行为；非婚生子女的论域是子女，是指称婚生子女以外的子女。因此，准确理解一个负概念的论域，对明确它的内涵与外延、防止诡辩是非常重要的。

2. 单独概念和普遍概念。根据一个概念外延的大小，即指称的对象的数量不同，将概念分为单独概念和普遍概念。

单独概念指称一个特定对象，它的外延只有独一无二的一个对象。例如"北京""2008年8月8日""WTO""长江"。单独概念相应于名称中的专有名词，其中包括含有摹状词的专有名词（即通过描述一个确定对象的特有属性来指称该特定对象），例如《阿Q正传》的作者""世界上最高的山峰""世界上人口最多的国家"。

普遍概念指称两个以上的对象，它的外延至少包含两个或两个以上的对象。普遍概念的外延可以是有限的，例如"中国政法大学的学生"；也可以是无限的，例如"阳光""自然数"。形容词、动词和名称中的普通名词，一般都表达普遍概念。普遍概念所指称的对象不是唯一的，而是许多具有共同属性的个体。这些个体构成一个"类"，构成"类"的个体叫做"类的分子"。普遍概念是以类为反映对象的概念，反映了同类个体分子的共同属性，它的外延是具有共同属性的一类对象。

同一个概念在不同的语境中可以是单独概念，也可以是普遍概念。区分某概念是单独概念还是普遍概念，其标准在于它所作的陈述是指向一个对象，还是指向一类对象。例如，"每个班级都订阅了一份北京青年报"中的"北京青年报"是普遍概念，"北京青年报是共青团北京市委机关报，是一份面向青年群体、辐射更广泛人群的综合性日报。"中的"北京青年报"是单独概念。

3. 集合概念和非集合概念。根据概念所反映的对象是否为一个不可分割的集合体，将概念分为集合概念和非集合概念。

集合概念用来指称集合体。

非集合概念用来指称一类对象。

集合概念和非集合概念有相似之处，它们反映的对象都是由一定数量的同类事物组成，不同之处在于，集合概念以集合体为反映对象，非集合概念以类为反映对象。

集合概念所反映的是由一定数量的对象组成的不可分割的整体，称为集合体。一个集合体是由许多对象有机聚合构成的，这些对象称为集合体的部分，集合体与其构成对象之间是整体与部分的关系。集合体作为整体所具有的属性，

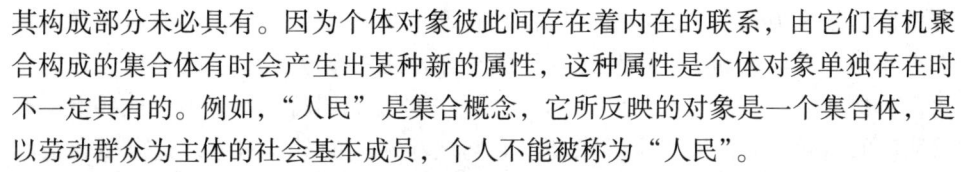

其构成部分未必具有。因为个体对象彼此间存在着内在的联系，由它们有机聚合构成的集合体有时会产生出某种新的属性，这种属性是个体对象单独存在时不一定具有的。例如，"人民"是集合概念，它所反映的对象是一个集合体，是以劳动群众为主体的社会基本成员，个人不能被称为"人民"。

类和集合体不同，类是由许多对象组成的，类与其组成对象之间是类与分子的关系。类与分子之间存在着共同属性，构成类的分子必定具有类的共性。例如，"大学生"这一类人群，是由许多分子如李华、王强、刘国庆、黄自力等高校的学生组成的，且他们每一个都具有大学生这个类的共性。

类与集合体有区别，与此相应，指称类与集合体的概念也相区别。但是，在日常思维过程中，有时人们却将两者混淆起来，特别是在两者使用同一语词表达时，更容易混淆不清。下面两个语句的语法结构相同，但"中国人"这个词的意义却不同：

【例1】中国人创造了光辉灿烂的古代文化。

【例2】中国人是亚洲人。

上述例1中的中国人是集合概念，因为它指称的是中华民族这个集合体，而不是指称哪一个中国人；例2中的中国人是非集合概念，因为它指称的是每一个中国人。但有些人将上述两例中的"中国人"混淆了，把例1中的中国人当做非集合概念，于是认为每一个中国人都创造了光辉灿烂的文化。实际上，例1中的"创造了光辉灿烂的古代文化"，是中华民族这个集合体所具有的属性，而不是构成该集合体的每一个体都具有的属性。

集合概念和非集合概念的正确使用，和语境有一定的关系。同一个概念在不同的语境中可以是集合概念，也可以是非集合概念。区分某概念是集合概念还是非集合概念，其标准在于它所作的陈述是否指向一个不可分割的集合体。

【例1】鲁迅的小说最长不过3万字。

这个命题中的"鲁迅的小说"是非集合概念，指的是鲁迅的单篇小说。

【例2】鲁迅的小说不是一天就能读完的。

这个命题中的"鲁迅的小说"是集合概念，指的是鲁迅的整体小说。

以上分别从不同角度对概念做了分类，然而就一个具体的概念而言，不是只能属于其中某一类，而是可以分别属于不同划分的相应种类。例如，"警察"这一概念，在不同的语境中，可以属于不同的种类。"他是一名优秀的警察"，这里的警察是普遍概念；"警察是一种国家机器"，这里的警察是集合概念。区分一个概念在不同语境中的使用，其意义在于避免出现混淆概念、偷换概念的逻辑错误。

概念的种类还有一种划分方法，即根据现实世界是否存在相应的对应物，可将概念分为实概念和虚概念。实概念在现实世界中存在着相应的对应物，例如"中国""打火机"。世界上不存在没有内涵的概念，却存在没有外延的概念，[1]例如"孙悟空""天堂""方的圆""理想的翅膀"等。虽然这些概念有着明确的内涵，但在现实世界中却没有与之相对应的具体对象，这类概念被称为"虚概念"。虚概念在人们表达或交流思想中起着独特的作用，被广泛地运用着，并能被人们所理解和接受。虚概念是有相对性的。一个概念究竟是实概念还是虚概念是相对于一定的论域的。例如，在平面几何中，"三内角之和大于180°的三角形"是虚概念，但在非欧几何中就是实概念。

随着科学技术的发展和进步，有些虚概念变成了现实。例如，"宇宙飞船""嫦娥奔月"就已经从当初的设想变成了今天的现实，雷达、望远镜使得我国古代神话中的"千里眼"变成了现实，无线电技术使得"顺风耳"变成了现实。而随着时间的推移和事物的变化，原本存在的事物却变成了虚概念。例如，我国古代的酷刑"凌迟"在今天已经不复存在，就成了虚概念。

（四）概念外延间的关系

如果不涉及空类，对任何两个概念外延之间的关系，可以作出如下分类：

1. 全同关系。如果 s、p 两个概念的外延完全相同，[2]即凡 s 是 p 并且凡 p 是 s，则 s、p 之间是全同关系。

【例1】s = 人民法院，p = 国家的审判机关

【例2】s = 成年人，p = 年满18周岁的人

上述 s、p 之间就是全同关系。

s、p 两个概念间的全同关系，可用如下图形表示：

$s = p$
（s 等于 p）

图 2–1

具有全同关系的概念虽然其外延是完全重合的，但其内涵有时却不尽相同，所以，替换使用具有全同关系的概念能够从不同的角度去揭示同一思维对象的多重性。

【例1】"国家的根本大法""具有最高法律效力的法律"和"规定国家根本

---

[1] 黄伟力：《法律逻辑学新论》，上海交通大学出版社2000年版，第23页。

[2] 在下面的论述中，以 s、p 分别表示任意两个外延不是空集的概念。概念外延间的关系，可用图解的方法来表示，即用一个圆圈图形表示一个概念的外延。这是瑞士数学家欧拉（Leonhard Euler, 1707~1783）创立的，故称之为欧拉图解。

制度的法律"是全同关系的概念，它们所做的陈述都指向同一个对象——宪法。但"国家的根本大法"陈述的是宪法在国家整个法律体系中的地位，"具有最高法律效力的法律"陈述的是宪法的法律效力，"规定国家根本制度的法律"陈述的是宪法的具体内容。

【例2】"启明星"与"黄昏星"。从指称的对象来看，"启明星"与"黄昏星"都是金星，但前者是在早晨天将亮时看到的金星，后者是在晚上天将黑时看到的金星。

2. 种属关系。如果概念 s 的全部外延包含于概念 p 的外延中，并且 p 的外延大于 s 的外延，即凡 s 是 p 并且有 p 不是 s，则 s、p 之间是种属关系。

【例1】s = 盗窃罪，p = 侵犯财产罪

【例2】s = 大学生，p = 学生

上述 s、p 之间就是种属关系。

s、p 之间的种属关系可用如下图形来表示：

$s \cap p = s$

（s 真包含于 p）

图 2-2

3. 属种关系。如果概念 s 的外延包含了概念 p 的全部外延，并且 s 的外延大于 p 的外延，即凡 p 是 s 并且有 s 不是 p，则 s、p 之间是属种关系。

【例1】s = 法律，p = 宪法

【例2】s = 侵犯财产罪，p = 盗窃罪

上述 s、p 之间就是属种关系。

s、p 之间的属种关系可用如下图形表示：

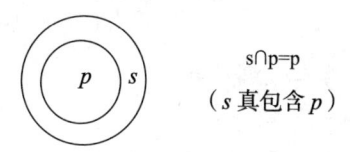

$s \cap p = p$

（s 真包含 p）

图 2-3

种属关系和属种关系中的两个概念，也称为从属关系。其中外延较大的概念称为属概念，外延较小的概念称为种概念，种概念具有属概念的共性，又具有和其他种概念相区别的特有属性。例如，盗窃罪和侵占罪同是属于侵犯财产罪下的具体罪名，它们都是侵犯财产罪的种概念，具有侵犯财产罪的特征，但又都具有

各自的特有属性。盗窃罪的特有属性是"盗窃公私财物,数额较大或者多次盗窃",侵占罪的特有属性是"将代为保管的他人财物非法占为己有,数额较大,拒不退还"。正是特有属性将一个属概念下包含的众多种概念区分开来。

在通常情况下,属概念、种概念不能并列使用。但属概念、种概念的区分不是绝对的,同一个概念在一种关系中可以是属概念,在另一种关系中可以是种概念。例如,在"犯罪""侵犯财产罪""盗窃罪"这三个概念中,"侵犯财产罪"是"犯罪"的种概念,是"盗窃罪"的属概念。

4. 交叉关系。如果 s、p 两个概念的外延有一部分相同,又各有一部分不相同,即有 s 是 p,有 s 不是 p,并且有 p 不是 s,则 s、p 之间是交叉关系。

【例1】$s=$ 青年人,$p=$ 律师

【例2】$s=$ 金属,$p=$ 固体

上述 s、p 之间就是交叉关系。

s、p 之间的交叉关系可用如下图形表示:

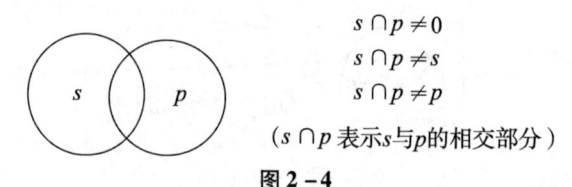

$$s \cap p \neq 0$$
$$s \cap p \neq s$$
$$s \cap p \neq p$$

($s \cap p$ 表示s与p的相交部分)

图 2 - 4

具有交叉关系的两个概念所反映的是两类不同的事物,但有的事物既具有其中一类的特有属性而属于这一类,同时又具有另一类的特有属性而属于另一类,于是这两个概念的外延形成交叉关系。随着社会和科技的发展,出现了许多新的事物现象,也产生了许多新概念。在实际思维中,经常借助概念间的交叉关系形成新概念,例如"青年律师""单位犯罪"。

5. 全异关系。如果 s、p 两个概念的外延完全不相同,即没有 s 是 p 时,则 s、p 之间是全异关系。

【例1】$s=$ 故意犯罪,$p=$ 过失犯罪

【例2】$s=$ 自行车,$p=$ 汽车

上述 s、p 之间就是全异关系。

s、p 之间的全异关系可用如下图形表示:

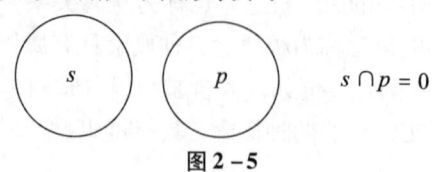

$$s \cap p = 0$$

图 2 - 5

全异关系可以进一步划分为反对关系和矛盾关系。

（1）反对关系：当 s、p 两个概念的外延之间是全异关系，并且 s、p 的外延之和小于它们的属概念的外延（论域）时，s、p 之间是反对关系。

【例1】s＝民法，p＝刑法

【例2】s＝牛，p＝羊

上述 s、p 之间就是反对关系。

s、p 之间的反对关系可用如下图形表示：

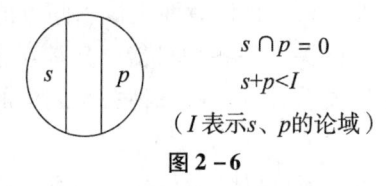

$$s \cap p = 0$$
$$s+p<I$$

（I 表示 s、p 的论域）

图 2–6

反对关系有时又可分为相关的反对关系和不相关的反对关系。具有反对关系的两个概念，在一般情况下，虽然外延不相重合，但内涵有时却具有相同的属性，例如"抢劫罪"和"盗窃罪"，这两个概念有一个共同特征，就是都是犯罪行为。这样的反对关系称为相关的反对关系。不相关的反对关系是指概念之间没有共同属性，例如"青年人"和"汽车"。

（2）矛盾关系：当 s、p 两个概念之间是全异关系，而且 s、p 的外延之和等于它们的属概念的外延（论域）时，s 与 p 之间是矛盾关系。

【例1】s＝成年人，p＝未成年人

【例2】s＝机动车，p＝非机动车

上述 s、p 之间就是矛盾关系。

s、p 之间的矛盾关系可用如下图形表示：

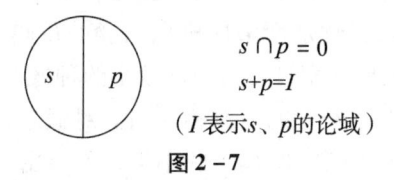

$$s \cap p = 0$$
$$s+p=I$$

（I 表示 s、p 的论域）

图 2–7

区分全异关系之下的概念之间是矛盾关系还是反对关系，就看这两个概念的外延之和是否穷尽了它们的属概念的外延（论域）。这对于我们明确概念的外延有一定的指导意义。就反对关系的概念而言，至少还存在着一个对象，属于它们的论域，但不属于它们之中任何一个的外延。例如，一个行为虽然不是合法行为，但也不一定就是犯罪行为。因为"合法行为"和"犯罪行为"的外延之间是反对关系，而不是矛盾关系。"合法行为"的矛盾概念是"违法

行为"。就矛盾关系的概念而言，不存在任何对象，属于它们的论域而又不属于它们之中任何一个的外延。例如，对于任何行为而言，只要法律没有规定它是有罪的，它就只能是无罪的。不存在一种行为，它既不是有罪的，也不是无罪的。

矛盾关系和反对关系是针对具体论域而言的，论域变了，关系也会变。例如，当论域是"实数"时，"有理数"和"无理数"是矛盾关系。而当论域是"复数"时，"有理数"与"无理数"是反对关系。

概念外延间的上述五种关系，是任意两个概念间可能具有的全部关系。这五种关系既穷尽了概念外延间关系的各种可能，又是互相排斥的。因此，具体到两个概念时，它们之间的关系必然是这五种关系之中的一种，而且也只能是这五种关系之中的一种。

对于概念外延间的关系，还可以分为相容的和不相容的两种。这种分类方法的依据在于两个概念外延间是否有共同对象存在。如果两个概念外延间至少有一个对象是共同的，则它们是相容的，例如全同关系、种属关系、属种关系以及交叉关系。如果两个概念外延间不存在任何共同对象，则它们是不相容的，又称互相排斥的，例如全异关系。

四、概念的运用：限制与扩大

概念的内涵和外延之间是相互依存、相互制约的：一个概念的内涵确定了，其外延也就确定了；内涵的变化必然导致外延的变化。同样，外延的变化也会导致内涵的变化。概念的内涵和外延之间存在着一种反比关系，即内涵越多外延越小，内涵越少外延越大。也就是说，如果一个概念表达的特有属性越多，则外延越小；如果一个概念表达的特有属性越少，则外延越大。属种概念的反比规律为限制和扩大这两种逻辑方法提供了客观基础。

在逻辑上，概念的限制就是用增加概念内涵的逻辑方法缩小概念的外延，使一个概念从外延较大的属概念过渡到外延较小的种概念。对概念进行限制时，所增加的内涵不能与被限制概念的内涵相矛盾。对概念进行限制，应该由类到类所包含的分子，或由大类到它所包含的小类，不得由整体到部分或者由集合体到个体。例如，从"犯罪"到"侵犯财产罪"，再到"盗窃罪"，就是对概念进行限制的过程。犯罪的内涵是"触犯刑法应受刑罚处罚的行为"，侵犯财产罪的内涵是"侵犯公私财产所有权的犯罪行为"，盗窃罪的内涵是"盗窃公私财物，数额较大或者多次盗窃的犯罪行为"。随着内涵逐渐增多，外延逐渐缩小，从属概念过渡到种概念（如图2-8）。

图 2-8

概念的扩大和概念的限制在逻辑方法上正好相反，扩大是通过减少概念的内涵，扩大概念的外延，使一个概念从种概念过渡到属概念。对概念进行扩大时，应该由分子到分子所属的类，不得由部分到整体或者由个体到集合体。例如，从"盗窃罪"到"侵犯财产罪"，再到"犯罪"，就是对概念进行扩大的过程。

在概念的限制、扩大过程中，属、种概念不可混用。一些概念，基本意义相同或相近，在现代汉语中通常称作"同义词""近义词"。尽管它们之间有一些相同的内容，但指称范围即外延有时是不同的。例如，"家属"与"家长"，二者都具有"家庭成员"这一相同内容，但"家属"外延大，而"家长"外延小，二者之间是属种关系，不可互相替代。对此，我国的立法工作者是极其审慎、极其认真的。

例如：因不满16周岁不予刑事处罚的，责令他的家属或者监护人加以管教；在必要的时候，也可以由政府收容教养。

这是《刑法》（讨论稿）中的第14条，其中的"家属"一词用得不准确，后来改作"家长"。

同样道理，在指称家属时，如果改用"家长"一词，也必然影响表达的准确性。

例如：《刑法》第59条第1款：没收财产是没收犯罪分子个人所有财产的一部或者全部。没收全部财产的，应当对犯罪分子个人及其扶养的家属保留必需的生活费用。

这里使用"家属"一词是准确的，因为犯罪分子所扶养的可以是家庭成员中的长辈，也可以是晚辈。

要避免这种近义词带来的混淆概念的现象，就要加以必要的限制。

例如：《刑事诉讼法》第107条第1款：送达传票、通知书和其他诉讼文件应当交给收件人本人；如果本人不在，可以交给他的成年家属或者所在单位的负责人员代收。

这段法条中，用"成年"对"家属"加以限制，构成"成年家属"，这样指称更为明确，表述更为准确。

限制和扩大可以连续进行。例如，毛泽东在《中国革命战争的战略问题》一文中指出："我们不但要研究一般战争的规律，还要研究特殊的革命战争的规律及更加特殊的中国革命战争的规律。"[1]限制的极限是单独概念，不得对单独概念进行限制。因为单独概念指称的对象只有一个，没有比单独概念外延再小的概念了。它就是最小的种概念，不可能再包含其他的种概念，因而无法再进行限制了。扩大的极限是论域，因为论域是讨论问题时外延最大的概念。外延扩大到哲学范畴，就不能再进行扩大了。哲学范畴反映的是一个领域内最大的类，例如哲学上的"物质""存在"等概念就具有这样的特性。

从语词方面来看，限制和扩大可以是增加或减少语词，例如，把学生限制为大学生，把贪污罪扩大为犯罪行为。但是，有的限制和扩大不是通过增加或减少语词的方法进行的，而是要换成其他更准确更恰当的语词，例如，把"劳动产品"限制为"商品"，把"油画"扩大为"艺术作品"。要注意的是，有的语词的增加和减少不是限制和扩大，例如，"美丽的校园"并不是对"校园"的限制，而是对"校园"这个概念的修饰。

通过限制和扩大所形成的概念之间应当具有从属关系即属种关系或种属关系。一个概念本身无所谓内涵的多少和外延的大小，只有概念变化前后构成了从属关系才能比较内涵的多少和外延的大小。

五、概念的解释：定义与划分

概念是思维的组成单位，是表达思想的基础，因而在使用概念的过程中，一定要明确概念的内涵和外延。在逻辑学上，明确概念内涵和外延的逻辑方法分别是定义和划分。

（一）定义

1. 定义及其结构。定义是明确概念内涵的逻辑方法。定义可以通过揭示概念的特有属性来明确概念的内涵，也可以通过说明或规定概念的含义来明确概念的内涵。例如：

【例1】刑法是规定什么是犯罪行为，犯罪行为应受到什么惩罚的法律。

【例2】国家工作人员利用职务上的便利，侵吞、窃取、骗取或者以其他手

---

[1]《毛泽东选集》（第二卷），人民出版社1991年版，第171页。

段非法占有公共财物的，是贪污罪。

例1、例2分别揭示了"刑法""贪污罪"的特有属性，给"刑法""贪污罪"下了定义，明确了"刑法""贪污罪"的内涵，从而将"刑法"和其他法律区分开来，将"贪污罪"和其他犯罪区分开来。

定义是由被定义项、定义项和定义联项三部分组成的。

被定义项就是其内涵被揭示的那个概念，如例1中的"刑法"、例2中的"贪污罪"。

定义项就是用来揭示被定义项内涵的概念，如例1中的"规定什么是犯罪行为，犯罪行为应受到什么惩罚的法律"，例2中的"国家工作人员利用职务上的便利，侵吞、窃取、骗取或者以其他手段非法占有公共财物"。

定义联项就是联结被定义项和定义项的语词，如例1、例2中的"是"。

被定义项通常用 Ds 来表示，定义项通常用 Dp 来表示，定义联项通常用"就是""是""即""是指""当且仅当"等来表示。定义的公式是：

Ds 就是 Dp

在定义中，通常把被定义项放在前面，把定义项放在后面，如上面的例1。但有时为了更能突出被定义项的特点，而把定义项放在前面，如上面的例2。

2. 定义的种类和方法。定义通常分为事物定义和语词定义两大类。

（1）事物定义。事物定义就是揭示概念所反映的事物的特有属性的定义。概念有两个方面的属性即内涵和外延。外延是概念所指称的对象，可以是具体事物，也可以是事物的性质或关系，也可能是客观世界中并不存在的事物。内涵是概念的内容，概念都有内涵，给概念下定义，多是采用揭示概念内涵（特有属性）的方法，这样的定义就称为事物定义。

常用的事物定义方法是属加种差。属加种差可用下列公式表示：

被定义项 = 种差 + 邻近属

用属加种差方法给一个概念下定义时，有以下步骤：①找出被定义项的邻近属。所谓邻近属，就是被定义项所从属的比较邻近的属概念，以确定被定义项所反映的对象属于哪一类事物。②找出被定义项的种差。所谓种差，就是指那些可以把被定义项所反映的事物与该属的其他事物区分开来的属性，即该事物的特有属性。③用种差限制邻近属概念，构成定义项。④选择适当的定义联项将被定义项和定义项联结起来，形成一个完整的定义。

例如，给"犯罪集团"下定义：①找出犯罪集团的邻近属概念是"犯罪组织"；②找出它的种差是"三人以上为共同实施犯罪而组成的，较为固定的"；③用"种差 + 邻近属"构成定义项，即"三人以上为共同实施犯罪而组成的较为固定的犯罪组织"；④用适当的定义联项将被定义项和定义项联结起来，即"犯罪集团就是三人以上为共同实施犯罪而组成的较为固定的犯罪组织"。

一个概念的属概念有时是多层次的。给概念下定义时，一般是选择被定义项比较邻近的属概念。但"邻近的属概念"是相对而言的，到底选择哪个外延较广的概念作属概念，要根据定义的具体要求而定。例如，"人"这个概念的属概念依次有"动物""脊椎动物""哺乳动物""灵长目"等，而"人是能制造工具并使用工具进行劳动的高等动物"这一定义则是以"动物"作为"人"的邻近属，因为这个定义所要求的是把人和其他动物区分开来。

有时为了表达的简练，可以把定义项中众所周知的属概念省略。例如，《刑法》第 22 条：为了犯罪，准备工具、制造条件的，是犯罪预备。省略了犯罪预备的属概念"行为"。这种省略属概念的定义方法，形成了定义中独特的"的"字结构。[1] "的"字结构具有概括性强、包容性大、重点突出的特点。

由于事物的属性是多方面的，同一事物从不同的角度去看，就可以形成不同的特有属性。因而在不同的学科领域，可以从不同的方面揭示概念所反映对象的特有属性，从而形成不同的种差，作出不同的定义。例如：

第一，性质定义。这类定义中的种差是事物性质特征。例如，主犯是在共同犯罪中起主要和组织作用的罪犯。

第二，发生定义。这类定义中的种差是事物产生或形成特征。例如，霜是在气温降到 0℃以下时，接近地面空气中所含的水汽在地面物体上凝结成的白色冰晶。

第三，功用定义。这类定义中的种差是事物功能特征。例如，体温计是测量人或动物体温用的温度计。

第四，关系定义。这类定义中的种差是事物间关系特征。例如，同学是在同一个学校学习的人。

上面所讲的事物定义方法是由属加种差构成的，因此又叫属加种差定义。属加种差定义是一种常用的定义方法，但也有一定的局限性。例如，对于哲学范畴就不能用这种方法下定义，因为哲学范畴自身就是外延最大的概念，对于"物质"找不到它的邻近属概念。对某些单独概念，也不适合使用属加种差定义。有的单独概念所反映的个体事物具有多重属性，要找到种差非常困难，不能用种差刻画它们。例如"鲁迅"，就很难用一两句话揭示他和其他文学家、思想家的区别。

属加种差定义是严格的逻辑意义上的定义，也是逻辑学主要研究的定义。

---

〔1〕 王洁：《法律语言研究》，广东教育出版社 1999 年版，第 51 页。

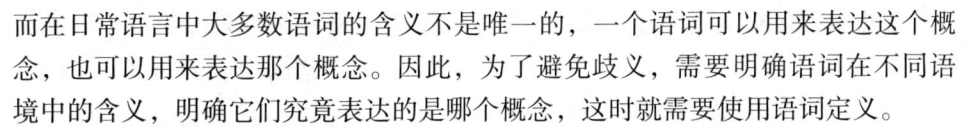

而在日常语言中大多数语词的含义不是唯一的,一个语词可以用来表达这个概念,也可以用来表达那个概念。因此,为了避免歧义,需要明确语词在不同语境中的含义,明确它们究竟表达的是哪个概念,这时就需要使用语词定义。

(2) 语词定义。语词定义就是说明或规定语词含义的定义。

第一,说明的语词定义。这种定义就是对某个语词的既定意义作出解释、说明。例如,大牌指名气大、水平高、实力强的人。

第二,规定的语词定义。这种定义就是对某个语词赋予确定意义,通过约定而规定某些语词的含义。例如"以上、以下、以内"一类词,是否包括本数,在日常语言中就很容易引起歧义。例如,"身高1.20米以下儿童免票"。《刑法》第99条:"本法所称以上、以下、以内,包括本数。"这里就是采用规定的方式明确了"以上、以下、以内"一类词的内涵,当它们出现在刑事法律中时,就不会产生歧义。

所以,在语言表达中应注意不要使用容易引起歧义的概念。如果不可避免要使用多义词或者近义词,也应对它们的含义作出明确的说明或规定,以避免或者减少争端。

3. 定义的规则。要给一个概念作出正确的定义,不仅要掌握相关的知识,还要遵守定义的规则。定义的规则是一个定义正确的必要条件。

(1) 定义不能循环。这条规则要求:被定义项和定义项不能互相定义。因为被定义项的内涵是不明确的,需要用定义项来说明它。如果定义项中直接或间接地出现被定义项,等于用被定义项说明被定义项本身,实际上被定义项的内涵并没有得到明确。

违反这一规则导致的逻辑错误是"循环定义"。例如:

【例1】贪污罪就是因为贪污而构成的犯罪。

【例2】计算机就是电脑。

这两个例子都犯了循环定义的逻辑错误。

(2) 定义必须相应相称。这条规则要求:被定义项的外延和定义项的外延之间必须是全同关系,因为只有具有全同关系的概念反映的才是同一对象。

违反这一规则导致的逻辑错误是"定义过宽"或"定义过窄"。定义过宽是指定义项的外延大于被定义项的外延,把本来不属于被定义项所指称的对象包括到定义项的外延之中。定义过窄是指定义项的外延小于被定义项的外延,把本来属于被定义项所指称的对象排斥在定义项的外延之外。例如:

【例1】刑法是关于违法行为的法律。

【例2】刑法是关于刑事犯罪的法律。

这里，例1犯了定义过宽的逻辑错误，因为调整违法行为的法律不仅仅是刑法；例2犯了定义过窄的逻辑错误，因为刑法不仅规定了什么是犯罪行为，还规定了对犯罪行为处以什么样的刑罚。

（3）定义应当用肯定形式。这条规则要求：定义应当用肯定命题来表达，不能用否定命题下定义，给正概念下定义不能使用负概念。因为定义的目的就是要说明被定义项所指称的对象具有哪种特有属性。而用否定命题和负概念下定义，只能说明被定义项不具有某种属性，而不能说明被定义项具有某种属性；只能说明被定义项不是什么，而不能说明被定义项是什么。

违反这一规则导致的逻辑错误是"定义离题"。例如：

【例1】累犯是非初次犯罪的人。

【例2】累犯不是初次犯罪的人。

例1、例2都犯了定义离题的逻辑错误，只说明了累犯不是第一次犯罪的人，那么到底实施了什么样的犯罪行为才是累犯呢？《刑法》第65条第1款规定："被判处有期徒刑以上刑罚的犯罪分子，刑罚执行完毕或者赦免以后，在5年以内再犯应当判处有期徒刑以上之罪的，是累犯，应当从重处罚，但是过失犯罪和不满18周岁的人犯罪的除外。"《刑法》第66条规定："危害国家安全犯罪、恐怖活动犯罪、黑社会性质的组织犯罪的犯罪分子，在刑罚执行完毕或者赦免以后，在任何时候再犯上述任一类罪的，都以累犯论处。"

如果被定义项是负概念，本身就是以缺乏某种属性为特征，这时定义项就可以包含负概念，这不违反本条规则。例如：

【例1】未成年人就是未满18周岁的人。

【例2】非正式解释就是在法律上没有约束力的解释。

（4）定义必须明确简练。这条规则要求：

第一，定义应当用明确简练的语言，不应有含混的语词。概念的内涵是隐含在概念中的，定义就是要把隐含的内涵用简练又通俗易懂的语言准确地表达出来。由于反映对象情况的不同，有的定义比较复杂，有的定义比较简单，所以"简练"是相对而言的。

违反这一规则导致的逻辑错误是"定义含混"。

第二，定义项中不应包含比喻。比喻虽然富有形象性和启发性，生动易懂，但它不能直接、准确地揭示出被定义项的特有属性。比喻不能代替定义。

违反这一规则导致的逻辑错误是"用比喻代替定义"。例如：

【例1】数学是科学中的皇后，哥德巴赫猜想是皇冠上的宝石。

【例2】儿童是祖国的花朵，青年是八九点钟的太阳。

(二) 划分

1. 划分及其结构。划分是明确概念外延的逻辑方法。划分就是依据一定的标准把一个概念所指称的一类对象分成若干个小类。概念的外延有大有小。单独概念的外延只包含一个单独的思维对象，概念的外延很清楚。而普遍概念反映的是一类事物，其外延可以是有限的，也可以是无限的，有时没有必要或不可能对其指称的对象——进行研究，这时就需要使用划分的方法来明确概念的外延。例如：

【例1】根据犯罪的主观方面，把犯罪分成故意犯罪和过失犯罪。

【例2】根据刑事诉讼证据的具体表现形式，把刑事诉讼证据分为物证、书证、证人证言、被害人陈述、犯罪嫌疑人、被告人供述和辩解、鉴定意见、勘验、检查、辨认、侦查实验等笔录、视听资料、电子数据。

划分由划分的母项、划分的子项和划分标准三部分组成。

划分的母项就是其外延被划分的概念，如例1中的"犯罪"，例2中的"刑事诉讼证据"。

划分的子项就是母项被划分后得到的各并列的概念。如例1中的"故意犯罪和过失犯罪"，例2中的"物证、书证、证人证言、被害人陈述、犯罪嫌疑人、被告人供述和辩解、鉴定意见、勘验、检查、辨认、侦查实验等笔录、视听资料、电子数据"。

划分标准就是将一个母项划分为若干个子项时所依据的一定的属性。如例1中的"根据犯罪的主观方面"，例2中的"根据刑事诉讼证据的具体表现形式"。

有时为了语言表达的简练，可以把划分标准省略。例如，《刑法》第32条规定："刑罚分为主刑和附加刑。"

划分的母项和子项外延之间是属种关系，母项的外延是属，子项的外延是种，因此，划分实质上是把一个属概念分成几个种概念的逻辑方法。

某些事物具有多方面属性，因而划分时可以根据需要选取不同的属性作为划分标准。例如，可以根据以下几个方面的属性对"法律"进行不同的划分：

【例1】根据法律规定的内容不同，法律可分为实体法和程序法。

【例2】根据法律制定的主体和运用范围不同，法律可分为国际法和国内法。

【例3】根据法律效力、内容和制定程序不同，法律可分为根本法和普通法。

【例4】根据法律的创制和表达形式不同，法律可分为成文法和不成文法。

【例5】根据法律的效力范围不同，法律可分为一般法和特别法。

【例6】根据法律维护的是公共社会利益还是个体私人利益，法律可分为公法和私法。

2. 划分的种类和方法。

(1) 一次划分和连续划分。一次划分是对母项进行一次分完的划分，只包含母项和子项两个层次。例如，根据刑事诉讼证据的来源不同，证据可分为原始证据和传来证据。连续划分是把第一次划分后所得到的子项作为母项继续进行划分，这样连续划分下去，直到满足需要为止。例如，根据人民法院的性质不同，将人民法院分为：

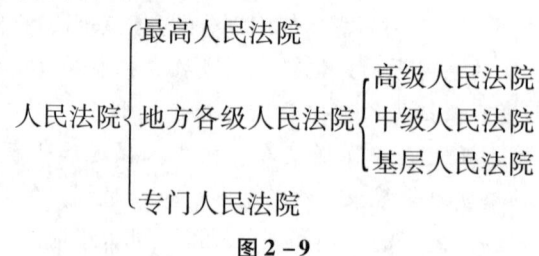

人民法院 ├ 最高人民法院
├ 地方各级人民法院 ├ 高级人民法院
│　　　　　　　　├ 中级人民法院
│　　　　　　　　└ 基层人民法院
└ 专门人民法院

图 2-9

上述例子包含着三个层次，进行了两次连续划分。

(2) 二分法。二分法是一种特殊的划分，以划分对象有无某种属性作为划分标准，把母项中凡是具有这种属性的对象划分为一类，表现为一个正概念；把凡是不具有这种属性的对象划分为另一类，表现为一个负概念。二者的外延之间是矛盾关系。例如，根据解释主体和法律效力的不同，法律解释可以分为正式解释和非正式解释。

3. 划分的规则。要对一个概念作出正确的划分，不仅需要掌握有关划分对象的知识，还要遵守划分的规则。划分的规则是一个正确划分的必要条件。

(1) 子项之和必须穷尽母项。这条规则要求：划分后所得各子项外延之和与母项的外延之间是全同关系。

违反这一规则导致的逻辑错误是"子项不全"和"多出子项"。子项不全是划分后所得的各子项外延之和小于母项外延，遗漏了子项。多出子项是划分后所得的各子项外延之和大于母项外延，将不属于母项外延的对象包括进来。

【例1】刑事诉讼强制措施有：拘传、取保候审、监视居住、拘留。

此例就犯了子项不全的逻辑错误，它遗漏了逮捕。

【例2】对妨害民事诉讼的强制措施有：拘传、训诫、责令退出法庭、罚款、拘留、逮捕。

此例就犯了多出子项的逻辑错误，它多出了逮捕。

(2) 各子项外延之间必须互不相容。这条规则要求：划分后所得的各子项外延之间必须是全异关系，互不相容，这样才能把属于母项的任何一个对象划分到一个子项中，而且也只能划分到一个子项中。

违反这一规则导致的逻辑错误是"子项相容",也就是出现一些对象既属于这一子项,又属于另一子项的情况,而引起混乱。

例如:把人分为成年人、未成年人、男人、女人。

此例就犯了子项相容的逻辑错误。

(3) 划分标准必须同一。这条规则要求:在一次划分中必须使用同一个标准,不允许一部分子项的划分依据某一个标准,而另一部分子项的划分依据另一个标准。

违反这一规则导致的逻辑错误是"多标准划分"。

例如:把刑事诉讼证据分为直接证据、间接证据、原始证据、传来证据。

此例就犯了多标准划分的逻辑错误。在这个划分中出现了两个划分标准,一个是直接证据和间接证据的划分标准是"证据对案件的证明情况",一个是原始证据和传来证据的划分标准是"证据的来源"。

这条规则只要求在同一层次划分中必须用同一个标准,它并不排斥在不同层次的划分中使用不同标准,即在连续划分中可以改变划分标准。

例如:可将人作如下划分:

$$人\begin{cases}男人\begin{cases}成年人\\未成年人\end{cases}\\女人\begin{cases}成年人\\未成年人\end{cases}\end{cases}$$

图 2-10

同一层次划分中不能改变标准,但不是说只能用事物的一个属性作划分标准,可以把事物的多种属性综合起来作为一个统一标准进行划分。例如,为了便于管理犯人,把犯人分为:

成年男犯　　　成年女犯

未成年男犯　　未成年女犯

此例把年龄和性别两个属性综合起来作为一个统一标准,它不是多标准划分。

4. 分解。分解是把一个整体分为几个组成部分,它所显现出的是整体和部分的关系。部分具有各自不同的属性,而不具有整体的属性。整体和部分之间是全异关系。

划分不同于分解。划分是把一个大类分为几个小类,它所显现出的是类与分子的关系。其中,大类是母项,小类是子项,母项和子项之间是属种关系,划分后的子项具有母项的属性。例如，把人民法院分为最高人民法院、地方各级人民法院、专门人民法院，这是一个划分，我们可以说地方各级人民法院是人民法院，因为划分后的子项具有母项的属性。但把人民法院分为刑事审判庭、经济审判庭、民事审判庭、行政审判庭和其他审判庭，这是对人民法院的分解，而不是划分，我们不能说民事审判庭是人民法院，因为分解后的部分不具有整体的属性，而只能说民事审判庭是人民法院的组成部分。

对于单独概念，只需要指出被指称的那个对象就明确了该概念的外延。例如，《祝福》的作者是鲁迅。单独概念的外延只有一个特定对象，是一个最小的整体，所以，对单独概念不能进行划分，但是可以根据不同的属性进行分解。例如，地球可以分为南北两个半球，又可以分为欧洲、非洲、亚洲、美洲、大洋洲、南极洲。

5. 列举。列举也是明确概念外延的一种逻辑方法，是划分的一种特殊形式。列举运用起来比较简单，它不像划分那样严密和科学。划分需要以某种属性作为标准，需要明确概念的全部外延，把属概念下所包含的每一个分子都分到一定的种概念中。而列举既可明确概念的全部外延，把一定范围内的对象逐一列举出来，也可只明确概念的部分外延，把不能也不需要一一明确的部分省略掉，只将需要的子项列出来，并在后面加上"等"或"……"，以示未尽。例如，《民法典》第233条规定："物权受到侵害的，权利人可以通过和解、调解、仲裁、诉讼等途径解决。"

列举应遵守以下两条规则：①每次列举只能按照一个标准进行；②列举的各子项外延间应互不相容。

以上是关于定义和划分的有关知识。在具体运用中，有时是用定义的方法来明确一个概念，有时是用划分的方法来明确一个概念，有时是将定义和划分结合起来应用。一般来说，定义比划分更能直观地揭示概念的特有属性，所以，大多数概念都是从内涵方面来明确它们的，但有些概念的特有属性不是很明显，这时往往采用划分的方法来明确这个概念。例如，《刑事诉讼法》第108条第6款规定："'近亲属'是指夫、妻、父、母、子、女、同胞兄弟姊妹。"对于"近亲属"这个概念采用明确其外延的方法比明确其内涵更直接、易行。而《刑事诉讼法》第50条则同时采用了定义和划分这两种方法明确了"证据"这个概念：可以用于证明案件事实的材料，都是证据。证据包括：①物证；②书证；③证人证言；④被害人陈述；⑤犯罪嫌疑人、被告人供述和辩解；⑥鉴定意见；⑦勘验、检查、辨认、侦查实验等笔录；⑧视听资料、电子数据。

该法条首先对"证据"下了一个定义,即"证明案件真实情况的一切事实,都是证据"。但如果仅限于此,人们对"证据"这个概念的理解还是很笼统的,所以,该法条紧接着就对证据进行了划分,把证据分为八种形式,通过这个划分,人们才形象地理解了证据,明白了哪些事实材料可以当做刑事法律上的证据来使用,从而掌握了证据的外延。所以,就对"证据"的理解而言,划分起到了比定义更大的作用。

第二节 语句分析

一、语句的应用

语言是人们用来表达思想、记录思想的一种符号系统。语句是能表达一个完整意思的语言单位。由于人的声音具有无限的柔韧和可塑性,说出的语句比写出的语句更能表达微妙的情感和意思。但视觉符号也有其独特的优势,它具有声音所不具备的确定和持久不变的性质,使人类的思想得以长期保存和传承,也更适于充当研究人类思想和思维的物质媒介。

为了实现交际、信息沟通、科学研究、社会管理等各种各样的目的,人们以多种不同的方式使用语言。维特根斯坦在其所著《哲学研究》中对语句的用法做了这样的列举:发出命令、描述物体的外表或者给出它的测量结果、报道事件、推测事件、提出和检验假说、结合图表提交实验结果、编故事、演戏、唱歌、猜谜、开玩笑、解算术题、语言翻译、询问、思考、诅咒、问候和祈祷,等等。语句的这些用法可以简单地归结为以下四种类型:

1. 陈述情况。客观事物存在各种各样的状态、发生各种各样的变化,我们所说、所写的大多数语句都是在谈论我们所共同生活的这个世界的情况。陈述事物情况如此这般或不如此这般的语句属于陈述性语句。例如:

【例1】原始社会的氏族习惯不具有阶级性。

【例2】氦气是惰性气体。

【例3】珠穆朗玛峰是世界上最高的山峰。

这些语句都是在对一个事实或一个理论命题进行陈述。有些语句陈述的情况符合客观实际,有些语句陈述的情况不符合客观实际。与客观实际相符的语句对事物情况提供了正确的信息,有助于人们形成关于世界的认识。

2. 提出问题。用于提出问题的语句并不陈述任何确定的情况,其作用在于就某个情况向别人进行信息请求。当一个人对事物情况的认知、判断处于不确定的状态并且试图摆脱这种状态时，他通常会使用问句。例如：

【例1】 什么是不可抗力？

【例2】 有证人出庭作证吗？

【例3】 高薪能否养廉？

其中，例1既未明确陈述不可抗力是什么，也未明确陈述不可抗力不是什么，只是提出了一个关于"不可抗力"这个概念的问题并期待对方予以回答。例2既没有陈述有证人出庭作证，也没有陈述没有证人出庭作证，没有给出任何确定的信息。例3并没有就相关情况表达任何明确的态度，只是提出了一个引发思考和回答的问题。

3. 表达感受。除了陈述情况和索求信息，语句的另一种十分重要的用法是表达说话人的主观情感、态度和评价。例如：

【例1】 太遗憾了！

【例2】 啊！草地是多么欢乐！晨歌是多么动听！

这些语句往往包含一些具有强烈感情色彩的语词，用来表达说话者对于某件事的看法和感受。表达感受用法的典型文体是抒情诗。抒情诗中的句子可能包含一定的信息，但其目的并不在于报道关于世界的事实和理论，而是要表达诗人的强烈情感，并意欲激发读者的同感和共鸣。

4. 发出指令。指令性用法的语句旨在引起或阻止某种行为，以便使事物情况朝着所期望的状态发展。说话者所期望的状态是其基于个人价值判断所认为的理想状态，或者与其特定目的相符的状态。例如：

【例1】 放下武器！

【例2】 行人和车辆应当沿着道路的右侧行驶。

例1表述了一个命令，例2表述了一个法律规范，其中包含"应当"这个规范性语词。指令性语句的作用不是交流信息或表达情感，而是为了实现其指令结果。依据语气强弱的不同，指令性语句可分为命令、要求、请求、恳求的语句等。

为了成功而高效地进行交流，一个语句可能被赋予多重功能。根据语气的不同，语言学将语句区分为四种类型：陈述句、疑问句、感叹句和命令（祈使）句，这四种语句形式大致对应于以上所列语句的四种用法。但这种对应关系只是"大致"的。尽管任何一个语句必定仅属于其中某一种类型，其用法却常常不是单一的。例如，语句"普鲁士人本来不应当挑起战争"既陈述了"普鲁士人曾经挑起了战争"，也表明了说话人对此所持的态度或所作的评价："这是不应当的"。又如，"凶手是什么时候逃离现场的？"是一个疑问句，它提出了关于凶手逃离现场的时间的问题，同时也包含了一个对情况的陈述："凶手逃离了现场"。在一些委婉的表达中，一个语句真正要表达的并不是其字面上的意思。例如公司经理要去参加8点钟开始的一个会议，他的秘书对他说："现在已经7点半了。"这句话表面上看是在陈述一个情况，但其真正的意思是要求对方抓紧时间赶往会场。这个说话者使用了一个陈述性语句，但这个陈述句实际上属于上述第四种用法。很多语词兼具描述性和评价性，这就需要对包含这类语词的语句的用法做出具体分析。例如，警察就一桩谋杀案说道："凶手的手法非常残忍。"这个语句既可以看做是对凶手作案手法残忍这个客观情况的陈述，也可以用来表达说话人的主观评价。

主观评价往往借助具有褒义或贬义色彩的语词来表达，其中隐含着主体的价值判断。带有强烈感情色彩的语句在向听者传递信息的同时，也会从心理上影响、支配听者的判断，将说话人自己的价值判断悄悄转嫁给听者。例如：

【例1】 几家大型的石油公司正着手开发厄瓜多尔的石油资源。
【例2】 有钱有势的石油巨头们正在将厄瓜多尔仅有的自然资源掠走。

第一个句子传达了一个信息。第二个句子也传达了信息，但其中"有钱有势的石油巨头""仅有的""掠走"这些措辞又具有鲜明而强烈的情感意义，表达了说话人的态度立场，并试图激发听者的情感，从心理上影响听者对这件事的价值判断。一个理性的听者或读者，可以试着用中性语词重新表述这类语句，并且追问对方有没有为他作出的评判提供必要的证据支持，从而形成听者或读者自己的判断。

任一语句都是由特定主体基于特定目的、在一个特定场景中表达出来的。通过说出或写出一个句子，主体可能作出了一个断定，也可能实施了某个具有非语言意义的行为。按照英国哲学家奥斯丁的言语行为理论，人们借助于语言表达可以完成各种各样的行为。例如说"对不起！"是一次道歉，在现场买卖过程中，卖主出价和买主所说"给我来2斤"则完成了一次口头买卖协议的订约行为。奥斯丁将这类言语行为称为"完成语旨的行为"。为了准确把握一个句子的用法，不仅要理解句子的语义，还要结合语境来理解句子的语旨。

表达命题是语句的一种非常重要的用法。当主体通过一个句子作出断定时，其断定指向的是这个句子所表达的命题。命题是语句中所包含的对事物情况的陈述。命题与语句之间的关系就像曲子与乐谱，二者密切联系着，但又彼此不同。语句是命题的语言载体，命题总要借助于一个具体的语句表达出来。任一语句必定从属于某一种语言，如汉语、英语等，命题则不专属于某一种语言，同一个命题可以在各种语言中、以多种句子形式表达出来。

逻辑学是关于推理、论证的一门学问，而推理、论证都是由命题组成的。今天，在非经典逻辑领域，人们已经发展出了研究问题的逻辑性质及其关系的问题逻辑，以及处理指令性语句及其推理的规范逻辑，但经典意义上的逻辑学关注的还是语句所表达的命题。对于具有复合功能的语句，需要将其中所包含的陈述分离出来加以考察。例如，对于感叹句"这个凶手是多么残忍啊！"逻辑学只分析其中所包含的陈述"这个凶手很残忍"。对于反问句"难道他不是凶手吗?!"只需分析其中所包含的陈述"他是凶手"。在命题逻辑中，如果两个单句对事物情况所作的陈述完全相同，区别只存在于感情色彩方面，则认为这两个语句表达了相同的命题，因为对于逻辑研究的目的而言，重要的是语句在陈述事物情况方面的内容。

　　逻辑学不仅关注命题在陈述事物情况方面的真假，还研究命题的逻辑结构，通过分析推理中前提与结论的命题形式来研究推理的有效性。一般而言，语句的语法结构反映该语句所表达的命题的逻辑结构，但这两者并不总是对应的。例如"苏格拉底是智慧的"与"哲学家是智慧的"这两个语句，尽管它们的语法结构是相同的，但根据现代谓词逻辑，它们所表达的命题的逻辑结构完全不同。针对这个问题，维特根斯坦和美国语言学家乔姆斯基都区分了语句的表层语法结构和深层语法结构。维特根斯坦认为，哲学特别是形而上学中的混乱的根源就在于，人们被语言的表层语法所欺骗而看不见深层语法结构。乔姆斯基的转换生成语法理论则是试图提出一套系统的规则，以便透过句子的表层结构来获得对其深层结构的认识。可以说，句子的深层语法结构就是句子所表达的命题的逻辑结构。

　　相对于不同的时间、地点、人物、条件，一个陈述性语句既可能用于陈述一个命题，也可能用于表达一个判断。所谓判断，是指对语句所包含的命题作出了断定。一个陈述性语句可以是已被断定的，也可以是未被断定的。已被断定的陈述性语句就成为一个判断，未被断定的就不是判断。显然，任何判断都包含着一个命题，但并非所有的命题都是判断。

　　例如：某甲到法院控告"某乙以诽谤方式侵害我的名誉权"，这是一个语句。这个语句对某甲来说，是被断定为真的，因而是一个判断。但对审理这个案件的审判员来说，在他尚未查证之前，还不能断定这个语句的真假，因而这是一个未被断定的语句，不是判断。

　　又如：在科学研究中，经常对某些事物或现象提出假设或假说。这些假设和假说是推测性的命题，是一些猜想，在它们未被检验之前，表达这些命题的语句都是未作断定的语句，不是判断。

为了区别命题和判断，现代逻辑的创始人弗雷格发明了符号"⊢"，该符号中的横线"—"为"内容线"，它的作用是引出后面的一个完整的命题或思想。其中的竖杠"｜"为"断定杠"，表示对内容线所引出的命题或思想的断定。例如"—周瑜打黄盖"给出了一个命题，"⊢周瑜打黄盖"则给出了一个被断定的命题。当断定符"⊢"出现在一个句子左边时，表示对该句子的内容作出了断定。在逻辑学中，既要研究已被断定的语句，也要研究未被断定的语句。例如，用 A、B 表示任意两个陈述性语句，在下面这个推理中，

⊢ 如果 A，那么 B

⊢ A

所以：⊢ B

语句 A 出现了两次。第一次出现的 A 是未被断定的，因为第一个断定符"⊢"针对的是整个语句"如果 A，那么 B"，其中的 A 和 B 本身并未得到断定。而第二次出现的 A 则是被断定了的。因此，逻辑学研究并不限于判断，在逻辑学中一般采用"命题"而不采用"判断"的说法。

二、语句的意义：组合原则及语境原则

语句能够用于表达思想是因为语句具有意义。在某种意义上说，一个语句是一串写出的符号或一串声音。美国哲学家皮尔士区分了语句类型（type of sentence）与语句殊型（token of sentence），这有助于我们更好地理解语句和语句所表达的意义。例如，下面的两个符号串：

人是有理性的动物。

人是有理性的动物。

就是同一语句类型的两个语句殊型。也就是说，它们是同一种表达式的两个具体的出现。属于同一语句类型的各个语句殊型之间不仅存在字形或声音上的相似性，它们还说出了相同的东西，这种相同的东西就是语句在语言学上的意义。

逻辑学特别注意语句与其意义之间的区别，以及谈论语句与使用语句之间的区别。例如，我们通过说出"苏格拉底是哲学家"来表达一种事物情况，这属于对"苏格拉底是哲学家"这个语句的使用。而"'苏格拉底是哲学家'是由 8 个汉字组成的句子"则是在谈论"苏格拉底是哲学家"这个语句，其中包含着的'苏格拉底是哲学家'是被谈论的这个语句的名字。用于谈论一个语句的语句和被谈论的语句居于不同的语言层次。为了理解语句与其意义之间的区别，需要注意下面两种情况：一方面，不同的语句可以表达相同的意义。任何语句都是属于某一种语言的，意义却不局限于用哪一种语言表达。"她是律师"和"She is a lawyer"分别是汉语和英语的两个不同的语句，但它们表达了相同

的意义，因此两者之间可以互译。即使在同一个语言里，由于存在语词的同义性以及语言表达方式的多样性，不同的语句也可以表达相同的意义。例如，"中国男篮输给了美国梦之队"和"美国梦之队赢了中国男篮"是两个不同的语句，但它们表达的意义是相同的。另一方面，同一个语句也可能表达不同的意义。语言有歧义性，当同一个语句出现在不同的语境、以不同的方式被使用时，它所表达的意义可以是不相同的。例如，"这是张教授的书"这个语句，既可能表示这是张教授写的书，也可能表示这是张教授买的书，还有可能表示这是张教授借阅的书。可见，语句具有什么样的意义，不仅依赖于语句本身，也依赖于语句出现的语境。因此，需要明确一个语句是在什么意义下使用的，明确它所陈述的是什么命题。如何确定语句的意义对于逻辑学研究来说是非常重要的。

要理解一个语句的意义，需要先理解出现在这个语句中的语词的意义。不论是各民族的自然语言，还是为科学研究专门创制的人工语言，所有这些语言都包含两个基本成分：一个是词汇，另一个是语法规则。语法规则规定语词以何种方式生成语句，以及简单语句以何种方式生成复杂的语句。尽管任何一种语言的词汇和语法规则在某一特定时刻都是有限的，可以被学习该语言的人所掌握，但是由一组有穷的词汇构造出来的语句则有无穷多。例如，英语的词汇和语法可以容纳在一套词典和语法手册里，一套词典和语法手册相对于图书馆浩瀚的英文藏书来说其容量是微不足道的。出现在英文书籍中的语句的数量极其庞大，并且这些语句很少是相同的。正如弗雷格所说："语言的效能令人吃惊，它以很少的几个音节表达无限多的思想。它甚至为一个地球居民所第一次把握的一个思想找到一种表达，使另一个地球居民能够通过这种表达认识这个全新的思想。"[1]他认为，语言之所以有这样的效能，是因为与语言自身的构造原则一致，思想（语句的意义）也有相应的构造性。

任何语句都是由一门语言的基本词汇构造出来的。凡是掌握了这门语言的人，只要他懂得词汇的意义以及词汇之间的联结方式，就可以理解单句的意义，进而理解由单句组合出来的复合语句的意义。正如一个语句是由其中各个部分组成的，一个语句的意义也是由作为其组成部分的各表达式的意义以某种方式组合而成的。需要说明的是，并不是语句中任何一个有意义的表达式都是该语句的一个组成部分。例如，"张三给李四发了一个电子邮件"，这个语句的最后10个字"李四发了一个电子邮件"就是一个有意义的语句，但是从逻辑上说，它并不是语句"张三给李四发了一个电子邮件"的一个组成部分。语句中的一

---

[1] [德] 弗雷格：《弗雷格哲学论著选辑》，王路译，商务出版社1994年版，第158页。

个部分要成为这个语句的一个组成部分，必须同时满足两个条件：首先，这个部分独立地具有意义；其次，它必须满足可替代原则，即用任一别的语句来替换该语句，或者用任一别的同类语词来替换该语词以后所得到新语句仍然有意义。

语句意义的组合原则可以简单地表述为：如果语句 E 依据某个语法规则由部分 E_1 和 E_2 所构成，则 E 的意义 M（E）是由 E_1 的意义 M（E_1）和 E_2 的意义 M（E_2）以与其语法规则对应的某种方式组合得到的。这种组合性原则又称为"弗雷格原则"。弗雷格详细探讨了语句意义依赖于该语句的组成部分意义的各种方式。例如，简单句"氢气轻于碳酸气"可以分解为"氢气"和"轻于碳酸气"两部分。其中，"轻于碳酸气"表示一种关系，"氢气"则意谓处于这种关系中的对象。他说："我们可以用表示氧气的符号或表示氮气的符号替代表示氢气的符号。这样一来，意义发生了变化，因为'氧气'或'氮气'进入了'氢气'以前所处的关系。"[1]语句经关联词联结又生成新的复合语句。在"思想结构"一文中，他讨论了复合句构造的两种基本形式。将一个语句置于"并非……"的省略号处，或者将两个语句置于"……并且……"的省略号处就生成了新的语句。相应地，原语句的意义组合在一起生成新语句的意义。例如，否定句"并非 A"表达这样的情况：A 表达的情况不发生，"并非 A"的意义以表达 A 不发生的方式依赖于 A 的意义。

美国实用主义哲学家查尔斯·W. 莫里斯关于意义分析强调了三个方面："语言指号维持着三类关系（与语言中的其他指号的关系、与被意谓的对象的关系、与使用和理解它们的人的关系），这三类关系规定了意义的三个方面。这些方面反过来是语形学、语义学和语用学的研究对象。"[2]弗雷格对于语句的分析主要是从语义学和语形学两个方面展开的，而奥地利哲学家路德维希·维特根斯坦的"语言游戏"理论则充分强调了语言与其使用者的关系，强调了语句的意义在于其用法的思想。这种思想对于二战以后的语言哲学产生了深刻的影响。

维特根斯坦"语言游戏"理论的思想要点可以概括为：语言是作为表达我们思想的工具发展起来的，只有在我们能使用我们的语言这个意义上，语言才可能对我们具有意义。语言符号本身是没有生命的，语词、语句不过是语言工具箱里的各种工具，只有通过对语言的使用才赋予语言以活的意义。孤立地去问一个语言表达式的意义是什么，这是没有意义的，重要的是观察语言表达式

---

〔1〕 ［德］弗雷格：《弗雷格哲学论著选辑》，王路译，商务出版社 1994 年版，第 20 页。
〔2〕 车铭洲编：《西方现代语言哲学》，李连江译，南开大学出版社 1989 年版，第 77 页。

的用法规则。语言表达式的每一次使用都相当于把该语言表达式镶嵌在一个更为宽泛的语言与非语言的环境之中，或者说是置于一个语言游戏的活动中。这些活动包括一系列语言表达及其他非语言动作，此外还加上某种确定的外界环境，这些因素构成了语言表达式的语境。我们通过了解一个语言表达式在各种语境下的用法规则，由少到多、由浅及深地理解其意义。这意味着，同一个语词或语句在不同语境下的具体意义可能是不同的，语词或语句意义的确定依赖于它出现的语境。例如，张三对李四讲了一番话，然后李四问张三："你刚才说的是什么意思？"李四这样问，可能表示他不理解张三的话语，比如里面包含了李四完全陌生的一些语词。李四这样问，还可能表示，尽管他完全明白张三所说的每一个词句，但他不知道对方通过说这些话暗示什么，比如以委婉的方式善意地给李四提个醒，抑或是试图警告、威胁李四。要理解这个问句实际上表达了什么，必须借助于其他相关的语境因素来加以推测判断。在一个句子的语言学解释完全确定的情况下，对其意义也可以有各种不同的解读。正如维特根斯坦所指出的，语言意义的确定性只能是相对的，绝对精确的概念不过是形而上学的虚构。对于语言来说，墨守一种脱离具体情况的精确性理想是没有意义的。

维特根斯坦的理论对于我们理解法律是具有启发意义的。在非法律专业的人士看来，法律是一个规则体系，其中相当一部分是通过法律文本中的语句表达出来的。因此，我们通过理解法典中的语词和语句的意义来理解法律。而实际上，法学院的学生主要是通过大量的案例分析、通过了解法律条文在具体案件中的适用来学习法律的。正如维特根斯坦所指出的，语言符号本身是没有生命的。法律的语词和语句不过是借以传达法律的工具，其意义不会是完全确定的，有待于结合语境作出解释。一个著名的例子是"禁止把运载工具带入城市公园"这个表达法律规则的语句。我们设想下列可能出现的案件：一辆救护车开进公园抢救一名被击伤的慢跑者。城市青年商会会员把一辆二战用的坦克放进公园以纪念该城市的战争阵亡者。一些十几岁的少年在公园里举办自行车赛。一位树木修补专家按照与该城市的合同把卡车开进公园装运枯死的树木枝干。[1] 所有这些案件都对"运载工具"的意义提出了疑问。"每一个疑问都只是把基础上已有的一个裂隙显示出来；因此我们只有首先把可以怀疑的一切都怀疑一遍，然后把所有的这些怀疑都消除掉，才能获得可靠的理解。"[2] 法官总是

---

[1] [美] 史蒂文·J. 伯顿：《法律和法律推理导论》，张志铭、解兴权译，中国政法大学出版社1999年版，第24页。

[2] [英] 维特根斯坦：《哲学研究》，陈嘉映译，上海人民出版社2001年版，第62页。

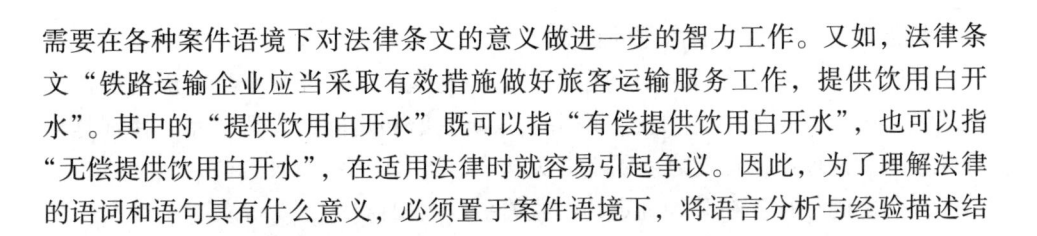

需要在各种案件语境下对法律条文的意义做进一步的智力工作。又如，法律条文"铁路运输企业应当采取有效措施做好旅客运输服务工作，提供饮用白开水"。其中的"提供饮用白开水"既可以指"有偿提供饮用白开水"，也可以指"无偿提供饮用白开水"，在适用法律时就容易引起争议。因此，为了理解法律的语词和语句具有什么意义，必须置于案件语境下，将语言分析与经验描述结合起来，才能得以明确。

三、语句的真值

只要我们从整体上掌握了一门语言，就可以理解这个语言中的语句，理解这个语句在各种语境下所表达的思想。但是，仅仅停留在思想的层面是不够的。从科学认识的角度看，思想的价值在于提供反映客观世界真实情况的正确认识。因此，必须从对语句意义的分析推进到对语句真假的分析。逻辑学研究推理、论证，就是围绕着"真"的概念展开的。在逻辑学中，把语句的真或假称为语句的真值。真语句的真值为真，假语句的真值为假。

逻辑之父亚里士多德对于"真"做了明确的说明：说是者是，不是者不是，就是真的；而说不是者是，是者不是，就是假的。哲学上围绕着"真"的概念形成了各种不同的理论。按照符合论的解释，"真"在于命题与事实的符合关系。如果一个语句所表达的命题符合客观实际情况，这个语句就是真的；如果一个语句所表达的命题不符合客观实际情况，这个语句就是假的。例如，"人民法院是审判机关"这个语句陈述的情况符合客观实际，因而它是个真语句；"凡被告都是有罪的"这个语句陈述的情况不符合客观实际，因而它是个假语句。

并非所有有意义的语句都有真值，"真""假"是陈述事物情况的语句所特有的。问题能被提出或不被提出，命令可以被下达或不被下达，它们都不能够被断定为真或假，只有对事物情况所做的陈述才能被肯定或否定，只有表达命题的语句才有真假。在某些特殊语境下，例如小说、戏剧所使用的陈述性语句一般不具有认识方面的意义，我们不去讨论这类语句的真假。另一方面，任何一个陈述事物情况的语句都必定或者为真或者为假。尽管有时我们对于一个语句所陈述的情况尚不能确切认识其真假，如"宇宙中有外星人存在"，由于事实上宇宙中是否存在外星人是一个不确定的情况，因而"宇宙中有外星人存在"这个语句本身或者为真，或者为假。有些语句自身并不陈述一个完整的事物情况，例如，"我登上了珠穆朗玛峰"这个句子包含着指示词"我"，这个语句由不同的人说出，它所表达的意义是不同的，而同一个人在不同的时间说出的这句话，其真值也是不同的。对于这类语句，需要结合语境确定它所表达的命题是什么。一个语句表达的命题不同，它的真值也不相同。所谓语句的真值，实际上是指该语句所表达的命题的真值。

逻辑学不研究某个特定语句在事实上的真假，不研究某个特定语句所做的陈述是否符合客观实际的情况，逻辑学只研究语句之间的真假关系，特别是出现在推理和论证中的语句之间的真假关系。

语句之间往往存在某种确定的真假关系。例如：

【例1】 大气层中二氧化碳浓度持续升高。

【例2】 全球气候变暖。

根据气象学的知识，在其他条件不变的情况下，如果例1是真的，则例2也是真的，因为这两个语句所陈述的情况之间存在着因果联系。由因果联系导致的语句之间的真假关系是可以通过观察、试验等经验方法认识到的。

又如：

【例3】 a是偶数。

【例4】 a是奇数。

【例5】 a是有理数。

无论a实际上是什么数，只要例3是真的，那么例4一定是假的，而例5一定是真的。这是因为，根据数学中对"偶数""奇数"和"有理数"这三个概念的定义，"偶数"所指称的数的集合与"奇数"所指称的数的集合是不相交的，而"偶数"所指称的数的集合包含于"有理数"集合。显然，语句之间的这种真假关系源于语言中实词的意义，可以通过对语词意义的分析认识到。

再如：

【例6】 所有的犯罪都是有社会危害性的。

【例7】 有些犯罪是有社会危害性的。

例6通过量词"所有的""都"与联结词"是"搭配，对情况做出了全部肯定的陈述。例7则通过量词"有些"与"是"的搭配，对情况做出了部分肯定的陈述。显然，如果例6是真的，例7也将是真的。例6与例7的真假关系是由量词引起的。

再比如：

【例8】 甲获得利益。

【例9】 乙蒙受损失。

【例10】 并非甲获得利益。

【例11】 甲获得利益并且乙蒙受损失。

例10是由"并非"一词联结例8而生成的语句。例10是对例8的否定，无论事实上甲是否获得利益，这两个语句的真假总是相反的。如果例8为真，则例10必定为假；如果例8为假，则例10必定为真。例8是例10的分句，可见，例10的真值是由其中的分句的真值决定的。例11是由"并且"一词联结例8和例9生成的，它的真假取决于它对事物情况的陈述是否符合实际。而实际情况如何，又和例8、例9的真假直接相关。如果例8和例9都真，则例11也必定为真，如果例8和例9其中一者为假，或两者都为假，则例11也为假。例8和例9是例11的分句，可见，例11的真值是由构成这个复句的两个分句的真值决定的。如果一个复句的真值是由其中所含的各个分句的真值所决定的，则该复句就是其各个分句的一个真值函项。对于真值函项复句来说，将其中的某个分句代以另一个真值相同的句子，整个复句的真值保持不变。

例10与例8、例11与例8、例9之间的真假关系分别是由"并非……""……并且……"这样的关联词所引起的。这些关联词的语法作用是联结语句生成新的语句，在语义方面，它们反映被联结的语句与生成的整个语句在内容和真假方面的联系。

就产生语句间真值关系的原因来说，后面两组例子所反映的情况与前两组不同。在后面两组例子中，语句之间的真值关系是由"所有的""有些""并非……""……并且……"这一类虚词所引起的。在逻辑学里，这类反映语句之间真值关系的虚词称为"逻辑词"或"逻辑常项"。由逻辑词所引起的语句之间的真值关系称为逻辑关系。逻辑学研究的目的就在于揭示由逻辑词所引起的语句真值关系的规律性。

四、语句的类型

根据语气的不同，语句分为陈述句、疑问句、感叹句、命令句。

根据结构的繁简，语句分为单句和复句。单句表达的命题称为简单命题，复句表达的命题称为复合命题。从逻辑学的角度看，单句又可以分为陈述事物是否具有某种性质的单句和陈述事物之间存在某种关系的单句。陈述事物是否具有某种性质的单句表达的命题是性质命题，也称直言命题，例如："苏洵是文学家。"陈述事物之间存在某种关系的单句表达关系命题，例如："苏洵与苏轼是父子关系。"由关联词联结若干单句生成的语句为复句。只包含一个关联词的复句是二重复句，表达基本复合命题。根据所含关联词的不同，二重复句分为并列复句、转折复句、选择复句、条件复句等，它们表达不同类型的基本复合命题。包含两个或两个以上关联词的复句是多重复句，多重复句表达多重复合命题。

根据语句中是否出现模态词，语句分为模态语句和非模态语句。"必然""可能"这类语词称为模态词。模态语句表达模态命题，非模态语句表达非模态命题。

根据语句中是否出现规范词，语句分为规范语句和非规范语句。"允许"

"禁止""应当"这类语词称为规范词。规范语句是由规范词联结行为表达式形成的语句，如"必须依法纳税"。规范语句表达规范命题。

思考题

1. 什么是语词？什么是名称？什么是词项？
2. 什么是概念？什么是概念的外延和内涵？
3. 概念有哪些主要的种类？如何区分不同种类的概念？
4. 概念外延之间有哪几种关系？如何区分这几种关系？
5. 什么是概念的限制和扩大？
6. 什么是定义？定义由哪些部分组成？
7. 定义有哪些规则？违反这些规则会犯什么逻辑错误？
8. 什么是划分？划分由哪些部分组成？
9. 划分有哪些规则？违反这些规则会犯什么逻辑错误？
10. 什么是语句？语句有哪些主要的用法？
11. 语句的意义是如何确定的？
12. 什么样的语句具有真值？语句的真值是如何确定的？
13. 语句有哪些类型？

练习题

一、指出下列各段话是从内涵方面还是从外延方面明确标有横线的概念的。

1. 宪法是规定国家性质、政治制度、经济制度、国家机构以及公民的基本权利和义务等重要内容的根本大法。
2. 各民族工人、农民、知识分子和一切爱国者都是国家的主人。
3. 中华人民共和国国务院，即中央人民政府，是最高国家权力机关的执行机关，是最高国家行政机关。
4. 国家机器是指军队、警察、法庭、监狱等，它是阶级压迫的工具。
5. 合同是平等主体的自然人、法人、其他组织之间设立、变更、终止民事权利义务关系的协议。
6. 民事诉讼当事人是指以自己名义向法院提出诉讼、请求保护自己的权益的原告和被提起诉讼的被告。
7. 法人是指按照法定程序设立，有一定的组织机构和独立的或独立支配的财产，并能以自己名义享有民事权利、承担民事义务的社会组织。
8. 要约邀请是希望他人向自己发出要约的意思表示。寄送的价目表、拍卖公告、招标公告、招股说明书、商业广告等为要约邀请。

9. 明知自己的行为会发生危害社会的结果，并且希望或者放任这种结果发生，因而构成犯罪的，<u>是故意犯罪</u>。

10. 本法所称<u>司法工作人员</u>，是指有侦查、检察、审判、监管职责的工作人员。

二、指出下列各题中标有横线的概念是单独概念还是普遍概念。

1. <u>中华人民共和国</u>是统一的多民族的国家。

2. <u>中华人民共和国公民</u>在法律面前一律平等。

3. <u>中华人民共和国全国人民代表大会</u>是最高国家权力机关。

4. <u>中华人民共和国全国人民代表大会会议</u>每年举行一次。

5. <u>《人民日报》</u>是中共中央的机关报。

6. 到会的每一个人手中都拿着一份<u>《人民日报》</u>。

7. <u>中国政法大学</u>是一所全国重点大学。

三、指出下列各题中标有横线的概念是集合概念还是非集合概念。

1. 中国政法大学的<u>学生</u>都要学习逻辑学。

2. 中国政法大学的<u>学生</u>非常喜欢学习逻辑学。

3. <u>人</u>贵有自知之明。

4. <u>人</u>是由猿进化而来的。

5. <u>书</u>是知识的海洋。

6. 动物是<u>人类</u>的朋友。

四、指出下列各题中标有横线的概念外延之间的关系。

1. <u>宪法</u>是<u>国家的根本大法</u>。

2. <u>高级人民法院</u>是<u>中级人民法院</u>的上级法院。

3. <u>盗窃罪</u>是<u>侵犯财产罪</u>。

4. 有些<u>司法干部</u>是<u>审判员</u>。

5. 有些<u>法学家</u>是<u>教授</u>。

6. <u>诈骗罪</u>不是<u>贪污罪</u>。

7. 要严格区分<u>犯罪行为</u>和<u>非犯罪行为</u>。

8. 有些<u>国家干部</u>不是<u>党员</u>。

9. <u>刑罚</u>分为<u>主刑</u>和<u>附加刑</u>。

10. 凡具有中华人民共和国国籍的<u>人</u>都是<u>中华人民共和国公民</u>。

五、用欧拉图表示下列概念外延间的关系。

1. 工人、青年、党员、共青团员

2. 共青团员、大学生、中学生、学生

3. 产品、工业品、农产品、出口商品
4. 亚洲、中国、北京
5. 青少年犯罪、犯罪青少年
6. 汽车、汽车发动机

六、根据下列欧拉图所示的概念外延之间的关系，填写适当的概念。

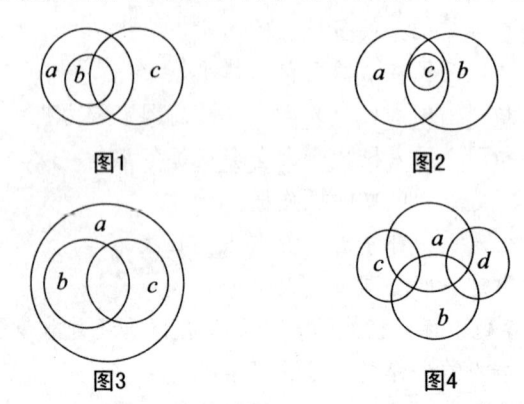

图1

图2

图3

图4

七、将符合下述要求的概念写在横线上。
1. "人文科学"与_____是矛盾关系，与_____是反对关系。
2. "导体"与_____是矛盾关系，与_____是反对关系。
3. "中国律师"与_____是矛盾关系，与_____是反对关系。
4. "合法行为"与_____是矛盾关系，与_____是反对关系。

八、根据下列已知条件，推出 a、b、c、d、e 五个概念的外延关系，并用一组欧拉图表示它们之间的关系。
1. 如果 a 不真包含 b，则 c 与 e 不全同。
2. 如果 b 不真包含 c，则 d 与 e 不全同。
3. c、d、e 三个概念是全同关系。

九、指出下列有关定义和划分是否正确。
1. 一个定义，只有不是循环定义，才是正确的。
2. 一个定义，如果不是循环定义，就是正确的。
3. 法院是国家的司法机关。
4. 国际公法不是国内法。
5. 共同犯罪就是共同实施犯罪行为。
6. 故意杀人罪就是故意剥夺他人生命的行为。
7. 失败是成功之母。

8. 什么是幸福？幸福像花儿一样。

9. 逻辑学就是研究逻辑的科学。

10. "死亡分为正常死亡和非正常死亡"是一个正确的划分。

11. "一年分为四季"是一个正确的划分。

12. 这次比赛获奖的选手有专业的、业余的，还有不少新秀。

13. 事故发生后，所有的媒体和电视、电台、报纸，都给予了详细的报道。

14. 这个地区自然条件比较复杂，有山地、平原、沼泽，也有牧区、林区、农田。

15. 《民法通则》中规定的近亲属有配偶、父母、子女。

16. "犯罪构成的要件包括犯罪主体、犯罪客体、犯罪主观方面、犯罪客观方面"是一个正确的划分。

17. 邮件分为航空邮件、平寄邮件、国内邮件、国际邮件。

十、对下列概念进行限制或扩大。

1. 法律。

2. 审判员。

3. 森林。

4. 鲁迅。

十一、分析下列语句，指出其属于哪种用法。

1. 白发三千丈，缘愁似个长。（李白《秋浦歌》）

2. 申请商标注册不得损害他人现有的在先权利，也不得以不正当手段抢先注册他人已经使用并有一定影响的商标。

3. 《中华人民共和国商标法》第 32 条规定：申请商标注册不得损害他人现有的在先权利，也不得以不正当手段抢先注册他人已经使用并有一定影响的商标。

4. 我们不仅为您奉上尊崇典雅的完美座驾，更以雷克萨斯全方位品质服务，令您满意，从无间断。

5. 尽管英国石油公司在 6 月 4 日宣布"盖顶"成功，但现存于海水中的泄漏原油仍高达 5000 万加仑，上千平方公里的海域遭到污染。不仅英国石油公司要为此付出巨额赔偿，漫不经心的美国政府同样要为这场生态灾难负责。

6. 网络以什么方式改变人的大脑？

7. 奥德赛在沉睡中被放到伊萨卡的岸上。

8. 生命诚可贵，爱情价更高，若为自由故，两者皆可抛。

9. 一切华表、立柱、高拱、金字塔——所有这一切，岂不终是一堆尘沙？

10. 少谈论些主义，多研究些问题。

拓展阅读书目

1. ［奥］维特根斯坦：《逻辑哲学论》，贺绍甲译，商务印书馆1996年版。
2. ［奥］维特根斯坦：《哲学研究》，陈嘉映译，上海人民出版社2001年版。
3. ［德］弗雷格：《弗雷格哲学论著选辑》，王路译，商务印书馆1994年版。

拓展阅读材料

1. 弗雷格　　　　．维特根斯坦

第三章 逻辑推理：命题演算

第一节 复合命题：形式语言 P^L

一、概述

复合命题是由简单命题和命题联结词组成的命题。任何复合命题都含有命题联结词和其他命题成分。把命题成分联结起来构成复合命题的联结词称为命题联结词，被命题联结词所联结的命题成分称为支命题。支命题就是构成复合命题的命题。例如，"某甲犯了放火罪并且犯了杀人罪"，这个命题就是由"某甲犯了放火罪"和"某甲犯了杀人罪"这两个支命题以及"……并且……"这个命题联结词组成的复合命题。

任何复合命题都是含有命题联结词的。命题联结词的一个重要作用，是将支命题联结起来构成复合命题。命题联结词的另一个重要作用，是反映支命题之间以及复合命题与支命题之间的逻辑关系，即真值关系。一个复合命题所反映的命题之间的逻辑关系完全由这个复合命题所包含的命题联结词所决定，不同的命题联结词所反映的命题之间的逻辑关系是不同的。在具体思维中，命题联结词还反映命题之间的内容或意义方面的联系，但是，逻辑学只研究命题联结词所反映的命题之间的真值关系或逻辑关系，而不研究命题联结词所表达的命题之间的内容或意义方面的联系。它撇开命题之间的内容或意义方面的联系，只从复合命题与支命题之间的真值关系方面，研究命题联结词及其复合命题的性质和规律。因此，在逻辑学中，命题联结词只表达命题之间的真值关系或逻辑关系而不反映命题之间的内容或意义方面的联系，又称为真值联结词，它是自然语言中的命题联结词的逻辑抽象。

逻辑学的研究成果表明：命题之间只存在五种基本的真值关系或逻辑关系。在自然语言中，表达这五种基本逻辑关系的命题联结词有："非""且""或"

"则""当且仅当"等。在现代逻辑中,引进了五个基本的真值联结词来表达这五种基本的真值关系。这五个基本的真值联结词是:否定词"¬"、合取词"∧"、析取词"∨"、蕴涵词"→"、等值词"↔"。符号¬、∧、∨、→、↔ 分别读作:否定、合取、析取、蕴涵、等值。这些真值联结词只反映命题之间的真值关系,它们所表达的真值关系即它们的含义可以用真值表来表示。现代逻辑研究表明,就表达命题之间的真值关系或逻辑关系而言,这五个基本的真值联结词是充分的,命题之间的任何真值关系都可以用它们或其组合来表达。此外,在表达命题之间的真值关系或逻辑关系方面,上述五个基本的命题联结词和五个基本的真值联结词的作用是相同的。这样,本书在许多场合就可以交替使用这两个词,把这些命题联结词和真值联结词等同起来加以使用。它们是:否定词"非"、合取词"且"、析取词"或"、蕴涵词"则"、等值词"当且仅当"。包含一个命题联结词的复合命题称为基本的复合命题,它的支命题是简单命题。基本的命题联结词或真值联结词有五个,因此,基本的复合命题可以归结为五种。

  命题是有真假的。命题的真假取决于它们是否如实陈述了客观事物的情况。复合命题的真假情况亦是如此。复合命题由支命题和命题联结词组成,因此,复合命题的真假与其支命题的真假有关。例如,在"某甲犯了放火罪并且犯了杀人罪"这个复合命题中,如果两个支命题都是真的,则这个复合命题是真的;如果两个支命题有一个为假,则这个复合命题是假的。当然,如果命题联结词不同,则复合命题与其支命题之间的真假对应关系亦不同。例如,在"某甲犯了放火罪或者犯了杀人罪"这个复合命题中,如果两个支命题有一个为真,则这个复合命题是真的;如果两个支命题都是假的,则这个复合命题是假的。

  复合命题形式是由命题变项和真值联结词组成的表达式,反映复合命题与支命题之间的逻辑结构或真值关系,亦称为命题公式或真值形式。如果把复合命题中的支命题分别替换为命题变项,并用相应符号表示,就得到了这个复合命题的形式。通常用英文小写字母 p、q、r ……表示命题变项。任何一个复合命题都是具体的,而它的命题形式则是抽象的。一个复合命题的形式与这个复合命题所包含的命题联结词是有关的,基本的命题联结词有五个,因此,基本的复合命题形式可以归结为五类。

  在现代逻辑中,首先研究的是复合命题的推理规律,即真值形式或真值联结词的逻辑规律,然后在这个基础上研究简单命题的推理规律。研究复合命题推理规律的逻辑理论称为命题逻辑,也称为真值联结词的逻辑。它是现代逻辑中最基础的部分。复合命题有内在的结构,简单命题也有内在的结构。但是,在命题逻辑中，把复合命题看做是简单命题的结合，而把简单命题看做是一个整体或基本单位，不对简单命题的内部结构进行分析，不把简单命题分析为非命题成分的组合。在研究简单命题推理规律时，才对简单命题的内部结构进行分析。

二、负命题

负命题就是陈述某个命题不成立的命题。它是对某个命题的否定，是对某个陈述的否定。

【例1】 并非所有证据都是确实的。

【例2】 凡有作案时间的人都是作案人，这种说法是不成立的。

【例3】 并非某甲既犯贪污罪又犯盗窃罪。

负命题由支命题和命题联结词"并非"构成。在欲否定的命题之前加上"并非""不是"等命题联结词，或在欲否定的命题后面加上"并非如此""是不成立的""是假的"等命题联结词就构成一个负命题。被否定的命题称为负命题的支命题，它可以是简单命题，也可以是复合命题。

负命题的命题联结词是"并非……"，用符号"¬"表示。符号"¬"称为否定词，读作"否定"或"并非"。在自然语言中，负命题的命题联结词的语言形式是多种多样的。除"并非……"外，还有"并不是……""……是不成立的""……是假的"等。

负命题的形式是：并非 p。

负命题的形式可表示为 $\neg p$。$\neg p$ 称为否定式。

负命题否定某个命题为真，即陈述某个命题为假。负命题与其支命题之间的真值关系是：负命题为真当且仅当被否定的命题即支命题为假。如果事实上被否定的命题是假的，则负命题是真的；如果事实上被否定的命题是真的，则负命题是假的。反之亦然。即负命题与其支命题不可同真并且不可同假。

例如：如果事实上"某甲是有罪的"是假的，则"并非某甲是有罪的"为真；如果事实上"某甲是有罪的"是真的，则"并非某甲是有罪的"为假。反之亦然。

负命题与其支命题之间的真值关系，即原命题与它的负命题之间的真值关系，是矛盾关系。这种关系可用真值表表示如下：

表3-1 负命题与支命题真值关系表

p	$\neg p$
+	-
-	+

由于负命题只有一个支命题，它有真假两种可能情况，因而负命题的真值表只有两行。第一行表示 p 真时￢p 为假，第二行表示 p 假时￢p 为真。

负命题的真值表反映了负命题与其支命题之间的真值关系，刻画了负命题的逻辑性质，刻画了否定词的逻辑性质。基于真值表，可以根据支命题的真假情况来确定负命题在何种情况下为真，在何种情况下为假，反之亦然。

三、联言命题

联言命题就是陈述几个命题都成立的命题，也就是陈述几种事物情况都存在的命题。

【例1】某甲有作案动机并且有作案时间。

【例2】鉴定意见和勘验笔录都是证据。

【例3】丹诺是著名的律师而丹宁是著名的法官。

联言命题由支命题和命题联结词"并且"构成。用命题联结词"并且"联结两个支命题就构成一个联言命题。联言命题的支命题称为联言支，一个联言命题的联言支至少有两个。联言支可以是简单命题，也可以是复合命题。如果联言支仍是联言命题，则称该联言命题有两个以上的联言支。具有两个以上联言支的联言命题与具有两个联言支的联言命题，其逻辑性质是相同的。

联言命题的命题联结词是"……并且……"，用符号"∧"表示。符号"∧"称为合取词，读作"合取"或"并且"。在日常语言中，联言命题的命题联结词的语言形式是多种多样的。除"……并且……"外，还有"……而且……""既……又……""……也……""……但是……"等，在日常语言中，这些词是作为"并且"的近义词或同义词来使用的。

联言命题的形式是：p 并且 q。

联言命题的形式可表示为：$p \wedge q$。$p \wedge q$ 称为合取式。

联言命题所陈述的几个支命题都是真的。联言命题与其支命题之间的真值关系是：联言命题为真当且仅当联言支都是真的。如果事实上联言支都是真的，则这个联言命题是真的；如果事实上联言支不都是真的，即有一个或一个以上的支命题是假的，则这个联言命题是假的。反之亦然。

例如，如果事实上某甲既有作案动机又有作案时间，则"某甲有作案动机并且有作案时间"这个联言命题是真的；如果事实上某甲有作案动机但无作案时间，或者有作案时间但无作案动机，或者既无作案动机又无作案时间，则"某甲有作案动机并且有作案时间"这个联言命题是假的。反之亦然。

联言命题与其支命题之间的真值关系可用真值表表示如下：

表 3–2　联言命题与其支命题真值关系表

p	q	$p \wedge q$
+	+	+
+	−	−
−	+	−
−	−	−

由于联言命题形式 $p \wedge q$ 中有两个命题变项，共有四种真值情况，因而它的真值表共有四行。第一行表示 p 真 q 真时 $p \wedge q$ 为真；第二行表示 p 真 q 假时 $p \wedge q$ 为假；第三行表示 p 假 q 真时 $p \wedge q$ 为假；第四行表示 p 假 q 假时 $p \wedge q$ 为假。

联言命题的真值表反映了联言命题与其支命题之间的真值关系，刻画了联言命题的逻辑性质，刻画了合取词的逻辑性质。

四、选言命题

选言命题就是陈述几个命题中至少有一个命题成立的命题，也就是陈述几种事物情况至少有一种情况存在的命题。

【例1】 这个城市人口过多或者能源不足。

【例2】 某甲和某乙至少有一个是凶手。

【例3】 你说错了或者我听错了。

选言命题由支命题和命题联结词"或者"构成。用命题联结词"或者"联结两个支命题就构成一个选言命题。选言命题的支命题称为选言支，一个选言命题的选言支至少有两个。选言支可以是简单命题，也可以是复合命题。如果选言支仍是选言命题，则称该选言命题有两个以上的选言支。具有两个以上选言支的选言命题与具有两个选言支的选言命题，其逻辑性质是相同的。

选言命题的命题联结词是"……或者……"，用符号"∨"表示。符号"∨"称为析取词，读作"析取"或"或者"。在日常语言中，选言命题的命题联结词的语言形式是多种多样的。除"……或者……"外，还有"……至少有一个成立""……不可都假"等，在日常语言中，这些词是作为同义词或近义词来使用的。

选言命题的形式是：p 或者 q。

选言命题的形式可表示为：$p \vee q$。$p \vee q$ 称为析取式。

选言命题所陈述的几个支命题至少有一个是真的，即陈述的几个支命题不可同假，但可同真。选言命题与其支命题之间的真值关系是：选言命题为真当且仅当选言支至少有一个是真的。如果事实上选言支至少有一个是真的，即选言支不都是假的，则这个选言命题是真的；如果事实上选言支都是假的，则这个选言命题是假的。反之亦然。

例如，如果事实上"他爱好音乐"和"他爱好游泳"有一个为真或者两个都真，则"他爱好音乐或游泳"这个选言命题为真；如果事实上这两个命题都是假的，则"他爱好音乐或游泳"这个选言命题是假的。反之亦然。

选言命题与其支命题之间的真值关系可用真值表表示如下：

表 3-3 选言命题与其支命题真值关系表

p	q	$p \vee q$
+	+	+
+	−	+
−	+	+
−	−	−

由于选言命题形式 $p \vee q$ 中有两个命题变项，共有四种真值情况，因而它的真值表共有四行。第一行表示 p 真 q 真时 $p \vee q$ 为真，第二行表示 p 真 q 假时 $p \vee q$ 为真，第三行表示 p 假 q 真时 $p \vee q$ 为真，第四行表示 p 假 q 假时 $p \vee q$ 为假。

选言命题的真值表反映了选言命题与其支命题之间的真值关系，刻画了选言命题的逻辑性质，刻画了析取词的逻辑性质。

五、假言命题

假言命题就是陈述某一命题蕴涵另一命题的命题。

【例1】 如果他是凶手，则他有作案时间。

【例2】 假如付清了货款，就能立即提取货物。

【例3】 只要驳倒对方的论证，就能胜诉。

设 A、B 是命题。如果并非 A 真而 B 假，即只要 A 真，B 就真，则称 A 蕴涵 B。假言命题亦称为蕴涵命题或充分条件假言命题。

假言命题由支命题和命题联结词"如果……则……"构成。用命题联结词"如果……则……"联结两个支命题就构成一个假言命题。"如果"后面的那个支命题称为假言命题的前件，简称前件；"则"后面的那个支命题称为假言命题的后件，简称后件。前件和后件可以是简单命题，也可以是复合命题。

假言命题的命题联结词是"如果……则……"，用符号"→"表示。符号"→"称为蕴涵词，读作"蕴涵"或"如果……则……"。在日常语言中，假言命题的命题联结词的语言形式是多种多样的。除"如果……则……"外，还有"假如……那么……""倘若……那么……""只要……就……""一旦……就……""……则……"等，在日常语言中，这些词是作为同义词或近义词来使用的。

假言命题的形式是：如果 p 则 q。

假言命题的形式可表示为：$p \rightarrow q$。$p \rightarrow q$ 称为蕴涵式。

假言命题陈述前件蕴涵后件，即陈述并非前件为真而后件为假，前件为真时后件为真。假言命题与其支命题之间的真值关系是：假言命题为真当且仅当并非前件为真而后件为假。如果事实上不是前件真而后件假，即如果事实上前件真并且后件真，或者前件假而后件真，或者前件假并且后件假，则这个假言命题是真的；如果事实上前件为真而后件为假，则这个假言命题是假的。反之亦然。

例如，如果事实上付清了货款却不能立即提取货物，则"如果付清了货款则能立即提取货物"这个假言命题是假的；如果事实上付清了货款就能立即提取货物，或者没有付清货款也能立即提取货物，或者未付清货款也未能立即提取货物，则"如果付清了货款则能立即提取货物"这个假言命题是真的。因为，只要不是前件真而后件假的情况，这个假言命题就是真的。反之亦然。

假言命题与其支命题之间的真值关系可用真值表表示如下：

表 3–4 假言命题与其支命题真值关系表

p	q	$p \to q$
+	+	+
+	−	−
−	+	+
−	−	+

由于假言命题形式 $p \to q$ 中有两个命题变项，共有四种真值情况，因而它的真值表共有四行。第一行表示 p 真 q 真时，$p \to q$ 为真，第二行表示 p 真而 q 假时，$p \to q$ 为假，第三行表示 p 假 q 真时，$p \to q$ 为真，第四行表示 p 假 q 假时，$p \to q$ 为真。

假言命题的真值表反映了假言命题与其支命题之间的真值关系，刻画了假言命题的逻辑性质，刻画了蕴涵词的逻辑性质。

应当指出，充分条件关系的前后件之间，不仅有真值关系即逻辑联系，而且有内容或意义方面的联系。假言命题的上述定义即蕴涵词的上述定义，是对充分条件关系的逻辑抽象，只刻画或反映充分条件关系的前后件之间的真值关系或逻辑关系，而不涉及前后件之间的内容上或意义上的联系。这样定义的蕴涵称为实质蕴涵，这种抽象对逻辑研究及其应用而言是适当的和必要的。

六、等值命题

等值命题就是陈述两个命题同时成立或者同时不成立的命题，也就是陈述两种事物情况同时存在或者同时不存在的命题。

【例1】 一个数是偶数当且仅当它能被 2 整除。

【例2】 某甲是凶手当且仅当某乙是凶手。

【例3】 人不犯我，我不犯人；人若犯我，我必犯人。

等值命题由支命题和命题联结词"当且仅当"构成。用命题联结词"当且仅当"联结两个支命题就构成一个等值命题。在"当且仅当"前的支命题称为前件，在其后的称为后件。前件和后件可以是简单命题，也可以是复合命题。等值命题亦称为充要条件假言命题。

等值命题的命题联结词是"……当且仅当……"，用符号"↔"表示。符号"↔"称为等值词，读作"等值""相互蕴涵"或"当且仅当"。在自然语言中，等值命题的命题联结词的语言形式是多种多样的，除"……当且仅当……"外，还有"当且仅当……才……"等。

等值命题的形式是：p 当且仅当 q。

等值命题的形式可表示为：$p↔q$。$p↔q$ 称为等值式。

等值命题陈述前件和后件同真或者同假，即陈述前件和后件的真假情况是相同的。等值命题与其支命题之间的真值关系是：等值命题为真当且仅当它的前件和后件的真假情况是相同的。如果事实上前件和后件同真或者同假，则这个等值命题是真的；如果事实上前件和后件不同真也不同假，则这个等值命题是假的。反之亦然。

例如，如果事实上"提取货物"和"付清货款"同真或者同假，则"提取货物当且仅当付清货款"这个等值命题是真的；如果事实上这两个命题不同真也不同假，则"提取货物当且仅当付清货款"这个等值命题是假的。反之亦然。

等值命题与其支命题之间的真值关系可用真值表表示如下：

表3-5　等值命题与其支命题真值关系表

p	q	$p↔q$
+	+	+
+	−	−
−	+	−
−	−	+

由于等值命题形式 $p↔q$ 中有两个命题变项，共有四种真值情况，因而它的真值表共有四行。第一行表示 p 真 q 真时 $p↔q$ 为真；第二行表示 p 真 q 假时 $p↔q$ 为假；第三行表示 p 假 q 真时 $p↔q$ 为假；第四行表示 p 假 q 假时 $p↔q$ 为真。

等值命题的真值表反映了等值命题与其支命题之间的真值关系，刻画了等值命题的逻辑性质，刻画了等值词的逻辑性质。

等值词的上述定义是充分必要条件关系的逻辑抽象，它不涉及前后件之间的内容上或意义上的联系，只反映前后件之间的真值关系。

七、多重复合命题

以简单命题为支命题可构成复合命题，以复合命题为支命题也可构成复合命题。复合命题的支命题可以是简单命题，也可以是复合命题。以复合命题为支命题的复合命题，称为多重复合命题。多重复合命题由简单命题和命题联结词经过有限次联结而逐层构成，是复合命题的有限次组合。在多重复合命题中，支命题是复合命题，支命题的支命题还可以是复合命题。因此，简单命题和命题联结词的多次联结，即复合命题的多次组合，可以构成非常复杂的多重复合命题。多重复合命题陈述命题之间复杂的逻辑关系。

例如：明知自己的行为会发生危害社会的结果，并且希望或者放任这种结果发生，因而构成犯罪的，是故意犯罪。这就是一个表达命题之间复杂的逻辑关系的多重复合命题。

多重复合命题包含有两个或两个以上的命题联结词。在多重复合命题中，最外层的命题联结词称为主联结词，例如上例中的主联结词是"如果……则……"。多重复合命题以主联结词命名和分类，比如称上述多重复合命题为假言命题。任何命题联结词都可用五个基本的命题联结词或真值联结词来表示，因此，多重复合命题亦分为五类。

多重复合命题有其命题形式或真值形式。多重复合命题的形式称为多重复合命题公式，简称为命题公式。多重复合命题形式以其主联结词命名和分类，多重复合命题形式依其主联结词分为五类。

例如，上述多重复合命题的形式是：

$$p \wedge (q \vee r) \wedge s \to t$$

这个命题公式称为蕴涵式。

一般地，用符号表示多重复合命题形式，即多重复合命题的形式化可以分为以下两步：

第一步，逐层找出支命题，支命题到简单命题为止。用命题变项符号 p、q、r……表示简单命题或支命题，相同的命题代以相同的符号，不同的命题代以不同的符号。

第二步，根据多重复合命题所陈述的命题之间的逻辑关系找出或补上命题联结词，用命题联结词或真值联结词符号表示，并将命题变项联结起来。

在使用符号表示命题公式时，还要使用括号来表示命题公式中的结构关系。括号内的命题公式是一个独立的部分。为了减少公式中的括号，以求得命题公式表述的简洁，可以对真值联结词的联结力的强弱作如下规定：¬ 最强，∧ 和 ∨ 较强，→ 较弱，↔ 最弱；有括号先计算括号。这样可省去一些括号。此外，公式最外层的括号也可省去。

例如：如果明知是犯罪所得的赃物而予以窝藏、转移、收购或者代为销售的，则处 3 年以下有期徒刑、拘役或者管制，并处或者单处罚金。

首先，将其中的简单命题找出来，并代以相应的命题变项符号：

某人明知是犯罪所得的赃物（p）

某人将赃物予以窝藏（q）

某人将赃物予以转移（r）

某人将赃物予以收购（s）

某人代为销售赃物（t）

将某人处以 3 年以下有期徒刑（u）

将某人处以拘役（v）

将某人处以管制（w）

对某人处以罚金（x）

然后，根据各个命题之间的逻辑关系，分别用真值联结词将命题变项联结起来，就得到这个多重复合命题的形式：

$$p \land (q \lor r \lor s \lor t) \to (u \lor v \lor w) \lor x$$

应当指出，就表达复合命题即表达复合命题所陈述的命题之间的逻辑关系而言，五个基本的命题联结词即五个基本的真值联结词是足够的。任何复合命题都可以用五个基本的复合命题或其相互组合来表达，任何复合命题形式都可以用五个基本的真值形式或其相互组合来表达。即任何复合命题都可以用简单命题和五个基本的命题联结词的有限次联结来表达，任何复合命题公式都可以用命题变项和五个基本的真值联结词的有限次联结来表示。

综上所述，在命题逻辑中，命题形式是一个仅含有命题变项和逻辑联结词的表达式。由以下规则生成：

（1） 任何命题变项是命题形式；

（2） 如果 α 和 β 是命题形式，那么 $\neg\alpha$，$\alpha \land \beta$，$\alpha \lor \beta$，$\alpha \to \beta$，$\alpha \leftrightarrow \beta$ 亦是。

（3） 只有由（1）～（2）生成的表达式才是命题形式。

排斥选言命题是陈述几个命题中有一个并且只有一个命题成立的命题，是陈述几种事物情况有一种并且只有一种情况存在的命题。有两个选言支的排斥选言命题陈述两个选言支不可同真并且不可同假，即陈述两个选言支至少有一个为真并且不可同真。排斥选言命题由支命题和命题联结词"要么……要么……"构成。其命题形式是：要么 p，要么 q。有两个选言支的排斥选言命题的形式可以表示为：

$(p \vee q) \wedge \neg (p \wedge q)$ 或 $(p \vee q) \wedge (\neg p \vee \neg q)$ 或 $\neg (p \leftrightarrow q)$

排斥选言命题所陈述的命题之间的逻辑关系，可用基本的命题联结词来表达。排斥选言命题可以用基本的复合命题的相互组合加以表达；排斥选言命题形式可以用命题变项和五个基本的真值联结词经过有限次的联结来表达，可以用基本的真值形式的相互组合来表达。因此，不把排斥选言命题作为基本的复合命题。

必要条件假言命题是由命题联结词"只有……才……"或"仅当……才……"联结支命题而构成的复合命题。"只有"后面的支命题称为前件，"才"后面的支命题称为后件。必要条件假言命题的形式是：只有 p 才 q。必要条件假言命题陈述前件为假时后件为假，并非前件假而后件真，这意味着后件真则前件真，后件蕴涵前件。因此，必要条件假言命题的形式"只有 p 才 q"可以用蕴涵式"$\neg p \rightarrow \neg q$"或"$q \rightarrow p$"来表示。必要条件假言命题所陈述的命题之间的逻辑关系，可以用基本的命题联结词来表示。必要条件假言命题可以用基本的复合命题或其组合来表达，必要条件假言命题形式可以用基本的真值形式或其组合来表示。因此，不把必要条件假言命题作为基本的复合命题。应当指出，必要条件假言命题的上述定义是对必要条件关系的逻辑抽象，它只反映必要条件关系前后件之间的真值关系，而不反映前后件之间在内容上或意义上的联系。

多重复合命题所陈述的命题之间的逻辑关系，取决于它所包含的逻辑联结词即命题联结词。因此，尽管多重复合命题有时在结构上非常复杂，但是，总可以根据它所包含的命题联结词，一层一层地对多重复合命题的结构即多重复合命题所陈述的命题之间的复杂的逻辑关系进行逻辑分析。

法律条文通常要考虑到各种因素、各种情况、各种可能，因而它所陈述的逻辑关系往往是很复杂的。为了准确地理解和适用法律，就有必要对法律条文所陈述的逻辑关系，即法律条文的逻辑结构进行分析。对法律条文进行逻辑分析的最基本的方法，就是把法律条文作为多重复合命题来进行分析。分析多重复合命题的逻辑结构即命题形式，实际上就是分析相应法律条文所陈述的逻辑关系。有时法律条文的语言表述虽然没有"如果……则……""……并且……""……或者……"等字样的联结词，但我们总可以根据法律条文所陈述的逻辑关系，把隐含的或被省略掉的联结词填补起来。例如前面所举的那个例子，就是在我国《刑法》第312条的条文中填补了"如果……则……"这个命题联结词。

多重复合命题与其支命题之间的真值关系可用真值表表示。多重复合命题形式不外乎是五个基本真值形式的相互组合，基于这些基本真值形式的真值表，可以计算出任何多重复合命题的真假值，可以构造出任何多重复合命题形式的真值表。实际上，对于命题公式中的命题变项的任何真值取值（真值取值亦称为真值赋值），命题公式都有相应的真值。例如，如果 p 为真，则从析取词的真值表知 $p \vee q$ 为真，从否定词的真值表知 $\neg p$ 为假，再从合取词的真值表知 $(p \vee q) \wedge \neg p$ 为假，再根据蕴涵词的真值表知 $(p \vee q) \wedge \neg p \rightarrow (q \rightarrow p)$ 是真的。计算是从里向外进行的。一般地，一个含有几个不同命题变项的多重复合命题形式，其真值表有 2^n 行，即有 2^n 种真值情况，可进行 2^n 次真值赋值。对每一行即每一次真值赋值，命题公式都有相应的真值。

第二节 重言式：语义推导与等值变形

一、复合命题公式的分类

复合命题形式即复合命题公式可以分为三类：

（一）重言式

重言式亦称为永真式。一个复合命题形式称为重言式，当且仅当对于其中出现的命题变项的各种可能的真值赋值，它总是真的。即不论其变项取什么值，它总为真。例如，$p \vee \neg p$ 就是一个重言式，不论变项 p 为真还是为假，这个公式总是真的。

（二）矛盾式

矛盾式亦称为永假式。一个复合命题形式称为矛盾式，当且仅当对于其中出现的命题变项的各种可能的真值赋值，它总是假的。即不论其变项取什么值，它总为假。例如，$p \wedge \neg p$ 就是一个矛盾式，不论变项 p 为真还是为假，这个公式总是假的。

（三）协调式

协调式亦称为可真可假的公式。一个复合命题形式称为协调式，当且仅当对于其中出现的命题变项的某些真值赋值，它是真的；而对于另一些真值赋值，它是假的。换句话说，既不是重言式也不是矛盾式的复合命题公式，称为协调式。例如，可交换性是合取、析取和等值的逻辑特征，但是，蕴涵就没有这种性质，蕴涵的两端是不能交换的。即复合命题公式 $p \rightarrow q \leftrightarrow q \rightarrow p$ 不是重言式，而是协调式。

此公式的真值表如下：

表3-6 协调式真值表

p	q	$p \rightarrow q$	$q \rightarrow p$	$p \rightarrow q \leftrightarrow q \rightarrow p$
+	+	+	+	+
+	-	-	+	-
-	+	+	-	-
-	-	+	+	+

当 p 和 q 同真或同假时，$p \to q \leftrightarrow q \to p$ 为真；当 p 和 q 取值不相同时，$p \to q \leftrightarrow q \to p$ 为假。

设 A 和 B 是复合命题形式，如果 $A \to B$ 是重言式，则称 $A \to B$ 是重言蕴涵式，称 A 重言蕴涵 B；如果 $A \leftrightarrow B$ 是重言式，则称 $A \leftrightarrow B$ 是重言等值式，称 A 重言等值 B。

命题逻辑特别关心的是重言式。因为，重言式反映了命题之间确定的或必然的真值关系，反映了复合命题的推理规律，反映了命题演算的逻辑规律。如果 A 为矛盾式，则 $\neg A$ 为重言式。矛盾式在逻辑学中也有其特殊的作用。

二、常用的重言等值式

重言等值式的两端是等值的，不论其中变项取什么值，左右两端的命题形式都是等值的。重言等值式表达了真值联结词的等价语义，反映了命题形式之间的等值关系。重言等值式是一类重要的重言式。某些命题形式在表达方式上很不相同，它们所表示的真值关系都是完全相同的。相同的真值关系可以用不同的命题形式加以表达。根据重言等值式，可以把握真值联结词的等价语义，可以将一种形式的复合命题等值变换为另一种形式的复合命题，可以将命题形式予以等值置换而不改变命题公式的真值。这些在逻辑推理和论证中都是极其重要的。

复合命题的重言等值式是非常多的，下面介绍一些常用的重言等值式。

（一）$p \to q \leftrightarrow \neg q \to \neg p$

即："如果 p 则 q"等值于"如果非 q 则非 p"。例如，"如果他是凶手则他有作案时间"等值于"如果他没有作案时间则他不是凶手"。

（二）$p \lor q \leftrightarrow \neg p \to q$

即："p 或者 q"等值于"如果非 p 则 q"。例如，"该案的作案人或者是甲或者是乙"等值于"如果该案的作案人不是甲则该案的作案人是乙"。

（三）$p \land q \leftrightarrow \neg (p \to \neg q)$

即："p 并且 q"等值于"并非如果 p 则非 q"。例如，"某甲是凶手并且某乙是凶手"等值于"并非如果某甲是凶手则某乙不是凶手"。

（四）$(p \leftrightarrow q) \leftrightarrow (p \to q) \land (q \to p)$

即："p 当且仅当 q"等值于"（如果 p 则 q）并且（如果 q 则 p）"。例如，"一个数是偶数当且仅当它能被 2 整除"等值于"如果一个数是偶数则它能被 2 整除，并且，如果一个数能被 2 整除，则它是偶数"。

（五）$(p \leftrightarrow q) \leftrightarrow (p \land q) \lor (\neg p \land \neg q)$

即："p 当且仅当 q"等值于"（p 并且 q）或者（非 p 并且非 q）"。例如，"他去当且仅当她去"等值于"他去并且她去，或者，他不去并且她不去"。

（六）¬（p→q）↔ p∧¬q

即："并非如果 p 则 q" 等值于 "p 并且非 q"。例如，"并非如果他在现场他就是凶手" 等值于 "他在现场但他并不是凶手"。

（七）¬（p∨q）↔ ¬p∧¬q

即："并非（p 或者 q）" 等值于 "非 p 并且非 q"。例如，"并非或者某甲是案犯或者某乙是案犯" 等值于 "某甲不是案犯并且某乙不是案犯"。

（八）¬（p∧q）↔ ¬p∨¬q

即："并非（p 并且 q）" 等值于 "非 p 或者非 q"。例如，"并非他既有作案动机又有作案时间" 等值于 "他没有作案动机或者他没有作案时间"。

（九）¬（p↔q）↔（p→¬q）∧（¬p→q）

即："并非（p 当且仅当 q）" 等值于 "如果 p 则非 q，并且，如果非 p 则 q"。例如，"某甲是凶手并非当且仅当某乙是凶手" 等值于 "如果某甲是凶手则某乙不是凶手，并且，如果某甲不是凶手则某乙是凶手"。

（十）¬（p↔q）↔（p∧¬q）∨（¬p∧q）

即："并非（p 当且仅当 q）" 等值于 "p 并且非 q，或者，非 p 并且 q"。例如，"某甲有罪并非当且仅当某乙有罪" 等值于 "或者某甲有罪但某乙没有罪，或者某甲没有罪但某乙有罪"。

可以证明，上述等值式都是重言式。

三、重言式的判定方法

在命题逻辑中，判定一个命题公式是否为重言式，是一个极其重要的问题。命题逻辑的许多重要问题都可归结为重言式的判定问题。

如何判定一个命题公式是否为重言式呢？有些简单的命题公式可以从直观上判定，但是，对于某些复杂的命题公式是很难从直观上进行判定的，就需要运用一定的逻辑方法。下面介绍重言式的几种判定方法。

（一）真值表法

任何命题公式都是五个基本命题形式的相互组合，基于五个基本命题形式的真值表，可以计算出任何命题公式的真值表。一般地，一个含有 n 个不同命题变项的命题公式，其真值表有 2^n 行。如果对于命题公式的真值表的每一行即每一种真值组合情况，命题公式都是真的，它就是重言式；否则，它就不是重言式。因此，一步一步地计算出在命题变项的各种真值组合情况下命题公式的真值，计算出命题公式的真值表，就可判定它是否为重言式。真值表法就是基于真值表计算的判定方法。真值表法的判定程序如下：

第一，找出命题公式中的命题变项，根据命题变项所有可能的真值组合情况，对命题变项进行真值赋值，并写在每个命题变项的下面。在同一行里，相同的命题变项应赋予相同的真假值。

第二，在每一行里，根据各个命题变项的真假值和各个真值联结词的运算规则，一层一层地计算出每个组成部分的真值，并分别列于各个组成部分的联结词下面。计算出该命题公式的真值并列于该命题公式的主联结词的下面。

第三，根据真值表的计算结果，判定命题公式是否为重言式。如果这个公式在各种真值组合情况下都是真的，它就是重言式；否则，它就不是重言式。

【例 1】$(p \leftrightarrow q) \leftrightarrow (p \rightarrow q) \land (q \rightarrow p)$

该命题公式的真值表如下：

表 3–7 该命题公式的真值表

p	q	$p \rightarrow q$	$q \rightarrow p$	$(p \rightarrow q) \land (q \rightarrow p)$	$p \leftrightarrow q$	$(p \leftrightarrow q) \leftrightarrow (p \rightarrow q) \land (q \rightarrow p)$
+	+	+	+	+	+	+
+	−	−	+	−	−	+
−	+	+	−	−	−	+
−	−	+	+	+	+	+

从上面这个真值表可以得知，上述命题公式是重言式。

为了书写简便，可以在被判定的命题公式的下面直接计算并写出其真值，而不必另画真值表。当一个命题公式的结构比较复杂时，采用这种书写方法，就简便得多了。

【例 2】$\neg (p \leftrightarrow q) \leftrightarrow (p \land \neg q) \lor (\neg p \land q)$

用简写的真值表法判定如下：

$$
\begin{array}{c}
\neg\ (p \leftrightarrow q) \leftrightarrow (p \land \neg\ q) \lor (\neg\ p \land q) \\
-\ +\ +\ +\ +\ +\ +\ -\ +\ -\ +\ -\ +\ +\ +\ + \\
+\ +\ -\ -\ +\ +\ -\ +\ +\ -\ +\ -\ +\ -\ - \\
+\ -\ -\ +\ +\ -\ -\ -\ +\ +\ +\ +\ -\ +\ + \\
-\ -\ +\ -\ +\ -\ -\ +\ -\ -\ +\ -\ -\ -
\end{array}
$$

从这个真值表可以得知，上述命题公式是重言式。

应当指出，对于含有较多命题变项的命题公式来说，尽管可以在有限步内计算出这个命题公式的真值表，但其计算过程是十分繁琐的。因而，在判定一个含有较多命题变项的命题公式是否为重言式时，真值表法不是一个便捷的方法。

（二）归谬赋值法

归谬赋值法又称为简化真值表法或短真值表法。这种方法主要适用于判定一个蕴涵式是否为重言式。要断定蕴涵式 $A \rightarrow B$ 为重言式，就得证明不论其变项取什么值，$A \rightarrow B$ 都不可能为假。如果该公式不可能为假，则它是重言式；如果该公式可以为假，它就不是重言式。假设 $A→B$ 为假，则 A 真而 B 假。如果按 A 真而 B 假进行赋值会导出逻辑矛盾，则说明 $A→B$ 不可能为假，由此可以断定 $A→B$ 是重言式；如果按 A 真而 B 假进行赋值没有导致逻辑矛盾，则说明找到了一个真值赋值使得 $A→B$ 为假，由此可以断定 $A→B$ 不是重言式。因此，基于 $A→B$ 不是重言式即 $A→B$ 有可能为假的假设进行赋值，检查是否会导致逻辑矛盾，就可以判定 $A→B$ 是否为重言式。归谬赋值法就是基于真值赋值判断蕴涵式能否为假，从而断定它是否为重言式的判定方法。归谬赋值法的判定程序如下：

第一，假设蕴涵式为假，在其主联结词下面写上0。

第二，根据上述假设，先对前件赋值为真，对后件赋值为假，分别在前件下面写上1，在后件下面写上0；然后，基于五个真值联结词的运算规则，根据前件为真对前件的组成部分逐层进行赋值，根据后件为假对后件的组成部分逐层进行赋值，直到命题公式中的每个命题变项都被赋值为止。

第三，根据上述赋值的结果，判定命题公式是否为重言式。如果根据上述赋值会导致逻辑矛盾，则命题公式是重言式；如果根据上述赋值没有导出逻辑矛盾，则命题公式不是重言式。

【例1】$(p \wedge q → r) → [p → (q → r)]$
　　　　 1 1 1 1 0 0　1 0　 1 0 0
　　　　　　　　　　0

（1）假设该蕴涵式为假，在其主联结词→下面写上0。

（2）根据上述假设，对前件赋值为真，在其主联结词→下面写上1；对后件赋值为假，在其主联结词→下面写上0。

（3）因为蕴涵式为真有三种情况，而蕴涵式为假只有一种情况，不需要分情况讨论，所以，先根据后件为假，对后件的组成部分进行赋值。由于 $p→(q→r)$ 为假，则 p 真而 $q→r$ 为假，在 p 和 $q→r$ 的下面分别写上1和0；同理，在 q 和 r 下面分别写上1和0。

（4）命题公式中的命题变项 p、q、r 都被赋值。由于在同一行中，即在同一个真值组合情况中，相同的命题变项应赋予相同的真假值，因此，命题变项 p、q、r 应分别赋予相同的真假值，即在命题变项 p、q、r 下面应分别写上1、1、0。

（5）由于 p 真并且 q 真，则 $p \wedge q$ 为真。$p \wedge q$ 为真而 r 为假，则 $p \wedge q → r$ 为假。分别在 $p \wedge q$ 下面写上1，在 $p \wedge q → r$ 下面写上0，$p \wedge q → r$ 既为真又为假，这是一个逻辑矛盾。这个矛盾是根据上述假设进行赋值导出的，因此，上述假设不能成立。上述命题公式不可能为假，因此，它是重言式。

【例2】$(p \wedge q \to r \wedge s) \to (p \to r) \wedge (q \to s)$
　　　　1　010　　010000

根据上述假设进行赋值没有导出逻辑矛盾，因此，上述命题公式是假的，它不是重言式。一般地，如果能找到一个真值赋值，使得蕴涵式的前件为真而后件为假，则该蕴涵式不是重言式。在上述命题公式中，对命题变项 p、q、r 分别赋值为真、假、假，对 s 赋任何值，就使得前件为真而后件为假，因此，上述蕴涵式不是重言式。

（三）表列法

表列法就是基于命题公式的表列扩充，判断命题公式能否为假，从而断定一个命题公式是否为重言式的判定方法。表列扩充的结果类似于一个倒长的树形，因而，表列法又称为真值树法或反驳树法。

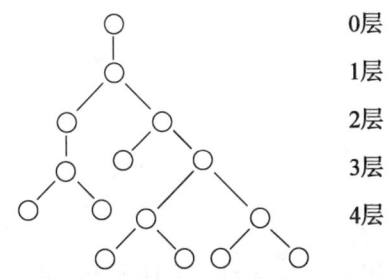

```
         ○                 0层
        / \
       ○   ○               1层
      / \   \
     ○   ○   ○             2层
    / \  |   |
   ○   ○ ○   ○             3层
       |  |
       ○  ○                4层
```

树形图由各个结点和枝组成，其中没有封闭的圈。在树的每一个结点上放上有穷多个命题公式即一个有穷的公式集，就叫做一个命题表列，简称表列。每一个结点都属于唯一的一层，0层的结点只有一个，称为该表列的始点，$n+1$ 层的结点各是唯一的属于 n 层的一个结点的后继，如果一个结点没有后继则是表列的终点。

以 ϕ_0 为始点的表列，称为 ϕ_0 的一个表列，ϕ_0 的表列是按下列扩充规则进行扩充而得到的：

(1) ¬¬规则　　$\begin{array}{c} \neg\neg A \\ | \\ A \end{array}$

(2) →规则　　$\begin{array}{c} A \to B \\ \diagup\diagdown \\ \neg A \quad B \end{array}$

(3) ¬→规则　　$\begin{array}{c} \neg(A \to B) \\ | \\ A \\ \neg B \end{array}$

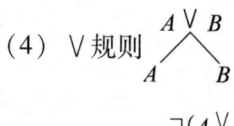

(4) ∨规则
$$\begin{array}{c} A \vee B \\ \diagup\ \diagdown \\ A \quad\ \ B \end{array}$$

(5) ¬∨规则
$$\begin{array}{c} \neg(A \vee B) \\ | \\ \neg A \\ \neg B \end{array}$$

(6) ∧规则
$$\begin{array}{c} A \wedge B \\ | \\ A \\ B \end{array}$$

(7) ¬∧规则
$$\begin{array}{c} \neg(A \wedge B) \\ \diagup\ \diagdown \\ \neg A \quad \neg B \end{array}$$

(8) ↔规则
$$\begin{array}{c} A \leftrightarrow B \\ \diagup\ \diagdown \\ A \quad\ \neg A \\ B \quad\ \neg B \end{array}$$

(9) ¬↔规则
$$\begin{array}{c} \neg(A \leftrightarrow B) \\ \diagup\ \diagdown \\ A \quad\ \neg A \\ \neg B \quad\ B \end{array}$$

表列中的一个分枝就是表列结点的一个有穷序列 $\phi_0, \cdots, \phi_k$，其中 $\phi_0, \cdots, \phi_k$ 是以 ϕ_0 为始点而终止于 ϕ_k 的最短的道路，ϕ_k 是表列的终点（$k = 1, 2, \cdots, n$）。如果一个分枝上有逻辑矛盾，即一个分枝上既有 α 又有 $\neg \alpha$（α 为任何命题变项或命题公式），则称这个分枝为闭的枝，简称为闭枝；如果一个分枝上所有的公式都不能再扩充了，即枝上所有的公式都已用过了，此枝就是穷尽的枝，并且如果该分枝不是闭枝，即在该分枝上没有出现任何逻辑矛盾，则称这个分枝为开枝。如果一个表列中所有的分枝都是闭枝，这个表列就是一个反驳。如果以 ϕ_0 为始点的表列中所有的分枝都是闭枝，这个表列就是 ϕ_0 的一个反驳，称 ϕ_0 是可反驳的；如果以 ϕ_0 为始点的表列中存在一个分枝是开枝，这个表列就不是 ϕ_0 的反驳，称 ϕ_0 是不可反驳的。其中 ϕ_0 为任何命题公式。

任何命题公式都可按上述扩充规则进行表列扩充。如果从公式 ϕ_0 出发进行表列扩充，其表列中所有的分枝都是闭枝，即 ϕ_0 是可反驳的，则 $\neg \phi_0$ 是重言式；如果从公式 ϕ_0 出发进行表列扩充，其表列中有一个分枝是开枝，即 ϕ_0 是不可反驳的，则 $\neg \phi_0$ 不是重言式。

表列法是基于命题表列扩充的判定方法，它关心的是命题表列能否扩充为一个反驳。如果 $\neg \phi_0$ 是可反驳的，则 ϕ_0 是重言式；如果 $\neg \phi_0$ 是不可反驳的，

则 ϕ_0 不是重言式。

【例1】 $(p\wedge q\rightarrow r) \rightarrow (p\rightarrow r) \vee (q\rightarrow r)$

要判定它是否为重言式，就要看它的否定式是否可反驳。将它的否定式进行扩充，即以它的否定式为始点进行扩充。如果表列中所有的分枝都是闭枝，它就是重言式；如果表列中有一个分枝是开枝，它就不是重言式。在扩充时，为了减少分枝，先扩充不分枝的公式，再扩充分枝的公式；如果某一分枝上已出现逻辑矛盾则此枝是闭枝，在闭的枝下划上×作为记号，此闭枝不必再扩充了，但是其他分枝仍要扩充；如果某一分枝上所有的公式都不能再扩充了，并且此分枝不是闭枝，即该分枝上没有发现任何逻辑矛盾，则此枝是开枝，表列中出现了开枝，其他分枝就不必再扩充了。从下面表列扩充的结果看，该表列中所有的枝都是闭枝，这说明¬ $[(p\wedge q\rightarrow r) \rightarrow (p\rightarrow r) \vee (q\rightarrow r)]$ 是可反驳的，因此，$(p\wedge q\rightarrow r) \rightarrow (p\rightarrow r) \vee (q\rightarrow r)$ 是重言式。

$$\begin{array}{c}
\neg[(p\wedge q\rightarrow r)\rightarrow(p\rightarrow r)\vee(q\rightarrow r)] \\
| \\
p\wedge q\rightarrow r \\
| \\
\neg[(p\rightarrow r)\vee(q\rightarrow r)] \\
| \\
\neg(p\rightarrow r) \\
| \\
\neg(q\rightarrow r) \\
| \\
p \\
\neg r \\
| \\
q \\
\neg r \\
\diagup\diagdown \\
\neg(p\wedge q) \quad\; r \\
\diagup\diagdown \quad\quad\; \times \\
\neg p \;\; \neg q \\
\times \quad \times
\end{array}$$

【例2】

$$\begin{array}{c}
\neg(p\vee q)\leftrightarrow\neg p\vee\neg q \\
\neg[\neg(p\vee q)\leftrightarrow\neg p\vee\neg q] \\
\diagup\diagdown \\
\neg(p\vee q) \quad \neg\neg(p\vee q) \\
\neg(\neg p\vee\neg q) \quad\quad \neg p\vee\neg q \\
\neg p \qquad\qquad\quad \diagup\diagdown \\
\neg q \qquad\qquad \neg p \;\; \neg q \\
| \qquad\qquad\quad \diagup\; \diagup \\
p \qquad\qquad p \;\; q \\
q \qquad\qquad \times \\
\times
\end{array}$$

上述表列中存在一个分枝是开枝，这说明¬ $[\neg(p\vee q) \leftrightarrow \neg p\vee\neg q]$ 是

不可反驳的，因而¬（p∨q）↔¬p∨¬q 不是重言式。

上述三种判定方法各有其方便之处。一般说来，当一个命题公式只有两个命题变项时，采用真值表法较为方便；当一个命题公式为蕴涵式时，采用归谬赋值法较为方便；当一个命题公式既有多个命题变项又不是蕴涵式时，采用表列法较为方便。

四、等值变形

在命题逻辑中，基于重言等值式即命题形式之间的等值关系，可以对命题公式进行等值变形。前面已给出一些常用的重言等值式，运用等值变形规则可以推出更多的重言等值式，可以在命题公式中进行各种等值替换或置换。

设 A、B 是任何命题形式，A 重言等值 B，记为 $A \Leftrightarrow B$，则等值变形规则主要有：

（一）双端否定规则

若 $A \Leftrightarrow B$，则¬$A \Leftrightarrow$¬B。两个彼此重言等值的命题公式的否定式也彼此重言等值。

例如：∵ $p \wedge q \Leftrightarrow$ ¬（$p \rightarrow$¬q）

∴ ¬（$p \wedge q$）$\Leftrightarrow$ ¬¬（$p \rightarrow$¬q）

根据双端否定规则和其他变形规则，可以导出命题公式的否定式的等值式，反之亦然。

（二）双重否定规则

¬¬$A \Leftrightarrow A$。一个命题公式的双重否定与该命题公式重言等值。

例如：¬¬（$p \rightarrow$¬q）$\Leftrightarrow p \rightarrow$¬$q$

（三）传递规则

若 $A \Leftrightarrow B$，$B \Leftrightarrow C$，则 $A \Leftrightarrow C$。如果 A 重言等值 B，并且 B 重言等值 C，则 A 重言等值 C。即重言等值关系是具有传递性的。

例如：∵ ¬（$p \wedge q$）$\Leftrightarrow$ ¬¬（$p \rightarrow$¬q）

又∵ ¬¬（$p \rightarrow$¬q）$\Leftrightarrow p \rightarrow$¬$q$

∴ ¬（$p \wedge q$）$\Leftrightarrow p \rightarrow$¬$q$

（四）对称规则

若 $A \Leftrightarrow B$，则 $B \Leftrightarrow A$。重言等值关系是具有对称性的。

例如：∵ ¬（$p \wedge q$）$\Leftrightarrow p \rightarrow$¬$q$

∴ $p \rightarrow$¬$q \Leftrightarrow$ ¬（$p \wedge q$）

（五）代入规则

在重言式中，任何命题变项可用任一命题形式处处代入，代入后得到的仍是重言式。特别地，在重言等值式中，任何命题变项可用任一命题形式处处代入，代入后得到的仍是重言等值式。

例如：∵ $p→¬q ⇔ ¬(p∧q)$

∴ $p→¬¬q ⇔ ¬(p∧¬q)$

根据代入规则，人们可以用任何命题形式处处代替重言式中的任何命题变项，可以从一个重言等值式派生出一个重言等值式。

（六）置换规则

在命题形式中，任何部分都可用与之重言等值的命题形式作置换，这种置换不必处处进行，置换后得到的命题形式与原式重言等值。特别地，对重言等值式中的任何部分都可用与之重言等值的命题形式作置换，置换不必处处进行，置换后得到的命题形式仍然是重言等值式。这就是说，在命题形式中，相互重言等值的命题形式是可以相互替换的。

例如：∵ $p→¬¬q ⇔ ¬(p∧¬q)$

∴ $p→q ⇔ ¬(p∧¬q)$

根据置换规则，人们可以在命题形式中用相互重言等值的命题公式进行等值替换，可以从一个重言等值式推出一系列的重言等值式。

根据上述等值变形规则，可以从已知的重言等值式推出更多的重言等值式。

【例1】 $p→q ⇔ ¬p∨q$

证：∵ $¬p∨q ⇔ ¬p→q$ （已知）

∴ $¬p→q ⇔ p∨q$ （对称规则）

∴ $¬¬p→q ⇔ ¬p∨q$ （代入规则）

∴ $p→q ⇔ ¬p∨q$ （置换规则）

【例2】 $¬(p↔q) ⇔ (p∧¬q)∨(¬p∧q)$

证：∵ $(p↔q) ⇔ (p→q)∧(q→p)$ （已知）

∴ $¬(p↔q) ⇔ ¬[(p→q)∧(q→p)]$ （双端否定规则）

∴ $¬(p↔q) ⇔ ¬(p→q)∨¬(q→p)$ （置换规则）

∴ $¬(p↔q) ⇔ (p∧¬q)∨(¬p∧q)$ （置换规则）

【例3】 $¬(p∧q) ⇔ ¬p∨¬q$

证：∵ $p→q ⇔ ¬(p∧¬q)$ （已知）

又∵ $p→q ⇔ ¬p∨q$ （已知）

∴ $¬(p∧¬q) ⇔ ¬p∨q$ （传递规则）

∴ $¬(p∧¬¬q) ⇔ ¬p∨¬q$ （代入规则）

∴ $¬(p∧q) ⇔ ¬p∨¬q$ （置换规则）

【例4】 $\neg(p\leftrightarrow q) \Leftrightarrow (p\vee q)\wedge\neg(p\wedge q)$

证：$\because (p\leftrightarrow q) \Leftrightarrow (p\wedge q)\vee(\neg p\wedge\neg q)$　　　　　（已知）

$\therefore \neg(p\leftrightarrow q) \Leftrightarrow \neg[(p\wedge q)\vee(\neg p\wedge\neg q)]$　　　（双端否定规则）

$\therefore \neg(p\leftrightarrow q) \Leftrightarrow \neg(p\wedge q)\wedge\neg(\neg p\wedge\neg q)$　　　（置换规则）

$\therefore \neg(p\leftrightarrow q) \Leftrightarrow \neg(p\wedge q)\wedge(p\vee q)$　　　　　（置换规则）

$\therefore \neg(p\leftrightarrow q) \Leftrightarrow (p\vee q)\wedge\neg(p\wedge q)$　　　　　（置换规则）

在等值变形中，还常用到下列重言等值式：

①交换律　$p\wedge q\leftrightarrow q\wedge p$
　　　　　$p\vee q\leftrightarrow q\vee p$

②结合律　$(p\wedge q)\wedge r\leftrightarrow p\wedge(q\wedge r)$
　　　　　$(p\vee q)\vee r\leftrightarrow p\vee(q\vee r)$

③分配律　$p\wedge(q\vee r) \leftrightarrow (p\wedge q)\vee(p\wedge r)$
　　　　　$p\vee(q\wedge r) \leftrightarrow (p\vee q)\wedge(p\vee r)$

④吸收律　$p\wedge(p\vee q)\leftrightarrow p$
　　　　　$p\vee(p\wedge q)\leftrightarrow p$

【例5】　$p\wedge q\to r\Leftrightarrow p\to(q\to r)$

证：$\because p\to q\Leftrightarrow \neg p\vee q$　　　　　　　　　　　（已知）

$\therefore p\wedge q\to r\Leftrightarrow \neg(p\wedge q)\vee r$　　　　　　　（代入规则）

$\therefore p\wedge q\to r\Leftrightarrow (\neg p\vee\neg q)\vee r$　　　　　　（置换规则）

又$\because p\to(q\to r) \Leftrightarrow \neg p\vee(q\to r)$　　　　　　（代入规则）

$\therefore p\to(q\to r) \Leftrightarrow \neg p\vee(\neg q\vee r)$　　　　　（置换规则）

$\therefore p\to(q\to r) \Leftrightarrow (\neg p\vee\neg q)\vee r$　　　　　（置换规则）

$\therefore (\neg p\vee\neg q)\vee r\Leftrightarrow p\to(q\to r)$　　　　　（对称规则）

$\therefore p\wedge q\to r\Leftrightarrow p\to(q\to r)$　　　　　　　（传递规则）

【例6】　$p\to(q\to r) \Leftrightarrow q\to(p\to r)$

证：$\because p\to q\Leftrightarrow \neg p\vee q$　　　　　　　　　　　（已知）

$\therefore p\to(q\to r) \Leftrightarrow \neg p\vee(q\to r)$　　　　　（代入规则）

$\therefore p\to(q\to r) \Leftrightarrow \neg p\vee(\neg q\vee r)$　　　　（置换规则）

又$\because q\to(p\to r) \Leftrightarrow \neg q\vee(p\to r)$　　　　　（代入规则）

$\therefore q\to(p\to r) \Leftrightarrow \neg q\vee(\neg p\vee r)$　　　　（置换规则）

$\therefore \neg q\vee(\neg p\vee r) \Leftrightarrow q\to(p\to r)$　　　　（对称规则）

$\therefore \neg p\vee(\neg q\vee r) \Leftrightarrow q\to(p\to r)$　　　　（置换规则）

$\therefore p\to(q\to r) \Leftrightarrow q\to(p\to r)$　　　　　　（传递规则）

第三节　基本有效式

一、复合命题推理的有效性

推理是以一个或一些命题为根据或理由得出另一个命题的思维过程。作为根据或理由的命题是推理的前提，从前提得出的命题是推理的结论。真和假是命题的特征，有效和无效是推理的特征。逻辑学不关心推理的前提和结论事实上是否成立，它关心的是推理是否有效，前提与结论之间是否有逻辑必然联系，如此前提是否必然有如此结论，前提为真是否必然有结论为真。

在逻辑学中，推理是否有效的问题，归结为推理形式是否为有效式的问题。如果对推理形式中的任何变项作任何相应的代入，都有前提真则结论真，不出现前提为真而结论为假，则该推理形式称为正确的或有效的。正确的或有效的推理形式，称为逻辑有效式或普遍有效式，简称为有效式；错误的或无效的推理形式，称为无效式。任何一个推理都可看做是相应推理形式的一个替换实例，显然，有效的推理形式不会有前提真而结论假的替换实例。在有效的推理形式的替换实例中，如果前提真则结论真，从真前提不会推出假结论，前提蕴涵结论。要判定一个推理是否有效，就看其推理形式是否为有效式，即看这个推理是否是有效的推理形式的一个替换实例。显然，一个推理是否有效，是就其推理形式而言的，它与推理内容无关。

推理可分为演绎推理与非演绎推理。演绎推理就是前提与结论之间有逻辑必然联系的推理。在演绎推理中，前提蕴涵结论，如果前提为真则结论必为真。非演绎推理就是前提与结论之间没有逻辑必然联系的推理。在非演绎推理中，前提并不蕴涵结论，尽管前提为真结论却未必为真。应当指出，只有演绎推理才要求前提蕴涵结论，前提真则结论必真。非演绎推理不要求前提蕴涵结论，不要求前提真则结论必真。因此，只有演绎推理才存在推理是否有效的问题，非演绎推理不存在推理是否有效的问题。

复合命题推理是基于复合命题的逻辑性质进行的推理。复合命题的逻辑性质由它的命题联结词决定，因此，复合命题推理就是根据命题联结词的逻辑性质进行的推理。复合命题推理形式是一个命题公式序列。分别写出前提和结论的命题形式，即将前提和结论中的简单命题分别换成相应的命题变项，相同的简单命题用相同的命题变项表示，不同的简单命题用不同的命题变项表示，前提和结论中的逻辑常项即命题联结词保持不变，就可得到该复合命题推理的形式。在现代逻辑中，复合命题推理形式可以表达成一个蕴涵式，前件是各个前提的命题形式的合取式，其后件是结论的命题形式。

一般地，设 α_i（$i=1,2,\cdots,n$）和 β 是命题形式，如果存在一个真值赋值，使得 $\alpha_1,\cdots,\alpha_n$ 的合取式为真而 β 为假，则称推理形式：$\alpha_1,\alpha_2,\cdots,\alpha_n$；$\therefore\beta$（或 $\alpha_1\wedge\alpha_2\wedge\cdots\wedge\alpha_n\to\beta$）是逻辑无效的，记为 $\alpha_1,\alpha_2,\cdots,\alpha_n\not\vdash\beta$。否则推理形式是逻辑有效的（或称推理形式正确），记为 $\alpha_1,\cdots,\alpha_n\vdash\beta$。

显然，下述说法等价：

(1) $\alpha_1,\cdots,\alpha_n\vdash\beta$。

(2) 推理 $\alpha_1,\cdots,\alpha_n$；$\therefore\beta$ 逻辑有效（简称有效）。

(3) 推理 $\alpha_1,\cdots,\alpha_n$；$\therefore\beta$ 形式正确。

(4) β 是 $\alpha,\cdots,\alpha_n$ 的逻辑结论或逻辑后承。

(5) 从前提 $\alpha_1,\cdots,\alpha_n$ 能合乎逻辑地推出结论 β。

(6) 不可能出现 $\alpha_1,\alpha_2\cdots,\alpha_n$ 的合取式为真，而 β 为假。

(7) 或者前提 $\alpha_1,\cdots,\alpha_n$ 的合取式为假，或者 $\alpha_1,\alpha_2,\cdots,\alpha_n$ 的合取式为真时，β 也为真。

在命题逻辑中，有如下重要结论：

$\alpha_1\cdots,\alpha_n\vdash\beta$ 当且仅当 $\alpha_1\wedge\alpha_2\wedge\cdots\wedge\alpha_n\to\beta$ 是重言式。

证明：首先假设 $\alpha_1,\cdots,\alpha_n\vdash\beta$，而 $\alpha_1\wedge\cdots\wedge\alpha_n\to\beta$ 不是重言式，那么就存在一个真值赋值，使得 $\alpha_1\wedge\cdots\wedge\alpha_n$ 为真而 β 为假，因此，对于这个真值赋值，每个 α_i（$i=1,2,\cdots,n$）为真而 β 为假，这和 $\alpha_1,\cdots\alpha_n\vdash\beta$ 矛盾。因此，$\alpha_1\wedge\cdots\wedge\alpha_n\to\beta$ 是重言式。相反的，假设 $\alpha_1\wedge\cdots\wedge\alpha_n\to\beta$ 是重言式，但 $\alpha_1,\cdots,\alpha_n\not\vdash\beta$，那么就存在一个真值赋值，使得每个 α_i（$i=1,\cdots,n$）为真而 β 为假，从而 $\alpha_1\wedge\cdots\wedge\alpha_n\to\beta$ 为假，这与 $\alpha_1\wedge\cdots\wedge\alpha_n\to\beta$ 是重言式矛盾。因此，$\alpha_1,\cdots,\alpha_n\vdash\beta$。

这个结论表明，全部的命题逻辑理论可概括为：如果 α 重言蕴涵 β，那么从 α 可合乎逻辑地推出 β。

在命题逻辑中，一个复合命题推理是有效的，当且仅当前提重言蕴涵结论，即推理蕴涵式是重言式。如果推理蕴涵式是重言式，则对于其中出现的命题变项不论作怎样的代入，都不会出现前件真而后件假，即不会出现前提真而结论假，前提真则结论必真。因此，如果复合命题推理的蕴涵式是重言式，该复合命题推理就是有效的。反之亦然。因此，在命题逻辑中，要判定推理是否有效，只要判定前提是否重言蕴涵结论，即其推理形式是否为重言蕴涵式，它是否是重言蕴涵式的一个替换实例。

有效的复合命题推理，其前提蕴涵结论，前提与结论之间有逻辑必然联系，前提真则结论必真，不会出现前提真而结论假，因而，它是演绎推理。

复合命题推理的有效式是非常多的。基于五个基本的真值联结词的逻辑性质，也就是说，基于五种基本的复合命题的逻辑性质，可以得到复合命题推理的基本有效式。这些基本有效式是检验一个推理是否有效的规则，也是进行有效推理的工具。复合命题推理的基本有效式有五类：双重否定推理、联言推理、选言推理、假言推理、等值推理。

二、双重否定推理

双重否定推理就是根据否定词或负命题的逻辑性质进行的复合命题推理。它有以下两种有效的推理形式：

（一）双否销去式

双否销去式为：

非非 p，

所以，p。

或者表示为：

$$\frac{\neg\neg A}{A}$$

其中 p 为任一命题变项，A 表示任一命题公式。

上述推理形式相应的蕴涵式为：

$$\neg\neg p \rightarrow p$$

可以证明，这个蕴涵式是重言式，因而，这种推理形式是有效的推理形式。

上式表明：如果一个命题前面有双重否定词则可以将双重否定词销去。即否定的否定等于肯定。

上述有效式表述为推理规则是：可以从 $\neg\neg A$ 推出 A。

例如：并不是并非所有犯罪行为都是违法行为，所以，所有犯罪行为都是违法行为。

（二）双否引入式

双否引入式为：

p，

所以，非非 p。

或者表示为：

$$\frac{A}{\neg\neg A}$$

其中 p 为任一命题变项，A 表示任一命题公式。

上述推理形式相应的蕴涵式为：
$$p \rightarrow \neg \neg p$$
这个蕴涵式是重言式，因而，这种推理形式是有效的推理形式。

上式表明：在任何一个命题的前面都可以引入双重否定词。

上述有效式表述为推理规则是：可以从 A 推出 $\neg \neg A$。

例如：有人出庭作证，所以，并非没有人出庭作证。

推理形式的表示方法是多种多样的。推理形式可以表示成竖式，用横线表示推理关系，将前提写在横线上面，结论写在横线下面。或者用"∴""所以"等符号或语词表示推理关系，将前提写在前面，将结论写在后面。推理形式也可以表示为一个蕴涵式，其前件是前提，其后件是结论。

双重否定推理是在日常思维中经常使用的一种非常简单的推理，其推理的有效性极为明显，因而在传统逻辑中是不讲这种推理的。但它却是复合命题推理中的一种基本的推理形式，在进行复合命题推理时，经常要使用这种推理。在现代命题逻辑中，它是一种必不可少的基本的推理形式。

三、联言推理

联言推理就是根据合取词或联言命题的逻辑性质进行的复合命题推理。它主要有以下两种有效的推理形式：

（一）分解式

联言推理的分解式为：

    p 并且 q，

    所以，p（或 q）。

或者表示为：

$$\frac{A \wedge B}{A} , \frac{A \wedge B}{B}$$

其中 p、q 为命题变项，A、B 为任何命题公式。

上述推理形式相应的蕴涵式为：

$$p \wedge q \rightarrow p$$
$$p \wedge q \rightarrow q$$

这两个蕴涵式都是重言式，因而，这种推理形式是有效的推理形式。

上式表明：以联言命题为前提可以得出该联言命题的一个联言支为结论。

上述有效式表述为推理规则是：可以从 $A \wedge B$ 推出 A（或 B）。

例如：加强民主和法制建设既是政治稳定的需要又是经济发展的需要，所以，加强民主和法制建设是经济发展的需要。

从联言命题的真值表也可以看出联言推理分解式的有效性。当 $p \land q$ 为真时（第一行），p 一定是真的，q 也一定是真的。因此，可以从 $p \land q$ 推出 p（或 q）。

（二）合成式

联言推理的合成式为：

p，

q，

所以，p 并且 q。

或者表示为：

$$\frac{A，B}{A \land B}$$

其中 p、q 为命题变项，A、B 为任何命题公式。

上述推理形式相应的蕴涵式为：

$$p \land q \to p \land q$$

上述蕴涵式是重言式，因而，这种推理形式是有效的推理形式。

上式表明：以几个命题为前提可以得出以这几个命题为联言支的联言命题的结论。

上述有效式表述为推理规则是：可以从 A 和 B 推出 $A \land B$。

从联言命题的真值表也可以看出联言推理合成式的有效性。当 p 真 q 也真时（第一行），$p \land q$ 一定是真的。因此，可以从 p 和 q 推出 $p \land q$。

例如：严厉打击刑事犯罪活动会直接推动社会治安的根本好转，严厉打击刑事犯罪活动有利于促进社会风气和党风的根本好转；所以，严厉打击刑事犯罪活动，不仅会直接推动社会治安的根本好转，而且有利于促进社会风气和党风的根本好转。

某些法律条文是联言命题，因此，在适用这些法律条文处理具体案件时，为了获得裁判具体案件所需的法律前提即裁判大前提，就要用到联言推理。

【例1】一切危害国家主权、领土完整和安全，分裂国家、颠覆人民民主专政的政权和推翻社会主义制度，破坏社会秩序和经济秩序，侵犯国有财产或者劳动群众集体所有的财产，侵犯公民私人所有的财产，侵犯公民的人身权利、民主权利和其他权利，以及其他危害社会的行为，依照法律应当受刑罚处罚的，都是犯罪，但是情节显著轻微危害不大的，不认为是犯罪。（《刑法》第 13 条）

所以，犯罪不仅是危害社会的行为，而且也是触犯刑律并且应当受刑罚处罚的行为。

【例2】犯罪的时候不满 18 周岁的人和审判的时候怀孕的妇女，不适用死

刑。(《刑法》第 49 条第 1 款)

所以,犯罪的时候不满 18 周岁的人不适用死刑。

在刑事侦查工作中也常用联言推理。例如,在一般刑事凶杀案中,根据任何一个杀人凶手都具有杀人动机、作案时间、作案手段等,运用联言推理的分解式推出:凡杀人凶手都具有作案时间。这就从作案人应具有的多个必要条件中突出了其中的一个条件,以此作为侦查的突破口。

四、选言推理

选言推理就是根据析取词或选言命题的逻辑性质进行的复合命题推理。它主要有以下两种有效的推理形式:

(一) 否定肯定式

选言推理的否定肯定式为:

　　p 或者 q,

　　非 p（或非 q）,

　　所以,q（或 p）。

或者表示为:

$$\frac{A \vee B,\ \neg A}{B},\ \frac{A \vee B,\ \neg B}{A}$$

其中 p、q 为命题变项,A、B 为任何命题公式。

上述推理形式相应的蕴涵式为:

$$(p \vee q) \wedge \neg p \rightarrow q$$

$$(p \vee q) \wedge \neg q \rightarrow p$$

这两个蕴涵式都是重言式,因而,这种推理形式是有效的推理形式。

上述蕴涵式表明:肯定某选言命题并且否定该选言命题的一些选言支,可以得出肯定剩下的选言支的结论。

上述有效式表述为推理规则是:可以从 $A \vee B$ 和 $\neg A$（或 $\neg B$）推出 B（或 A）。

从选言命题的真值表也可以看出选言推理否定肯定式的有效性。当 $p \vee q$ 为真并且 p 为假时（第三行）,q 一定是真的;当 $p \vee q$ 为真并且 q 为假时（第二行）,p 一定是真的。因此,可以从 $p \vee q$ 和 $\neg p$ 推出 q,可以从 $p \vee q$ 和 $\neg q$ 推出 p。

例如:该案件的作案人或者是甲或者是乙,现已查明该案件的作案人不是甲;所以,该案件的作案人是乙。

选言推理常见的逻辑错误是"由肯定到否定"。其错误的推理形式即无效式是:

　　p 或者 q,

p（或 q），

所以，非 q（或非 p）。

例如：你说错了或者我听错了，你说错了；所以，我没有听错。这个选言推理犯了"由肯定到否定"的逻辑错误。事实上，"你说错了"和"我听错了"有可能都是真的。

上述逻辑错误可以从选言命题的真值表中看出。当 $p \vee q$ 为真并且 p 为真时（第一、二行），q 可真可假。因此，从 $p \vee q$ 和 p 不能必然地推出 $\neg q$。同理，从 $p \vee q$ 和 q 不能必然地推出 $\neg p$。这就是说，在选言推理中，肯定一些选言支不能进而否定另一些选言支。

（二）附加式

选言推理的附加式为：

p，

所以，p 或者 q。

或者表示为：

$$\frac{A}{A \vee B}, \frac{B}{A \vee B}$$

其中 p、q 为命题变项，A、B 为任何命题公式。

上述推理形式相应的蕴涵式为：

$$p \to p \vee q$$
$$q \to p \vee q$$

上述蕴涵式是重言式，因而，这种推理形式是有效的推理形式。

上述蕴涵式表明：以任一命题为前提可以得出以这个命题为选言支并附加另一选言支构成的选言命题的结论。

上述有效式表述为推理规则是：可以从 A 推出 $A \vee B$。

从选言命题的真值表也可以看出选言推理附加式的有效性。当 p 为真时（第一、二行），$p \vee q$ 一定是真的。因此，可以从 p 推出 $p \vee q$，同理，可以从 q 推出 $p \vee q$。

例如：天晴了，所以，天晴了或者天下雨了。

这种推理形式在日常生活中是很少用到的。因为在一般情况下，当人们已知某个命题 p 为真时，就不会再根据这个命题 p 为真去推出"p 或者 q"为真。因此，在传统逻辑中不讲述这种推理形式。但是在现代命题逻辑中，它是一种不可缺少的基本的有效式。

在判决论证和法庭辩论等诉讼证明中，有时应用选言推理。由于一个为真的选言命题至少有一个选言支为真，因而在排除一些选言支之后，剩下的选言支就是要推出的结论。换句话说，如果作为大前提的选言命题是真的，则它至少有一个选言支是真的，因而在排除一些选言支以后，剩下的选言支就不能都是假的。例如，某被告人或是犯故意杀人罪或是犯过失致人死亡罪，经查明该被告人不是犯故意杀人罪，所以，该被告人是犯过失致人死亡罪。

在刑事侦查工作中也常用选言推理。侦查员可以根据事实排除一部分选言支而得出肯定的结论。具体的案件情况往往是错综复杂的，罪犯几乎都是在极其隐蔽的情况下作案的，甚至制造种种假象进行反侦查，因而，人们不可能一开始就对整个案情或某些环节作出肯定或否定的断定，只能根据已收集到的材料和已掌握的线索，估计事物情况的各种可能性。一般说来，在侦查工作初期，用已有的证据来肯定某一选言支为真是比较困难的，但根据现场勘查和侦查获得的材料排除一部分选言支相对比较容易。如果能够排除一些选言支，那就排除了一些可能性，缩小了侦查范围，突出了重点嫌疑对象和侦破方向。例如，某一案件涉及人命，就应查明死因及凶犯。侦查员根据现场勘查的情况和群众反映的情况，可提出造成死亡原因的一些可能情况，再根据已掌握的事实材料，排除一部分可能性，最后把没有被排除的可能性，作为侦查工作的主攻方向。

五、假言推理

假言推理就是根据蕴涵词或假言命题的逻辑性质进行的复合命题推理。它主要有以下两种有效的推理形式：

（一）肯定前件式

假言推理的肯定前件式为：

如果 p 则 q，

p，

所以，q。

或者表示为：

$$\frac{A \rightarrow B,\ A}{B}$$

其中 p、q 为命题变项，A、B 为任何命题公式。

上述推理形式相应的蕴涵式为：

$$(p \rightarrow q) \wedge p \rightarrow q$$

这个蕴涵式是重言式，因而，这种推理形式是有效的推理形式。

上述蕴涵式表明：以假言命题为大前提，以该假言命题前件为小前提，可以得出肯定该假言命题后件的结论。这就是说，肯定一个假言命题和该假言命题前件可以得出肯定其后件的结论。

上述有效式表述为推理规则是：可以从 $A\to B$ 和 A 推出 B。

从假言命题的真值表也可以看出假言推理肯定前件式的有效性。当 $p\to q$ 为真并且 p 为真时（第一行），q 一定是真的。因此，可以从 $p\to q$ 和 p 推出 q。

例如：如果某甲的行为构成违约行为则某甲应当承担违约责任，某甲的行为构成违约行为；所以，某甲应当承担违约责任。

（二）否定后件式

假言推理的否定后件式为：

如果 p 则 q，

非 q，

所以，非 p。

或者表示为：

$$\frac{A\to B,\ \neg B}{\neg A}$$

其中 p、q 为命题变项，A、B 为任何命题公式。

上述推理形式相应的蕴涵式为：

$$(p\to q)\wedge \neg q\to \neg p$$

这个蕴涵式是重言式，因而，这种推理形式是有效的推理形式。

上述蕴涵式表明：以假言命题为大前提，以否定该假言命题后件为小前提，可以得出否定该假言命题前件的结论。这就是说，肯定一个假言命题而否定该假言命题的后件，可以得出否定该假言命题的前件的结论。

上述有效式表述为推理规则是：可以从 $A\to B$ 和 $\neg B$ 推出 $\neg A$。

从假言命题的真值表也可以看出假言推理否定后件式的有效性。当 $p\to q$ 为真并且 q 为假时（第四行），p 一定是假的。因此，可以从 $p\to q$ 和 $\neg q$ 推出 $\neg p$。

例如：如果某甲是作案人则某甲有作案时间，某甲没有作案时间；所以，某甲不是作案人。

假言推理常见的逻辑错误是"否定前件的错误"和"肯定后件的错误"。

"否定前件的错误"是指肯定一个假言命题并否定该假言命题的前件，得出否定该假言命题后件的结论。其无效式是：

如果 p 则 q，

非 p，

所以，非 q。

上述逻辑错误可以从假言命题的真值表中看出。当 $p\to q$ 为真并且 p 为假时

(第三、四行)，q 可真可假。因此，从 p→q 和 ¬p 不能必然地得出 ¬q。这就是说，在假言推理中，否定前件不能必然否定后件。

例如：如果某甲是贪污犯则某甲应受法律制裁，而某甲不是贪污犯；所以，某甲不应受法律制裁。这个假言推理犯了"否定前件的错误"。事实上，当某甲不是贪污犯时，有两种可能，或者某甲不是任何罪犯而不应受法律制裁，或者某甲是其他罪犯而应受法律制裁。换句话说，当某甲不是贪污犯时，也可能因为他是其他罪犯而应受法律制裁。

"肯定后件的错误"是指肯定一个假言命题并肯定该假言命题的后件，得出肯定该假言命题前件的结论。其无效式是：

　　　如果 p 则 q，
　　　q，
　　　所以，p。

上述逻辑错误可以从假言命题的真值表中看出。当 p→q 为真并且 q 为真时（第一、三行），p 可真可假。因此，从 p→q 和 q 不能必然地得出 p。这就是说，在假言推理中，肯定后件不能必然肯定前件。

例如：如果他是杀人犯则他有杀人动机，事实上他有杀人动机；所以，他是杀人犯。这个假言推理犯了"肯定后件的错误"。事实上，当他有杀人动机时，有两种可能，他可能是杀人犯，也可能不是杀人犯。换句话说，他有杀人动机未必就是杀人犯。

大部分法律条文是假言命题。因此，在适用这些法律条文处理具体案件时，就要用到假言推理。在法庭辩论中，诉讼双方经常要运用"肯定前件式"的假言推理，以证明其诉讼主张；运用"否定后件式"的假言推理，以反驳对方的诉讼主张。

【例1】 建筑物或者其他设施以及建筑物上的搁置物、悬挂物发生倒塌、脱落、坠落造成他人损害的，它的所有人或者管理人应当承担民事责任，但能够证明自己没有过错的除外。

受害人受到的损害是建筑物或者其他设施以及建筑物上的搁置物、悬挂物发生倒塌、脱落、坠落造成的，并且它的所有人或者管理人不能证明自己没有过错。所以，它的所有人或者管理人应承担民事责任。

【例2】 根据《刑法》第382条的规定，贪污罪是指国家工作人员利用职务上的便利，侵吞、窃取、骗取或者以其他手段非法占有公共财物；以贪污论处是指受国家机关、国有公司、企业、事业单位、人民团体委托管理、经营国有财产的人员，利用职务上的便利，侵吞、窃取、骗取或者以其他手段非法占有国有财物的；以共犯论处是指与前两款所列人员勾结，伙同贪污的。

被告人不是国家工作人员，也不是受国家机关、国有公司、企业、事业单位、人民团体委托管理、经营国有财产的人员，并且不是与上述人员勾结、伙同贪污的人员。所以，指控被告人犯贪污罪是不成立的。

在刑事侦查工作中也常用假言推理。侦查人员在进行案情分析时，往往要把规律性知识或假设的前提和侦查到的事实相结合，运用假言推理的"肯定前件式"进行推理，勾画出罪犯的"脸谱"，推出罪犯的一些必备条件，对案件有关情况作出一些判断，以确定侦查范围，寻找侦查突破口。在刑事侦查工作中，侦查人员还往往要运用假言推理的"否定后件式"进行推理，以排除错误的假设，缩小侦查范围，进一步明确侦查方向。

【例1】如果蹬、踹动作抬脚的高度达到90厘米，鞋印长达29厘米，那么案犯身高应在1.75米以上。

该案犯踹门抬脚高度达到90厘米，鞋印长达29厘米。

所以，该案犯身高应在1.75米以上。

【例2】如果某甲是盗窃犯，他就占有赃物或转移赃物。

假定某甲是盗窃犯。

所以，他应占有赃物或转移赃物。

【例3】如果某甲是盗窃犯，则案件发生时他应在现场。

案件发生时他不在现场。

所以，假设某甲是盗窃犯是不成立的。

六、等值推理

等值推理就是根据等值词或等值命题的逻辑性质进行的复合命题推理。它主要有以下两种有效的推理形式：

（一）肯定式

等值推理的肯定式为：

p 当且仅当 q，

p（或 q），

所以，q（或 p）。

或者表示为：

$$\frac{A \leftrightarrow B, A}{B}, \frac{A \leftrightarrow B, B}{A}$$

其中 p、q 为命题变项，A、B 为任何命题公式。

上述推理形式相应的蕴涵式为：

$$(p\leftrightarrow q)\ \wedge p\rightarrow q$$
$$(p\leftrightarrow q)\ \wedge q\rightarrow p$$

上述蕴涵式是重言式，因而，这种推理形式是有效的推理形式。

上述蕴涵式表明：以等值命题为大前提，以该等值命题的前件（或后件）为小前提，可以得出肯定该等值命题后件（或前件）的结论。这就是说，肯定一个等值命题和其前件（或后件），可以得出肯定其后件（或前件）的结论。

上述有效式表述为推理规则是：可以从 $A\leftrightarrow B$ 和 A（或 B）推出 B（或 A）。

从等值命题的真值表也可以看出等值推理肯定式的有效性。当 $p\leftrightarrow q$ 为真并且 p 为真时（第一行），q 一定是真的。因此，可以从 $p\leftrightarrow q$ 和 p 推出 q，同理，可以从 $p\leftrightarrow q$ 和 q 推出 p。

例如：一个数是偶数当且仅当它能被2整除，一个数是偶数；所以，这个数能被2整除。

（二）否定式

等值推理的否定式为：

  p 当且仅当 q，

  非 p（或非 q），

  所以，非 q（或非 p）。

或者表示为：

$$\frac{A\leftrightarrow B,\ \neg A}{\neg B},\ \frac{A\leftrightarrow B,\ \neg B}{\neg A}$$

其中 p、q 为命题变项，A、B 为任何命题公式。

上述推理形式相应的蕴涵式为：

$$(p\leftrightarrow q)\ \wedge\neg p\rightarrow\neg q$$
$$(p\leftrightarrow q)\ \wedge\neg q\rightarrow\neg p$$

上述蕴涵式是重言式，因而，这种推理形式是有效的推理形式。

上述蕴涵式表明：以等值命题为大前提，以否定该等值命题的前件（或后件）为小前提，可以得出否定该等值命题的后件（或前件）的结论。这就是说，肯定一个等值命题而否定其前件（或后件），可以得出否定其后件（或前件）的结论。

上述有效式表述为推理规则是：可以从 $A\leftrightarrow B$ 和 $\neg A$（或 $\neg B$）推出 $\neg B$（或 $\neg A$）。

从等值命题的真值表也可以看出等值推理否定式的有效性。当 $p\leftrightarrow q$ 为真并且 p 为假时（第四行），q 一定是假的；当 $p\leftrightarrow q$ 为真并且 q 为假时（第四行），p 一定是假的。因此，可以从 $p\leftrightarrow q$ 和 $\neg p$ 推出 $\neg q$，可以从 $p\leftrightarrow q$ 和 $\neg q$ 推出 $\neg p$。

例如：某甲犯了罪当且仅当他应受刑罚处罚，某甲没有犯罪；所以，他不应受刑罚处罚。

又如：某甲不是案犯当且仅当某乙是案犯，某甲是案犯；所以，某乙不是案犯。

许多法律条文是法律概念的定义，这些定义表达的是等值命题。因此，在适用这些法律条文处理具体案件时，常用到等值推理。刑法中就有许多罪名定义，这些罪名定义表达的是等值命题，因此，在以这些法律条文为根据认定犯罪时，就要用到等值推理。

【例1】应当预见自己的行为可能发生危害社会的结果，因为疏忽大意而没有预见，或者已经预见而轻信能够避免，以致发生这种结果的，是过失犯罪。（《刑法》第15条）

被告人应当预见自己的行为可能发生危害社会的结果，因为疏忽大意而没有预见以致发生这种结果；

所以，被告人是过失犯罪。

【例2】国家工作人员利用职务上的便利，索取他人财物的，或者非法收受他人财物，为他人谋取利益的，是受贿罪。国家工作人员在经济往来中，违反国家规定，收受各种名义的回扣、手续费，归个人所有的，以受贿论处。（《刑法》第385条）

被告人没有利用职务上的便利，索取他人财物；没有非法收受他人财物，为他人谋取利益；也没有违反国家规定，收受各种名义的回扣、手续费，归个人所有；

所以，被告人不是受贿罪。

第四节　其他有效式

运用复合命题推理的基本有效式，可以导出复合命题推理的其他有效式。下面介绍几种常用的其他有效式：

一、排斥选言推理

排斥选言推理就是根据排斥选言命题的逻辑性质进行的复合命题推理。两个选言支的排斥选言推理主要有以下两种有效的推理形式：

（一）否定肯定式

排斥选言推理的否定肯定式为：

要么 p，要么 q，
　　非 p（或非 q），
　　所以，q（或 p）。
或者表示为：

$$\frac{(A \vee B) \wedge \neg (A \wedge B), \neg A}{B}$$

$$\frac{(A \vee B) \wedge \neg (A \wedge B), \neg B}{A}$$

其中 p、q 为命题变项，A、B 为任何命题公式。

上述推理形式相应的蕴涵式为：

$$(p \vee q) \wedge \neg (p \wedge q) \wedge \neg p \to q$$

$$(p \vee q) \wedge \neg (p \wedge q) \wedge \neg q \to p$$

上述蕴涵式是重言式，从而上述推理形式是有效的推理形式。

上述蕴涵式表明：以排斥选言命题为大前提，以否定其一个支命题为小前提，可以得出肯定其另一个支命题的结论。这就是说，否定排斥选言命题的一个支命题，可以得出肯定另一个支命题的结论。

例如：某甲要么是有罪的，要么是无罪的，而某甲不是有罪的；所以，某甲是无罪的。

（二）肯定否定式

排斥选言推理的肯定否定式为：

　　要么 p，要么 q，
　　p（或 q），
　　所以，非 q（或非 p）。

或者表示为：

$$\frac{(A \vee B) \wedge \neg (A \wedge B), A}{\neg B}$$

$$\frac{(A \vee B) \wedge \neg (A \wedge B), B}{\neg A}$$

其中 p、q 为命题变项，A、B 为任何命题公式。

上述推理形式相应的蕴涵式为：

$$(p \vee q) \wedge \neg (p \wedge q) \wedge p \to \neg q$$

$$(p \vee q) \wedge \neg (p \wedge q) \wedge q \to \neg p$$

上述蕴涵式是重言式，从而上述推理形式是有效的推理形式。

上述蕴涵式表明：以排斥选言命题为大前提，以肯定其一个支命题为小前提，可以得出否定其另一个支命题的结论。这就是说，肯定排斥选言命题的一个支命题，可以得出否定另一个支命题的结论。

例如：这个合同要么是有效的，要么是无效的，这个合同是有效的；所以，它不是无效的合同。

排斥选言推理有效式可以根据复合命题推理的基本有效式推导出来，它们不过是联言推理和选言推理有效式的联合运用，因而，本书不把它们作为复合命题推理的基本有效式。

二、必要条件假言推理

必要条件假言推理就是根据必要条件假言命题的逻辑性质进行的复合命题推理。它有以下两种有效的推理形式：

（一）否定前件式

必要条件假言推理的否定前件式为：

只有 p 才 q，

非 p，

所以，非 q。

因为"只有 p 才 q"与"如果非 p 则非 q"重言等值，二者可互相替换。所以，上述推理形式可以表示为：

如果非 p 则非 q，

非 p，

所以，非 q。

或者表示为：

$$\frac{\neg A \to \neg B, \neg A}{\neg B}$$

其中 p、q 为命题变项，A、B 为任何命题公式。

上述推理形式相应的蕴涵式为：

$$(\neg p \to \neg q) \land \neg p \to \neg q$$

在假言推理的肯定前件式中，根据代入规则，对 p 和 q 分别代入 "$\neg p$" 和 "$\neg q$"，就可得到上述蕴涵式。因此，上述蕴涵式是重言式，上述推理形式是有效的推理形式。

上述有效式表明：以必要条件假言命题为大前提，以否定其前件为小前提，可以得出否定其后件的结论。换句话说，否定必要条件假言命题的前件，可以得出否定其后件的结论。

例如：只有某甲触犯刑律，某甲才构成犯罪，某甲没有触犯刑律；所以，某甲不构成犯罪。

（二）肯定后件式

必要条件假言推理的肯定后件式为：

只有 p 才 q，

q，

所以，p。

因为"只有 p 才 q"与"如果非 p 则非 q"重言等值，二者可以互相替换。所以，上述推理形式可以表示为：

如果非 p 则非 q，

q，

所以，p。

或者表示为：

$$\frac{\neg A \rightarrow \neg B,\ B}{A}$$

其中 p、q 为命题变项，A、B 为任何命题公式。

上述推理形式相应的蕴涵式为：

$$(\neg p \rightarrow \neg q) \wedge q \rightarrow p$$

在假言推理的否定后件式中，根据代入规则，对 p 和 q 分别代入"$\neg p$"和"$\neg q$"，就可得到上述蕴涵式。因此，上述蕴涵式是重言式，上述推理形式是有效的推理形式。

上述有效式表明：以必要条件假言命题为大前提，以肯定其后件为小前提，可以得出肯定其前件的结论。换句话说，肯定必要条件假言命题的后件，可以得出肯定其前件的结论。

例如：只有得到了充足的水分，种子才能发芽，种子发了芽；所以，种子得到了充足的水分。

必要条件假言推理有效式可以从假言推理有效式推导出来，它们不过是假言推理有效式的变形。因而，本书不把它们作为复合命题推理的基本有效式。

应当指出，在必要条件假言推理中，肯定必要条件假言命题的前件不能必然肯定其后件；否定必要条件假言命题的后件不能必然否定其前件。否则，犯"肯定前件的错误"和"否定后件的错误"。

三、假言联锁推理

假言联锁推理又称为纯假言推理，它是基于蕴涵词或假言命题的逻辑性质进行的复合命题推理。其有效的推理形式如下：

如果 p 则 q，
如果 q 则 r，
所以，如果 p 则 r。

或者表示为：

$$\frac{A \to B,\ B \to C}{A \to C}$$

其中 p、q、r 为命题变项，A、B、C 为任何命题公式。
上述推理形式相应的蕴涵式是：

$$(p \to q) \land (q \to r) \to (p \to r)$$

上述蕴涵式是重言式，从而上述推理形式是有效的推理形式。

上述有效式表明：命题的蕴涵关系是传递的。可以从 $A \to B$ 和 $B \to C$ 推出 $A \to C$。

例如：如果要在法庭上胜诉，就要有足够的证据；而要有足够的证据，就要作周密深入的调查研究；所以，如果要在法庭上胜诉，就要作周密深入的调查研究。

在假言联锁推理的有效式中作适当的代入就有：

$$(\neg p \to \neg q) \land (\neg q \to \neg r) \to (\neg p \to \neg r)$$

显然，这个蕴涵式是重言式。由于"如果非 p 则非 q""如果非 q 则非 r"和"如果非 p 则非 r"，分别与"只有 p 才 q""只有 q 才 r"和"只有 p 才 r"重言等值，二者可互相替换，因此，上述有效式可表示为：

只有 p 才 q，
只有 q 才 r，
所以，只有 p 才 r。

上述有效式称为必要条件假言联锁推理有效式。必要条件假言联锁推理有效式可以从假言联锁推理有效式推导出来。

例如：只有触犯刑律才是犯罪，只有犯罪才应受刑罚处罚；所以，只有触犯刑律才应受刑罚处罚。

假言联锁推理有效式可以根据复合命题推理的基本有效式推导出来，它们不过是基本有效式的运用。

四、二难推理

二难推理又称为假言选言推理，它是根据假言命题和选言命题的逻辑性质进行的复合命题推理。由于在论辩中，论辩双方经常运用这种推理，对于每一种可能的情况，都推出对方难于接受的结论，使对方陷入"进退两难"的境地。

因此，这种推理被称为二难推理。二难推理主要有以下两种有效的推理形式：

（一）构成式

二难推理的构成式为：

　　　　如果 p 则 r，

　　　　如果 q 则 r，

　　　　p 或者 q，

　　　　所以，r。

或者表示为：

$$\frac{A\rightarrow C,\ B\rightarrow C,\ A\vee B}{C}$$

其中 p、q、r 为命题变项，A、B、C 为任何命题公式。

上述推理形式相应的蕴涵式为：

$$(p\rightarrow r)\wedge(q\rightarrow r)\wedge(p\vee q)\rightarrow r$$

二难推理构成式实际上是假言推理肯定前件式的联合运用。当前提都真时，选言命题中的两个选言支至少有一个是真的，无论哪一个选言支为真，都可以根据假言推理肯定前件式，得出肯定假言命题后件的结论。即 $p\rightarrow r$、$q\rightarrow r$ 和 $p\vee q$ 重言蕴涵 r。因此，上述蕴涵式是重言式，上述推理形式是有效的推理形式。

上述有效式表明：可以从 $A\rightarrow C$、$B\rightarrow C$ 和 $A\vee B$ 推出 C。

例如：[林肯在就任美国总统之前是一个著名的律师。他曾为他朋友的儿子小阿姆斯特朗出庭辩护。这次出庭辩护至今仍传为佳话。]

　　林肯：你肯定死者是小阿姆斯特朗杀害的吗？

　　福尔逊：是的。我在 10 月 18 日晚上亲眼看见小阿姆斯特朗用枪击毙了死者。

　　林肯：你发誓说认清是小阿姆斯特朗？

　　福尔逊：是的。

　　林肯：你在大树东边的草堆后面，小阿姆斯特朗在大树下面，你们相距二三十米，你能看得清楚吗？

　　福尔逊：看得很清楚，因为当时有月光，月光很明亮。

　　林肯：你肯定不是从衣着等其他方面认清的吗？

　　福尔逊：不是的。我肯定看清了他的脸，因为月光正照在他脸上。

　　林肯：具体时间也能肯定吗？是晚上 11 点吗？

　　福尔逊：完全可以肯定，因为我回到屋里看了时钟，那时正是 11 时 15 分。

　　林肯询问到这里，转身对人们说道："我不能不告诉大家，这个证人是一个彻头彻尾的骗子!"接着他说:"请注意,他一口咬定10月18日晚上11时在月光下看清了被告人的脸,请大家想一想,10月18日那天是上弦月,晚上11点时,月亮早已下山了,哪里还有月光?退一步说,也许他记的时间不准,月亮还没有下山,但是,那时月光应该是从西边往东边照,草堆在东,大树在西,如果被告人脸朝草堆,月光就只能照着他的后脑勺,脸上照不到月光,证人怎么能从二三十米外的草堆处看清被告人的脸呢?如果被告人脸朝西,月光可以照到脸上,但证人在大树东边的草堆后面,那么证人也就根本不可能看到被告人的脸了。"人们沉默了一会儿,接着,爆发出一片掌声和欢呼声。

林肯的质证包含如下的二难推理:

如果被告人脸面向草堆,脸上照不到月光,则证人看不清被告人的脸;

如果被告人脸背向草堆,证人在大树东边的草堆后面,则证人看不清被告人的脸;

被告人或者脸面向草堆,或者脸背向草堆;

所以,证人福尔逊看不清被告人的脸。

如果上述推理的两个假言命题的后件不相同,则其结论是一个选言命题。二难推理的构成式就有更为复杂的形式:

如果 p 则 r,

如果 q 则 s,

p 或者 q,

所以,r 或者 s。

或者表示为:

$$\frac{A\to C,\ B\to D,\ A\lor B}{C\lor D}$$

其中 p、q、r、s 为命题变项,A、B、C、D 为任何命题公式。

上述推理形式相应的蕴涵式为:

$$(p\to r)\land(q\to s)\land(p\lor q)\to r\lor s$$

在假言联锁推理的有效式中,作适当的代入并作适当的等值置换,就可得到上述蕴涵式。即:

∵ $(p\to q)\land(q\to r)\land(r\to s)\to(p\to s)$ (已知)

∴ $(\neg r\to\neg p)\land(\neg p\to q)\land(q\to s)\to(\neg r\to s)$ (代入规则)

∴ $(p\to r)\land(p\lor q)\land(q\to s)\to r\lor s$ (置换规则)

∴ $(p\to r)\land(q\to s)\land(p\lor q)\to r\lor s$ (置换规则)

因此，上述蕴涵式是重言式，从而上述推理形式是有效的推理形式。

上述有效的推理形式表明：可以从 $A\to C$、$B\to D$ 和 $A\lor B$ 推出 $C\lor D$。

例如：据说古时一楚人有盾和矛，楚人称："吾盾之坚，物莫能陷也。"又誉其矛："吾矛之利，于物无不陷也。"或人曰："以子之矛，陷子之盾，何如？"楚人弗能应也。

或人的提问暗含如下的二难推理：

如果你的矛能刺破你的盾，则你的盾不坚；

如果你的矛不能刺破你的盾，则你的矛不利；

你的矛或者能刺破你的盾，或者不能刺破你的盾；

所以，你的盾不坚或者你的矛不利。

或人的提问使楚人陷于"弗能应"的困境。

（二）破坏式

二难推理的破坏式为：

  如果 p 则 r，

  如果 p 则 s，

  非 r 或者非 s，

所以，非 p。

或者表示为：

$$\frac{A\to C,\ A\to D,\ \neg C\lor\neg D}{\neg A}$$

其中 p、r、s 为命题变项，A、C、D 为任何命题公式。

上述推理形式相应的蕴涵式为：

$$(p\to r)\land(p\to s)\land(\neg r\lor\neg s)\to\neg p$$

二难推理破坏式实际上是假言推理否定后件式的联合运用。当前提都真时，选言命题的两个选言支至少有一个成立，无论 $\neg r$ 和 $\neg s$ 哪个成立，都可以根据假言推理否定后件式，得出否定假言命题前件的结论。在二难推理的构成式中，作适当的代入并作适当的等值置换，也可得到上述蕴涵式。即：

∵ $(p\to r)\land(q\to r)\land(p\lor q)\to r$ （已知）

∴ $(\neg r\to\neg p)\land(\neg s\to\neg p)\land(\neg r\lor\neg s)\to\neg p$ （代入规则）

∴ $(p\to r)\land(p\to s)\land(\neg r\lor\neg s)\to\neg p$ （置换规则）

因此，上述蕴涵式是重言式，从而上述推理形式是有效的推理形式。

上述有效式表明：可以从 $A\to C$，$A\to D$ 和 $\neg C\lor\neg D$ 推出 $\neg A$。

例如：在莎士比亚著名喜剧《威尼斯商人》中，夏洛克和安东尼奥订了一个契约：夏洛克借给安东尼奥3000元现金，借期3个月，免付利息，如果到期不还，债权人有权从债务人的胸部割下一磅肉，作为惩罚。3个月期满，安东尼奥还不出这笔钱，夏洛克状告安东尼奥，请求执行契约，割安东尼奥一磅肉。在法庭上，女扮男装的法官鲍细娅出场了，她对夏洛克说："根据威尼斯法律，你的起诉可以成立，而且在威尼斯谁也无权变更法律。"她不动声色地又问："称肉的天平准备好了吗？"夏洛克说道："我已带来了！"鲍细娅又说："夏洛克，去请一位医生，免得他流血死去。"夏洛克叫道："不，借约上没有这一条。"正当夏洛克得意忘形准备动刀时，鲍细娅说道："你准备割肉吧，但是借约上并未允许你取他的一滴血，也不准割得超过或不足一磅的重量，不许你差一丝一毫。否则，根据威尼斯的法律，你就要抵命，你的财产全部充公。""我收回本金都不成吗？""不成！"夏洛克陷入进退两难的困境。

在鲍细娅的法庭陈词中暗含如下的二难推理：

如果你夏洛克按契约规定割肉，你就会取安东尼奥的血；

如果你夏洛克按契约规定割肉，你只会取安东尼奥的肉，不会取安东尼奥的血；

你夏洛克或者不会取安东尼奥的血，或者会取安东尼奥的血；

所以，你夏洛克无法按契约规定割肉。

如果上述推理的两个假言命题的前件不相同，则其结论是一个选言命题。二难推理的破坏式就有更为复杂的形式：

  如果 p 则 r，

  如果 q 则 s，

  非 r 或者非 s，

  所以，非 p 或者非 q。

或者表示为：

$$\frac{A\to C,\ B\to D,\ \neg C \vee \neg D}{\neg A \vee \neg B}$$

其中 p、q、r、s 为命题变项，A、B、C、D 为任何命题公式。

上述推理形式相应的蕴涵式为：

$(p\to r) \wedge (q\to s) \wedge (\neg r \vee \neg s) \to \neg p \vee \neg q$

在假言联锁推理有效式中，作适当的代入并作适当的等值置换，就可得到上述蕴涵式。即：

  ∴ $(p\to q) \wedge (q\to r) \wedge (r\to s) \to (p\to s)$ （已知）

  ∴ $(p\to r) \wedge (r\to \neg s) \wedge (\neg s\to \neg q) \to (p\to \neg q)$ （代入规则）

  ∴ $(p\to r) \wedge (\neg r \vee \neg s) \wedge (q\to s) \to \neg p \vee \neg q$ （置换规则）

∴ $(p→r) ∧ (q→s) ∧ (¬r∨¬s) →¬p∨¬q$　　　　　（置换规则）

在二难推理的构成式中，作适当的代入和等值置换，也可得到上述蕴涵式。即：

∴ $(p→r) ∧ (q→s) ∧ (p∨q) →r∨s$　　　　　　　（已知）
∴ $(¬r→p) ∧ (¬s→¬q) ∧ (¬r∨¬s) →¬p∨¬q$　　（代入规则）
∴ $(p→r) ∧ (q→s) ∧ (¬r∨¬s) →¬p∨¬q$　　　　（置换规则）

因此，上述蕴涵式是重言式，从而上述推理形式是有效的推理形式。

上述有效式表明：可以从 $A→C$、$B→D$ 和 $¬C∨¬D$ 推出 $¬A∨¬B$。

例如：如果他对当事人负责，则他应提出对当事人有利的代理意见；如果他精通法律业务，则他能充分证明其诉讼主张。他没有提出对当事人有利的代理意见，或者没能充分证明其诉讼主张。因此，他或者是不对当事人负责，或者是不精通法律业务。

二难推理有效式可以根据复合命题推理的基本有效式推导出来，它不过是假言推理有效式的运用或是假言联锁推理有效式的变形。

五、归谬法推理

归谬法推理是根据假言命题或蕴涵词的逻辑性质进行的复合命题推理。它是假言推理否定后件式的特殊情况，它有如下的有效的推理形式：

如果 p 则 q 且 $¬q$，
所以，$¬p$。

或者表示为：

$$\frac{A→B ∧ ¬B}{¬A}$$

其中 p、q 为命题变项，A、B 为任何命题公式。

上述推理形式相应的蕴涵式为：

$$(p→q ∧ ¬q) →¬p$$

归谬法推理是假言推理否定式的运用，因此，上述蕴涵式是重言式，从而上述推理形式是有效的推理形式。

上述有效式表明：可以从 $A→B ∧ ¬B$ 推出 $¬A$。这就是说，如果从 A 推出了逻辑矛盾，则 A 是不成立的。

例如：古希腊学者克拉底鲁宣称"一切命题都是假的"。亚里士多德反驳道：如果一切的命题都是假的，则"一切的命题都是假的"这个命题也是假的，即有"并非一切的命题都是假的"。"一切的命题都是假的"与"并非一切的命题都是假的"是相互矛盾的。所以，"一切的命题都是假的"是不成立的。正可谓是"以言为尽悖，悖，说在其言"（《墨经》）。

六、反三段论

反三段论推理是根据假言命题或蕴涵词的逻辑性质进行的复合命题推理。其有效的推理形式如下：

如果（p 并且 q）则 r，

所以，如果（¬r 并且 p）则¬q [或：如果（¬r 并且 q）则¬p]。

或者表示为：

$$\frac{A \wedge B \to C}{\neg C \wedge A \to \neg B}, \quad \frac{A \wedge B \to C}{\neg C \wedge B \to \neg A}$$

上述推理形式相应的蕴涵式为：

$$(p \wedge q \to r) \to (\neg r \wedge p \to \neg q)$$
$$(p \wedge q \to r) \to (\neg r \wedge q \to \neg p)$$

上述蕴涵式是重言式，从而上述推理形式是有效的推理形式。

上述有效式表明：可以从 $A \wedge B \to C$ 推出 ¬$C \wedge A \to$ ¬B，从 $A \wedge B \to C$ 推出 ¬$C \wedge B \to$ ¬A。这就是说，如果从 A 并且 B 可以推出 C，则从非 C 和 A（或 B）可以推出 ¬B（或 ¬A）。这种推理常应用在三段论中，设 A 为大前提，B 为小前提，C 为结论，如果从 A 和 B 推出 C 是有效的三段论推理，那么从非 C 和 A（或 B）推出非 B（或非 A）也是有效的三段论推理。由于这种推理是从结论为假推出它的某一前提为假，是由结论到前提反推的，因而称为反三段论。

例如：如果某甲客观上造成了他人损害并且主观上有过错，则某甲应承担民事责任；所以，如果某甲不应承担民事责任而客观上又造成了他人损害，则某甲是主观上没有过错。

反三段论推理有效式可以根据复合命题的基本有效式推导出来，它不过是某些基本有效式的运用或变形。

七、基于重言等值式的推理

由于重言等值式的两端在任何情况下都是等值的，因而两端可以互推。设 $A \leftrightarrow B$ 为重言等值式，则 $A \to B$ 和 $B \to A$ 都是重言蕴涵式。因此，可以从 A 推出 B，也可以从 B 推出 A。其中 A、B 为任何命题公式。

由于重言等值式是非常多的，因此，基于重言等值式的推理形式也是非常多的。下面只介绍几种常用的有效式。

（一）假言易位推理

假言易位推理的有效式是：

$$\frac{A \to B}{\neg B \to \neg A}, \quad \frac{\neg B \to \neg A}{A \to B}$$

其中 A、B 为任何命题公式。

上述推理形式相应的重言等值式是：
$$p \to q \leftrightarrow \neg q \to \neg p$$

上述有效式表明：可以从 $p \to q$ 推出 $\neg q \to \neg p$，反之亦然。

例如：如果某甲是凶手，则某甲有作案时间；所以，如果某甲没有作案时间，则某甲不是凶手。

（二）蕴涵析取互易推理

蕴涵析取互易推理的有效式是：
$$\frac{A \to B}{\neg A \lor B}, \quad \frac{\neg A \lor B}{A \to B}$$

其中 A、B 为任何命题公式。

上述推理形式相应的重言等值式是：
$$p \to q \leftrightarrow \neg p \lor q$$

上述有效式表明：可以从 $A \to B$ 推出 $\neg A \lor B$，反之亦然。

例如：如果某甲是凶手，则某乙是凶手，所以，或者某甲不是凶手，或者某乙是凶手。

（三）否定合取推理

否定合取推理的有效式是：
$$\frac{\neg(A \land B)}{\neg A \lor \neg B}, \quad \frac{\neg A \lor \neg B}{\neg(A \land B)}$$

其中 A、B 为任何命题公式。

上述推理形式相应的重言等值式是：
$$\neg(p \land q) \leftrightarrow \neg p \lor \neg q$$

上述有效式表明：可以从 $\neg(A \land B)$ 推出 $\neg A \lor \neg B$，反之亦然。

例如：并非某甲和某乙都是案犯，所以，或者某甲不是案犯，或者某乙不是案犯。

（四）否定析取推理

否定析取推理的有效式是：
$$\frac{\neg(A \lor B)}{\neg A \land \neg B}, \quad \frac{\neg A \land \neg B}{\neg(A \lor B)}$$

其中 A、B 为任何命题公式。

上述推理形式相应的重言等值式是：
$$\neg(p \lor q) \leftrightarrow \neg p \land \neg q$$

上述有效式表明：可以从¬$(A \vee B)$推出¬$A \wedge$¬B，反之亦然。

例如：并非某甲或是抢劫犯或是抢夺犯，所以，某甲既不是抢劫犯，又不是抢夺犯。

（五）否定蕴涵推理

否定蕴涵推理的有效式是：

$$\frac{\neg (A \to B)}{A \wedge \neg B}, \quad \frac{A \wedge \neg B}{\neg (A \to B)}$$

其中 A、B 为任何命题公式。

上述推理形式相应的重言等值式是：

$$\neg (p \to q) \leftrightarrow p \wedge \neg q$$

上述有效式表明：可以从¬$(A \to B)$推出$A \wedge$¬B，反之亦然。

例如：并非如果某甲是凶手则某乙是凶手，所以，某甲是凶手但某乙不是凶手。

（六）否定等值推理

否定等值推理的有效式是：

$$\frac{\neg (A \leftrightarrow B)}{(A \to \neg B) \wedge (\neg A \to B)}, \quad \frac{(A \to \neg B) \wedge (\neg A \to B)}{\neg (A \leftrightarrow B)}$$

其中 A、B 为任何命题公式。

上述推理形式相应的重言等值式为：

$$\neg (p \leftrightarrow q) \leftrightarrow (p \to \neg q) \wedge (\neg p \to q)$$

上述有效式表明：可以从¬$(A \leftrightarrow B)$推出$(A \to \neg B) \wedge (\neg A \to B)$，反之亦然。

例如：某甲是凶手并非当且仅当某乙是凶手，所以，如果某甲是凶手则某乙不是凶手，并且，如果某甲不是凶手则某乙是凶手。

（七）条件移出移入推理

条件移出移入推理的有效式是：

$$\frac{A \wedge B \to C}{A \to (B \to C)}, \quad \frac{A \to (B \to C)}{A \wedge B \to C}$$

其中 A、B、C 为任何命题公式。

上述推理形式相应的重言等值式为：

$$p \wedge q \to r \leftrightarrow p \to (q \to r)$$

上述有效式表明：可以从 $A \wedge B \to C$ 推出 $A \to (B \to C)$，反之亦然。

例如：如果是犯罪后自首并且有重大立功表现，则应当减轻或者免除处罚，所以，如果是犯罪后自首的，那么，如果有重大立功表现，则应当减轻或者免除处罚。

（八）条件互易推理

条件互易推理的有效式是：

$$\frac{A\to (B\to C)}{B\to (A\to C)}$$

其中 A、B、C 为任何命题形式。

上述推理形式相应的重言等值式为：

$$p\to (q\to r) \leftrightarrow q\to (p\to r)$$

上述有效式表明：可以从 $A\to (B\to C)$ 推出 $B\to (A\to C)$。

例如：如果是因不可抗力不能履行合同或者造成他人损害的，那么，如果法律没有另外的规定，则不承担民事责任；所以，如果法律没有另外的规定，那么，如果是因不可抗力不能履行合同或者造成他人损害的，则不承担民事责任。

第五节　自然推理系统 P^N

一、判定问题和推导问题

演绎推理的核心问题是：

第一，判定问题：如何判定推理有效？

第二，推导问题：如何进行有效推理？

演绎逻辑要解决这两个问题：既要为判定推理是否有效提供检验方法或程序，又要为有效推理提供推理规则。

全部的命题逻辑理论可概括为：如果 α 重言蕴涵 β，那么从 α 推出 β 就是有效的。因此，要判定一个复合命题推理是否有效，只需判定前提是否重言蕴涵结论。判定重言式从而判定复合命题推理有效性的方法已有：真值表法、归谬赋值法和表列法。这些方法解决了命题逻辑的有效性判定问题，它们对于判定复合命题推理的有效性是可靠的并且是完全的。应当指出，这些方法对于解决判定问题是能行的，但是，运用它们解决判定问题不太直观和自然。并且，这些方法只是判定复合命题推理有效与否的检验程序而不是复合命题有效推理的推理规则，只能解决命题逻辑的判定问题而不能解决命题逻辑的推导问题，只能判定而不能指导有效推理。因此，为指导命题逻辑的有效性推理而提供一组方便实用的推理规则，以及为解决命题逻辑的判定问题而提供更为直观和自然的检验方法是必要的。

复合命题推理的基本有效式和其他有效式是进行有效推理的规则，是解决命题逻辑的有效性推导问题的工具。从给定的前提出发，运用复合命题推理的基本有效式和其他有效式，即根据复合命题推理的基本规则和导出规则，可以进行有效的推理，推出一切能够推出的结论。复合命题推理的基本有效式和其他有效式也是判定复合命题推理是否有效的工具。如果从给定的前提出发，运用复合命题推理的基本有效式和其他有效式，在有限步内得出了给定的结论，该复合命题推理就是有效的。

二、自然推理

从给定的前提出发，运用推理有效式即根据推理规则进行推理，称为自然推理（亦称为自然演绎）。自然推理不预设公理，只是根据推理规则，从给定的前提得出结论。自然推理是一个命题形式序列，每项或者是从给定的前提，或者是从前面的命题形式运用推理有效式即根据推理规则得到。

运用自然推理从给定的前提得出给定的结论，即根据推理规则进行推理，从给定的前提得到给定的结论，这个过程称为对推理的有效性作形式证明（简称形式证明）。形式证明即自然推理是判定推理有效的又一种方法。

形式证明是以自然推理为手段的判定方法，由于自然推理不预设公理，没有与公理相关的推演，只根据推理规则从前提得出结论，因此，自然推理即形式证明过程接近于人们实际思维过程，与以计算为手段的判定方法相比，以自然推理为手段的形式证明方法就更为直观和自然。形式证明是将一个有效推理分解成若干个基本推理的过程，是从给定的前提出发，根据基本有效式或基本推理规则逐步得到结论的过程。

现代逻辑证明，只要运用少数几种基本有效式或基本推理规则，就可以推出一切能够推出的结论。因此，只要掌握少数几种基本有效式，就可以以这些基本有效式作为基本推理规则，构成自然推理系统，从而解决有效推理的判定问题和推导问题。自然推理系统具有判定和推导双重功能，是比较直观、自然、方便、实用的演绎逻辑手段。

自然推理系统主要由一组推理规则（这组规则相当于一组推理模式）构成。规则是进行有效推理的规则，根据这些规则可以从给定的前提出发进行有效推导。运用自然推理系统判定某个推理是否有效，只需考察从给定的前提出发，根据系统内的推理规则能否推出给定的结论。

任何一条逻辑公理都可以用一条或一组推理规则代替，反之亦然。这表明逻辑公理和推理规则在刻画逻辑联结词的性质方面是等价的。演绎逻辑的自然推理系统与公理系统具有同等的判定能力和推理能力。

建立自然推理系统，其核心问题在于给出一组推理规则。构造自然推理系统，究竟需要多少基本有效式以及选择哪些基本有效式作为推理规则，并不是一成不变的，可以有不同的选择，可以构成不同的自然推理系统。建构推理规则的考虑是很多的，这个问题过于专门化，本书无法详细讨论。在本书中，只提出两个最基本的建构准则，它们管辖一切推理规则。

准则Ⅰ 给定一组前提，推理规则必须使我们只能推出那些可从前提合乎逻辑地得出的结论。

准则Ⅰ要求推理规则必须是可靠的。用推理规则进行或产生的推理必须是有效的。就是说，推理规则不得放过或产生无效的推理。

把这个准则同前面的内容结合起来，就得到一个实用的准则，用来检验所提出的推理规则是否有效：如果一个推理规则容许从一组真前提推导出一个假结论，这个规则就是无效的，是不能接受的。

准则Ⅱ 给定一组前提，推理规则必须使我们能推出所有可以从前提合乎逻辑地得出的结论。

准则Ⅱ要求推理规则必须是完全的。就是说，所有有效的推理都能由该组推理规则产生或构造（推演）出来。即必须使推理规则能推导出每一个合乎逻辑的结论。

准则Ⅱ是必要的。用一个简单的例子说明仅有准则Ⅰ是不够的。假定有人仅提出一条推理规则：从任一命题 p 可以推出 p。显然，上述推理规则满足准则Ⅰ，因为如果我们从真前提 p 出发，就只能推出 p。但是认为上述推理规则对所有逻辑推理是完全的（或充分的），那就错了。因为它并不满足准则Ⅱ。例如，用上述推理规则并不能从前提 $P \lor Q$ 和 $\neg Q$ 合乎逻辑地推出 P。这就是说，用上述推理规则并不能产生所有有效的推理。

应当指出的是，本书构造的自然推理系统在各自相应的语义解释下既是可靠的又是完全的。本书不证明这些结论，也不详细介绍这些系统的语义理论。

三、P^N 系统的基本规则

命题逻辑的自然推理系统 P^N 由三条基本规则构成。运用 P^N 系统解决命题逻辑的判定问题和推导问题的办法是：综合运用 P^N 系统的推理规则，从前提推出结论。

P^N 系统的基本规则如下：

前提引入规则（P 规则）：在推理的任何一步都可以引入一个给定的前提。

重言蕴涵规则（T 规则）：如果在推理中有一些在先的命题形式，使得它们的合取重言蕴涵 β，就可以在推理中引入命题形式 β。

条件证明规则（$C.P$ 规则）：如果能从一组前提和 α 推出 β，就可以从这组前提推出 $\alpha \to \beta$。即：如果 $\Gamma, \alpha \vdash \beta$，那么 $\Gamma \vdash \alpha \to \beta$。其中 Γ 为前提的集合。

P 规则允许我们在需要的时候随时引进给定的前提。当然，如果在推理中用到某个前提，但没有明确承认它是前提，则犯了严重的逻辑错误。

T 规则允许我们一步步地连续使用重言蕴涵式。

每一个重言蕴涵式都存在一个相应的推理规则，它不过是 T 规则的特例。

例如：肯定前件式（分离律）

$$\alpha \wedge (\alpha \to \beta) \to \beta$$

就对应于分离规则：从 α 和 $\alpha \to \beta$ 可以推出 β。

为那些经常出现的重言式命名只是为了便于援引，这些已命名的重言式并没有特殊的地方，我们可以使用任何我们觉得合适和方便的重言式。罗列某些基本的重言式，只是帮助读者拟定一个可行的推理策略。

常用的重言蕴涵式

联言分解式	$\alpha \wedge \beta \to \alpha$
联言合成式	$\alpha \wedge \beta \to \alpha \wedge \beta$
析取附加式	$\alpha \to \alpha \vee \beta$
否定肯定式	$\neg \alpha \wedge (\alpha \vee \beta) \to \beta$
肯定前件式	$\alpha \wedge (\alpha \to \beta) \to \beta$
否定后件式	$\neg \beta \wedge (\alpha \to \beta) \to \neg \alpha$
假言联锁式	$(\alpha \to \beta) \wedge (\beta \to \gamma) \to (\alpha \to \gamma)$
归谬式	$(\alpha \to \beta \wedge \neg \beta) \to \neg \alpha$
二难构成式	$(\alpha \to \gamma) \wedge (\beta \to \gamma) \wedge (\alpha \vee \beta) \to \gamma$
二难破坏式	$(\alpha \to \beta) \wedge (\alpha \to \gamma) \wedge (\neg \beta \vee \neg \gamma) \to \neg \alpha$

常用的重言等值式

双重否定律	$\alpha \leftrightarrow \neg \neg \alpha$
假言易位律	$\alpha \to \beta \leftrightarrow \neg \beta \to \neg \alpha$
条件移出入律	$\alpha \wedge \beta \to \gamma \leftrightarrow \alpha \to (\beta \to \gamma)$
德摩根第一律	$\neg (\alpha \wedge \beta) \leftrightarrow \neg \alpha \vee \neg \beta$
德摩根第二律	$\neg (\alpha \vee \beta) \leftrightarrow \neg \alpha \wedge \neg \beta$

合取交换律	$\alpha \land \beta \leftrightarrow \beta \land \alpha$
析取交换律	$\alpha \lor \beta \leftrightarrow \beta \lor \alpha$
蕴涵析取律	$\alpha \to \beta \leftrightarrow \neg \alpha \lor \beta$
否定蕴涵律	$\neg(\alpha \to \beta) \leftrightarrow \alpha \land \neg \beta$
双条件第一律	$(\alpha \leftrightarrow \beta) \leftrightarrow (\alpha \to \beta) \land (\beta \to \alpha)$
双条件第二律	$(\alpha \leftrightarrow \beta) \leftrightarrow (\alpha \land \beta) \lor (\neg \alpha \land \neg \beta)$

两个其他的重言式

排中律	$\alpha \lor \neg \alpha$
矛盾律	$\neg(\alpha \land \neg \alpha)$

两个重要的规则

代入规则 TG：在推理的任何一步，重言式中的任何命题变项都可以用其他命题形式代入，代入须处处进行，代入后得到的仍为重言式。

置换规则 TE：在推理的任何一步，命题形式中的任何部分都可以用与之等值的命题形式置换，置换不必处处进行，置换后得到的命题形式与原式等值。

置换规则 TE 是重言蕴涵规则 T 的特例，因而是导出规则。在推导中不必特别指出，注明是 T 规则即可。

C.P 规则只适用于结论是蕴涵式的推理。这一规则总的思想是：如果有条件地引入前提 α（α 是结论中蕴涵式的前件），把它与原来的前提一起组成合取式，合乎逻辑地推出了结论 β（β 是结论中蕴涵式的后件），我们就说蕴涵式 $\alpha \to \beta$ 可以从原来的前提合乎逻辑地推出。

C.P 规则不违反准则 I，因而是可接受的。证明如下：

如果从前提 $\alpha_1, \cdots, \alpha_n$ 和 α 可合乎逻辑地推出 β，就可以从 $\alpha_1, \cdots, \alpha_n$ 合乎逻辑地推出 $\alpha \to \beta$。假定在某个特定的场合，第一个推理有效而第二个推理不是有效的，那么 $\alpha \to \beta$ 是假的。但这种情况只会发生在 α 真而 β 假的时候。如果情况如此，那么 β 是假的，前提 $\alpha_1, \cdots, \alpha_n, \alpha$ 是真的，因而第一个推理也不是有效的，这是一个矛盾。因此，C.P 规则不违反准则 I。

α 是 P^N 系统的定理当且仅当 α 仅能由 P^N 系统规则推出。即在 P^N 中，有一个无假设（前提为空集 Λ）的自然推理以 α 为一项。记为 $\vdash_{P^N} \alpha$ 或 $\vdash \alpha$。

一个推理蕴涵式是 P^N 系统的定理，当且仅当从它的全部前提出发，根据 P^N 系统规则能推出它的结论。记为 $\vdash \alpha \to \beta$ 或 $\alpha \vdash \beta$。此处 α 为前提，β 为结论。

应当指出，P^N 系统是可靠的并且是完全的。

α 是 P^N 系统的定理当且仅当 α 是重言式。因此，如果运用 P^N 系统规则，能在有限步内从前提推出结论，那么相应的推理蕴涵式是重言式，从而该推理也是有效的。

【例1】 排斥选言推理否定肯定式：

$$(A \vee B) \wedge \neg (A \wedge B) \wedge \neg A \to B$$

① $(A \vee B) \wedge \neg (A \wedge B)$　　　　　　前提
② $A \vee B$　　　　　　　　　　　　　　①联言推理
③ $\neg A$　　　　　　　　　　　　　　　前提
④ B　　　　　　　　　　　　　　　　②和③选言推理

由此可见，上述推理形式是有效式。

【例2】 排斥选言推理肯定否定式：

$$(A \vee B) \wedge \neg (A \wedge B) \wedge A \to \neg B$$

① $(A \vee B) \wedge \neg (A \wedge B)$　　　　　　前提
② $\neg (A \wedge B)$　　　　　　　　　　　①联言推理
③ $\neg A \vee \neg B$　　　　　　　　　　　②等值置换
④ A　　　　　　　　　　　　　　　　前提
⑤ $\neg \neg A$　　　　　　　　　　　　　④双否引入推理
⑥ $\neg B$　　　　　　　　　　　　　　③和⑤选言推理

【例3】 归谬法推理：

$$(A \to B \wedge \neg B) \to \neg A$$

① $A \to B \wedge \neg B$　　　　　　　　　前提
② $\neg (B \wedge \neg B)$　　　　　　　　　重言式
③ $\neg A$　　　　　　　　　　　　　　①和②假言推理

【例4】 某外商运一批货物抵达港口，企图在海关检查后以次充好欺骗某公司。涉及这一内幕的信件落入第三者手中。外商知道，如果对方董事长及时知道此事，那么他就要受到法律制裁。该外商对情况作了如下推断：

或者海关会强行严格检查（A），或者如果第三者将信件交给对方总经理（B），则对方总经理会采取对策（C）；

如果我们的电话没有被监听（$\neg D$），那么，如果对方总经理采取对策，则对方董事长会及时得知此事（E）；

如果海关要强行严格检查，则我们的电话已被监听；而我们的电话没有被监听。

因此，如果第三者将信件交给对方总经理，那么对方董事长会及时得知此事。

问：该外商的推理有效吗？

1	①	$A \lor (B \to C)$	前提（P 规则）
2	②	$\neg D \to (C \to E)$	前提（P 规则）
3	③	$A \to D$	前提（P 规则）
4	④	$\neg D$	前提（P 规则）
3, 4	⑤	$\neg A$	③和④重言蕴涵⑤（T 规则）
1, 3, 4	⑥	$B \to C$	①和⑤重言蕴涵⑥（T 规则）
2, 4	⑦	$C \to E$	②和④重言蕴涵⑦（T 规则）
1, 2, 3, 4	⑧	$B \to E$	⑥和⑦重言蕴涵⑧（T 规则）

行⑧表明：从前提运用 P^N 系统规则推出了结论，因此，推理是有效的。

这个推理共有八行。每一行的引入都遵循 P 规则和 T 规则，因而是有效的。后四行是通过一些在先的命题形式的合取所重言蕴涵。例如，行③和行④的合取 $(A \to D) \land \neg D$ 重言蕴涵行⑤ $\neg A$。

推理中所用的四个重言蕴涵式不仅是简单的，而且是经常出现的。把大多数实际遇到的有效推理进行分解，可以发现至多包含 10 种或 12 种类型的简单重言蕴涵式（前面已列出这些常用重言蕴涵式）。

推理序列中每一行列在左边的数字，表示该行所依据的前提。例如，行①只依据它自己；行⑤依据行③和行④，即依据第三个和第四个前提；行⑥是从行①和行⑤推出的，因此，它依据行①和行⑤所依据的前提，即依据第一、第三、第四个前提。左边数字的直观意义是：每一行都是左边的数字所表示的那组前提的逻辑结论。例如，行①只是它自己的逻辑结论，行⑧则是第 1、2、3、4 个前提的逻辑结论。总之，左边数字指出推出（也许要经过一个非常复杂的推理锁链）该行的那些前提；另一方面，各行右边一列中那些数字则指出，该行是从哪些特定的行运用某个重言蕴涵式推出的。在列出左边的数字时，当我们加进一个前提作为一行的时候，就在左边列出该行（前提）的数码，而不是列出迄今引入的前提总数。

引进符号，例 4 可改写如下：

1	①	$A \to D$	P
2	②	$\neg D$	P
1, 2	③	$\neg A$	1, 2T

4	④ $A \vee (B \rightarrow C)$	P
1，2，4	⑤ $B \rightarrow C$	3，4T
6	⑥ $\neg D \rightarrow (C \rightarrow E)$	P
2，6	⑦ $C \rightarrow E$	2，6T
1，2，4，6	⑧ $B \rightarrow E$	5，7T

改写时，把"前提"简写为 P，表示运用一次 P 规则。把"⑤和⑦重言蕴涵⑧"简记为"5，7T"。其中数字"5""7"表示行号，T 表示运用一次 T 规则。"5，7T"表示行⑤和行⑦的合取而不是其中之一重言蕴涵行⑧的命题形式。即第一、二、四、六个前提的合取而不是重言蕴涵行⑧的命题形式。

推理序列中每一行列在左边的数字可省略不写。例 4 可改写如下：

①	$A \vee (B \rightarrow C)$	P
②	$\neg D \rightarrow (C \rightarrow E)$	P
③	$A \rightarrow D$	P
④	$\neg D$	P
⑤	$\neg A$	3，4T
⑥	$B \rightarrow C$	1，5T
⑦	$C \rightarrow E$	2，4T
⑧	$B \rightarrow E$	6，7T

【例5】某保密机关发生了失密案件，侦查机关掌握了如下事实：
①失密的人或是甲或是乙；
②如果甲失密，那么失密时间不会在当天零点之前；
③零点时保密室灯灭了，但甲此时未回家；
④若乙证词真实，则失密时间在当天零点之前；
⑤只有零点时保密室灯光未灭，乙的证词才不真实。
侦查机关根据上述情况很快查到了失密者。
问：谁是失密者？

将简单命题用符号表示如下：

A：甲失密

B：乙失密

C：失密时间在零点之前

D：零点时保密室灯灭了

E：甲零点时未回家

F：乙证词真实

前提为：

$A \lor B, A \to \neg C, D \land E, F \to C, \neg\neg D \to \neg\neg F$

从这些前提出发，可进行下述推理：

1	①	$A \lor B$	P
2	②	$A \to \neg C$	P
3	③	$D \land E$	P
4	④	$F \to C$	P
5	⑤	$\neg\neg D \to \neg\neg F$	P
5	⑥	$D \to F$	5T
4，5	⑦	$D \to C$	4，6T
3	⑧	D	3T
3，4，5	⑨	C	7，8T
2，3，4，5	⑩	$\neg A$	2，9T
1，2，3，4，5	⑪	B	1，10T

行⑪表明从前提推出的结论是 B：乙是失密者。

【例6】某办公室里发生一起凶杀案。公安机关掌握了以下情况：

①如果 E 在现场，那么 A 和 C 不可能都不在现场；

②如果 B 不在现场，那么 A 也不可能在现场；

③或者 C 不在现场，或者 B 在现场；

④除非 E 在现场，D 才在现场；

⑤D 在现场。

问：公安机关根据上述情况能得出什么结论？

将简单命题用符号表示如下：

A：A 在现场

B：B 在现场

C：C 在现场

D：D 在现场

E：E 在现场

推理过程如下：

1	①	$E \to \neg(\neg A \land \neg C)$	P
2	②	$\neg B \to \neg A$	P
3	③	$\neg C \lor B$	P

4	④	$\neg E \to \neg D$	P
5	⑤	D	P
4,5	⑥	E	4,5T
1,4,5	⑦	$\neg(\neg A \land \neg C)$	1,6T
1,4,5	⑧	$A \lor C$	7T
2	⑨	$A \to B$	2T
3	⑩	$C \to B$	3T
1,2,3,4,5	⑪	B	8,9,10T

结论：B 在现场。

【例7】某球队在以往比赛中总结了如下经验：

①B 和 D 不同时上场；

②如果 C 上场，那么 D 上场；

③如果 A 上场，那么 B 上场；

④或者 E 和 F 不同时上场，或者 C 上场。

问：在需要 A 和 F 同时上场时，为保持球场上最佳阵容，E 该不该上场？

将简单命题用符号表示如下：

A：A 上场

B：B 上场

C：C 上场

D：D 上场

E：E 上场

F：F 上场

推理过程如下：

1	①	$\neg(B \land D)$	P
2	②	$C \to D$	P
3	③	$A \to B$	P
4	④	$\neg(E \land F) \lor C$	P
5	⑤	$A \land F$	P
5	⑥	A	5T
3,5	⑦	B	3,6T
1,3,5	⑧	$\neg D$	1,7T
1,2,3,5	⑨	$\neg C$	2,8T

1, 2, 3, 4, 5	⑩	¬(E∧F)	4, 9T
5	⑪	F	5T
1, 2, 3, 4, 5	⑫	¬E	10, 11T

结论：E 不该上场。

C.P 规则的应用如下：

【例8】 在某届世界杯足球赛中，如果西班牙队出线（A），则或者巴西队（B）或者德国队（C）得第二；如果巴西队得第二，则西班牙队不会出线；如果英格兰队（D）得第二，则德国队不会得第二。因此，如果西班牙队出线，则英格兰队不会得第二。

1	①	$A \to B \lor C$	P
2	②	$B \to \neg A$	P
3	③	$D \to \neg C$	P
4	④	A	P
1, 4	⑤	$B \lor C$	1, 4T
2, 4	⑥	$\neg B$	2, 4T
1, 2, 4	⑦	C	5, 6T
1, 2, 3, 4	⑧	$\neg D$	3, 7T
1, 2, 3	⑨	$A \to \neg D$	4, 8C.P

行⑨断定：$A \to \neg D$ 由三个给定的前提推出。行⑨右边列出 4, 8，表明行④是条件前提，行⑧是条件结论。这里运用了 C.P 规则。

由于行④条件化了，当我们从行⑧到达行⑨时，就要从行⑧所依据前提的相应的数字中消除数字 4。

值得注意的是：

（1）C.P 规则是唯一能使我们缩小列在左边的数字集合的规则。

（2）使用一次 C.P 规则，只能消去一个数字。

（3）只有作为前提的行才可以条件化。

（4）当我们想要推导出一个蕴涵式结论或判定以蕴涵式为结论的推理有效性时，总是考虑使用 C.P 规则。

（5）C.P 规则可以多次在同一推理中使用。

【例9】 在案情分析会上，刑警队长根据掌握的如下情况：

（1）甲或乙杀害了丙；

（2）如果甲杀害了丙，那么作案地点不会在办公室；

（3）如果秘书证词真实，则办公室里有枪声；

（4）仅当作案地点在办公室，秘书的证词才不真实；

（5）甲会使用手枪。

作出推断：如果办公室里无枪声，那么凶手必定是乙而不是甲。

问：刑警队长的推理是否有效？

将简单命题用符号表示如下：

A：甲杀害了丙

B：乙杀害了丙

C：作案地点在办公室

D：秘书证词真实

E：办公室里有枪声

F：甲会使用手枪

用 P^N 系统判定：

1	①	$A \vee B$	P
2	②	$A \to \neg C$	P
3	③	$D \to E$	P
4	④	$\neg C \to D$	P
5	⑤	F	P
6	⑥	$\neg E$	P
3, 6	⑦	$\neg D$	3, 6T
3, 4, 6	⑧	C	4, 7T
2, 3, 4, 6	⑨	$\neg A$	2, 8T
1, 2, 3, 4, 6	⑩	B	1, 9T
1, 2, 3, 4, 6	⑪	$B \wedge \neg A$	9, 10T
1, 2, 3, 4	⑫	$\neg E \to B \wedge \neg A$	6, 11$C.P$

行⑫表明：仅从前提①②③④，就可合乎逻辑地推出结论。刑警队长的推理是有效的。

【例10】假言联锁推理：

$$(A \to B) \wedge (B \to C) \to (A \to C)$$

①	$A \to B$	P
②	$B \to C$	P
③	A	P
④	B	1, 3T

| ⑤ | C | 2, 4T |
| ⑥ | $A \to C$ | 3, 5C.P |

【例11】反三段论推理：

$$(A \wedge B \to C) \to (\neg C \wedge A \to \neg B)$$

①	$A \wedge B \to C$	P
②	$\neg C \wedge A$	P
③	$\neg C$	$2T$
④	$\neg(A \wedge B)$	$1, 3T$
⑤	$\neg A \vee \neg B$	$4T$
⑥	A	$2T$
⑦	$\neg B$	$5, 6T$
⑧	$\neg C \wedge A \to \neg B$	$2, 7C.P$

显然，在自然推理中，应用基本的重言蕴涵式是推理的关键。可以总结为以下两点：

（1）命题逻辑的自然推理是这样一个命题形式序列，它满足：每个命题形式或者是前提，或者为这个序列在先的命题形式所重言蕴涵，或者是根据 C.P 规则条件化从这个序列中两个在先的命题形式得到。

（2）真值表法提供一种机械的或能行的检验办法，使我们总能在有限步内判定复合命题推理是否有效。运用 P^N 系统如果在有限步内推出了结论，就可以断定推理是有效的。但运用 P^N 系统不能在有限步内判定推理不是有效的，因为，从理论上讲，我们应该无止境地运用 P 规则、T 规则和 C.P 规则寻求一个有效的推理。判定复合命题推理不是有效的办法很简单，只需构造一个真值赋值，使得在这个真值赋值下，前提真而结论假。

【例12】某侦查员根据掌握的情况作如下推断：如果甲在那天夜里未遇见乙，那么乙是杀人犯或者甲说谎；如果乙不是杀人犯，那么甲那天夜里未遇见乙并且后半夜没有发生凶杀案；如果凶杀案发生在后半夜，那么乙是杀人犯或者甲说谎。因此，乙是杀人犯。

问：侦查员的推理有效吗？

用符号表示简单命题：

A：甲遇见乙

B：乙是杀人犯

C：甲说谎

D：后半夜发生凶杀案

前提为:

¬A→B∨C, ¬B→¬A∧¬D, D→B∨C,

结论为:

B

构造真值赋值:

A B C D	¬A→B∨C	¬B→¬A∧¬D	D→B∨C
0 0 1 0	1	1	1

在上述真值赋值中，前提¬A→B∨C, ¬B→¬A∧¬D, D→B∨C 均真，而结论 B 假。因而推理不是有效的。

要证明推理的无效性，只需对推理所包括的简单命题构造一个真值赋值，使得在这个真值赋值下，前提真而结论假。这个真值赋值实际上就是有关真值表的一行——足以证明推理无效的那一行。

四、导出规则：间接证明规则 R.A.A

两个命题如果一个是另一个的否定，则说明它们是矛盾的。两个相互矛盾的命题既不可同真也不可同假。

矛盾是两个既不可同真也不可同假的命题的合取式，具有 $\alpha \land \neg \alpha$ 形式。

如果诸前提不能同时为真，则称这组前提是不一致的。显然，包含矛盾的前提是不一致的。如果前提不一致而推理是合乎逻辑的，就可能导出假结论。在论辩中，如果能指出对方前提不一致，就有助于使人们怀疑他的推论，因而，人们常感兴趣的是确认对方前提不一致。

【例1】证人声称：①发生谋杀案那天夜里，某被告人在办公室里。而这个被告人申辩：②发生谋杀案那天夜里，我不在办公室里。

显然①和②不能同时为真。被告人的申辩与证人的证词是不一致的。其中一个人在撒谎。

在许多情况下，单凭直观难以判定一组前提是否一致，因而，需要有一种分析方法来解决一致性判定问题。若从一组前提合乎逻辑地推出了矛盾，则这组前提是不一致的。因为，如果前提都真，就出现前提真而结论（$\alpha \land \neg \alpha$）假，这与推理有效矛盾。因此，要判定前提不一致，只需设法合乎逻辑地导出矛盾。

在自然推理系统中，导出矛盾的方法与推出一个给定结论的方法基本上是相同的，区别仅仅在于推出一个结论时，推导的终点是预先确定的，而导出一个矛盾时，终点是任何矛盾——无论哪一个矛盾都行。

【例2】甲："你说的是实话吗？"

乙："是的。"

甲："你再重复一遍。"

乙："好的，他恐吓了她。既然他恐吓她，她就会马上跑远了，她一跑远，她就会看不清他的脸；她或者看清了他的脸，或者记不住他的特征，而事实上她记住了他的特征。"

问：乙的证词是否一致？

用 P^N 系统判定。

用符号表示简单命题：

A：他恐吓了她

B：她跑远了

C：她看清了他的脸

D：她记住他的特征

推理过程如下：

	1	① A	P
	2	② $A \to B$	P
	3	③ $B \to \neg C$	P
	4	④ $C \vee \neg D$	P
	5	⑤ D	P
1, 2		⑥ B	1, 2T
1, 2, 3		⑦ $\neg C$	3, 6T
1, 2, 3, 4		⑧ $\neg D$	4, 7T
1, 2, 3, 4, 5		⑨ $D \wedge \neg D$	5, 8T

行⑨表明：从前提导出了矛盾，因而，乙的证词是不一致的。乙说了假话。

【例3】侦查机关通过一番调查，初步判断：

被害者的上级（B）、妻子（M）、秘书（G）中至少有一人是凶手，但他们不全是凶手；

仅当谋杀发生在办公室里（A），上级才是凶手；如果谋杀不发生在办公室里，秘书就不是凶手；

假如使用毒药（C），那么除非妻子是凶手，上级才是凶手；但妻子不是凶手；

毒药被使用了，而且谋杀未发生在办公室里。

问：侦查员的这些判断都是真实的吗？

用 P^N 系统判定。

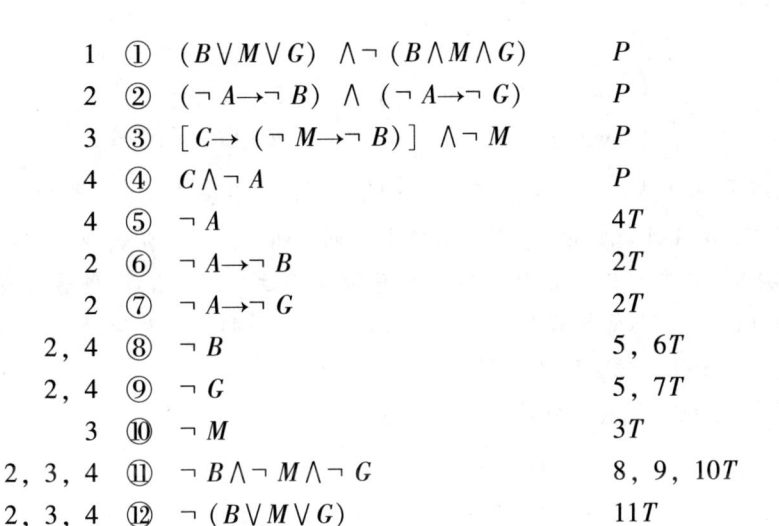

1	①	$(B \lor M \lor G) \land \neg (B \land M \land G)$	P
2	②	$(\neg A \to \neg B) \land (\neg A \to \neg G)$	P
3	③	$[C \to (\neg M \to \neg B)] \land \neg M$	P
4	④	$C \land \neg A$	P
4	⑤	$\neg A$	4T
2	⑥	$\neg A \to \neg B$	2T
2	⑦	$\neg A \to \neg G$	2T
2, 4	⑧	$\neg B$	5, 6T
2, 4	⑨	$\neg G$	5, 7T
3	⑩	$\neg M$	3T
2, 3, 4	⑪	$\neg B \land \neg M \land \neg G$	8, 9, 10T
2, 3, 4	⑫	$\neg (B \lor M \lor G)$	11T
1	⑬	$B \lor M \lor G$	1T
1, 2, 3, 4	⑭	$(B \lor M \lor G) \land \neg (B \lor M \lor G)$	12, 13T

行⑭表明：从前提导出了矛盾，因而，上述判断不能同真。

间接证明规则 R.A.A：如果从一组前提和命题形式 β 的否定导出了矛盾，那么 β 可从这组前提合乎逻辑地推出。即：

$$如果 \Gamma, \neg \beta \vdash \gamma \land \neg \gamma, 那么 \Gamma \vdash \beta。$$

证明：设 Γ 为前提的集合，据题设，从 Γ 和 $\neg \beta$ 推出了矛盾 $\gamma \land \neg \gamma$，根据条件证明规则即可得到，从 Γ 可推出 $\neg \beta \to \gamma \land \neg \gamma$，再运用归谬式（重言蕴涵式），就可推出 β。

R.A.A 规则是利用矛盾的推理规则（即归谬法规则 reductio ad absurdum）。运用 R.A.A 规则就是把结论的否定假定为一个补充的前提，然后从扩充的前提导出矛盾。如果加入这一假定导出了矛盾，那么该假定是不成立的。这个过程如下：

（1）引入结论的否定假定为一个新前提；
（2）从这个新前提和给定的前提一起推出了矛盾；
（3）断定结论可从给定的前提合乎逻辑地得到。

设 Γ 为前提的合取，β 为结论。

1	①	Γ	P
2	②	$\neg \beta$	P
	⋮	⋮	⋮

1, 2	ⓝ	$\gamma \land \neg \gamma$	据自然推理规则
	ⓝ₊₁	$\neg \beta \to (\gamma \land \neg \gamma)$	2, nC.P
1	ⓝ₊₂	β	n+1T（归谬式）

引进 R.A.A 规则，消去直观上多余的第ⓝ₊₁行，直接从行ⓝ过渡到行ⓝ₊₂。

显然，R.A.A 规则是 P^N 系统的导出规则，而不是一个初始规则。

【例4】 如果预备队够用（A），则总部会修改计划（B）；或者将有空中战术支援（C），或者总部不修改计划；但是事实上并非预备队够用并且将有空中战术支援。因此，预备队不够用。

用 P^N 系统判定其有效性。

1	①	$A \to B$	P
2	②	$C \lor \neg B$	P
3	③	$\neg (A \land C)$	P
4	④	A	P
1, 4	⑤	B	1, 4T
1, 2, 4	⑥	C	2, 5T
3	⑦	$\neg A \lor \neg C$	3T （德摩根律）
1, 2, 3, 4	⑧	$\neg A$	6, 7T
1, 2, 3, 4	⑨	$A \land \neg A$	4, 8T
1, 2, 3	⑩	$\neg A$	4, 9R.A.A

行⑩表明：上述推理是有效的。

一般地，如果前提好像不够用，就进行间接证明。根据 R.A.A 规则，引用结论的否定作为假定前提进行推理，直至导出矛盾。上述例子就说明这一点。这个例子中的结论是简单命题，因此，用条件证明不合适。并且前提没有简单命题，面对一个蕴涵式和两个析取式命题形式，无法下手。加入结论的否定为假定前提，就可以顺利地进行自然推理。

需要指出的是，任何重言式都可以借助间接证明方法得以证明。以这一命题形式的否定为前提，一步步根据自然推理规则推出矛盾即可。特别的是，对于蕴涵式而言，假定其前件为第一个前提，假定其后件的否定为第二个前提，运用自然推理规则导出矛盾即可。

【例5】 二难推理：

$$(A \to C) \land (B \to C) \land (A \lor B) \to C$$

| ① | $A \to C$ | P |

②	$B \rightarrow C$	P
③	$A \lor B$	P
④	$\neg C$	P
⑤	$\neg B$	2, 4T
⑥	$\neg A$	1, 4T
⑦	$\neg A \land \neg B$	5, 6T
⑧	$\neg (A \lor B)$	7T
⑨	$(A \lor B) \land \neg (A \lor B)$	3, 8T
⑩	C	4, 9R.A.A

思考题

1. 什么是复合命题？复合命题是由哪些部分组成的？它有哪些基本的形式？

2. 什么是命题联结词？什么是真值联结词？它们之间有何联系和区别？

3. 什么是真值表？真值表有何作用？

4. 什么是多重复合命题？如何分析多重复合命题的形式？

5. 什么是重言式？判定重言式的方法有哪些？如何运用这些方法判定一个公式是否为重言式？

6. 什么是重言等值式？重言等值式有哪些作用？有哪些重要的重言等值式？

7. 什么是等值变形？等值变形的规则有哪些？等值变形的作用是什么？

8. 什么是复合命题推理？什么是复合命题推理的有效性？如何判定一个复合命题推理是否有效？

9. 复合命题推理有哪些基本的有效式？由这些基本的有效式可以得到哪些有效的推理形式？

10. 什么是自然推理？什么是自然推理系统？自然推理系统有哪些作用？P^N 系统有哪些规则？

11. 如何运用 P^N 系统判定复合命题推理的有效性？如何进行有效的复合命题推理？如何判定前提的不一致性？

练习题

一、指出下列命题属于何种复合命题，并写出它的命题形式。

1. 刑法和民法都属于法律。

2. 他不但口才好，文章也写得好。

3. 到过现场的人并不都是作案人。

4. 并非强权就是公理。

5. 某甲和某乙至少有一个人是案犯。

6. 死刑案件由最高人民法院判决或者核准。

7. 未经人民法院依法判决，对任何人都不得确定有罪。

8. 只有什么事也不干的人才不会犯错误。

9. 当且仅当2人以上共同故意犯罪，才构成共同犯罪。

10. 某甲和某乙或者都是案犯，或者都不是案犯。

11. 要么东风压倒西风，要么西风压倒东风。

12. 犯罪的时候不满18周岁的人和审判时怀孕的妇女，不适用死刑。

13. 勘验、检查笔录和鉴定意见都是证据。

14. 严禁刑讯逼供和以威胁、引诱、欺骗以及其他非法的方法收集证据。

15. 科学技术不是上层建筑，而是生产力。

16. 有则改之，无则加勉。

17. 这个城市能源不足，人口也多。

18. 称职的管理干部不一定是技术专家，但应是管理方面的专家。

19. 一个青年失足，或有社会原因，或有家庭原因，或有自身的原因。

20. 你明天或者去看电影，或者去看球赛，二者不可兼得。

21. 组织、领导犯罪集团进行犯罪活动的或者在共同犯罪中起主要作用的，是主犯。

22. 不实事求是，就不能做好工作。

23. 讯问犯罪嫌疑人必须由人民检察院或者公安机关的侦查人员负责进行。

24. 人要是没有自知之明，就会做蠢事。

25. 这件事情的结局，不会有利于被告，只会有利于原告。

二、分析下列多重复合命题的形式。

1. 如果一个人的行为没有社会危害性，或者情节显著轻微危害不大的，则不认为是犯罪。

2. 行为在客观上虽然造成了损害结果，但是不是出于故意或者过失，而是由于不能抗拒或者不能预见的原因所引起的，不是犯罪。

3. 精神病人在不能辨认或者不能控制自己行为的时候造成危害结果，经法定程序鉴定的，不负刑事责任，但是应当责令他的家属或者监护人严加看管和医疗。

4. 明知自己的行为会发生危害社会的结果，并且希望或者放任这种结果发生，因而构成犯罪的，是故意犯罪，应当负刑事责任。

5. 在犯罪过程中，自动放弃犯罪或者自动有效地防止犯罪结果发生的，是犯罪中止。

6. 对犯罪分子决定刑罚的时候，应当根据犯罪的事实、犯罪的性质、情节和对社会的危害程度，依照本法的有关规定判处。

7. 犯罪以后自首的，可以从轻或者减轻处罚。其中，犯罪较轻的，可以免除处罚；有重大立功表现的，应当减轻或者免除处罚。

8. 因不可抗力不能履行合同或者造成他人损害的，不承担民事责任，法律另有规定的除外。

三、判定下列公式是否重言式。

1. $(\neg p \rightarrow q) \wedge \neg p \rightarrow q$
2. $(p \rightarrow \neg q) \wedge \neg q \rightarrow p$
3. $(\neg p \vee q) \wedge \neg p \rightarrow q$
4. $(p \rightarrow q \wedge r) \wedge p \rightarrow r$
5. $(p \rightarrow q \vee r) \vee \neg q \rightarrow \neg p$
6. $(p \vee q \rightarrow r) \wedge p \wedge q \rightarrow r$
7. $(p \wedge q \rightarrow r) \wedge (p \vee q \vee r) \rightarrow r$
8. $(p \rightarrow r) \wedge (q \rightarrow s) \wedge p \wedge q \rightarrow r \vee s$
9. $(p \rightarrow q \wedge r) \wedge (\neg q \vee \neg r \vee s) \wedge \neg (p \wedge s) \rightarrow \neg p$
10. $p \rightarrow \neg q \leftrightarrow \neg p \vee \neg q$
11. $\neg (p \leftrightarrow q) \leftrightarrow (p \wedge \neg q) \vee (\neg p \wedge q)$
12. $(p \vee q) \wedge (\neg p \vee \neg q) \leftrightarrow (p \wedge q) \vee (\neg p \wedge \neg q)$
13. $(p \leftrightarrow q) \vee (\neg p \leftrightarrow \neg q) \leftrightarrow (p \vee \neg q) \wedge (\neg p \vee q)$
14. $(p \rightarrow r) \vee (q \rightarrow s) \leftrightarrow p \wedge q \rightarrow r \vee s$
15. $(p \rightarrow r) \wedge (q \rightarrow s) \leftrightarrow p \wedge q \rightarrow r \wedge s$

四、设有下列命题形式：

① $(p \vee \neg q) \wedge (\neg p \vee q)$
② $(\neg p \vee \neg q) \wedge (q \vee \neg q)$
③ $(\neg p \rightarrow q) \wedge (\neg q \rightarrow p)$
④ $(p \wedge \neg q) \vee (q \wedge \neg q)$
⑤ $(p \vee \neg p) \wedge (\neg p \vee q)$
⑥ $(p \wedge \neg p) \vee (\neg p \wedge \neg q)$
⑦ $\neg (p \rightarrow \neg q) \wedge \neg (q \rightarrow \neg p)$
⑧ $(p \wedge \neg q) \vee (\neg p \wedge q)$

将符合下述要求的命题形式序号写在下面横线上：
(1) "$p \wedge q$" 与_____相互等值，与_____相互矛盾。
(2) "$p \vee q$" 与_____相互等值，与_____相互矛盾。
(3) "$p \rightarrow q$" 与_____相互等值，与_____相互矛盾。
(4) "$p \leftrightarrow q$" 与_____相互等值，与_____相互矛盾。

五、写出下列命题的一个等值命题。

1. 他不愿意来或没有时间来。
2. 并非如果他努力学习就能取得好成绩。
3. 并非他既犯抢劫罪又犯抢夺罪。
4. 如果某甲是凶手，则某乙就不是凶手。

六、用等值变形的方法证明下述公式是重言等值式。

1. $p \wedge q \rightarrow r \leftrightarrow p \rightarrow (q \rightarrow r)$
2. $p \rightarrow (q \rightarrow r) \leftrightarrow q \rightarrow (p \rightarrow r)$
3. $(p \leftrightarrow q) \leftrightarrow (p \rightarrow q) \wedge (\neg p \rightarrow \neg q)$
4. $\neg (p \leftrightarrow q) \leftrightarrow (p \vee q) \wedge \neg (p \wedge q)$

七、根据二难推理，从前提：$p \rightarrow q$，$r \rightarrow s$，$p \vee r$ 可以推出结论：$q \vee s$。根据重言等值式，将上述二难推理的形式转换为假言联锁推理的形式。

八、用形式证明的方法证明下述推理形式是有效式。

1. $(p \rightarrow r) \wedge (q \rightarrow s) \wedge (\neg r \vee \neg s) \rightarrow \neg p \vee \neg q$
2. $(\neg p \rightarrow q) \wedge (\neg p \rightarrow \neg q) \rightarrow p$
3. $(p \rightarrow q \vee r) \wedge (q \rightarrow \neg p) \wedge (s \rightarrow \neg r) \rightarrow (p \rightarrow \neg s)$
4. $(p \rightarrow q \wedge r) \wedge (\neg q \vee \neg r \vee s) \wedge \neg (p \wedge s) \rightarrow \neg p$

九、写出下列推理的形式，并判定它是否有效。

1. 人人都要知法并且守法，所以，人人都要守法。
2. 如果一个人经常吸烟，就有可能得肺癌；他不吸烟，所以，他不可能得肺癌。
3. 只有违反法律才构成犯罪，某甲的行为违反了法律，所以，某甲的行为构成了犯罪。
4. 这个青年或者升学或者待业，所以，如果这个青年不升学就待业。
5. 并非他不愿意来或没有时间来，所以，他愿意来或有时间来。
6. 并非他昨晚既去听课又去看电影，所以，他昨晚或者未去听课或者未去看电影。
7. 并非如果他经济上不困难就不偷别人的钱，所以，他经济上不困难也偷别人的钱。

8. 我国是一个社会主义国家，又是一个发展中的国家，所以，我国是一个发展中的社会主义国家。

9. 只有在深秋时，枫叶才会变红；现在枫叶变红了，因此，现在是深秋了。

10. 如果一个人怕艰苦，就不能攻克科学尖端；他已经攻克了科学尖端，可见，他是不怕艰苦的。

11. 该凶杀案，或因私仇杀人，或因奸情杀人，或因谋财杀人；经初步调查，该案是因私仇杀人，可见，该案不是由于奸情或谋财杀人。

12. 只有具有社会危害性的行为才是犯罪行为，某甲的行为不是犯罪行为，所以，某甲的行为不具有社会危害性。

13. 如果你有疟疾，那么你已经被疟蚊咬了；现在你已经被疟蚊咬了，所以，你有疟疾。

14. 某被告人的行为，要么是抢劫罪，要么是抢夺罪；经查实，该被告人的行为是抢夺罪，所以，该被告人的行为不是抢劫罪。

15. 当且仅当你有这种资格，则你可以从事这种职业，你不可以从事这种职业，所以，你没有这种资格。

16. 如果喉咙充血并且发烧，就患了喉头发炎的疾病，某甲的喉咙充血并且发烧，因而某甲患了喉头发炎的疾病。

17. 某案死者的死亡原因，或是他杀，或是自杀，或是不幸事故；经查证，他不是由于自杀或不幸事故而死亡，可见，他是由于他杀而死亡。

18. 如果不能调动人民群众的积极性，就不能实现中国梦，所以，如果要实现中国梦，就要调动人民群众的积极性。

19. 如果所有的鸟都会飞，并且鸵鸟是鸟，则鸵鸟会飞；所以，如果鸵鸟不会飞，并且鸵鸟是鸟，则并非所有的鸟都会飞。

20. 只有社会产品极大丰富，才能实行按需分配的共产主义制度；目前我国社会产品还不是极大丰富，所以，我国目前还不能实行按需分配的共产主义制度。

21. 如果某甲的证词是真实的，则该被告人是有罪的；如果某甲的证词是真实的，则该被告人是故意犯罪；然而，该被告人或者无罪或者不是故意犯罪，所以，某甲的证词是不真实的。

22. 如果某甲的证词是真实的，则在案件发生时该被告人在作案现场；如果某甲的证词是真实的，则在案件发生时该被告人不在作案现场；所以，某甲的证词是不真实的。

23. 如果他是犯罪以后自首的，那么，如果他是犯罪较轻的，则可以减轻或者免除处罚；所以，如果他是犯罪以后自首的，并且是犯罪较轻的，则可以减轻或者免除处罚。

24. 如果他是年满18周岁的公民，那么，如果他未被剥夺政治权利，则他有选举权和被选举权；所以，如果他未被剥夺政治权利，那么，如果他是年满18周岁的公民，则他有选举权和被选举权。

25. 如果能捕食野鼠的猫越多则野鼠就越少，如果能毁坏土蜂巢房的野鼠越少则土蜂就越多，如果能为三叶草授粉的土蜂越多则三叶草的种子产量就越高；因此，如果能捕食野鼠的猫越多则三叶草的种子产量就越高。

26. 如果上帝能创造一块他自己举不起来的石头，那么上帝就不是全能的；如果上帝不能创造一块他自己举不起来的石头，那么上帝也不是全能的；或者上帝能创造一块他自己举不起来的石头；或者上帝不能创造一块他自己举不起来的石头；总之，上帝不是全能的。

27. 我国《刑法》第65条规定："被判处有期徒刑以上刑罚的犯罪分子，刑罚执行完毕或者赦免以后，在5年以内再犯应当判处有期徒刑以上刑罚之罪的，是累犯，应当从重处罚，但是过失犯罪和不满18周岁的人犯罪的除外。"某甲犯盗窃罪被判处有期徒刑2年，刑罚执行完毕以后3年，又犯了应当判处有期徒刑的盗窃罪，而盗窃罪不是过失犯罪，且他首次盗窃时已满18岁，所以，某甲应当从重处罚。

十、判定下面实例中包含的推理是否有效。

1. 意大利的都灵大教堂，珍藏了相传是包裹耶稣尸体的布，该布是用细亚麻织成的。一次，神学院的四个学生对此物发表了以下看法。

学生A：这圣物是真的。因为如果它是假的，那么它不能一直被我们的教友所敬奉。事实上，我们都是虔诚地敬奉它，可见它是真的。

学生B：我也认为它是真的。这道理很简单，如果它是真的，那它上面必有大量血迹，因为它是用来包裹尸体的，我们亲眼所见它上面的斑斑血迹，可见它是真的。

学生C：我同意B的分析，我补充一点，只有有血迹，它才是圣物；我们亲眼看到它上面血迹很多，无疑它是圣物了。

学生D：它根本不是什么圣物。纺织史研究表明，在欧洲细亚麻布直到公元2世纪才出现。这说明，如果它是真的，那么耶稣应当是公元2世纪以后受难的，可是圣经上说的都是他在公元1世纪受难。可见这不是圣物。

2. 侦查人员掌握了如下情况：

①甲或乙杀害了丙，不会是别人干的。
②如果甲杀害了丙，那么作案地点不会在办公室。
③如果秘书证词真实，则办公室里有枪声。
④仅当作案地点在办公室，秘书的证词才不真实。
⑤甲会使用手枪但办公室里无枪声。
侦查人员推断凶手是乙而不是甲。

问：侦查人员的推断是否有效？

3. 某办公室里发生一起凶杀案。侦查人员掌握了以下情况：
①如果 E 在现场，则 A 和 C 不可能都不在现场。
②如果 B 不在现场，则 A 也不可能在现场。
③或者 C 不在现场，或者 B 在现场。
④除非 E 在现场，D 才在现场。
⑤D 在现场。
侦查人员推断 B 在现场。

问：这个推理是否有效？

4. 在案情分析会议上，侦查科长根据如下情况：
①如果不是甲就是乙杀害了丙；
②或者甲没有杀害丙，或者证人证词不是真的；
③只有甲恐吓了证人，证人才会精神失常；
④仅当证人证词真实，证人才没有精神失常。
作出判断：如果甲没有恐吓证人那么凶手必定是乙而不是甲。

问：侦查科长的推理是否有效？

5. 在作战会议上，已掌握如下情况：
如果战斗机能夜航，则总部不必修改登陆计划；或者增加登陆部队，或者总部修改登陆计划；但事实上并未增加登陆部队。
某侦察参谋根据上述情况断言战斗机不能夜航。

问：该侦察参谋的推断是否有效？

十一、预审员某甲在一次预审中与某乙对话如下：

甲："你刚才说的都是实话吗？"

乙："是的，全是真的。"

甲："你再重复一遍。"

乙："X 杀害了 A。因为只能是 X 或 Y 杀死 A。若 X 杀死 A，则 X 会伪造现场。如果当时我在现场，我会被杀死的。仅当我在现场，X 才会伪造现场。就这些，是 X 杀死了 A。"

问：乙说的是否全是真话？写出推理过程。

十二、甲、乙、丙、丁参加决赛，已知下列三种说法，且只有一种说法是正确的，问：谁是冠军？哪种说法是正确的？

①甲和乙不会都不是冠军。

②如果冠军不是丙，则冠军也不是丁。

③冠军不是甲。

十三、某地发生一起凶杀案，公安人员进行侦查以后，了解到以下情况：

①凶手是甲或乙或丙，不可能是其他人。

②只有是谋财杀人案甲才是凶手。

③如果是谋财杀人案则被害人必然要丢失财物。

④如果乙是凶手则案件发生在晚九时以后。

⑤案件发生在晚九时以前，并且被害人未丢失任何财物。

问：凶手是谁？请写出推理过程。

十四、在派出侦察员潜入敌后时，要考虑如下情况：

①若派 E 出去，则或者派 A 或者派 C 出去；

②若不派 B 去，则不能派 A 去；

③若派 C 去，则也要派 B 去；

④如果不派 E 去，则也不能派 F 去。

问：在派 F 出去时，是否该派 B 出去？请写出推理过程。

十五、某侦查机关掌握了如下情况：

①间谍只能是甲或乙，不可能是别人；

②或者甲不是间谍，或者会议记录没有被泄露；

③会议召开时没有人中途离席，而甲此时在会场并没有出去打电话；

④若机要员证词真实，则会议记录被泄露；

⑤或者会议召开时有人中途离席，或者机要员证词真实。

问：谁是间谍？请写出推理过程。

十六、某地发生一起凶杀案。

经侦查人员分析，凶手是 A、B、C、D、E 等5人中两人同谋所为，侦查人员还掌握了如下情况：

①如果 B 不是凶手，则 A 也不可能是凶手。

②只有和 C 在一起，B 才会参与作案。

③如果 D 是凶手，E 一定是帮凶。

④A 和 D 中至少有一个人是凶手。

⑤C 没有参与这起凶杀案。

问：凶手是谁？

十七、根据下述条件，从 R、S、T、U、X、Y、Z 等 7 个侦察员中必须挑选而且只能挑选 4 个深入敌后侦察。

如果 R 被选，则 T 也被选。

如果 S 被选，则 U 也被选。

如果 X 和 Y 同时被选，则 T 不能被选。

1. 如果 X 和 Y 同时被选，那么以下侦察员哪一个必须被选？

①R ②S ③T ④U ⑤Z

2. 如果 S 和 Z 同时被选，那么以下侦察员哪一个不能被选？

①R ②T ③U ④X ⑤Y

3. 如果 U 未被选，那么以下侦察员哪一个可以被选但又不是非选他不可？

①R ②S ③T ④X ⑤Z

十八、某医院安排急诊室值班。4 个医师老刘、老关、老张、老赵和 4 个护士小刘、小关、小张、小赵参加值班。他们 8 人分为 4 个小组，并且要满足以下条件：

（1）每个小组一个医师一个护士。

（2）同姓的不在同一个小组。

（3）或者老赵和小刘在一个小组，或者老刘不和小关在一个小组。

（4）老关不和小张在一个小组。

问：以下哪种安排不合上述条件？

A. 老关和小刘在一个小组。

B. 老赵和小刘在一个小组。

C. 老赵和小张在一个小组。

D. 老刘和小关在一个小组。

E. 老张不和小关在一个小组。

十九、小刘、小关、小张、小赵分别是法学院、文学院、医学院、商学院的学生。文学院的学生比小刘年龄小，小关比小张年龄大，法学院的学生比商学院的学生年龄小，文学院的学生比医学院的学生年龄大，商学院的学生不是小张就是小赵。

问：这四个学生各自属于哪个学院？

二十、史密斯、乔治、沃克、鲁宾逊四人是某国军情局的情报人员，他们奉命周末去某酒店的某个客房里与新来的上司会面。有关他们的情况如下：

史密斯和乔治事先只知道上司入住客房的号码是 5517、5521、6616、6620、7718、7719、8815、8817、9915、9916、9918 中的一个，鲁宾逊知道沃克事先只知道上司入住客房的号码的前两位，沃克知道鲁宾逊事先只知道上司入住客房的号码的后两位。他们周末在酒店大堂汇合后，一见面史密斯和乔治就通报他们知道的房号情况并问沃克和鲁宾逊是否知道上司入住客房的号码。沃克说道："我不知道上司入住的客房的号码，但我知道鲁宾逊也不会知道。"鲁宾逊对大家说道："一开始我不知道上司入住的客房的号码，但现在我知道了。"沃克紧接着说道："那我也知道上司入住的客房的号码了。"

问：通过分析上述情况以及他们的对话，你能否推出他们上司入住的客房的号码？请写出你的结论与推理过程。

二十一、某个情报人员要从一个间谍手中取走情报，他知道这个间谍在一艘国际邮轮的某个客舱里，而且这个客舱里只有四名不同国籍的人史密斯、乔治、鲁宾逊、沃克，他们手中拿着不同的杂志，坐在同一张桌子的两对面，其中两人靠窗，两人靠门，门外是过道，情报人员知道拿《读者》杂志的人是间谍，又知：

1. 英国人的杂志放在乔治的左侧；
2. 史密斯手中拿着《古典音乐》杂志；
3. 德国人的右侧坐着手中拿《旅行》杂志的人；
4. 沃克的对面坐着美国人；
5. 俄国人手中拿着《历史影像》杂志；
6. 英国人把头转向左边望着窗外。

问：这个拿《读者》杂志的间谍是谁？是哪国人？并写出推理过程。

二十二、史密斯、乔治、鲁宾逊是某国军情局的情报人员。沃克得到指令去帮助他们三人中没有受过特别训练的情报人员。他们三人中有两个打入敌方情报部门，有两个有语言天赋，有两个是密码高手，有两个受过特别训练。每个人至多只有三个特点：对于史密斯来说，如果他没有受过特别训练，那么他不打入敌方情报部门；对于乔治和鲁宾逊而言，或者他们没有语言天赋，或者他们是密码高手；对于史密斯和鲁宾逊而言，如果他们受过特别训练，那么他们也是密码高手。

问：他们三人中谁是没有受过特别训练的情报人员？并写出推理过程。

拓展阅读书目

1. ［美］科庇：《符号逻辑》，宋文坚等译，北京大学出版社1988年版。

2. ［美］苏佩斯：《逻辑导论》，宋文淦等译，中国社会科学出版社1984年版。

拓展阅读材料

1. 实质蕴涵怪论　　2. 哥德尔完全性定理

第四章 逻辑推理：类演算与关系推理

第一节 直言命题

一、直言命题及其构成

直言命题是直接陈述某对象具有或不具有某种性质的简单命题。

【例1】 *所有的法律都是有强制性的。*

【例2】 *有些违法行为不是犯罪。*

【例3】 *重庆是直辖市。*

例1直接陈述所有的法律都具有强制的性质；例2直接陈述有些违法行为不具有犯罪的性质；例3直接陈述重庆具有直辖市的性质。

直言命题又称性质命题，是我们思维和表述中最常用的一种命题。

直言命题是由如下四种成分构成的：主项、谓项、联词、量词。

主项是表示被陈述对象的词项。如上述例1中的"法律"，例2中的"违法行为"，例3中的"重庆"，它们分别是三个命题中的主项。

谓项是表示被陈述对象具有或不具有的性质的词项。如上述例1中的"有强制性的"，例2中的"犯罪"，例3中的"直辖市"，它们分别是三个命题中的谓项。

直言命题中的主项和谓项，称作词项。一般来说，它们表达事物的名称或概念。词项的外延是该词项所指称对象组成的类，直言命题陈述两个类之间的关系。在直言命题的逻辑形式中，通常用字母 S 表示主项、P 表示谓项，S 和 P 称作词项变项。

联词是表示主项和谓项之间的联系的语词。直言命题的联词有两种：肯定联词和否定联词。"是"称为肯定联词，表示主项与谓项之间具有肯定的联系。包含肯定联词的命题称作肯定命题。"不是"称为否定联词，表示主项与谓项之间具有否定的联系，即主项的全部或部分对象与谓项表达的性质是相互排斥的。

包含否定联词的命题称作否定命题。在语言表达中，肯定联词有时会被省略。例如，"调查结果很说明问题"。否定联词则不能省略，但有时可用"不"等来表示。例如，"有些铀同位素不稳定"。一个直言命题的联词是肯定的还是否定的，这称作命题的质。

量词是表示主项外延数量情况的语词。量词有两种：全称量词和特称量词。

全称量词是表示主项全部外延的语词，即表示主项指称的所有对象。包含全称量词的命题称作全称命题。在语言表达中，全称量词有"所有的""任何""一切""凡""每一个"等。出现在主项后面的"都"也表示全称量词，如"金属都是导电的"。全称量词有时被省略。例如，"公民享有生命健康权"。

特称量词是表示主项部分外延的语词，即表示主项指称的部分对象。包含特称量词的命题称作特称命题。在语言表达中，特称量词有"有些""有""有的""存在"等。特称量词不能省略。

在语言表达中，对"有的""有些"可以有狭义和广义的两种理解。狭义理解的"有的""有些"，表示"仅仅有一些""至多有一些，但不是全部"。例如，当说"有些青年人是大学生"，意思是：只是有一些青年人是大学生，而非所有青年人是大学生。因而这句话的言外之意是"有些青年人不是大学生"。广义理解的"有的""有些"，表示"至少是有"，其数量至少有一个，多可至全部。逻辑学中对特称量词作广义的理解，因而在逻辑学里从"有 S 是 P"推不出"有 S 不是 P"。

特称量词又称为存在量词，这是因为特称量词表示主项所指称的对象是存在的。表述时使用了一个特称命题，也就是断定了该命题主项所指称的对象是存在的。因此，特称命题又称为存在命题。

一个直言命题的量词是全称的还是特称的，这称作命题的量。

如果直言命题的主项是单独词项，就不需要使用量词。例如，"重庆是直辖市"。这样的命题称作单称命题。

二、直言命题的种类

根据质（联词的情况）的不同，直言命题可分为肯定命题和否定命题。根据量（量词的情况）的不同，直言命题可分为全称命题、特称命题和单称命题。将质和量两种标准结合起来，直言命题可分为以下六种：

（一）全称肯定命题

全称肯定命题就是陈述某类事物的全部分子都具有某种性质的命题。例如，所有商品都是有价值的。

全称肯定命题的形式为：

$$所有 S 是 P$$

在逻辑学中，通常以"A"表示全称肯定命题，因而全称肯定命题的形式又可表示为：

$$SAP$$

全称肯定命题"所有 S 是 P"陈述了 S 的全部外延都包含于 P 的外延，但它并未陈述 S 的全部外延是否等于 P 的全部外延。当 S 与 P 是全同关系或种属关系时，S 的全部外延都属于 P 的外延。如图 4-1 所示：

全同关系　　　种属关系

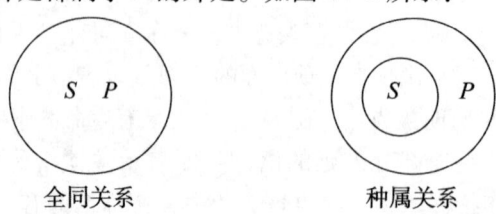

图 4-1

因此，全称肯定命题实际上陈述了 S 与 P 或是全同关系或是种属关系，但它并未陈述 S 与 P 究竟是其中的哪一种关系。当 S 与 P 处于上述两种关系的任何一种关系时，"所有 S 是 P"都是真的。

(二) 全称否定命题

全称否定命题就是陈述某类事物的全部分子都不具有某种性质的命题。例如，所有金属都不是绝缘体。

全称否定命题的形式为：

$$所有 S 不是 P$$

在逻辑学中，通常以"E"表示全称否定命题，因而全称否定命题的形式又可表示为：

$$SEP$$

全称否定命题"所有 S 不是 P"陈述了 S 的全部外延都被排斥在 P 的全部外延之外。只有当 S 与 P 是全异关系时，S 的全部外延才被排斥在 P 的全部外延之外。如图 4-2 所示：

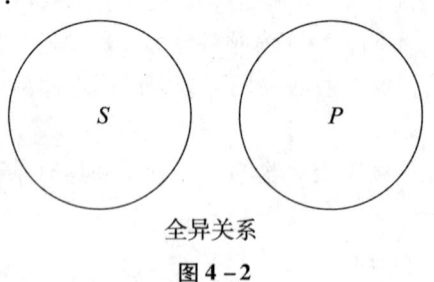

全异关系

图 4-2

因此，全称否定命题实际上陈述了 S 与 P 是全异关系，当 S 与 P 处于全异关系时，"所有 S 不是 P"就是真的。

（三）特称肯定命题

特称肯定命题就是陈述某类事物至少有一个分子具有某种性质的命题。例如，有些合同是无效合同。

特称肯定命题的形式为：

$$有 S 是 P$$

在逻辑学中，通常以"I"表示特称肯定命题，因而特称肯定命题的形式又可表示为：

$$SIP$$

特称肯定命题"有 S 是 P"陈述了至少有一部分 S 的外延包含于 P 的外延，但它并未陈述究竟有多少 S 的外延属于 P 的外延，也未陈述这些 S 的外延究竟是 P 的全部外延还是 P 的部分外延。当 S 与 P 是全同关系、种属关系、属种关系或交叉关系时，都有 S 的外延包含于 P 的外延。如图 4-3 所示：

全同关系　　　　种属关系

属种关系　　　　交叉关系

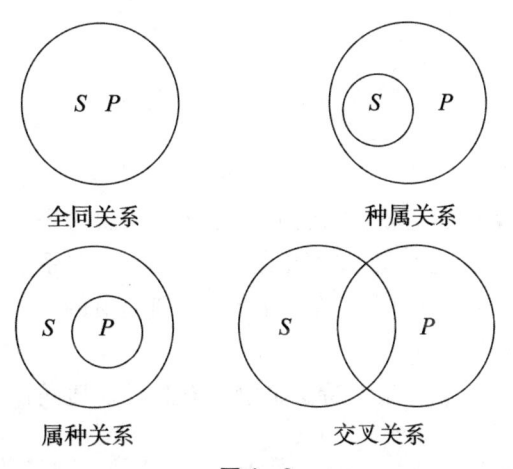

图 4-3

因此，特称肯定命题实际上陈述了 S 与 P 或是全同关系或是种属关系或是属种关系或是交叉关系，但它并未陈述 S 与 P 究竟是其中的哪一种关系。当 S 与 P 处于上述四种关系中的任何一种关系时，"有 S 是 P"都是真的。

（四）特称否定命题

特称否定命题就是陈述某类事物至少有一个分子不具有某种性质的命题。例如，有些社会组织不是法人。

特称否定命题的形式为：

$$有\ S\ 不是\ P$$

在逻辑学中，通常以"O"表示特称否定命题，因而特称否定命题的形式又可表示为：

$$SOP$$

特称否定命题"有 S 不是 P"陈述了至少有一部分 S 的外延被排斥在 P 的全部外延之外，但它并未陈述究竟有多少 S 的外延排斥在 P 的全部外延之外。当 S 与 P 是属种关系、交叉关系或全异关系时，都有 S 的外延被排斥在 P 的全部外延之外。如图 4-4 所示：

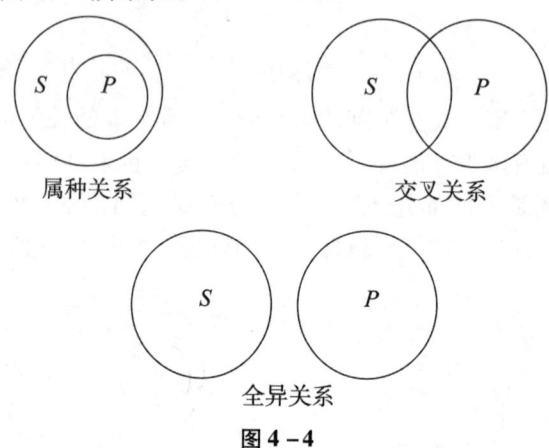

属种关系　　交叉关系

全异关系

图 4-4

因此，特称否定命题实际上陈述了 S 与 P 或是属种关系或是交叉关系或是全异关系，但它并未陈述 S 与 P 究竟是其中的哪一种关系。当 S 与 P 处于上述三种关系中的任何一种关系时，"有 S 不是 P"都是真的。

（五）单称肯定命题

单称肯定命题就是陈述某个特定事物具有某种性质的命题。例如，鲁迅是文学家。

单称肯定命题的形式为：

$$这个\ S\ 是\ P$$

单称命题的主项所表示的对象是一个特定的个体，而不是一个事物类。根据需要，可以把个体视为只包含一个分子的单元类。如果把单称命题的主项所表示的个体作为只有一个分子的类来处理，则单称肯定命题的主项与谓项之间的外延关系和全称肯定命题的主项与谓项之间的外延关系完全相同，也就是全同关系或种属关系。正因为如此，在传统逻辑中，特别是在三段论中，都将单称肯定命题作为全称肯定命题处理，并将单称肯定命题的形式也表示为：SAP。

（六）单称否定命题

单称否定命题就是陈述某个特定事物不具有某种性质的命题。例如，黄河不是中国最长的河流。

单称否定命题的形式为：

$$\text{这个 } S \text{ 不是 } P$$

如果把单称命题的主项所表示的个体作为只有一个分子的类来处理，则单称否定命题的主项与谓项之间的外延关系和全称否定命题的主项与谓项之间的外延关系完全相同，也就是全异关系。正因为如此，在传统逻辑中，特别是在三段论中，都将单称否定命题作为全称否定命题处理，并将单称否定命题的形式也表示为：SEP。

由于在传统逻辑中，特别是在三段论中，是将单称命题作为全称命题来处理的，因而在讲直言命题的种类时，一般地只讲 A、E、I、O 四种。

三、直言命题的文恩图解

前面所讲的表示词项之间的外延关系的欧拉图解，用一个圆圈表示一个词项的外延，直观性强，便于理解。在传统逻辑中，通常都用这种图解表示词项之间的外延关系。但是，欧拉图解不能直接明确地表示空类和全类。后来，英国数学家约翰·文恩（John Venn，1834~1923）在欧拉图解的基础上发展出一种新的图解，称为文恩图解。

文恩图解是根据需要在一个长方形内画出一个或几个互相交叉的圆圈，把整个长方形分成最大数目的相互排斥的若干部分，如图 4-5、4-6、4-7 所示。

在文恩图解中，用整个长方形表示全类（即论域），用一个圆圈表示一个词项所指称的对象组成的类。

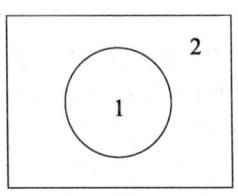

图 4-5

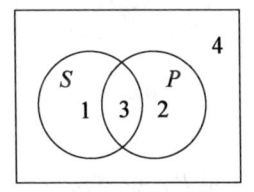

图 4-6

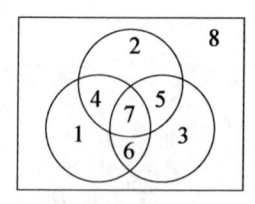

图 4-7

在图 4-5 中，设 1 为 S，则 2 为非 S。在图 4-6 中，设 1、3 组成的圆为 S，2、3 组成的圆为 P，则 1 为 S 与非 P 的相交部分，2 为非 S 与 P 的相交部分，3 为 S 与 P 的相交部分，4 为非 S 与非 P 的相交部分。

在文恩图中，画影线的部分表示没有任何分子的空类，画"+"号的部分表示有分子的不空的类，不做标记的部分表示可空可不空的类。

四种直言命题的主项（S）与谓项（P）之间的外延关系可用文恩图解表示如下：

（一）SAP

在 SAP 中，所有 S 都是 P，也就是说，不是 P 的 S 是不存在的，故 S 与非 P 的相交部分是空的。如果以"∩"表示相交，以 $\bar{P}$ 表示非 P，以 $\emptyset$ 表示空类，则 A 命题可用符号表示为：$S \cap \bar{P} = \emptyset$。如图 4-8 所示：

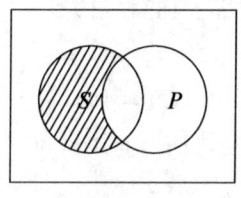

图 4-8

（二）SEP

在 SEP 中，所有 S 都不是 P，也就是说，是 P 的 S 是不存在的，故 S 与 P 的相交部分是空的。E 命题可用符号表示为：$S \cap P = \emptyset$。如图 4-9 所示：

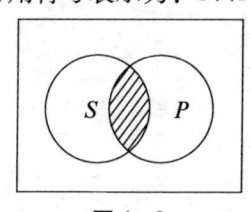

图 4-9

（三）SIP

在 SIP 中，至少有一部分 S 是 P，也就是说，是 P 的 S 是存在的，故 S 与 P 的相交部分是不空的。I 命题可用符号表示为：$S \cap P \neq \emptyset$。如图 4-10 所示：

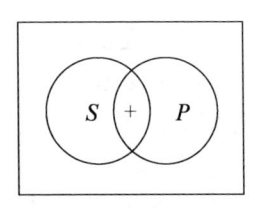

图 4–10

（四）SOP

在 SOP 中，至少有一部分 S 不是 P，也就是说，不是 P 的 S 是存在的，故 S 与非 P 的相交部分是不空的。O 命题可用符号表示为：$S\cap \bar{P} \neq \emptyset$。如图 4–11 所示：

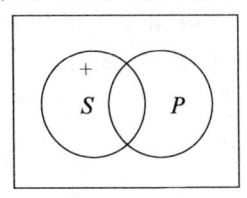

图 4–11

四、直言命题词项的周延性

直言命题词项的周延性问题，在简单命题推理中是非常重要的问题。后面将介绍的直接推理和三段论的一些推理规则，就是根据词项周延性的理论而提出的。

直言命题词项的周延性，是指一个直言命题对其主项或谓项的全部外延是否都有所陈述的问题。如果一个命题对其主项或谓项的全部外延都有所陈述，那么该主项或谓项就是周延的；如果一个命题没有对其主项或谓项的全部外延都有所陈述，那么该主项或谓项就是不周延的。

根据上述定义，准确理解词项的周延或不周延，必须明确如下几点：

第一，周延性问题是就直言命题中的主项或谓项来说的。离开命题，孤立的一个名称或概念不存在周延或不周延的问题。

第二，直言命题中的主项和谓项是否周延，这是就命题是否对它们的全部外延有所陈述而言的，而与这两个词项客观存在的外延关系无关。

第三，词项的周延性问题是就命题形式来说的，与命题的具体内容无关。

根据上述周延性的定义与特点，现分析 A、E、I、O 这四种命题形式中的主项和谓项的周延情况。

（一）全称肯定命题的词项周延性情况

在"所有 S 是 P"这一命题形式中，陈述了所有 S 是 P，但没有陈述所有 S 是所有 P。这就是说，它只陈述了 S 的全部外延，而没有陈述 P 的全部外延。因而在 SAP 中，S 是周延的，而 P 是不周延的。

（二）全称否定命题的词项周延性情况

在"所有 S 不是 P"这一命题形式中，陈述了所有 S 不是 P，这等于陈述了所有 S 与所有 P 是互相排斥的。这就是说，它既陈述了 S 的全部外延，也陈述了 P 的全部外延。因而在 SEP 中，S 和 P 都是周延的。

（三）特称肯定命题的词项周延性情况

在"有 S 是 P"这一命题形式中，陈述了有的 S 是 P，但没有陈述所有 S 是 P，也没有陈述有的 S 是所有的 P。这就是说，它既没有陈述 S 的全部外延，也没有陈述 P 的全部外延。因而在 SIP 中，S 和 P 都是不周延的。

（四）特称否定命题的词项周延性情况

在"有 S 不是 P"这一命题形式中，陈述了有的 S 不是 P，这等于陈述了有的 S 与所有 P 是互相排斥的，但它没有陈述所有的 S 不是 P。这就是说，它没有陈述 S 的全部外延，但陈述了 P 的全部外延。因而在 SOP 中，S 是不周延的，而 P 是周延的。

表 4-1 A、E、I、O 四种命题的主、谓项的周延性表

命题的种类	S	P
SAP	周 延	不周延
SEP	周 延	周 延
SIP	不周延	不周延
SOP	不周延	周 延

从上表可以看出，在直言命题中，全称命题的主项是周延的，特称命题的主项是不周延的，否定命题的谓项是周延的，肯定命题的谓项是不周延的。

单称肯定命题与单称否定命题的词项周延性情况，与全称肯定命题和全称否定命题的词项周延性情况完全相同。

第二节 直接推理

一、直言对当关系推理

直言对当关系推理，是一种直言命题的直接推理。

直言命题的直接推理，就是以一个直言命题或其负命题为前提推出另一个

直言命题或其负命题为结论的演绎推理。直言命题的直接推理包括直言对当关系推理和直言命题变形推理（即换质法、换位法）。

什么是直言命题的对当关系？主项和谓项分别相同的 A、E、I、O 四种命题之间的真假关系，统称为对当关系。

【例1】 所有的证据都是经过查证属实的。(A)

【例2】 所有的证据都不是经过查证属实的。(E)

【例3】 有些证据是经过查证属实的。(I)

【例4】 有些证据不是经过查证属实的。(O)

上述四个命题，其主项和谓项都是相同的，因此称为同一素材的直言命题。同一素材的直言命题之间存在一定的真假关系。例如：当 A 为真时，则 E 为假，I 为真，O 为假。

直言命题间的对当关系可用图 4-12 表示：

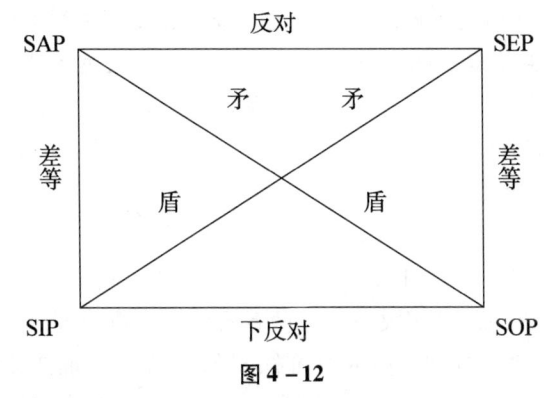

图 4-12

这种图形在逻辑学中称为对当方阵或逻辑方阵。它的每一个角代表一种命题，每一条线代表两种命题之间的一种关系。直言命题间的对当关系有四种：矛盾关系、差等关系、反对关系和下反对关系。

要研究直言命题之间的对当关系，必须先了解直言命题的真假情况。直言命题的真假可以由它的主项与谓项之间的外延关系来确定。两个词项之间的外延关系有全同关系、种属关系、属种关系、交叉关系和全异关系五种，直言命题的主项 S 与谓项 P 之间的外延关系必然是也只能是这五种关系之一。当 S 与 P 是全同关系或种属关系时，SAP 和 SIP 是真的，而 SEP 和 SOP 是假的。当 S 与 P 是属种关系或交叉关系时，SIP 和 SOP 是真的，而 SAP 和 SEP 是假的。当 S 与 P 是全异关系时，SEP 和 SOP 是真的，而 SAP 和 SIP 是假的。直言命题间的对当关系可以根据直言命题的真假情况来说明。

直言命题的真假情况如下表所示：

表4-2 直言命题的真假情况表

A / B / C	S⊂P	S=P	P⊂S	S∩P	S、P相离
SAP	+	+	-	-	-
SEP	-	-	-	-	+
SIP	+	+	+	+	-
SOP	-	-	+	+	+

注：A：S 与 P 之间的关系，B：命题的真假，C：命题的种类，"+"表示真，"-"表示假。

直言对当关系推理就是根据同一素材的 A、E、I、O 四种命题之间的真假关系进行的直接推理。与四种直言对当关系相应，直言对当关系推理也有四种：反对关系推理；下反对关系推理；矛盾关系推理；差等关系推理。

（一）反对关系推理：就是根据 A 与 E 之间的真假关系进行的对当关系推理

1. A 与 E 之间的真假关系称为反对关系。从上表可以看出：

当 SAP 为真，则 SEP 为假。

当 SEP 为真，则 SAP 为假。

当 SAP 为假，SEP 可真可假。

当 SEP 为假，SAP 可真可假。

由此，A 与 E 之间的真假关系是：两者不同真，可以同假。

2. 根据反对关系的推理：由 A 真推知 E 假；由 E 真推知 A 假。其推理有效式是：

$$SAP \rightarrow \neg SEP$$
$$SEP \rightarrow \neg SAP$$

例如：所有的抢劫罪都是故意犯罪，

所以，并非所有的抢劫罪都不是故意犯罪。

其推理形式是：

$$SAP \rightarrow \neg SEP$$

（二）下反对关系推理：就是根据 I 与 O 之间的真假关系进行的对当关系推理

1. I 与 O 之间的真假关系称为下反对关系。从上表可以看出：

当 SIP 为假，则 SOP 为真。

当 SOP 为假，则 SIP 为真。

当 SIP 为真，SOP 可真可假。
当 SOP 为真，SIP 可真可假。
由此，I 与 O 之间的真假关系是：两者不同假，可以同真。

2. 根据下反对关系的推理：由 I 假推知 O 真；由 O 假推知 I 真。其推理有效式是：

$$\neg SIP \rightarrow SOP$$
$$\neg SOP \rightarrow SIP$$

例如：并非有些贪污罪是过失犯罪，
所以，有些贪污罪不是过失犯罪。

其推理形式是：

$$\neg SIP \rightarrow SOP$$

（三）矛盾关系推理：就是根据 A 与 O、E 与 I 之间的真假关系进行的对当关系推理

1. A 与 O、E 与 I 之间的真假关系称为矛盾关系。从上表可以看出：
当 SAP 为真，则 SOP 为假。
当 SAP 为假，则 SOP 为真。
当 SOP 为真，则 SAP 为假。
当 SOP 为假，则 SAP 为真。
SEP 与 SIP 之间的真假关系与上述情况相同。
由此，矛盾命题之间的真假关系是：两者既不同真也不同假。

2. 根据矛盾关系的推理：由 A 真推知 O 假；由 A 假推知 O 真；由 O 真推知 A 假；由 O 假推知 A 真。E 与 I 之间的推理与上述情况相同。

其推理有效式是：

$$SAP \rightarrow \neg SOP$$
$$SEP \rightarrow \neg SIP$$
$$SIP \rightarrow \neg SEP$$
$$SOP \rightarrow \neg SAP$$
$$\neg SAP \rightarrow SOP$$
$$\neg SEP \rightarrow SIP$$
$$\neg SIP \rightarrow SEP$$
$$\neg SOP \rightarrow SAP$$

例如：所有的放火罪都是故意犯罪，
所以，并非有的放火罪不是故意犯罪。

其推理形式是：

$$SAP \rightarrow \neg SOP$$

又如：并非所有的杀人罪都不是过失犯罪，

所以，有的杀人罪是过失犯罪。

其推理形式是：

$$\neg SEP \rightarrow SIP$$

上述情况表明，在对当关系中，一个命题和它的矛盾命题的负命题之间是等值关系。即：

$SAP \leftrightarrow \neg SOP$

$SEP \leftrightarrow \neg SIP$

$SIP \leftrightarrow \neg SEP$

$SOP \leftrightarrow \neg SAP$

（四）差等关系推理：就是根据 A 与 I、E 与 O 之间的真假关系进行的对当关系推理

1. A 与 I、E 与 O 之间的真假关系称为差等关系。从上表可以看出：

当 SAP 为真，则 SIP 为真。

当 SAP 为假，SIP 可真可假。

当 SIP 为真，SAP 可真可假。

当 SIP 为假，则 SAP 为假。

SEP 与 SOP 之间的真假关系与上述情况相同。

由此，A 与 I、E 与 O 之间的真假关系是：全称命题真，特称命题必真；全称命题假，特称命题可真可假；特称命题真，全称命题可真可假；特称命题假，全称命题必假。

2. 根据差等关系的推理：由 A 真推知 I 真；由 I 假推知 A 假。E 与 O 之间的推理与上述情况相同。其推理有效式是：

$SAP \rightarrow SIP$

$\neg SIP \rightarrow \neg SAP$

$SEP \rightarrow SOP$

$\neg SOP \rightarrow \neg SEP$

例如：所有的案犯都有作案动机，

所以，有些案犯有作案动机。

其推理形式是：

$$SAP \rightarrow SIP$$

又如：并非有些企业不追求利润，

所以，所有的企业都不追求利润，这是假的。

其推理形式：

$$\neg SOP \rightarrow \neg SEP$$

为了把握直言命题的对当关系及其推理，必须了解以下几点：

（1）对当关系是指同一素材的（即主项和谓项分别相同的）A、E、I、O 之间的真假关系。素材不同的 A、E、I、O 之间，自然不存在这种真假关系。

（2）传统逻辑的对当关系以假定主项所指称的对象存在为前提条件。如果主项 S 所指称的对象不存在，即主项的外延是空类，那么除矛盾关系外，其他几种对当关系都是不能成立的。

（3）当做全称命题来处理的单称肯定命题与单称否定命题，两者之间既不同真，也不同假，因此，它们不是反对关系，而是矛盾关系。这是因为单称命题的主项所指称的对象是某一特定对象，而对一特定对象来说，它或者具有某种性质，或者不具有某种性质，二者必居其一。因此，反映在真值上，单称肯定命题与单称否定命题，两者中至少有一个命题为真，也只能有一个命题为真。

二、换质法

换质法，就是通过改变前提命题的质，从而得出一个与前提等值的命题的结论的直接推理。

例如：所有的金属都是导电体，

所以，所有的金属都不是非导电体。

换质法的规则：

（1）结论中保留前提的主项和量词。

（2）改变前提的质，将联词"是"换成"不是"，或将"不是"换成"是"。

（3）结论中的谓项是前提谓项的矛盾词项。

A、E、I、O 的换质推理如下：

（一）SAP 的换质

其推理有效式是：

$$SAP \rightarrow SE\overline{P}$$

例如：所有的盗窃罪都是故意犯罪，

所以，所有的盗窃罪都不是过失犯罪。

（二）SEP 的换质

其推理有效式是：

$$SEP \rightarrow SA\overline{P}$$

例如：所有的侵略战争都不是正义战争，

所以，所有的侵略战争都是非正义战争。

（三）SIP 的换质

其推理有效式是：

$$SIP \rightarrow SO\overline{P}$$

例如：有些犯罪分子是未成年人，

所以，有些犯罪分子不是成年人。

（四）SOP 的换质

其推理有效式是：

$$SOP \rightarrow SI\overline{P}$$

例如：有些被告不是有罪的，

所以，有些被告是无罪的。

三、换位法

换位法就是通过更换前提的主项和谓项的位置，从而得出一个与前提等值的命题的结论的直接推理。

例如：犯罪未遂不是犯罪中止，

所以，犯罪中止不是犯罪未遂。

换位法的规则：

（1）不改变前提命题的质和量，只改变其主项和谓项的位置。

（2）在前提中不周延的词项在结论中也不得周延。

根据换位法的定义与规则，E 与 I 可以换位，而 A 与 O 不能换位。

E、I 的换位推理如下：

（一）SEP 的换位

其推理有效式是：

$$SEP \rightarrow PES$$

例如：所有以欺诈手段订立的合同都不是有效的合同，

所以，所有有效的合同都不是以欺诈手段订立的合同。

（二）SIP 的换位

其推理有效式是：

$$SIP \rightarrow PIS$$

例如：有些过失犯罪是要判刑的，

所以，有些要判刑的是过失犯罪。

SAP 为什么不能换位？因为 SAP 如果换位为 PAS，则 P 在前提中不周延，而在结论中周延了，这就违反了换位法的第 2 条规则。如果 SAP 换位为 PIS，则又违反换位法的第 1 条规则，得出的结论改变了前提的量。

但是，如果先使用直言对当推理，从 SAP 推出 SIP，接着可以从 SIP 换位为 PIS，即：

$$SAP \to SIP \to PIS$$

此推理过程中，前提蕴涵结论，但结论不等值于前提。此已不是简单的换位了。

SOP 为什么不能换位？因为 SOP 如果换位为 POS，则 S 在前提中不周延，而在结论中周延了，这就违反了换位法的第 2 条规则，故 SOP 不能换位。

上面介绍的换质法和换位法，可以联合应用，也可以交替连续应用。

例如： 所有的犯罪行为都是违法行为，

所有的犯罪行为都不是合法行为，

所以，所有的合法行为都不是犯罪行为。

其推理形式：

$$SAP \to SE\overline{P} \to \overline{P}ES$$

此推理是换质法和换位法的联合应用。传统逻辑中称之为换质位法。

换质法、换位法、直言对当推理也可以交替连续地应用。

例如： 犯罪行为是危害社会的行为，

所以，并非非犯罪行为是危害社会的行为。

其推理形式：

$$SAP \to \neg\, \overline{S}AP$$

$\neg\, \overline{S}AP$ 是如何从 SAP 推出来的？其推理过程可表示如下：

$$SAP \to SE\overline{P} \to \overline{P}ES \to \overline{P}A\overline{S} \to \overline{P}I\overline{S} \to \overline{S}I\overline{P} \to \overline{S}OP \to \neg\, \overline{S}AP$$

第三节　三段论

一、三段论及其特征

三段论是以两个直言命题作前提，并借助于前提中的一个共同词项把两个直言命题联结起来，从而得出一个直言命题结论的推理。

例如： 法律是保护公民正当权益的，

民法是法律，

所以，民法是保护公民正当权益的。

三段论是一种间接推理，它是由两个直言命题为前提推出结论的。在传统逻辑中，三段论称作直言三段论。三段论形式的特征，表现在以下两个方面：

第一，任何一个三段论都是由三个直言命题构成的，其中两个是前提，一个是结论。

第二，任何一个三段论都有而且只有三个不同的词项，每个词项在两个命题中各自重复出现一次。这三个不同的词项各有不同的名称：作为结论主项的词项称为"小项"，用 S 表示；作为结论谓项的词项称为"大项"，用 P 表示；在两个前提中都出现的词项称为"中项"，用 M 表示。三个不同的词项各起着不同的作用。小项和大项起着区分不同前提的作用。含有大项的前提称为"大前提"；含有小项的前提称为"小前提"；中项在前提中起媒介作用，把小项和大项联结起来，从而得出结论。

由此，在上述三段论中，"民法"是小项，"保护公民正当权益的"是大项，"法律"是中项。"法律是保护公民正当权益的"是大前提，"民法是法律"是小前提。该三段论的推理形式是：

$$\text{凡 } M \text{ 是 } P,$$
$$\text{凡 } S \text{ 是 } M,$$
$$\text{所以，凡 } S \text{ 是 } P。$$

此推理形式也可以用符号表示为：

$$MAP$$
$$\underline{SAM}$$
$$SAP$$

该推理形式也可用蕴涵式表示为：

$$MAP \wedge SAM \to SAP$$

三段论中词项的联结是指词项外延之间的关系。三段论的理论，实质上是指词项外延关系的理论，也可以说是词项外延的包含和排斥关系的理论。例如，上述三段论怎样由前提推出结论，为什么前提蕴涵结论，我们可以用词项外延关系的图 4-13 来说明：

MAP：

图 4-13

SAM：

```
    ⬡ S M      ⬡ S M (nested)
```

$MAP \wedge SAM \rightarrow SAP$：

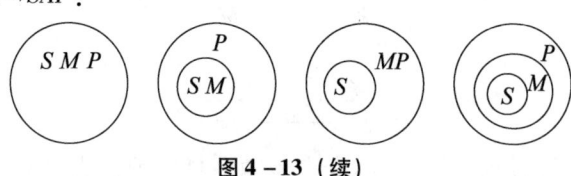

```
 S M P    P(SM)    S MP    P M (nested in S)
```

图 4-13（续）

图解表明，在三段论中，中项在前提中起着十分重要的媒介作用。只有通过它的联系，才能确定小项和大项外延间的包含或排斥关系。所以，在前提中一共出现三个不同的词项，其中一个词项在两个前提中各出现一次，起着联结大项和小项的作用。否则，如果只有两个不同的词项，或者有了四个不同的词项，那就没有起媒介作用的中项，因而也就不构成一个三段论。

二、三段论的格和式

逻辑学是从推理的形式结构方面来研究三段论的。三段论的格和式的研究，就体现出这一点。三段论是由三个直言命题构成的，而每个直言命题的结构中都有一个主项和一个谓项。在三段论的前提中，中项既可以作为主项，也可以作为谓项。因此，根据中项在两个前提中作主项和作谓项位置的不同，从而形成了结构不同的三段论形式，这称为三段论的格。三段论共有四个不同的格。

第一格：中项在大前提中作主项，在小前提中作谓项。其形式为：

$$
\begin{array}{c}
M \quad\text{———}\quad P \\
\underline{S \quad\text{———}\quad M} \\
S \quad\text{———}\quad P
\end{array}
$$

第二格：中项在大、小前提中都作谓项。其形式为：

$$
\begin{array}{c}
P \quad\text{———}\quad M \\
\underline{S \quad\text{———}\quad M} \\
S \quad\text{———}\quad P
\end{array}
$$

第三格：中项在大、小前提中都作主项。其形式为：

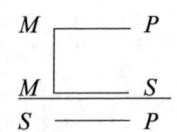

$$\begin{array}{ccc} M & & P \\ M & & S \\ \hline S & & P \end{array}$$

第四格：中项在大前提中作谓项，在小前提中作主项。其形式为：

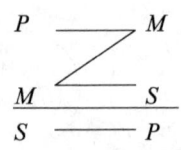

$$\begin{array}{ccc} P & & M \\ M & & S \\ \hline S & & P \end{array}$$

三段论的式是由组成三段论的直言命题的具体种类决定的。三段论的大前提、小前提和结论分别是 A、E、I、O 四种命题中的一种。在各个格的三段论中，由于组成三段论的三个命题类型不同，就形成了三段论不同的式。三段论的式用三个字母表示，分别代表大前提、小前提和结论的命题类型。例如：

$$\begin{array}{c} MAP \\ \underline{SAM} \\ SAP \end{array}$$

由于其中的三个命题都是 A 命题，就称为 AAA 式，因为这是第一格的形式，所以称为第一格 AAA 式。再如：

$$\begin{array}{c} PEM \\ \underline{SIM} \\ SOP \end{array}$$

其中，三个命题分别是 E 命题、I 命题和 O 命题，这是第二格的形式，所以称为第二格 EIO 式。

格和式共同决定了一个三段论的具体形式。

在三段论的每一格中，A、E、I、O 四种命题都可以作为大前提、小前提和结论，其排列组合的数目是 $4 \times 4 \times 4 = 64$，因此，每个格共有 64 个不同的式。四个格共有 $64 \times 4 = 256$ 个不同的式，但其中绝大部分是不能得出必然性结论的无效式。在传统逻辑中，能够从真前提必然地得出真结论的有效式只有 24 个。

三、三段论的基本规则

三段论的规则是检验三段论的推理形式是否有效的标准，它对三段论的推理起着规范作用。遵循三段论的规则，就能够保证三段论推理是有效的。

三段论的基本规则概括为三条：

（一）中项至少要周延一次

这条规则是要求中项至少有一次是以全部外延和另一个词项的外延（小项

或大项）确定外延关系。只有这样，中项才能为确定小项和大项的某种外延关系起到媒介作用。如果中项在两个前提中都不周延，就可能出现这样的情况：小项与中项的一部分外延发生联系，大项与中项的另一部分外延发生联系，这样就不能通过中项来确定小项与大项的外延关系，即中项不能起到媒介作用。由此，也就不能得出必然性的结论。

例如：犯罪行为是违法行为，

张三的行为是违法行为，

所以，张三的行为是犯罪行为。

这个三段论的结论不是可靠的，因为它不是由前提必然得出的。

如果中项在两个前提中都不周延，就会犯"中项不周延"的逻辑错误。例如，上述三段论的推理形式是：

$$PAM$$
$$\underline{SAM}$$
$$SAP$$

这个三段论就犯了"中项不周延"的逻辑错误。

（二）前提中不周延的词项，在结论中也不得周延

一个有效的三段论，它的结论是从前提必然推出的，前提蕴涵结论。如果在前提中不周延的词项在结论中周延了，即前提中所陈述的是一个词项的部分外延，而在结论中陈述了该词项的全部外延，则结论中的陈述就超出了前提所陈述的范围。但部分并不蕴涵全体，由部分推不出全体。因此，如果结论超出前提的范围，则该结论不是由前提必然推出的，即该结论不被前提所蕴涵。

违反这条规则的逻辑错误有两种：

1. 如果大项在前提中不周延而在结论中周延，这就犯了"大项不当周延"的逻辑错误。

例如：凡审判员都是司法工作者，

张三不是审判员，

所以，张三不是司法工作者。

这个三段论的推理形式是：

$$MAP$$
$$\underline{SEM}$$
$$SEP$$

这个三段论犯了"大项不当周延"的逻辑错误。

2. 如果小项在前提中不周延而在结论中周延，这就犯了"小项不当周延"

的逻辑错误。

例如： 凡大学生都是在高校学习的，
　　　　凡大学生都是学生，
　　　　所以，凡学生都是在高校学习的。

这个三段论的推理形式是：

$$MAP$$
$$\underline{MAS}$$
$$SAP$$

这个三段论就犯了"小项不当周延"的逻辑错误。

（三）前提和结论中的否定命题数目必须相同

这条规则实际上包括如下规范：

1. 两个前提不能都是否定命题。如果两个前提都是否定命题，则前提中所陈述的小项和大项的外延都被排斥在中项的全部外延之外。这样，中项就不能起媒介作用，即无法通过中项来确定小项和大项之间的外延关系。因此，不能从两个否定前提有效地得出结论。

例如： 从"凡审判员都不是律师"和"张三不是审判员"这两个前提，既不能得出"张三是律师"的结论，也不能得出"张三不是律师"的结论。

如果从两个否定命题前提得出结论，就会犯"两否定前提"的逻辑错误。

2. 前提中有一否定命题，则结论必为否定命题。如果前提中有一个是否定命题，则另一个前提必须是肯定命题，因为两个否定前提不能得出结论。这样，就有两种可能情况：或者中项同大项发生排斥关系，或者中项同小项发生排斥关系。既然中项与其中一个词项是排斥关系，因而通过中项的媒介作用，小项与大项之间一定是排斥关系，从而得出否定的结论。

【例1】 盗窃罪都是故意犯罪，
　　　　张三的行为不是故意犯罪，
　　　　所以，张三的行为不是盗窃罪。

【例2】 犯罪嫌疑人不是本地人，
　　　　张三是本地人，
　　　　所以，张三不是犯罪嫌疑人。

例1小前提否定，例2大前提否定。两个推理的结论都是否定的。

如果前提中有一否定命题而得出肯定命题的结论，就会犯"结论不当肯定"的逻辑错误。

3. 两个前提都是肯定命题，则结论必为肯定命题。如果两个前提都是肯定命题，则中项同小项和大项之间没有相排斥的关系，这样，通过中项的媒介作用，小项和大项之间也不会有相排斥的关系，从而得出肯定的结论。

例如：从"凡无效的合同都是不具有法律约束力的"和"凡违反法律的合同都是无效的合同"这两个前提，只能推出"凡违反法律的合同都是不具有法律约束力的"作为结论，而不能得出"凡违反法律的合同都不是不具有法律约束力的"的结论。

如果两个前提都是肯定命题而得出否定命题结论，就犯了"结论不当否定"的逻辑错误。

以上就是三段论的三条基本规则。任何一个三段论，如果遵守了这三条规则，这个三段论就是有效的；如果违反了其中任何一条规则，这个三段论就是无效的。

四、三段论的导出规则

前面所讲的三条规则是三段论的基本规则，为了应用的方便，从这三条规则还可以得出若干导出规则。导出规则是从基本规则推导出来的，因此可以用基本规则来证明。下面介绍几条重要的导出规则。

（一）两个前提都是特称命题，则不能得出结论

证明：当两个前提都是特称命题时，有三种可能情况：

（1）两个前提都是特称否定命题。根据基本规则（三），不能得出结论。

（2）两个前提都是特称肯定命题。这时，前提中所有的词项都不周延，因而中项在两个前提中都不周延，根据基本规则（一），不能得出结论。

（3）两个前提一个是特称肯定命题，一个是特称否定命题。这时，前提中只有一个周延的项，根据基本规则（一），这个周延的项必须是中项，因而大项在前提中就不周延。但是，根据基本规则（三），结论必为否定命题，因而大项在结论中周延，这就违反了基本规则（二），不能得出结论。

总之，在任何情况下，两个特称命题前提都不能得出结论。

（二）前提中有一特称命题，则结论必为特称命题

证明：当前提中有一个特称命题时，有三种可能情况：

（1）两个前提都是否定命题。根据基本规则（三），不能得出结论。

（2）两个前提都是肯定命题。这时，前提中只有一个周延的项，根据基本规则（一），这个周延的项必须是中项，因而小项在前提中不能周延，根据基本规则（二），小项在结论中也不得周延，因而结论必为特称命题。

（3）两个前提一个是肯定命题，一个是否定命题。这时，前提中有两个周延的项。根据基本规则（一），其中一个周延的项必须是中项，根据基本规则

（三），结论必为否定命题，因而大项在结论中周延。又根据基本规则（二），大项在前提中也必须周延，因而另一个周延的项必须是大项。因此，小项在前提中就不能周延，根据基本规则（二），小项在结论中也不得周延，因而结论必为特称命题。

总之，如果前提中有一特称命题，则结论必为特称命题。

根据三段论各格的特点，还可以从三段论的基本规则推导出各格的规则如下：

第一格规则：

（1）小前提必须是肯定命题。

（2）大前提必须是全称命题。

第二格规则：

（1）两个前提中必须有一个否定命题。

（2）大前提必须是全称命题。

第三格规则：

（1）小前提必须是肯定命题。

（2）结论必须是特称命题。

第四格规则：

（1）若前提中有一否定命题，则大前提必须是全称命题。

（2）若大前提为肯定命题，则小前提必须是全称命题。

（3）若小前提为肯定命题，则结论必须是特称命题。

（4）大前提和小前提都不能是 O 命题。

（5）结论不能是 A 命题。

格的规则也是从基本规则推导出来的，因此都可以由基本规则来证明。现将第一格规则证明如下：

（1）小前提必须是肯定命题。

证明：假设小前提为否定命题，根据基本规则（三），大前提必为肯定命题，结论必为否定命题。这样，大项在前提中作为肯定命题的谓项是不周延的，而在结论中作为否定命题的谓项是周延的。根据基本规则（二），这就犯了"大项不当周延"的逻辑错误。这种错误是小前提为否定命题导致的。因此，小前提必须是肯定命题。

（2）大前提必须是全称命题。

证明：因为小前提必须是肯定命题（已证），中项在小前提中作为肯定命题的谓项是不周延的。根据基本规则（一），中项至少要周延一次。中项作为大前提的主项，为保证中项在大前提中周延，则大前提必须是全称命题。否则，就会导致"中项不周延"的逻辑错误。

其他各格规则的证明留给读者。

遵守三段论的导出规则，只是三段论式有效的必要条件，而非充分条件。仅仅遵守导出规则，不一定是有效的；但如果违反了导出规则，则必然会违反三段论的基本规则，该三段论的形式就是无效的。

五、省略三段论

在讲三段论的形式结构特征时曾指出，任何一个三段论都是由三个直言命题组成的，其中两个是前提，一个是结论，而且排列的顺序是大前提、小前提、结论。但是，在日常语言表达中，如果使用三段论，处处都以这样严格、标准的形式出现，不但显得繁琐、呆板，而且是不需要的。人们为了简练地表达思想，往往在语言表达中省略了三段论的某个部分。这种在语言表达中省略一个前提或结论的三段论，就称为省略三段论，或称为三段论的省略式。

【例1】大气污染问题是非常重要的问题，因为它直接关系到我们的生存状况。

这两句话之间实际上有推理关系，而这个推理省略了大前提："凡是直接关系到我们的生存状况的都是非常重要的问题。"

【例2】凡哺乳动物都是胎生的，所以海豚也是胎生的。

这里，省略了小前提"海豚是哺乳动物"。

【例3】"我们的事业是正义的，而正义的事业是不可战胜的。"

显然，这里省略了结论："我们的事业是不可战胜的。"

一般说来，如果大前提所陈述的一般性知识是人们所熟知的科学知识或公认的原理、原则时，则大前提常常被省去；如果小前提所陈述的事实情况是不言而喻或非常明显时，则小前提常常被省去；如果根据具体的语境，或上下文的联系，结论的陈述已非常明显时，则结论常被省去。

省略三段论与直接推理的区别在于：省略式中含有三个不同词项。否则，它就不是三段论的省略式。

省略三段论虽然表述比较简练，符合语言的表达习惯，但由于某个部分被省略，所以容易隐藏某种错误，而不易被察觉。因此，我们要善于将省略式还原为典型的、完整的三段论，以便于检查出可能存在的逻辑错误。

省略式还原的步骤如下：

第一步，分析省略式中被省略的是什么，是前提还是结论。这可以根据分析已有的两个命题之间的逻辑关系来确认。如果两个命题是并列关系，则被省略的是结论；如果两个命题之间具有推导关系，则被省略的是前提。也可以根据自然语言中的标志性语词来确认。在"因为""由于"等语词后面的命题是前提，在"因此""所以""因而"等语词后面的命题是结论。如果一个省略式中没有上述语词标志，且两个命题中含有一个共同的词项，则这两个命题都是前提，而被省略的是结论。

第二步，确认省略式中的前提：如果省略式的两个命题，其中有一个是前提，则需要进一步确定是大前提还是小前提。这可以根据结论的主、谓词项来判定。含有结论主项（小项）的命题是小前提，含有结论谓项（大项）的命题是大前提。

第三步，补充被省略的部分：如果被省略的是大前提，则将结论的谓项（大项）与中项相联结，构成大前提；如果被省略的是小前提，则将结论的主项（小项）与中项相联结，构成小前提；如果被省略的是结论，则把小项与大项相联结，构成结论。如何确定所补充命题的主项、谓项、质与量，这需要根据人们所处的语境、语言和思维的习惯、三段论的结构及其规则等来考虑。

三段论的省略式如果隐含有错误，则不外乎错在两个方面：①形式方面的，即违反三段论的规则，犯有某种逻辑错误；②内容方面的，即前提虚假。

例如：他是法学专业的，所以，他是法学专家。

如果补上"凡法学专业的都是法学专家"作为大前提，则符合三段论的基本规则，是一个有效的三段论式，但补上的大前提内容与实际不符；如果把大前提改换为"凡法学专家都是法学专业的"，内容是正确的，但这个三段论却犯了"中项不周延"的逻辑错误。由此可见，这个省略三段论或有内容错误或有逻辑错误。总而言之，它是有错误的。

六、复合三段论

人们在应用三段论时，从两个前提得出一个结论以后，往往又要以这个结论为前提，再增加一个前提，得出一个新的结论，并且还可以再如此继续下去。这实际上就是几个三段论的联合应用，有时还省略其中的某些部分。这样的推理就称为复合三段论，或称为三段论的复合式。

【例1】 小说是文学，
　　　　文学是意识形态，
　　　　意识形态是上层建筑，
　　　　上层建筑是有阶级性的，
　　　　所以，小说是有阶级性的。

这个推理在逻辑中称为连锁三段论，它就是由几个三段论构成的复合三段论。这个复合三段论可分解如下：

（1）由第一个和第二个前提"小说是文学"和"文学是意识形态"推出结论"小说是意识形态"（省略）。

（2）由第一个三段论的结论"小说是意识形态"（省略）和第三个前提"意识形态是上层建筑"推出结论"小说是上层建筑"（省略）。

（3）由第二个三段论的结论"小说是上层建筑"（省略）和第四个前提"上层建筑是有阶级性的"推出最后的结论"小说是有阶级性的"。

【例2】真理是不怕批评的，因为真理是符合于客观实际的理论；

马克思主义是真理，因为马克思主义是经过实践检验的理论；

所以，马克思主义是不怕批评的。

这个推理在逻辑学中称为带证式，它也是由几个三段论构成的复合三段论。它表现为前提带有证明的三段论，实际上是由三个三段论构成的。它的两个前提分别是两个省略三段论，再以这两个省略三段论的结论为前提，推出最后的结论。

因为客观实际情况是复杂的，在思维过程中，仅用一个简单的三段论，往往不能解决问题，而是需要把多个三段论联结起来，构成复合三段论。不仅如此，有时还需要把三段论同其他类型的推理联结起来，构成更加复杂的推理。

第四节　直言命题推理：有效性判定

一、推理规则判定方法

直言命题的各种推理，各自有一定的推理规则，这些推理规则是判定直言命题推理形式是否有效的标准和依据。检验一个直言命题推理是否逻辑有效，可按下列步骤进行：第一步，将该推理归类，分析它属于哪种直言命题推理；第二步，将具体推理形式化（写出其推理形式）；第三步，根据与推理种类相应的推理规则，逐条进行对照。如果遵守了相应的所有推理规则，那么该推理形式就是逻辑有效的；如果违反了推理规则中的任何一条规则，那么该推理形式就是无效的。

二、文恩图解判定方法

文恩图解是直观刻画直言命题形式的一种图示方法（本章第二节中已作介绍），因此，以直言命题为前提的各种推理的逻辑有效性，都可以通过文恩图解来刻画与判定。

由于传统逻辑不考虑空类，各种直言命题推理都是以命题中的词项所指称的对象是存在的为前提。因此，用文恩图解判定直言命题推理有效性时，必须预先设定所有直言命题的主项与谓项是非空的类。如果按照现代逻辑考虑空类来处理，则传统逻辑中的许多有效的推理形式是无效的。例如，在对当关系中，如果 S 类是空类，则除矛盾关系推理外，其他关系的对当推理，都是无效的。

由于空与非空是互相矛盾的，因而表示空与非空的符号（即"影线"与"＋"号）不得在同一区域内出现，即两种符号不能重叠。

（一）文恩图解判定对当关系推理形式的有效性

例如：当 SAP 为真时，如何有效地推出 SEP、SIP、SOP 的真假？现用文恩图解说明和判定如下：当 SAP 为真时，S 与 P 的关系如图 4－14 所示：

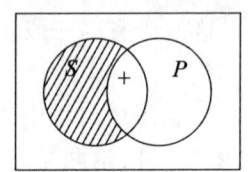

图 4－14

图中画影线的区域表示 S 与非 P 的相交部分是空的，这一区域就不能再出现"＋"符号，也就是说不存在 S 不是 P，即 SOP 为假。因此，SAP→¬ SOP 是有效的。由于已设 S 是不空的类，则 S 与 P 相交的部分就是不空的，故在这一区域画上"＋"符号，表示存在 S 是 P，即 SIP 为真。既然 S 与 P 相交的部分是存在的，该区域就不能再出现影线，即 SEP 为假。因此，SAP→SIP 和 SAP→¬ SEP，都是有效的。

（二）文恩图解判定换质法推理形式的有效性

例如：当 SAP 为真时，如何有效地进行换质？现用文恩图解说明和判定如下：当 SAP 为真时，S 与 P 的关系如图 4－15 所示：

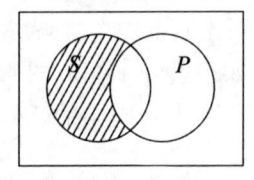

图 4－15

由于所有 S 是 P，图中画影线的区域表示，S 与非 P 的相交部分是空的，也就是所有 S 不是非 P 为真。因此，SAP→SEP̄ 是有效的。

其他换质法推理形式是否有效，可以照此图解方法判定。

(三) 文恩图解判定换位法推理形式的有效性

例如：当 SEP 为真时，S 与 P 的关系如图 4 – 16 所示：

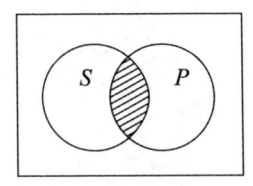

图 4 – 16

由于所有 S 不是 P，图中画影线的区域表示，S 与 P 的相交部分是空的，也就是所有 P 不是 S 为真。因此，SEP→PES 是有效的。

其他换位法推理形式是否有效，可以照此图解方法判定。

(四) 文恩图解判定三段论推理形式的有效性

由于三段论有三个不同的词项，因而文恩图解需要用三个相交叉的圆圈表示三个词项外延间的关系，由此形成 8 个不同的区域，如图 4 – 17 所示：

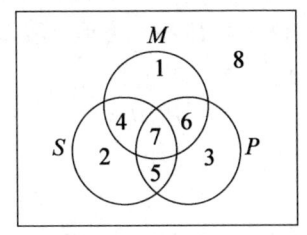

图 4 – 17

在检验一个具体三段论时，第一步将该三段论形式化；第二步，根据三段论的两个前提进行文恩图解，确定图中哪些区域是空的，哪些区域是非空的。图解前提时，必须先图解全称命题，后图解特称命题；第三步，根据图解的结果，看 S 和 P 之间有没有确定的关系，也就是分析三段论的结论是否蕴涵在图解中。如果结论蕴涵在图解中，即说明能由前提必然得出此结论，则该三段论式就是有效的；如果结论没有蕴涵在图解中，即说明由前提不能必然地得出结论，则该三段论式就是无效的。

【例1】 凡犯罪行为都是危害社会的行为，
　　　　行贿行为是犯罪行为，
　　　　所以，行贿行为是危害社会的行为。
这是第一格的 AAA 式，其推理形式如下：
$$MAP$$
$$\underline{SAM}$$
$$SAP$$

根据推理形式中的两个前提,如图 4-18 所示:

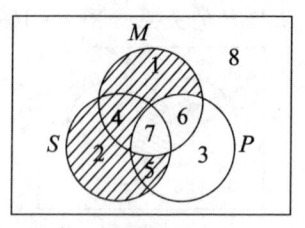

图 4-18

由大前提 MAP 确定 $M \cap \bar{P}$（1、4 区）是空的；由小前提 SAM 确定 $S \cap \bar{M}$（2、5 区）是空的；根据以上图解的结果，$S \cap \bar{P}$（4、2 区）是空的。这说明三段论的结论"SAP"蕴涵在图解中，也就是说，由前提能必然得出此结论，所以，该三段论式是有效的。

【例2】 凡正当防卫都不是违法行为，
　　　　有些伤害他人的行为是违法行为，
　　　　所以，有些伤害他人的行为不是正当防卫。

这是第二格的 EIO 式，其推理形式如下：

$$PEM$$
$$\underline{SIM}$$
$$SOP$$

根据推理形式中的两个前提，如图 4-19 所示：

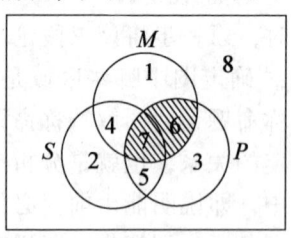

图 4-19

由大前提 PEM 确定 $P \cap M$（6、7 区）是空的；由小前提 SIM 确定 $S \cap M$（4 区）是存在的（非空的）；根据以上图解结果 $S \cap \bar{P}$（4 区）是存在的（非空的）。这就说明三段论的结论"SOP"蕴涵在图解中，也就是说，由前提能必然得出此结论，所以该三段论式是有效的。

【例3】 受贿是谋私利的行为，
　　　　受贿不是贪污，
　　　　所以，贪污不是谋私利的行为。

这是第三格的 AEE 式，其推理形式如下：

$$MAP$$
$$\underline{MES}$$
$$SEP$$

根据推理形式中的两个前提，如图 4-20 所示：

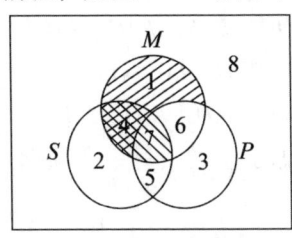

图 4-20

由大前提 MAP 确定 $M \cap \overline{P}$（1、4 区）是空的；由小前提 MES 确定 $M \cap S$（4、7 区）是空的。根据图解的结果，无法确定 $S \cap P$（5 区）是空的，这就说明三段论的结论"SEP"没有蕴涵在图解中，也就是说，由前提不能必然得出此结论，所以，该三段论式是无效式。

【例4】联想是心理过程，
　　　心理过程是思维活动的过程，
　　　所以，有些思维活动的过程是联想。

这是第四格的 AAI 式，其推理形式如下：

$$PAM$$
$$\underline{MAS}$$
$$SIP$$

根据推理式中的两个前提，如图 4-21 所示：

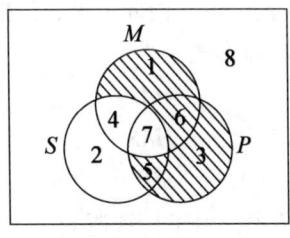

图 4-21

由大前提 PAM 确定 $P \cap \overline{M}$（3、5 区）是空的，由小前提 MAS 确定 $M \cap \overline{S}$（1、6 区）是空的。由于 P 的 6、3、5 区都是空的，则剩下的 7 区就不能是空的了，因为已设 P 是非空的。根据以上图解的结果，确定 $S \cap P$（7 区）是存在的。

这就说明，三段论的结论"SIP"蕴涵在图解中，也就是说，由前提能必然得出此结论，所以，该三段论式是有效的。

每一个三段论式都可以用上述图解法判定它是否有效。

在传统逻辑中共有下述24个有效式：

第一格：*AAA*、*AAI*、*AII*、*EAE*、*EAO*、*EIO*。

第二格：*AEE*、*AEO*、*AOO*、*EAE*、*EAO*、*EIO*。

第三格：*AAI*、*AII*、*EAO*、*EIO*、*IAI*、*OAO*。

第四格：*AAI*、*AEE*、*AEO*、*EAO*、*EIO*、*IAI*。

在现代逻辑中，由于考虑了空类，每一个项都可以是空的，因而只有下述15个有效式：

第一格：*AAA*、*AII*、*EAE*、*EIO*。

第二格：*AEE*、*AOO*、*EAE*、*EIO*。

第三格：*AII*、*EIO*、*IAI*、*OAO*。

第四格：*AEE*、*EIO*、*IAI*。

这就是说，在考虑空类的现代逻辑中，凡是在前提中没有特称命题而结论为特称命题的三段论式，都是无效的。

例如：所有方的圆是方的，
所有方的圆是圆的，
所以，有的圆的是方的。

从现代逻辑来看，这一推理的结论所表达的意思是：至少有一个事物，它既是圆的又是方的。显然，这是自相矛盾的，世界上没有任何一个这样的事物。所以，上述推理的结论是假的。但上述推理的两个前提都是真的，因为主项为空类的任何特称命题都是假的，根据矛盾关系，主项为空类的任何全称命题都是真的。上述推理从两个真前提推出了假结论，由此可见，该推理形式不是一个有效式。

从传统逻辑来看，上述推理形式是：

$$MAP$$
$$\underline{MAS}$$
$$SIP$$

这是三段论第三格的 *AAI* 式，由于传统逻辑不考虑空类，其词项变项不适用于空类，所以，该三段论式是一个有效式。

三、化归判定方法

化归方法是三段论式有效性的一种判定方法。

什么是化归？三段论的第一格是典型格，它最明显地表现出三段论的演绎推理性质，而第二、三、四格则不具有这种显而易见的性质。但是，第二、三、四格的各有效式，经过有穷步的推导，可改变为第一格。这种改变就称为三段论的化归，或称为三段论的还原。

三段论是根据词项外延之间的关系进行推理的。正确的三段论式，其词项外延之间的关系反映了客观世界中事物类与类之间包含关系的传递性规律。如三段论第一格的 AAA 式，即"凡 A 是 B，凡 C 是 A，所以，凡 C 是 B"这一正确推理式，其词项外延之间的关系就明显地反映了客观世界中事物类与类之间包含关系的传递性规律。三段论的推理式可以表现为不同的格与式，但是，凡正确的推理式都是根据词项外延之间包含关系的传递律而进行推理的。三段论的化归可以清楚地表现出这一逻辑性质。词项外延之间包含关系的传递律由三段论第一格的 AAA 式和 AII 式表现最为明显，三段论的其他所有正确推理式都可以由第一格的 AAA 式或 AII 式推导出来，或者说，三段论的其他所有正确推理式都可以化归为第一格的 AAA 式或 AII 式。正是由于此，通过化归方法，可以检验一个三段论式的有效性。如何来检验呢？一个三段论式，如果按一定程序，经过有穷步的推导，能将该式化归为 AAA 式或 AII 式，则该式就是逻辑有效的；如果不能将该式化归为 AAA 式或 AII 式，则该式就是无效的。现举例说明如下：

【例1】第一格的 EAE 式

$$MEP$$
$$\underline{SAM}$$
$$SEP$$

将该三段论式的大前提和结论进行换质。经过如此两步推导，就可以得出如下三段论式：

$$MA\overline{P}$$
$$\underline{SAM}$$
$$SA\overline{P}$$

这是第一格的 AAA 式，由此判定，该三段论式（即第一格的 EAE 式）是有效式。

【例2】第二格的 AOO 式

$$PAM$$
$$\underline{SOM}$$
$$SOP$$

首先将该三段论式的大前提进行换质、换位、再换质；将小前提和结论进行换质。经过如此五步推导，就可以得出如下三段论式：

$$\overline{M}A\overline{P}$$
$$SIM$$
$$SI\overline{P}$$

这是第一格的 AII 式，由此判定，该三段论式（即第二格的 AOO 式）是有效式。

【例3】第三格的 IAI 式

$$MIP$$
$$MAS$$
$$SIP$$

首先将该三段论式的结论换位，然后将大、小前提对调，并将对调后的小前提换位，就得出如下三段论式：

$$MAS$$
$$PIM$$
$$PIS$$

这表明第三格的 IAI 式，经过换位、前提对调等程序与推导就可以化归为第一格的 AII 式，由此判定，该三段论式（即第三格的 IAI 式）是有效式。

【例4】第四格的 EAO 式

$$PEM$$
$$MAS$$
$$SOP$$

首先将该三段论式的大前提进行换位、再换质；将小前提进行差等关系对当推理、再换位；然后将结论换质，得出如下三段论式：

$$MA\overline{P}$$
$$SIM$$
$$SI\overline{P}$$

这表明第四格的 EAO 式，经过换位、换质、对当推理等五步推导，就化归为第一格的 AII 式。由此判定，该三段论式（即第四格的 EAO 式）是有效式。

【例5】第二格的 AAA 式

$$PAM$$
$$SAM$$
$$SAP$$

将该式化归为第一格的 AAA 式或 AII 式，都需要将大前提变换成 MAP，但无论进行怎样的推导，由 PAM 得不出 MAP。由此判定，该三段论式（第二格的

AAA 式）是无效式。

化归方法，在逻辑史上又叫做还原法。通过化归，可以清楚地表明三段论的演绎性质。亚里士多德的三段论系统，实际上是一种公理系统的雏形。第一格的某些有效式被当做公理，其他格的有效式被当做定理。定理通过化归或还原为公理而得到证明。化归是通过运用换质法、换位法、对当关系推理等推导方法来实现的。化归过程，有的比较简单，有的比较复杂，需要经过多步推导，才能达到还原的目的。

第五节　关系推理

一、关系命题

关系命题就是陈述几个事物之间存在某种关系的简单命题。

【例1】 5 大于 3。

【例2】 尼泊尔在中国和印度之间。

【例3】 有些教师表扬所有的甲班学生。

关系命题是由关系项、关系者项和量词组成的。

关系项就是表示被陈述的事物之间的关系的词项，也就是关系命题的谓项。如上述例 1 中的"……大于……"、例 2 中的"……在……和……之间"、例 3 中的"……表扬……"等。关系总是存在于两个或两个以上的事物之间。存在于两个事物之间的关系称为二元关系，如上述例 1 和例 3。存在于三个事物之间的关系称为三元关系，如上述例 2。多于三元的关系在日常生活中是少见的，多见于数学之中。

关系者项就是表示被陈述的关系的承担者的词项，也就是关系命题的主项。有些关系者项是单独词项，如上述例 1 中的"5""3"，例 2 中的"尼泊尔""中国""印度"。有些关系者项是普遍词项，如例 3 中的"教师""学生"。在二元关系命题中有两个关系者项，在三元关系或更多元关系命题中有三个或更多个关系者项。在二元关系命题中，位于前面的那个关系者项称为关系者前项，位于后面的那个关系者项称为关系者后项。如上述例 3 中的"教师"为关系者前项，"甲班学生"为关系者后项。

量词就是表示关系者项数量情况的语词。由普遍词项充当的关系者项都应当有量词，但当关系者项是单独词项时，就不需要加量词。如上述例 1 和例 2 中的关系者项都是单独词项，就都没有加量词。量词有全称量词和特称量词两种。

如上述例3中"甲班学生"前的"所有的"是全称量词,"教师"前的"有些"是特称量词。在关系命题中,被全称量词约束的词项是周延的,被特称量词约束的词项是不周延的。

在逻辑学中,通常用 R 表示关系项,用 x、y、z 等表示关系者变项(指任何事物),用 a、b、c 等表示关系者常项(指特定事物),用 $\forall$ 表示全称量词,用 $\exists$ 表示特称量词。于是,上述关系命题可用符号表示如下:

在例1中,设"……大于……"为 R,"5"为 a,"3"为 b,则上述例1可表示为:Rab。

在例2中,设"……在……和……之间"为 R,"尼泊尔"为 a,"中国"为 b,"印度"为 c,则上述例2可表示为:$Rabc$。

在例3中,设"……表扬……"为 R,"教师"的任一分子为 x,"甲班学生"的任一分子为 y,则上述例3可表示为:$\exists x \forall y\, Rxy$。

只要使用关系者变项和量词,就意味着有一个相对的个体事物的类,这个类是关系者变项取值的范围,称为个体域。在包含关系者变项和量词的关系命题表达式中,首先要注意明确个体域。例如,在上述例3的公式:$\exists x \forall y\, Rxy$ 中,必须把 x 的个体域限定为"教师",把 y 的个体域限定为"甲班学生",才能表达"有些教师表扬所有甲班学生"这一关系命题。如果将 x 和 y 的个体域限定为全体个体事物的类,所表达的意思就成为"有些事物表扬所有事物"了。这样,"教师"和"甲班学生"就应当处理为直言命题中的谓项。因此,"有些教师表扬所有甲班学生"这个命题中既包含直言命题,又包含关系命题,其逻辑结构是比较复杂的。其命题形式的严格表示参看第四章第二节。此外,还要注意关系命题中量词出现的先后次序,不能随意改变。例如,将例3量词的次序改变为:$\forall y \exists x Rxy$,则它所表示的命题就成为:"所有甲班学生都有教师表扬他们。"显然,它与前一个关系命题的意义是不同的。

人们在陈述关系命题时,常常不注意量词的作用,将量词省略,从而造成语义含混。例如,在讲辩证法时,常说"事物之间有普遍联系",这是什么意思呢?事物之间的联系可能有四种情况:

(1) 任何事物与任何事物有联系。
(2) 有些事物与任何事物有联系。
(3) 任何事物与有些事物有联系。
(4) 有些事物与有些事物有联系。

在这四种情况中,第一种情况太强了,这等于说"任何两个事物之间都有联系"。第二种情况也较强,有没有与任何事物都有联系的事物呢?第三种情况显然是可以成立的,但普遍联系的含义是否仅止于此呢?第四种情况太弱了,不能说明事物联系的普遍性。由此可见,要准确地陈述关系命题,必须准确地使用量词。

二、二元关系的性质

事物之间的关系有着各种各样的性质,本书只介绍二元关系的三种重要的性质。

设 A 是一个集合,R 是 A 上的一个二元关系。在个体域限定为 A 的情况下,将 $\forall x \in A$ 简记为 $\forall x$。

(一)自返性

关系 R 的自返性是指:是否对于 A 中的每一个 x,x 与 x 都有 R 关系。

关系的自返性有三种情况:

1. 自返关系。如果对于 A 中的每一个 x,x 与 x 都有 R 关系,那么,关系 R 在 A 中是自返的。可以表示为:

$$\forall x Rxx$$

例如: 实数集合上的" = "关系就是自返的。

2. 反自返关系。如果对于 A 中的每一个 x,x 与 x 都没有 R 关系,那么,关系 R 在 A 中是反自返的。可以表示为:

$$\forall x \neg Rxx$$

例如: 实数集合上的" > "关系就是反自返的。

3. 非自返关系。如果存在 A 中的某个 x,x 与 x 有 R 关系,也存在 A 中的某个 x,x 与 x 没有 R 关系,那么,关系 R 在 A 中是非自返的。可以表示为:

$$\exists x Rxx \land \exists x \neg Rxx$$

例如: 大学生集合上的"欣赏"关系就是非自返的。

(二)对称性

关系 R 的对称性是指:是否对于 A 中所有的 x、y,当 x 与 y 有 R 关系时,y 与 x 也有 R 关系。

关系的对称性有三种情况:

1. 对称关系。对于 A 中所有的 x、y,如果 x 与 y 有 R 关系,则 y 与 x 也有 R 关系,那么,关系 R 在 A 中是对称的。可以表示为:

$$\forall x \forall y (Rxy \rightarrow Ryx)$$

例如: 实数集合上的" = "关系是对称的。

2. 反对称关系。对于 A 中所有的 x、y,如果 x 与 y 有 R 关系,则 y 与 x 没有 R 关系,那么,关系 R 在 A 中是反对称的。可以表示为:

$$\forall x \forall y (Rxy \rightarrow \neg Ryx)$$

例如：实数集合上的">"关系是反对称的。

3. 非对称关系。对于 A 中任意的 x、y，如果 x 与 y 有 R 关系，则 y 与 x 可能有也可能没有 R 关系，那么，关系 R 在 A 中就是非对称的。可以表示为：

$$\exists x \exists y (Rxy \wedge Ryx) \wedge \exists x \exists y (Rxy \wedge \neg Ryx)$$

例如：大学生集合上的"欣赏"关系就是非对称的。

根据关系的对称性，如果已知 R 是 A 上的对称关系，则可以在 A 中从 Rxy 推出 Ryx；如果已知 R 是 A 上的反对称关系，则可以在 A 中从 Rxy 推出 $\neg Ryx$。

(三) 传递性

关系 R 的传递性是指：是否对于 A 中所有的 x、y、z，当 x 与 y 有 R 关系，并且 y 与 z 有 R 关系时，x 与 z 也有 R 关系。

关系的传递性也有三种情况：

1. 传递关系。对于 A 中所有的 x、y、z，如果 x 与 y 有 R 关系，y 与 z 有 R 关系，则 x 与 z 也有 R 关系，那么，关系 R 在 A 中就是传递的。可以表示为：

$$\forall x \forall y \forall z (Rxy \wedge Ryz \rightarrow Rxz)$$

例如：实数集合上的"="关系和">"关系都是传递的。

2. 反传递关系。对于 A 中所有的 x、y、z，如果 x 与 y 有 R 关系，y 与 z 有 R 关系，则 x 与 z 没有 R 关系，那么，关系 R 在 A 中就是反传递的。可以表示为：

$$\forall x \forall y \forall z (Rxy \wedge Ryz \rightarrow \neg Rxz)$$

例如：人的集合上的"父子"关系是反传递的。

3. 非传递关系。对于 A 中所有的 x、y、z，如果 x 与 y 有 R 关系，y 与 z 有 R 关系，则 x 与 z 可能有也可能没有 R 关系，那么，关系 R 在 A 中就是非传递的。可以表示为：

$$\exists x \exists y \exists z (Rxy \wedge Ryz \wedge Rxz) \wedge \exists x \exists y \exists z (Rxy \wedge Ryz \wedge \neg Rxz)$$

例如：词项集合上的"交叉"关系就是非传递的。

根据关系的传递性，如果已知 R 是 A 上的传递关系，则可以在 A 中从 Rxy 和 Ryz 推出 Rxz；如果已知 R 是 A 上的反传递关系，则可以在 A 中从 Rxy 和 Ryz 推出 $\neg Rxz$。

一个二元关系可以同时具有多种性质。如果集合 A 上的二元关系 R 既是自返的，又是对称的，还是传递的，则称 R 是 A 上的一个等价关系。如果 R 是 A 上的一个等价关系，则可以依据 R 对 A 中的个体进行分类。也就是说，R 是对 A 表达的类进行划分的一个划分标准。例如，设 A 是由所有参加 2008 年奥运会的运动员组成的集合，"……与……国籍相同"就是 A 上的一个自返、对称并且传递的等价关系。依据这个二元关系就把 A 表达的类（所有参加 2008 年奥运会的运动员组成的类）按照国籍分为若干小类：如果队员 x 和 y 之间有"……与……国籍相同"的关系，那么，x 和 y 属于同一个小类。"……与……参赛项目相同"也是 A 上的一个等价关系，依据这个关系可以把所有队员按照参赛项目进行分类。因此，准确理解关系的性质有助于正确把握划分的方法。

三、关系三段论

关系三段论就是以关系命题为大前提，以直言命题为小前提，借助于媒介项的作用，得出一个关系命题结论的演绎推理。

例如：所有的人反对一切不正之风，

一切贪污腐败都是不正之风，

所以，所有的人反对一切贪污腐败。

这就是一个关系三段论。为方便理解，我们用半形式化的方法将其推理形式表示为：

所有的 x 与所有的 y 有 R 关系，

所有的 z 是 y，

所以，所有的 x 与所有的 z 有 R 关系。

这个关系三段论的大前提和结论是二元关系命题，小前提是一个全称肯定命题，前提和结论中共有三个不同的词项，其中有一个词项在前提中出现两次，类似于直言三段论的中项，在关系三段论中称为媒介项。

关系三段论有以下几条规则：

（1）媒介项至少要周延一次。

（2）前提中不周延的项在结论中不得周延。

（3）前提中的直言命题必须是肯定命题。

（4）如果前提中的关系命题是肯定（或否定）的，则结论中的关系命题也必须是肯定（或否定）的。

（5）除对称关系外，在前提中作为关系者前项（或后项）的项，在结论中也必须相应地作为关系者前项（或后项）。

凡遵守上述五条规则的关系三段论都是有效的，而违反其中任何一条规则的关系三段论，都是无效的。

现举例说明如下：

【例1】有人批评有些参议员，

约翰是参议员，

所以，有人批评约翰。

这个关系三段论的推理形式为：

有些 x 与有些 y 有 R 关系,
a 是 y,
所以,有些 x 与 a 有 R 关系。

这个关系三段论违反了上述规则（1），是无效的。

【例2】 我们谴责一切侵略战争,
一切侵略战争都是战争,
所以,我们谴责一切战争。

这个关系三段论的推理形式为：

所有 x 与所有 y 有 R 关系,
所有 y 是 z,
所以,所有 x 与所有 z 有 R 关系。

这个关系三段论违反了上述规则（2），是无效的。

【例3】 所有观众喜欢所有小品,
所有舞蹈不是小品,
所以,所有观众不喜欢所有舞蹈。

这个关系三段论的推理形式为：

所有 x 与所有 y 有 R 关系,
所有 z 不是 y,
所以,所有 x 与所有 z 没有 R 关系。

这个关系三段论违反了上述规则（3）和规则（4），是无效的。

思考题

1. 什么是直言命题？直言命题是由哪些部分组成的？直言命题有哪些种类？
2. 什么是直言命题的文恩图解？它有哪些优点？
3. 什么是直言命题的词项的周延性？各种直言命题的词项的周延情况是怎样的？
4. 什么是直言对当推理？它有哪些种类？
5. 什么是换质法？什么是换位法？分别有哪些规则？
6. 什么是直言三段论？它是由哪几部分构成的？中项在三段论中有何重要作用？
7. 三段论在形式上的特征称作什么？
8. 三段论有哪些基本规则？违反这些规则会犯什么逻辑错误？
9. 三段论有哪些导出规则？
10. 什么是省略三段论？如何补充省略三段论的被省略的部分？
11. 什么是复合三段论？它有哪些主要形式？

12. 如何运用文恩图解检验三段论式的逻辑有效性?

13. 什么是化归方法?如何通过化归来检验一个三段论式的有效性?

14. 什么是关系命题?关系命题是由哪些部分组成的?

15. 什么是关系的自返性、对称性、传递性?分别有几种情况?

16. 什么是关系三段论?它有哪些规则?

练习题

一、指出下列直言命题属于 A、E、I、O 的哪一种,并指出它的主项、谓项及其周延情况。

1. 凡鸟都是卵生脊椎动物。

2. 月球上是没有生物的。

3. 凡金属都不是非导体。

4. 这个困难是可以克服的。

5. 至少有一种金属不是固体。

6. 没有一种商品不是劳动产品。

7. 关于收养关系的协议不适用合同法的规定。

8. 中毒死亡者中,有的不是自服中毒的。

9. 我们当中有人是不赞成这个方案的。

10. 所有的困难都是可以克服的。

二、根据下列表达式,写出相应的直言命题形式(即 A、E、I、O)。

1. 至少有 S 是 P。

2. 没有 S 是 P。

3. 至少有 S 不是 P。

4. 没有 S 是非 P。

5. 有 S 是非 P。

6. 有非 S 是 P。

三、根据直言命题的对当关系,从下列已知为真的命题推出另一个必真的命题,并写出其推理形式。

1. 凡犯罪行为都是违法行为。

2. 并非凡违法行为都是犯罪行为。

3. 凡侵略战争都不是正义的。

4. 并非凡战争都不是正义的。

5. 有律师是政法大学的毕业生。

6. 并非有诈骗罪是过失犯罪。

7. 有被告不是罪犯。

8. 并非有贪污罪不是故意犯罪。

四、根据直言命题之间的真假关系，指出下列各组命题的真假情况。

1. 已知"所有成年人都是具有完全民事行为能力的"为假，则：

（1）"有些成年人不是具有完全民事行为能力的"为（　　）。

（2）"所有成年人都是不具有完全民事行为能力的"为（　　）。

（3）"所有不具有完全民事行为能力的都是未成年人"为（　　）。

（4）"有些成年人是不具有完全民事行为能力的"为（　　）。

2. 已知"有些精神疾病是能够治愈的"为真，则：

（1）"有些精神疾病是不能够治愈的"为（　　）。

（2）"所有精神疾病都是不能够治愈的"为（　　）。

（3）"所有精神疾病都不是能够治愈的"为（　　）。

（4）"有些非精神疾病是能够治愈的"为（　　）。

3. 已知"有些证人是没有作证能力的"为假，则：

（1）"所有证人都是没有作证能力的"为（　　）。

（2）"有些证人是有作证能力的"为（　　）。

（3）"有些证人不是没有作证能力的"为（　　）。

（4）"所有证人都是有作证能力的"为（　　）。

4. 已知"所有违反法律的民事行为都是无效的"为真，则：

（1）"所有不违反法律的民事行为都是有效的"为（　　）。

（2）"所有违反法律的民事行为都不是无效的"为（　　）。

（3）"有些违反法律的民事行为不是无效的"为（　　）。

（4）"有些违反法律的民事行为是无效的"为（　　）。

五、写出下列直接推理的形式，并指出它的种类。

1. 所有盗窃罪都是故意犯罪，所以，并非所有盗窃罪都不是故意犯罪。

2. 并非有盗窃罪不是故意犯罪，所以，有盗窃罪是故意犯罪。

3. 人民内部矛盾是非对抗性的，所以，人民内部矛盾不是对抗性的。

4. 有些保管合同是无偿合同，所以，无偿合同中有些是保管合同。

5. 任何科学都是有益于社会发展的，所以，有些科学是有益于社会发展的。

6. 所有证据不都是真的，所以，有些证据不是真的。

7. 伤害罪是侵犯公民人身权利、民主权利罪，所以，有些侵犯公民人身权利、民主权利罪是伤害罪。

8. 证人都是精神上没有缺陷的人，所以，精神上有缺陷的人都不是证人。

9. 没有犯罪行为是合法行为，所以，没有合法行为是犯罪行为。

10. 有些无偿法律行为不是单方法律行为，所以，有些非单方法律行为是无偿法律行为。

六、写出下列三段论的推理形式，并指出它的格和式。

1. 客观规律是不以人们的意志为转移的，经济规律是客观规律，所以，经济规律是不以人们的意志为转移的。

2. 任何自律的公民都是遵守交通秩序的，张三不遵守交通秩序，所以，张三不是自律的公民。

3. 瓦特是发明家，而瓦特未受过高等教育，所以，有些发明家未受过高等教育。

4. 受贿罪是犯罪，而犯罪是危害社会的行为，所以，有些危害社会的行为是受贿罪。

七、将下列省略三段论的省略部分补上，并写出它的推理形式。

1. 公园都是免费开放的，所以，公园都是公益设施。

2. 正当防卫不是犯罪行为，所以，他的行为不是犯罪行为。

3. 没有文化的军队是愚蠢的军队，而愚蠢的军队是不能战胜敌人的。

4. 某甲不是优秀的学生，因为优秀的学生是善于思考的学生。

5. 有些物种已经灭绝了，所以，有些物种是不适应环境的变化的。

八、用三段论规则判定下列三段论形式是否有效。

1. MAP	2. MAP	3. MAP	4. PEM	5. PAM	6. PEM
SAM	SEM	SAM	SAM	SAM	SOM
SIP	SEP	SEP	SOP	SAP	SOP
7. PAM	8. PAM	9. POM	10. MIP	11. MAP	12. MIP
MAS	MES	MAS	MIS	MAS	MES
SAP	SOP	SOP	SIP	SIP	SOP

九、用文恩图解判定下列三段论式是否有效。

1. MAP	2. PAM	3. MAP	4. PEM
SIM	SEM	MAS	MAS
SIP	SOP	SAP	SEP

十、回答下列问题。

1. 一个有效的三段论能否三个词项都周延两次？

2. 一个有效三段论的大项在前提中周延而在结论中不周延，它的推理形式应当是什么？

3. 一个有效的三段论，如果中项在两个前提中都是周延的，那么它的结论应当是什么命题？

4. 一个有效的三段论，如果大前提是特称命题，那么小前提是何种命题形式？

5. 某一有效三段论，其大前提为肯定命题，大项在前提和结论中都周延，小项在前提和结论中都不周延。写出其推理形式。

6. 已知一个有效的三段论是由"有 A 不是 B，有 C 不是 B，凡 A 是 C"这三个命题构成的，它的推理形式应当是什么？

7. 如何从 $\overline{PAM}$ 和 $\overline{SAM}$ 有效地推出 SOP？请写出详细推理过程。

8. 已知下列关于概念 S、M、P 的四个命题中只有一个为真：

(1) 有 P 是 S。

(2) 如果有 S 不是 M，则有 S 是 M。

(3) 有 P 不是 S。

(4) M 都不是 P。

问：这四个命题中哪一个是真的，S 与 P 在外延上是什么关系？请写出分析过程。

十一、指出下列关系命题中的关系，并分析这些关系的自返性、对称性和传递性。

1. 命题 A 和 B 具有矛盾关系。

2. 命题 A 和 B 具有反对关系。

3. 词项 S 和 P 具有全同关系。

4. 词项 S 和 P 具有种属关系。

5. 甲方案优于乙方案。

6. 甲的意见与乙的意见相同。

7. 张三控告李四。

8. 甲与乙是父子关系。

十二、写出下列推理的形式，并判定它是否有效。

1. 凡被告都有辩护权，所以，有些被告有辩护权。

2. 遗嘱是单方法律行为，所以，遗嘱不是非单方法律行为。

3. 有些学生不是青年，所以，有些青年不是学生。

4. 并非有些犯罪行为不是违法行为，所以，所有犯罪行为都是违法行为。

5. 有些审判员是党员，所以，有些审判员不是党员。

6. 凡偶数都是 2 的倍数，所以，凡 2 的倍数都是偶数。

7. 并非所有产品都是合格品，所以，所有产品都不是合格品。

8. 凡学习成绩不好的学生都不是努力学习的学生，所以，凡不努力学习的学生都是学习成绩不好的学生。

9. 有些青年人不是律师，所以有些青年人是律师。

10. 并非凡侵犯财产罪都是抢劫公私财物的犯罪行为，所以，有些侵犯财产罪是抢劫公私财物的行为。

11. 并非未满 16 岁的人犯罪都不予刑事处罚，所以，有些未满 16 岁的人犯罪不予刑事处罚。

12. 科学的东西是可信的，所以，非科学的东西是不可信的。

13. 金属是导体，有的金属不是固体，所以，有的导体不是固体。

14. 中子是基本粒子，而中子是不带电的，所以，有些基本粒子是不带电的。

15. 盗窃罪是犯罪，而小偷小摸行为不是犯罪，所以，小偷小摸行为不是盗窃罪。

16. 民法不是刑法，刑法是法律，所以，有些法律不是民法。

17. 所有证人都是精神正常的人，有的证人是说谎者，所以，有的说谎者是精神正常的人。

18. 钻石是非金属，有的非金属是很珍贵的，所以，钻石是很珍贵的。

19. 没有审判员是律师，他是律师，所以，他不是审判员。

20. 任何犯罪行为都不是不危害社会的行为，某甲的行为不是危害社会的行为，所以，某甲的行为不是犯罪行为。

21. 有的文学作品有艺术价值，有的文学作品没有可读性。所以，有的没有可读性的作品是有艺术价值的。

22. 凡是犯报复陷害罪并且情节严重的，应处 3 年以下有期徒刑；某甲犯报复陷害罪并且情节严重，所以，某甲应处 3 年以下有期徒刑。

23. 有些熊猫是动物园中的动物，动物园中的动物是供人欣赏的动物，供人们欣赏的动物是应受到保护的动物，所以，有些熊猫是应受到保护的动物。

24. 地质学一再证明：凡是有水生物化石的地层都是地质史上的古海洋地区。喜马拉雅山脉的地层遍布了珊瑚、苔藓、海藻、鱼龙、海百合等水生物化石。这就可以说明，喜马拉雅山脉在过去的地质年代里，曾经被海洋淹没过。

25. 在一切工作中，命令主义一定要改正，因为它超出了群众的觉悟程度，害了急性病；而官僚主义不是命令主义，所以，在一切工作中，官僚主义不一定要改正。

26. 有些代表同意所有提议，有些提议是宝贵的，所以，有些代表同意所有宝贵的提议。

27. 有些甲班同学批评了所有乙班同学，小王是甲班同学，所以，小王批评了有些乙班同学。

十三、在前提和结论中的括号内填入适当的符号，构成一个正确的三段论式。

1. （　）E（　）　　　2. （　）A（　）
　（　）I（　）　　　　（　）I（　）
　S（　）P　　　　　　S（　）P

3. （　）A（　）　　　4. （　）（　）（　）
　S（　）M　　　　　　S　O　M
　（　）E（　）　　　　S（　）P

十四、将下列各格的三段论式进行化归，并判定是否有效。

1. PAM∧SEM→SOP。

2. MEP∧MIS→SOP。

3. PAM∧MAS→SIP。

4. PAM∧MES→SEP。

十五、运用三段论的相关知识，分析下述言论存在哪些逻辑错误。

1. "你说甲生疮，甲是中国人，就是说中国人生疮了。既然中国人生疮，你是中国人，就是你生疮了。你既然也生疮，你就和甲一样。"

2. "你不是一个外国人，你怎么能说中国人的坏话？你爱说中国人的坏话，你不就是一个外国人了吗？崇洋媚外者总爱讲自己国家的坏话，你爱讲自己国家的坏话，就是一个崇洋媚外者。崇洋媚外者都不是有骨气的人，崇洋媚外者不是爱国主义者，所以，凡爱国主义者都是有骨气的人。你不是一个爱国主义者，所以，你不是一个有骨气的人。"

拓展阅读书目

1. ［美］苏佩斯：《逻辑导论》，宋文淦等译，中国社会科学出版社1984年版。

2. ［美］柯匹等：《逻辑学导论》，张建军等译，中国人民大学出版社2007年版。

拓展阅读材料

1. 亚里士多德　　2. 德·摩根　　3. 文恩

第五章　逻辑推理：谓词演算

第一节　概　述

在命题逻辑中，复合命题由简单命题和逻辑联结词结合而成，命题公式由命题变项和逻辑联结词组成。命题逻辑不对简单命题的结构进行分析，在命题逻辑中简单命题是最小的单位。命题逻辑仅对简单命题的联结方式（即复合命题的结构）以及命题联结词的逻辑性质进行分析。因此，命题逻辑只能解决复合命题推理的有效性判定和推导问题。在不涉及简单命题的内部结构时，命题逻辑的工具是够用的。在涉及简单命题的内部结构时，命题逻辑的工具就不够用了。

例如：所有人都会死，
　　　苏格拉底是人，
　　　因此，苏格拉底会死。

上述推理在直观上是成立的，但在命题逻辑中却不能被判定为有效。

命题逻辑是命题联结词的逻辑，简单命题的内部结构无法在命题逻辑框架内加以分析。但是，基于简单命题的逻辑性质进行推理在日常思维中是常见的，因此，对简单命题的内部结构进行分析是必要的。

词项逻辑分析了直言命题的内部结构。它把直言命题分析为词项（主项和谓项）、量项和联项几个部分，以此为框架研究直言命题的逻辑性质，建立了以三段论为核心内容的逻辑系统。

词项逻辑可以上溯到两千多年前亚里士多德的著作《工具论》，它是亚里士多德逻辑的重要部分。词项逻辑克服了命题逻辑的局限，它能处理命题逻辑无法处理的一些推理。但是，词项逻辑对直言命题结构及其推理的分析是粗糙的、不够细致的。此外，它没有对关系命题结构及其推理进行分析。因此，词项逻辑的工具是贫乏的，处理推理的能力是有限的。它只能处理一部分简单命题推理,对某些有关简单命题的推理和有关量词的推理,它是无能为力的。

【例1】所有的民事违法行为或者是违反合同的行为,或者是侵权行为;有些民事违法行为不是违反合同的行为;所以,有些民事违法行为是侵权行为。

【例2】所有马是动物,所以,所有马头都是动物头。

【例3】北京是一座历史悠久的城市,北京是中华人民共和国的首都;所以,中华人民共和国的首都是一座历史悠久的城市。

例1和例2中的推理在直观上显然是成立的,但是,命题逻辑和词项逻辑都无法判定其有效性;例3中的推理在直观上也是成立的,但在词项逻辑中却被判定为无效。因此,为了克服命题逻辑和词项逻辑的局限,解决简单命题推理以及涉及量词推理的有效性判定和推导问题,就需要进一步分析简单命题的逻辑结构,提出新的逻辑工具,建立新的逻辑理论。这正是谓词逻辑的任务。

谓词逻辑克服了命题逻辑和词项逻辑的局限,它对简单命题的结构进行了更为细致的逻辑分析。它把简单命题分析为谓词、个体词、量词和命题联结词(即逻辑联结词)几个部分。在谓词逻辑中,简单命题和词项不是最小的分析单位,最小的分析单位是谓词、个体词和量词。谓词逻辑是以命题逻辑为基础进行扩充的结果。它包含命题逻辑而且解决了简单命题推理以及涉及量词推理的有效性判定问题和推导问题,是比命题逻辑和词项逻辑更强大的逻辑理论。

第二节 谓词逻辑公式:形式语言 Q^L

一、个体词、谓词、量词

在命题逻辑中,人们所用的符号只有:

(1)命题变项:$p,q,r,\cdots\cdots$

(2)逻辑联结词:$\neg$,$\wedge$,$\vee$,$\rightarrow$,$\leftrightarrow$。

命题逻辑的语言是贫乏的,它不足以表达自然语言最基本的逻辑特征。

谓词逻辑在命题逻辑语言基础上,引进了个体词、谓词和量词。谓词逻辑运用逻辑联结词、个体词、谓词和量词来表达自然语言的语句。

个体词就是语句中表示主体或客体(统称个体)的词项。特指确定个体的个体词称为个体常项,用 $a,b,c,\cdots\cdots$ 表示。指称一定范围内任意个体的个体词称为个体变项,用 $x,y,z,\cdots\cdots$ 表示,或用 $t_1,t_2,\cdots\cdots$ 表示。

例如:"苏格拉底是人"中的"苏格拉底"是个体词并且是个体常项。"色诺芬喜欢苏格拉底"中的"色诺芬"和"苏格拉底"都是个体词并且是个体常项。

个体变项取值的范围称作个体域或论域，泛指事物的类。

谓词就是语句中表示个体性质或个体间关系的词项。谓词可以是一元的或多元的。一元谓词表示个体的性质，二元或多元谓词表示两个或多个个体之间的关系。表示确定性质或关系的谓词称作谓词常项，指称不确定的任意性质或关系的谓词称作谓词变项。谓词变项的论域泛指性质或关系的类。谓词以 A，B，C，……表示，如 $M(x)$ 或 Mx，$M(x, y)$ 或 Mxy 等，$M(x)$ 表示 x 具有性质 M，$M(x, y)$ 表示 x 与 y 之间具有关系 M。

例如："苏格拉底是人"中的"是人"是谓词，可记为 $A(a)$。"色诺芬喜欢苏格拉底"中的"喜欢"是谓词，可记为 $M(a, b)$。

再如："世界不是静止不动的"可以表达为 $\neg B(\omega)$。其中谓词 B 表示"是静止不动的"。

量词就是语句中表示个体数量的词项，分为全称量词和存在量词。全称命题中"所有""一切""每个""任何""凡"等称为全称量词，用 $\forall x$ 表示。其中 x 是个体变项。特称命题中"有些""一些""某些"等称为存在量词，用 $\exists x$ 表示。每个量词都是对语句中某部分进行量的限制，被某个量词所限制的部分称为这个量词的辖域，用括号括在此量词之后。

二、谓词逻辑的命题形式

谓词逻辑的命题形式，亦称为谓词逻辑公式或谓词公式。它是由个体词、谓词、量词和逻辑联结词符号组成的表达式。谓词逻辑用个体词、谓词、量词和逻辑联结词符号及其组合表示自然语言语句的命题形式。

在谓词逻辑中，命题形式定义如下：

（1）仅含个体词和谓词的表达式是命题形式。如 Fx，Gxy 等；任一命题变项亦是。

（2）如果 α 是命题形式，则 $\neg \alpha$ 亦是。

（3）如果 α，β 是命题形式，则 $\alpha \wedge \beta$，$\alpha \vee \beta$，$\alpha \rightarrow \beta$，$\alpha \leftrightarrow \beta$ 亦是。

（4）如果 α 是命题形式，则 $\forall x \alpha$，$\exists x \alpha$ 亦是。

（5）只有由（1）~（2）形成的表达式才是命题形式。

在运用个体词、谓词、量词和逻辑联结词表示自然语言语句的命题形式时，要确定一个论域即个体域。确定论域的原则是：论域要能包括所要处理的命题中含有的全部词项的外延。其中，量词 $\forall$ 的意思是对论域中的所有对象，$\exists$ 的意思是说论域中存在所要处理的对象。全称量词和存在量词，都是针对整个论域而言的，而不是针对词项而言的。变元有两个作用：①指称论域中一个并不确定的对象；②作为量词的指示词，表明该量词是对哪个变元而言的。确定的论域不同,获得的谓词公式也不相同。

例如:如果以"律师"为论域,则"有些律师是好律师"这个命题可以表示为:$\exists xGx$;如果以"人"为论域,就应当表示为:$\exists x(Px \land Gx)$。

再如:传统逻辑中的直言命题形式 SAP、SEP、SIP、SOP,在谓词逻辑中可分别表示为如下的谓词逻辑公式:

① $\forall x(Sx \rightarrow Px)$
② $\forall x(Sx \rightarrow \neg Px)$
③ $\exists x(Sx \land Px)$
④ $\exists x(Sx \land \neg Px)$

在谓词逻辑中,下述简单命题和复合命题的形式可分别表示为:

(1) 所有违反合同的行为都是有过错的。
$$\forall x(Wx \rightarrow Gx)$$

(2) 有些鸟有翅膀。
$$\exists x(Ax \land Bx)$$

(3) 并非所有鸟都会飞。
$$\neg \forall x(Bx \rightarrow Fx)$$

(4) 并非有些证据不是确实的。
$$\neg \exists x(Zx \land \neg Qx)$$

(5) 亚当没有同任何人结婚。
$$\forall x \neg Max$$

(6) 任何犯罪行为都有其原因。
$$\forall x(Fx \rightarrow \exists yCyx)$$

(7) 所有的马头都是动物头。
$$\forall x[\exists y(Py \land Hxy) \rightarrow \exists y(Ay \land Hxy)]$$

(8) 如果有人这样做,那么并非一切人都无动于衷。
$$\exists x(Sx \land Px) \rightarrow \neg \forall x(Sx \rightarrow Qx)$$

(9) 如果说音乐发烧友都喜爱所有指挥大师的演出,那么可以说足球迷都喜欢所有足球明星的表演。
$$\forall x[Mx \rightarrow \forall y(Qy \rightarrow Lxy)] \rightarrow \forall x[Fx \rightarrow \forall y(Dy \rightarrow Lxy)]$$

(10) 有些观众喜欢所有的电影作品。
$$\exists x[Gx \land \forall y(My \rightarrow Lxy)]$$

三、自由变项、约束变项

个体变项在命题形式中的一次出现是约束的,当且仅当这次出现是在该变项的量词的辖域之内。个体变项的一次出现是自由的，当且仅当该变项的这次出现不是约束的。

个体变项是命题形式中的自由变项，当且仅当该变项至少有一次出现是自由的；个体变项是命题形式中的约束变项，当且仅当该变项至少有一次出现是约束的。

一个个体变项在同一命题形式中可以既是自由的又是约束的，但是该变项的任一给定的出现，则或者是约束的，或者是自由的，而不能两者都是。

【例1】 $\exists xMx \lor Rx$

【例2】 $\exists x (Px \to Qx)$

【例3】 $Py \lor \exists y (Qy \land Ry)$

在例1中，"x"前两次出现是约束的，第三次出现是自由的，"x"既是自由变项又是约束变项。在例2中，"x"每一次出现都是约束的，"x"是约束变项，不是自由变项。在例3中，"y"的第一次出现是自由的，后三次出现是约束的，"y"是自由变项又是约束变项。

在狭义谓词逻辑中，量词仅用于限制个体变项。

第三节 自然推理系统 Q^N

一、谓词逻辑推理的有效性

命题逻辑的命题形式可以分为三类：

（1）其值常真的重言式；

（2）其值有时为真有时为假的协调式；

（3）其值常假的矛盾式。

重言式的特征是：不论其中的变项取什么值，其结果总是真的。

谓词逻辑的命题形式也可以具有常真的性质。即不论其中变项取什么值，其结果总是真的。这种命题形式被称为逻辑有效式（或普遍有效式）。

谓词逻辑的命题形式分为三类：①逻辑有效式；②协调式；③矛盾式。

在谓词逻辑中，一个命题形式是逻辑有效式，当且仅当用任一特定的个体词代入其中的个体变项，并且用任一特定的谓词代入其中的谓词变项，用任一特定的命题代入其中的命题变项，其结果总是真的。

【例1】 $\exists x (Sx \land Px) \to \exists xSx \land \exists xPx$

【例2】 $\forall xFx \to Fy$

不论其中的个体变项"x""y"和谓词变项"S""P""F"取什么值，其结果总是一个真命题，因而都是逻辑有效式。

一个命题形式是矛盾式，当且仅当无论用怎样的个体词和谓词以及命题代入其中的变项，其结果总是一个假命题。

例如：$\exists x (Fx \wedge \neg Fx)$，是矛盾式。

一个命题形式是协调式，当且仅当它既可能是逻辑有效式又可能是矛盾式。

在谓词逻辑中，如果 $\alpha \rightarrow \beta$ 是逻辑有效式，称 α 逻辑蕴涵 β；如果 $\alpha \leftrightarrow \beta$ 是逻辑有效式，称 α 逻辑等值 β。

在谓词逻辑中，我们有下述定义：

推理形式 $\alpha_1, \cdots, \alpha_n; \therefore \beta$（或 $\alpha_1 \wedge \alpha_2 \wedge \cdots \wedge \alpha_n \rightarrow \beta$）是逻辑无效的，当且仅当对其中的个体变项和谓词变项以及命题变项存在一个代入，使得该推理的前提 $\alpha_1, \cdots, \alpha_n$ 的合取式为真，而结论 β 为假。记为 $\alpha_1, \cdots, \alpha_n \not\vdash \beta$。否则是逻辑有效的（或称形式正确），记为 $\alpha_1, \cdots, \alpha_n \vdash \beta$。

以下说法等价：

(1) $\alpha_1, \cdots, \alpha_n \vdash \beta$。

(2) 推理 $\alpha_1, \cdots, \alpha_n; \therefore \beta$ 逻辑有效（简称有效）。

(3) 推理 $\alpha_1, \cdots, \alpha_n; \therefore \beta$ 形式正确。

(4) 从 $\alpha_1, \cdots, \alpha_n$ 能合乎逻辑地推出 β。

(5) β 是 $\alpha_1, \cdots, \alpha_n$ 的逻辑结论或逻辑后承。

(6) 不可能出现 $\alpha_1, \alpha_2, \cdots, \alpha_n$ 的合取式为真，而 β 为假。

(7) 或者 $\alpha_1, \cdots, \alpha_n$ 的合取式为假，或者 $\alpha_1, \cdots, \alpha_n$ 的合取式为真时 β 也为真。

在谓词逻辑中，我们有如下重要结论：

$\alpha_1, \cdots, \alpha_n \vdash \beta$ 当且仅当 $\alpha_1 \wedge \alpha_2 \wedge \cdots \wedge \alpha_n \rightarrow \beta$ 是逻辑有效式。

这个结论表明，谓词逻辑的全部推理理论可概括为：如果 α 逻辑蕴涵 β，那么从 α 可合乎逻辑地推出 β。

在谓词逻辑中，判定一个推理是否逻辑有效，即一个给定的结论能否从一组前提合乎逻辑地被推出，只需判定其推理蕴涵式是否是逻辑有效式。

美国逻辑学家丘奇 1936 年证明：一阶谓词逻辑中的逻辑有效性不存在能行可判定程序，即不存在像命题逻辑中真值表那样的机械的检验办法。

谓词逻辑存在类似命题逻辑表列法的判定方法，但是表列法不能解决谓词逻辑的推导问题。因此，通过构造谓词逻辑的自然推理系统来解决其判定问题和推导问题是必要的和可取的。

二、Q^N 系统的基本规则

谓词逻辑的自然推理系统 Q^N 包括 P^N 系统的所有推理规则，即 P^N 系统的推理规则都是 Q^N 系统的推理规则，但是规则中出现的命题形式应扩展为谓词逻辑的命题形式。

Q^N 系统除了 P^N 系统的基本规则之外，还有四条关于量词的自然推理规则。

全称量词销去规则 US：从 $\forall x\alpha(x)$ 可以推出 $\alpha(y)$。即 $\forall x\alpha(x) \vdash \alpha(y)$。但 y 不能在 $\alpha(x)$ 中约束出现。

$\alpha(x)$ 是任意一个有 x 自由出现的谓词逻辑的命题形式。

$\alpha(y)$ 是用个体变项 y 处处代入 $\alpha(x)$ 中自由出现的 x 得到的命题形式，称作 $\forall x\alpha(x)$ 的置换实例。

要求 y 不在 $\alpha(x)$ 中约束出现，是为了避免逻辑矛盾。例如，在实数领域里，$\forall x\exists y(x<y)$ 是正确的，但不能由此推出 $\exists y(y<y)$。

US 规则的另一形式：

$\forall x\alpha(x) \vdash \alpha(c)$。其中 c 为个体域中任意给定的个体常项，c 对 $\alpha(x)$ 中自由出现的 x 的代入也需处处进行。

全称量词引入规则 UG：从 $\alpha(y)$ 可以推出 $\forall x\alpha(x)$。即 $\alpha(y) \vdash \forall x\alpha(x)$。但 $\alpha(y)$ 必须对任意的 y 都真，并且要求 x 在 $\alpha(y)$ 中不约束出现。

$\alpha(y)$ 中的 y 为自由出现的个体变项，x 对 y 的代入要处处进行。

要求 x 不在 $\alpha(y)$ 中约束出现，是为了避免逻辑矛盾。例如，在实数域中，$\exists x(x>y)$ 真，但 $\forall x[\exists x(x>x)]$ 假。即从 $\exists x(x>y)$ 不能推出 $\forall x[\exists x(x>x)]$。

存在量词销去规则 ES：从 $\exists x\alpha(x)$ 可以推出 $\alpha(c)$。即 $\exists x\alpha(x) \vdash \alpha(c)$。此处 c 不是个体域中任意的个体常项，而是一个特定的个体常项。c 对 x 的代入要处处进行。要求 c 不出现在 $\alpha(x)$ 中，并且在此以前有关的推理中也未使用过。此外，当 $\exists x\alpha(x)$ 有自由出现的个体变项时，也不能用此规则。例如，在实数域中，从 $\exists x(x>y)$ 不能推出 $c>y$。

存在量词引入规则 EG：从 $\alpha(c)$ 可以推出 $\exists x\alpha(x)$。即 $\alpha(c) \vdash \exists x\alpha(x)$。但要求 x 不出现在 $\alpha(c)$ 中。此处 x 对 c 的代入可部分进行。

要求 x 不出现在 $\alpha(c)$ 中是为了避免矛盾。例如，在实数域中，从 $\exists x(x>c)$ 不能推出 $\exists x(x>x)$。

α 是 Q^N 系统的定理，当且仅当 α 仅能由 Q^N 系统规则推出。即在 Q^N 中，有一个无假设（前提为空集 Λ）的自然推理以 α 为一项。记为 $\vdash_{Q^N} \alpha$ 或 $\vdash \alpha$。

一个推理蕴涵式是 Q^N 系统的定理，当且仅当从它的全部前提出发，根据

Q^N 系统规则能推出它的结论。记为 ⊢α→β 或 α⊢β。此处 α 为前提，β 为结论。

应当指出：Q^N 系统是可靠的和完全的。

α 是 Q^N 系统的定理，当且仅当 α 是逻辑有效式。因此，如果运用 Q^N 系统规则，能在有限步内从前提推出结论，相应的推理蕴涵式就是逻辑有效式，从而该推理就是逻辑有效的。

运用 Q^N 系统解决谓词逻辑判定问题和推导问题的步骤可概括如下：

①用引进的符号把前提符号化。
②根据 Q^N 系统规则销去量词。
③运用 P^N 系统规则推出不带量词的结论。
④根据 Q^N 系统规则引入量词，推出最终形式的结论。

【例1】 判定下述推理的有效性：

  所有动物都有生命，
  所有人都是动物，
  因此，所有人都有生命。

运用 Q^N 系统判定如下：

1	①	$\forall x\ (Ax\to Mx)$	P
2	②	$\forall x\ (Hx\to Ax)$	P
1	③	$At\to Mt$	1US
2	④	$Ht\to At$	2US
1, 2	⑤	$Ht\to Mt$	3, 4T
1, 2	⑥	$\forall x\ (Hx\to Mx)$	5UG

行⑥表明：从前提①和②运用 Q^N 系统规则可以推出结论。因而上述推理是有效的。

在上述推理中：

第一步：前提符号化   行①和行②
第二步：销去量词   行③和行④
第三步：运用 P^N 系统规则进行自然推理 行⑤
第四步：引入量词   行⑥

【例2】 没有鸭子（D）喜欢华尔兹舞（W），没有律师（O）不喜欢华尔兹舞，我的家禽（P）都是鸭子。

问：我的家禽里有没有律师？

用 Q^N 系统推导如下：

1	①	$\forall x(Dx \to \neg Wx)$	P
2	②	$\forall y(Oy \to Wy)$	P
3	③	$\forall z(Pz \to Dz)$	P
1	④	$Dt \to \neg Wt$	1US
2	⑤	$Ot \to Wt$	2US
3	⑥	$Pt \to Dt$	3US
1,3	⑦	$Pt \to \neg Wt$	4,6T
2	⑧	$\neg Wt \to \neg Ot$	5T
1,2,3	⑨	$Pt \to \neg Ot$	7,8T
1,2,3	⑩	$\forall x(Px \to \neg Ox)$	9UG

行⑩表明：我的家禽没有一个是律师。

【例3】任何一个盗窃犯（L）都不是诈骗犯（O）。这些犯人中的每一犯人（P）或是盗窃犯或是诈骗犯。这些犯人中有的犯人是诈骗犯。因而，这些犯人中有的不是盗窃犯。

问：上述推理是否有效？

用Q^N系统判定如下：

1	①	$\forall x(Lx \to \neg Ox)$	P
2	②	$\forall y(Py \to Ly \vee Oy)$	P
3	③	$\exists z(Pz \wedge Oz)$	P
3	④	$Pc \wedge Oc$	3ES
3	⑤	Pc	4T
3	⑥	Oc	4T
1	⑦	$Lc \to \neg Oc$	1US
1,3	⑧	$\neg Lc$	6,7T
1,3	⑨	$Pc \wedge \neg Lc$	5,8T
1,3	⑩	$\exists x(Px \wedge \neg Lx)$	9EG

行⑩表明：从前提①和③运用Q^N系统规则可以推出结论，因而推理是有效的。

【例4】所有命题形式不是可满足的就是矛盾式。如果一个命题形式是矛盾式，它就不是逻辑有效式。存在逻辑有效式。

问：是否存在可满足的命题形式？

用Q^N系统推导如下：

将前提符号化：

Fx：x 是可满足的命题形式
Gx：x 是矛盾式
Hx：x 是逻辑有效式

	1 ①	$\forall x\ (\neg Fx \rightarrow Gx)$	P
	2 ②	$\forall y\ (Gy \rightarrow \neg Hy)$	P
	3 ③	$\exists z Hz$	P
	3 ④	Hc	$3ES$
	2 ⑤	$Gc \rightarrow \neg Hc$	$2US$
2，3	⑥	$\neg Gc$	4，5T
	1 ⑦	$\neg Fc \rightarrow Gc$	$1US$
1，2，3	⑧	Fc	6，7T
1，2，3	⑨	$\exists x Fx$	$8EG$

行⑨表明：存在可满足的命题形式。

【例5】所有检察官（Ax）都讨厌（L）所有善辩的律师（Qy）。没有检察官讨厌任何愚蠢的人（Iz）。然而，检察官是存在的。所以，没有善辩的律师是愚蠢的人。

问：上述推理是否有效？

用 Q^N 系统判定如下：

	1 ①	$\forall x\ [Ax \rightarrow \forall y\ (Qy \rightarrow Lxy)]$	P
	2 ②	$\forall x\ [Ax \rightarrow \forall z\ (Iz \rightarrow \neg Lxz)]$	P
	3 ③	$\exists x Ax$	P
	3 ④	Ac	$3ES$
	1 ⑤	$Ac \rightarrow \forall y\ (Qy \rightarrow Lcy)$	$1US$
	2 ⑥	$Ac \rightarrow \forall z\ (Iz \rightarrow \neg Lcz)$	$2US$
1，3	⑦	$\forall y\ (Qy \rightarrow Lcy)$	4，5T
2，3	⑧	$\forall z\ (Iz \rightarrow \neg Lcz)$	4，6T
1，3	⑨	$Qy \rightarrow Lcy$	7US
2，3	⑩	$Iy \rightarrow \neg Lcy$	8US
1，2，3	⑪	$Qy \rightarrow \neg Iy$	9，10T
1，2，3	⑫	$\forall y\ (Qy \rightarrow \neg Iy)$	11UG

行⑫表明：上述推理是有效的。

【例6】所有的民事违法行为或者是违反合同的行为，或者是侵权行为，有些民事违法行为不是违反合同的行为；所以，有些民事违法行为是侵权行为。

问：推理是否有效？

用 Q^N 系统判定如下：

1	①	$\forall x\ (Mx \to Wx \vee Qx)$	P
2	②	$\exists x\ (Mx \wedge \neg Wx)$	P
2	③	$Mc \wedge \neg Wc$	$2ES$
1	④	$Mc \to Wc \vee Qc$	$1US$
2	⑤	Mc	$3T$
1, 2	⑥	$Wc \vee Qc$	$4, 5T$
1, 2	⑦	Qc	$3, 6T$
1, 2	⑧	$Mc \wedge Qc$	$5, 7T$
1, 2	⑨	$\exists x\ (Mx \wedge Qx)$	$8EG$

行⑨表明：上述推理是有效的。

【例7】所有马是动物，因此，所有马头都是动物头。

问：推理是否有效？

用 Q^N 系统判定如下：

前提：$\forall x\ (Px \to Ax)$

结论：$\forall x\ [\exists y\ (Py \wedge Hxy) \to \exists y\ (Ay \wedge Hxy)]$

1	①	$\forall x\ (Px \to Ax)$	P
2	②	$\exists x\ (Py \wedge Hxy)$	P
2	③	$Pc \wedge Hxc$	$2ES$
1	④	$Pc \to Ac$	$1US$
1, 2	⑤	$Ac \wedge Hxc$	$3, 4T$
1, 2	⑥	$\exists y\ (Ay \wedge Hxy)$	$5EG$
1	⑦	$\exists y\ (Py \wedge Hxy) \to \exists y\ (Ay \wedge Hxy)$	$2, 6C.P$
1	⑧	$\forall x\ [\exists y\ (Py \wedge Hxy) \to \exists y\ (Ay \wedge Hxy)]$	$7UG$

行⑧表明：上述推理是有效的。

Q^N 系统是不带等词的自然推理系统，要处理带等词的谓词逻辑推理，还需补充下述推理规则。

三、等词规则

二元谓词"等同于"或"等于"称为等词，用"＝"表示。如"x 等于 y"可表示为 $x = y$。$\neg\ (x = y)$ 可简写为 $x \neq y$。此处 x 和 y 是个体词。

等同关系是对称和传递的。

等词规则 I： 从 $\alpha(t_1)$ 和 $t_1 = t_2$ 可以推出 $\alpha(t_2)$。

$\alpha(t_2)$ 是对 $\alpha(t_1)$ 中 t_1 的某些出现用 t_2 作替换的结果。$\alpha(x)$ 限于没有量词的命题形式。此处 t_1 和 t_2 是个体变项。

Q^N 系统加上等词规则就构成包含等词的自然推理系统。用于处理包含等词的谓词逻辑推理。

【例8】 作案的那个人（c）当时曾在那座公寓里（A）。如果谁在那公寓里，那么他是在城里（T）。如果谁在靶场（B），那么他就不在城里。事实上迈克尔（m）当时在靶场。

问：迈克尔是否就是那个作案人？

用含等词规则的 Q^N 系统推导。

1	①	Ac	P
2	②	$\forall x\,(Ax \to Tx)$	P
3	③	$\forall x\,(Bx \to \neg Tx)$	P
4	④	Bm	P
3	⑤	$Bm \to \neg Tm$	$3US$
3, 4	⑥	$\neg Tm$	$4, 5T$
2	⑦	$Am \to Tm$	$2US$
2, 3, 4	⑧	$\neg Am$	$6, 7T$
9	⑨	$m = c$	P
2, 3, 4, 9	⑩	$\neg Ac$	$8, 9I$
1, 2, 3, 4, 9	⑪	$Ac \land \neg Ac$	$1, 10T$
1, 2, 3, 4	⑫	$m \neq c$	$9, 11R.A.A$

行⑫表明：迈克尔不是那个作案人。

【例9】 北京是一座历史悠久的城市，北京是中华人民共和国的首都；所以，中华人民共和国的首都是一座历史悠久的城市。

问：推理是否有效？

1	①	Zb	P
2	②	$b = c$	P
1, 2	③	Zc	$1, 2I$

行③表明：上述推理是有效的。

四、附加规则

对于谓词逻辑推理还有如下附加规则：

代入规则 TG：在推理的任何一步，逻辑有效式中的任何个体变项和谓词变项都可以作代入，代入需处处进行，代入后得到的仍为逻辑有效式。

置换规则 TE：在推理的任何一步，命题形式中的任何部分都可以用与之逻辑等值的命题形式置换，置换不必处处进行，置换后得到的命题形式与原式逻辑等值。

TE 规则是 T 规则的特例。具体运用 TE 规则时，也可只标出 T 规则。

【例 10】 如果有一个罪犯（Fx）这样开枪（Sx），那么看守所每个人（My）都会死（Wy）；然而，看守所有些人没死。因而，没有一个罪犯这样开枪。

问：上述推理是否有效？

1	①	$\exists x\ (Fx \wedge Sx) \rightarrow \forall y\ (My \rightarrow Wy)$	P
2	②	$\exists y\ (My \wedge \neg Wy)$	P
2	③	$\neg \forall y \neg\ (My \wedge \neg Wy)$	2TE
2	④	$\neg \forall y\ (My \rightarrow Wy)$	3TE
1, 2	⑤	$\neg \exists x\ (Fx \wedge Sx)$	1, 4T
1, 2	⑥	$\neg \neg \forall x \neg\ (Fx \wedge Sx)$	5TE
1, 2	⑦	$\forall x \neg\ (Fx \wedge Sx)$	6T
1, 2	⑧	$\forall x\ (Fx \rightarrow \neg Sx)$	7TE

行⑧表明：推理是有效的。

【例 11】 如果每个证人（Wx）都讲真话（Tx），那么迈克尔将被判有罪（B）或者因故延期审判（H）；但是并没有因故延期审判。因此，或者迈克尔被判有罪或者有的证人没讲真话。

问：上述推理是否有效？

1	①	$\forall x\ (Wx \rightarrow Tx) \rightarrow (B \vee H)$	P
2	②	$\neg H$	P
3	③	$\neg B$	P
2, 3	④	$\neg H \wedge \neg B$	2, 3T
2, 3	⑤	$\neg (H \vee B)$	4T
1, 2, 3	⑥	$\neg \forall x\ (Wx \rightarrow Tx)$	1, 5T
1, 2, 3	⑦	$\exists x \neg\ (Wx \rightarrow Tx)$	6TE
1, 2, 3	⑧	$\exists x\ (Wx \wedge \neg Tx)$	7TE
1, 2	⑨	$\neg B \rightarrow \exists x\ (Wx \wedge \neg Tx)$	3, 8C.P
1, 2	⑩	$B \vee \exists x\ (Wx \wedge \neg Tx)$	9T

行⑩表明：推理有效。

最后举两个例子说明用 Q^N 系统证明逻辑有效式。

【例 12】 证明 $\exists xFx \to \neg \forall x \neg Fx$ 是逻辑有效式。

1	①	$\exists xFx$	P
2	②	$\neg \neg \forall x \neg Fx$	P
1	③	Fc	1ES
2	④	$\forall x \neg Fx$	2T
2	⑤	$\neg Fc$	4US
1, 2	⑥	$Fc \land \neg Fc$	3, 5T
1	⑦	$\neg \forall x \neg Fx$	2, 6R. A. A
Λ	⑧	$\exists xFx \to \neg \forall x \neg Fx$	1, 7C. P

Λ 为空集。

【例 13】 证明 $\neg \forall x \neg Fx \to \exists xFx$ 是逻辑有效式。

1	①	Fy	P
1	②	$\exists xFx$	1EG
Λ	③	$Fy \to \exists xFx$	1, 2C. P
4	④	$\neg \exists xFx$	P
4	⑤	$\neg Fy$	3, 4T
4	⑥	$\forall x \neg Fx$	5UG
Λ	⑦	$\neg \exists xFx \to \forall x \neg Fx$	4, 6C. P
Λ	⑧	$\neg \forall x \neg Fx \to \exists xFx$	7T

证明谓词逻辑推理的无效性，有相应的表列法和真值赋值法。在使用真值赋值法证明谓词逻辑推理的无效性时，可以把谓词逻辑推理形式改写为一个逻辑上等值的且只包含单称命题和逻辑联结词的命题逻辑推理形式，然后运用归谬赋值法证明该命题逻辑推理形式是无效的。本书不详细介绍这些方法。

思考题

1. 什么是个体词？什么是谓词？什么是量词？
2. 什么是谓词逻辑的公式？谓词逻辑的公式由哪些部分组成？
3. 词项逻辑主要有哪些不足？为什么说谓词逻辑克服了命题逻辑和词项逻辑的不足？谓词逻辑与词项逻辑有哪些联系和区别？谓词逻辑与命题逻辑有哪些联系和区别？

4. 什么是谓词逻辑推理的有效性？
5. Q^N 系统有哪些推理规则？
6. 运用 Q^N 系统进行形式证明的步骤有哪些？

练习题

一、判定下列推理是否逻辑有效，并写出判定过程。

1. 正当防卫是法律允许的，只有合法行为才是法律允许的，所有合法行为都不负刑事责任；所以，所有正当防卫不负刑事责任。

2. 所有律师都是法律工作者，有些律师是雄辩的，所有雄辩的律师都是演说家；因而，有些雄辩的是演说家。

3. 所有放射性物质或者寿命很短或者具有医学价值，所有放射性铀的同位素不是寿命短的；因而，如果所有铀的同位素是放射性的，那么所有铀的同位素都有医学价值。

4. 没有神志正常的证人会说谎，如果他说谎会使他牵连到罪行中。因此，如果任一证人使自己牵连到罪行之中，且如果所有证人是神志正常的，则该证人没有说谎。

5. 没有一个人尊重不自重的人，没有一个人会喜欢他所不尊重的人；因而，一个不自重的人不会被任何人所喜欢。

6. 所有圆都是圆的图形，因而，凡画圆都是画圆的图形。

7. 没有是选手的人会被战胜，如果他是一个优秀的运动员。任一参加比赛的人是选手。任一未被战胜的选手会进入决赛。每一进入决赛的人是优秀的运动员。因而，任一参加比赛的人会进入决赛，当且仅当他是优秀的运动员。

8. 如果所有药品都被污染，那么所有在场的实验人员都会有危险。如果任何一种药品被污染，那么所有药品都被污染并且是有害的。所有消毒液都是药品。只有在场的人能接触消毒液。因而，如果某一实验人员接触了消毒液，则如果有些消毒液被污染那么他有危险。

9. 有一个人谁都看不起他。因而，至少有一个人看不起自己。

二、已知：如果所有证人都作伪证，那么某甲将被判有罪或因证据不充分而不作判决。但是没有因证据不充分而不作判决。问：如果某甲未被判有罪，那么有的证人是否未作伪证？请写出推理过程。

三、已知：每一乘客或者住一等舱或者住二等舱。任一乘客住二等舱当且仅当他未买到一等舱的票。有些乘客买到了一等舱的票。并非所有乘客都买到了一等舱的票。问：有些乘客是否住二等舱？请写出推理过程。

四、已知：只有精神失常的人才向法庭说某甲的一个亲兄弟的私事。某甲的同事向法庭说关于某乙的私事。问：如果某甲的同事没有人是精神失常的人，某乙是否不是某甲的亲兄弟？请写出推理过程。

五、运用形式证明的方法，证明下述公式是有效式。

1. $\exists x \forall y Axy \rightarrow \forall y \exists x Axy$
2. $\forall x (Ax \vee \neg Ax)$
3. $\forall x (Ax \rightarrow Bx) \rightarrow (\exists x Ax \rightarrow \exists x Bx)$
4. $\forall x Px \vee \forall x Qx \rightarrow \forall x (Px \vee Qx)$

拓展阅读书目

1. ［美］科庇：《符号逻辑》，宋文坚等译，北京大学出版社 1988 年版。
2. ［美］苏佩斯：《逻辑导论》，宋文淦等译，中国社会科学出版社 1984 年版。

拓展阅读材料

1. 莱布尼茨的逻辑思想
2. 哥德尔不完全性定理

第六章 逻辑推理：模态、规范推理

第一节 模态命题

一、模态命题的特征

模态命题就是陈述事物情况的必然性或可能性的命题。

直言命题和关系命题只是关于事物情况存在或不存在的陈述。但有些事物情况的存在或不存在是必然的，有些事物情况的存在或不存在是可能的，陈述这种必然性或可能性的命题就是模态命题。

【例1】违反客观规律必然受到惩罚。

【例2】改善生物基因是可能的。

【例3】辩护人的意见可能是对的。

模态命题都含有"必然"或"可能"等模态词，不含有模态词的命题是非模态命题。模态命题是在非模态命题的基础上加上模态词而构成的。模态词可以加在命题的中间，也可以加在命题的前面或后面。如例3也可表述为："可能辩护人的意见是对的。"在分析模态命题的形式时，统一将模态词放在命题变项 p，q，……的前面。在模态逻辑中，用符号"□"或"L"表示"必然"，用符号"◇"或"M"表示"可能"。

二、模态命题的种类

模态命题可以分为必然命题和可能命题两种：

（一）必然命题

必然命题就是陈述事物情况的必然性的命题。在自然语言中，通常用"必然""必定""一定"等语词作为它的模态词。必然命题又分为两种：

1. 必然肯定命题。必然肯定命题就是陈述事物情况必然存在的命题。

例如：客观事物必然发展变化。

必然肯定命题的形式是：必然 p。

可用符号表示为：$\Box p$ 或 Lp。

2. 必然否定命题。必然否定命题就是陈述事物情况必然不存在的命题。

例如：客观规律必然不依人们的意志为转移。

必然否定命题的形式是：必然不 p。

可用符号表示为：$\Box \neg p$ 或 $L \neg p$。

(二) 可能命题

可能命题就是陈述事物情况的可能性的命题。在自然语言中，通常用"可能""或许""也许""大概"等语词作为它的模态词。

可能命题又分为两种：

1. 可能肯定命题。可能肯定命题就是陈述事物情况可能存在的命题。

例如：某甲可能是作案人。

可能肯定命题的形式是：可能 p。

可用符号表示为：$\Diamond p$ 或 Mp。

2. 可能否定命题。可能否定命题就是陈述事物情况可能不存在的命题。

例如：明天可能不下雨。

可能否定命题的形式是：可能不 p。

可用符号表示为：$\Diamond \neg p$ 或 $M \neg p$。

三、模态命题的真假

模态命题的真假同它所包含的非模态命题的真假有关，但并不能完全由它所包含的非模态命题的真假来决定。

例如：事物发展变化是真的，事物必然发展变化也是真的；但某甲买奖券中奖是真的，某甲买奖券必然中奖却未必是真的。由此可见，当 p 为真时，必然 p 并不一定为真，而是可真可假。

又如：事物静止不变是假的，事物可能静止不变也是假的；但某乙买奖券中奖是假的，某乙买奖券可能中奖却是真的。由此可见，当 p 为假时，可能 p 并不一定为假，而是可真可假。

模态词不是真值联结词，因此不能用真值表刻画模态命题的真值情况。如何确定模态命题的真假呢？这就需要引进"可能世界"这个概念来解决这一问题。

"可能世界"这个概念是由莱布尼兹首先提出来的。所谓"可能世界"，就是指能够为人们合乎逻辑地设想出来的各种各样的情况或场合。凡是不违反逻辑，能够为人们主观设想、想象，甚至幻想出来的情况或场合，如文学作品中虚构的故事或情节等，都是可能世界。虽然它们在现实世界中并不一定存在，但它们都能为人们所想象，而且在逻辑上是可能的。现实世界只是许许多多可能世界中的一个可能世界。根据命题 p 在每个可能世界中的真假，就可以确定模态命题"必然 p"和"可能 p"的真假。

当 p 在所有可能世界中都真时，"必然 p"就是真的，否则就是假的。

当 p 在所有可能世界中都假时，"必然非 p"就是真的，否则就是假的。

当 p 至少在一个可能世界中为真时，"可能 p"就是真的，否则就是假的。

当 p 至少在一个可能世界中为假时，"可能非 p"就是真的，否则就是假的。

表 6-1　各种模态命题的真假情况表

模态命题的种类 \ p 在可能世界中的真假 \ 模态命题的真假	p 在所有可能世界中为真	p 在所有可能世界中有真有假	p 在所有可能世界中为假
$\Box p$	+	−	−
$\Box \neg p$	−	−	+
$\Diamond p$	+	+	−
$\Diamond \neg p$	−	+	+

美国逻辑学家 S. 克里普克等人对莱布尼兹的"可能世界"思想作了进一步的阐述，在模型上定义模态命题的真值，为模态逻辑建立了一套系统的语义理论，这个语义理论称为可能世界语义学，亦称为克里普克语义学。

一个模型 M 是一个有序三元组 $<W, R, V>$，其中 W 是可能世界的非空集合，W 中的元素称为可能世界，记为：$w_1, w_2, \cdots, w_n, \cdots$。$R$ 是 W 上的二元关系，被称为"可通达关系"，$w_1 R w_2$ 是指 w_1 可通达 w_2，其直观意义是：w_2 相对于 w_1 是可能的。例如：设 w_0 为我们生活着的、已有核武器的现实世界，w_1 为发生核战争的世界，w_2 为不发生核战争的世界，w_3 为从来没有核武器的世界，那么，相对于 w_0 来说，w_1 和 w_2 都是它可通达到的世界，即都是它的可能世界，而 w_3 则不是 w_0 可通达到的世界，相对于 w_0 来说，w_3 是不可能的世界。因为 w_0 已有了核武器，w_3 还从未有过核武器，既然已有，就不可能从未有过，所以 w_3 对于 w_0 来说是不可能的。从逻辑的角度看，可通达关系 R 实际上是一种真值关系：如果对于任意的模态公式 A，若 $\Box A$ 在 w_1 中为真，都有 A 在 w_2 中为真，那么

就有 w_1 可通达 w_2。V 是一个赋值，它使任一模态逻辑命题形式即模态公式 A 与 W 中的一个子集相联系，A 在该子集的每一个元素上都为真。若引入记号 $M, w \vDash A$ 表示：在模型 M 中的可能世界 w 上 A 为真，则模态命题的真假可定义如下：

$M, w \vDash \Box A$ 当且仅当，对任意的 w_i，如果 wRw_i，则 $M, w_i \vDash A$。

$M, w \vDash \Diamond A$ 当且仅当，存在 w_i，wRw_i，并且 $M, w_i \vDash A$。

直观地说，任一命题 A 在某一世界 w 里是必然的，即 $\Box A$ 在某一世界 w 里是真的，当且仅当，A 在 w 的所有可通达的可能世界里都是真的；任意命题 A 在某一世界 w 里是可能的，即 $\Diamond A$ 在某一世界 w 里是真的，当且仅当，A 在至少一个 w 的可通达的可能世界里是真的。

第二节　模态推理

一、模态对当推理

同直言命题一样，同一素材的 $\Box p$、$\Box \neg p$、$\Diamond p$、$\Diamond \neg p$ 四种模态命题之间也有真假关系，这种真假关系称为模态对当关系。模态对当推理就是根据模态对当关系进行的演绎推理。

模态对当关系也可以用对当方阵图表示如下：

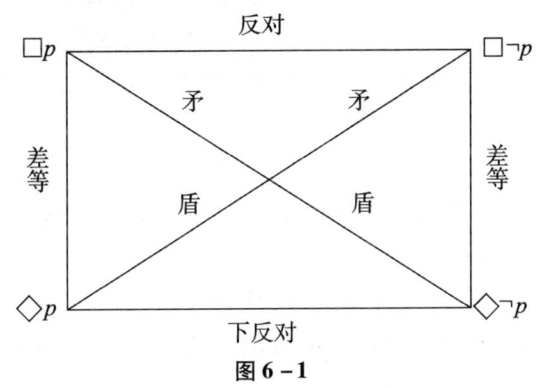

图 6-1

模态对当推理共有四种，分别说明如下：

（一）矛盾关系对当推理

模态命题间的矛盾关系是指 $\Box p$ 与 $\Diamond \neg p$ 之间、$\Box \neg p$ 与 $\Diamond p$ 之间的真假关系。

1. $\Box p$ 与 $\Diamond \neg p$ 之间的真假关系。

当□p为真时，p在所有可能世界中为真，这时，◇¬p为假。

当◇¬p为假时，p在所有可能世界中为真，这时，□p为真。

当□p为假时，p至少在一个可能世界中为假，这时，◇¬p为真。

当◇¬p为真时，p至少在一个可能世界中为假，这时，□p为假。

根据上述情况，□p与◇¬p之间的真假关系是：

$$□p \leftrightarrow ¬ ◇ ¬ p$$
$$¬ □ p \leftrightarrow ◇ ¬ p$$

2. □¬p与◇p之间的真假关系。

当□¬p为真时，p在所有可能世界中为假，这时，◇p为假。

当◇p为假时，p在所有可能世界中为假，这时，□¬p为真。

当□¬p为假时，p至少在一个可能世界中为真，这时，◇p为真。

当◇p为真时，p至少在一个可能世界中为真，这时，□¬p为假。

根据上述情况，□¬p与◇p之间的真假关系是：

$$□¬p \leftrightarrow ¬ ◇ p$$
$$¬ □ ¬ p \leftrightarrow ◇ p$$

□p与◇¬p之间、□¬p与◇p之间具有矛盾关系，它们既不可同真，也不可同假。因此，根据它们之间的矛盾关系，可以由其中一个命题为真推知另一命题为假，也可以由其中一个命题为假推知另一命题为真。

例如：客观事物必然发展变化，所以，客观事物不可能不发展变化。其推理形式是：

$$□p \rightarrow ¬ ◇ ¬ p$$

又如：某甲不可能是这个案件的作案人，所以，某甲必然不是这个案件的作案人。其推理形式是：

$$¬ ◇ p \rightarrow □ ¬ p$$

根据模态命题间的矛盾关系，可以用"必然"给"可能"下定义，或用"可能"给"必然"下定义，如下：

$$◇p =_{df} ¬ □ ¬ p$$
$$□p =_{df} ¬ ◇ ¬ p$$

（二）差等关系对当推理

模态命题间的差等关系是指□p与◇p之间、□¬p与◇¬p之间的真假关系。

1. □p 与 ◇p 之间的真假关系。

当 □p 为真时，p 在所有可能世界中为真，这时，◇p 为真。

当 ◇p 为假时，p 在所有可能世界中为假，这时，□p 为假。

当 □p 为假时，p 至少在一个可能世界中为假，这时，◇p 可真可假。

当 ◇p 为真时，p 至少在一个可能世界中为真，这时，□p 可真可假。

根据上述情况，□p 与 ◇p 之间可以确定的真假关系是：

$$□p → ◇p$$
$$¬◇p → ¬□p$$

2. □¬p 与 ◇¬p 之间的真假关系。

当 □¬p 为真时，p 在所有可能世界中为假，这时，◇¬p 为真。

当 ◇¬p 为假时，p 在所有可能世界中为真，这时，□¬p 为假。

当 □¬p 为假时，p 至少在一个可能世界中为真，这时，◇¬p 可真可假。

当 ◇¬p 为真时，P 至少在一个可能世界中为假，这时，□¬p 可真可假。

根据上述情况，□¬p 与 ◇¬p 之间可以确定的真假关系是：

$$□¬p → ◇¬p$$
$$¬◇¬p → ¬□¬p$$

因此，根据模态命题间的差等关系，可以由必然命题为真推知可能命题为真，也可以由可能命题为假推知必然命题为假。但是，不能由必然命题为假推知可能命题的真假，也不能由可能命题为真推知必然命题的真假。

例如：人必然会死，所以，人可能会死。其推理形式是：

$$□p → ◇p$$

又如：并非客观事物可能不发展变化，所以，并非客观事物必然不发展变化。其推理形式是：

$$¬◇¬p → ¬□¬p$$

(三) 反对关系对当推理

模态命题间的反对关系是指 □p 与 □¬p 之间的真假关系。

当 □p 为真时，p 在所有可能世界中为真，这时，□¬p 为假。

当 □¬p 为真时，p 在所有可能世界中为假，这时，□p 为假。

当 □p 为假时，p 至少在一个可能世界中为假，这时，□¬p 可真可假。

当 □¬p 为假时，p 至少在一个可能世界中为真，这时，□p 可真可假。

根据上述情况，□p 与 □¬p 之间可以确定的真假关系是：

$$□p→¬□¬p$$
$$□¬p→¬□p$$

□p 与 □¬p 之间具有反对关系，它们不可同真，但可同假。因此，根据它们之间的反对关系，可以由某一命题为真推知另一命题为假。但是，不能由某一命题为假推知另一命题的真假。

例如：明天必然不开会，所以，并非明天必然开会。其推理形式是：
$$□¬p→¬□p$$

（四）下反对关系对当推理

模态命题间的下反对关系是指◇p 与◇¬p 之间的真假关系。

当◇p 为假时，p 在所有可能世界中为假，这时，◇¬p 为真。

当◇¬p 为假时，p 在所有可能世界中为真，这时，◇p 为真。

当◇p 为真时，p 至少在一个可能世界中为真，这时，◇¬p 可真可假。

当◇¬p 为真时，p 至少在一个可能世界中为假，这时，◇p 可真可假。

根据上述情况，◇p 与◇¬p 之间可以确定的真假关系是：
$$¬◇p→◇¬p$$
$$¬◇¬p→◇p$$

◇p 与◇¬p 之间具有下反对关系，它们不可同假，但可同真。因此，根据它们之间的下反对关系，可以由某一命题为假推知另一命题为真。但是，不能由某一命题为真推知另一命题的真假。

例如：明天不可能下雨，所以，明天可能不下雨。其推理形式是：
$$¬◇p→◇¬p$$

二、模态与非模态命题推理

模态与非模态命题推理就是根据模态命题与非模态命题之间的真假关系进行的演绎推理。

我们所讲的逻辑上的"必然"和"可能"，是指客观的必然性和可能性。凡具有客观必然性的东西，总是现实的东西，但现实的东西未必是具有客观必然性的东西。例如，"事物必然发展变化"为真，则"事物发展变化"也真；但"某甲死于车祸"为真，"某甲必然死于车祸"未必为真。因此，从逻辑上讲，"必然 p"蕴涵"p"，反之则不然。

凡现实的东西，总是具有客观可能性的东西，但具有客观可能性的东西未必是现实的东西。例如，"原告胜诉了"为真，则"原告可能胜诉"也真；但如果"他可能获得冠军"为真，"他获得了冠军"则未必为真。因此，从逻辑上讲，"p"蕴涵"可能p"，反之则不然。

设p为非模态命题，则模态命题与非模态命题之间的真假关系可表示如下：

$$\Box p \to p$$
$$p \to \Diamond p$$

从非模态命题的真假来说，p真是指p在现实世界中为真，而现实世界是许多可能世界之一。因此，当$\Box p$为真，即p在所有可能世界中为真时，则p在现实世界中为真，即p为真。而当p为真，即p在现实世界中为真，则p至少在一个可能世界中为真，即$\Diamond p$为真。

根据上述关系就可以进行模态与非模态命题推理。

例如：人必然会犯错误，所以，人会犯错误。其推理形式是：

$$\Box p \to p$$

又如：人会犯错误，所以，人可能会犯错误。其推理形式是：

$$p \to \Diamond p$$

又如：某甲不认识某乙，所以，某甲可能不认识某乙。其推理形式是：

$$\neg p \to \Diamond \neg p$$

三、必然化推理

必然化推理就是根据模态逻辑中的必然化规则所进行的演绎推理。

必然化规则：如果$\vdash A$，则$\vdash \Box A$。

这就是说，如果A是可证的公式，则$\Box A$也是可证的公式。

根据必然化规则，如果一个命题是逻辑可证的，就可以由这个命题的前提得出一个必然模态命题的结论。

例如：某甲或者是成年人或者是未成年人，所以，某甲必然或者是成年人或者是未成年人。其推理形式为：

$$\vdash p \vee \neg p$$
$$\vdash \Box (p \vee \neg p)$$

必然化推理是模态推理中很重要的一种推理，它可以把非模态推理中的许多推理形式，经过必然化，引入到模态推理中来。

四、复合模态命题推理

复合模态命题就是以模态命题为复合命题的支命题或在复合命题前有模态词的命题。

【例1】人必然会犯错误并且必然会死。

【例2】被告人必然有罪或无罪。

它们的命题形式分别是：

$$\Box p \land \Box q$$
$$\Box (p \lor \neg p)$$

许多复合模态命题之间有等值关系或蕴涵关系，复合模态命题推理就是根据复合模态命题之间的等值关系或蕴涵关系进行的演绎推理。

常见的表示复合模态命题之间的等值关系或蕴涵关系的有效式有：

(1) $\Box (p \to q) \to (\Box p \to \Box q)$

(2) $\Box (p \land q) \leftrightarrow \Box p \land \Box q$

(3) $\Diamond (p \lor q) \leftrightarrow \Diamond p \lor \Diamond q$

(4) $\Box p \lor \Box q \to \Box (p \lor q)$

(5) $\Diamond (p \land q) \to \Diamond p \land \Diamond q$

(6) $\Box (p \leftrightarrow q) \to (\Box p \leftrightarrow \Box q)$

(7) $\Box (p \to q) \leftrightarrow \neg \Diamond (p \land \neg q)$

(8) $\Box (p \to q) \land \Box p \to \Box q$

(9) $\Box (p \to q) \land \Box \neg q \to \Box \neg p$

(10) $\Box (p \lor q) \land \Box \neg p \to \Box q$

以上公式仅是模态逻辑中有效的等值式和蕴涵式的一部分，除去作为公理的公式外，它们都是可以得到证明的。我们还可以用推演的方法得到更多的有效式，有了这些公式，就可以根据它们进行复合模态命题推理。

【例1】如果甲公司在诉讼中败诉则甲公司要承担损害赔偿责任，这是必然的；所以，如果甲公司在诉讼中必然败诉，则甲公司必然要承担损害赔偿责任。

这个推理是根据上述公式（1）进行的，其推理形式是：

$$\frac{\Box (p \to q)}{\Box p \to \Box q}$$

【例2】甲胜诉而乙败诉，这是必然的；所以，甲必然胜诉，而乙必然败诉。

这个推理是根据上述公式（2）进行的，其推理形式是：

$$\frac{\Box (p \land q)}{\Box p \land \Box q}$$

【例3】可能明天刮风或下雨，所以，可能明天刮风，或者可能明天下雨。

这个推理是根据上述公式（3）进行的，其推理形式是：

$$\frac{\Diamond (p \lor q)}{\Diamond p \lor \Diamond q}$$

【例4】可能甲公司既侵权又违反合同，所以，既可能甲公司侵权，又可能甲公司违反合同。

这个推理是根据上述公式（5）进行的，其推理形式是：
$$\frac{\Diamond(p \wedge q)}{\Diamond p \wedge \Diamond q}$$

【例5】或者甲公司必然中标，或者乙公司必然中标；所以，甲公司或乙公司中标，这是必然的。

这个推理是根据上述公式（4）进行的，其推理形式是：
$$\frac{\Box p \vee \Box q}{\Box(p \vee q)}$$

【例6】如果犯了罪则应受刑罚处罚，这是必然的；所以，不可能犯了罪而不应受刑罚处罚。

这个推理是根据上述公式（7）进行的，其推理形式是：
$$\frac{\Box(p \rightarrow q)}{\neg \Diamond(p \wedge \neg q)}$$

【例7】如果某公司的船只在海上遭受特大风暴的袭击，则该公司不能履行合同，这是必然的；而某公司的船只在海上必然遭受特大风暴的袭击，所以，该公司必然不能履行合同。

这个推理是根据上述公式（8）进行的，其推理形式是：
$$\frac{\Box(p \rightarrow q), \Box p}{\Box q}$$

【例8】或者甲公司承担赔偿责任，或者乙公司承担赔偿责任，这是必然的；而甲公司必然不承担赔偿责任，所以，乙公司必然承担赔偿责任。

这个推理是根据上述公式（10）进行的，其推理形式是：
$$\frac{\Box(p \vee q), \Box \neg p}{\Box q}$$

上述推理所依据的等值式或蕴涵式都是经过证明的，未经证明的公式不得作为推理的规则。特别要注意，不要将蕴涵式误认为等值式。

例如：不要将公式（5）误认为等值式，因为 $\Diamond p \wedge \Diamond q \rightarrow \Diamond(p \wedge q)$ 是不能成立的。从 $\Diamond p \wedge \Diamond q$ 推不出 $\Diamond(p \wedge q)$。例如，通过一次入学考试，小王被录取是可能的，小王不被录取也是可能的，但是，小王既被录取又不被录取则是不可能的。由此可见，从 $\Diamond p \wedge \Diamond q$ 推不出 $\Diamond(p \wedge q)$。

又如：不要将公式（4）误认为等值式，因为 $\Box(p \vee q) \rightarrow \Box p \vee \Box q$ 是不能成立的。从 $\Box(p \vee q)$ 推不出 $\Box p \vee \Box q$。例如，通过一次入学考试，小王被

录取或不被录取,这是必然的,但是,小王被录取不是必然的,小王不被录取也不是必然的。由此可见,从 $\Box(p \lor q)$ 推不出 $\Box p \lor \Box q$。

五、模态三段论

模态三段论就是在三段论的基础上引入模态词而构成的演绎推理。在模态三段论中,至少有一个前提是模态命题,而且这些模态命题都是由直言命题加模态词而构成的直言模态命题。

例如: 凡故意杀人犯都必然有杀人动机,
　　　某甲是故意杀人犯,
　　　所以,某甲必然有杀人动机。

其推理形式是:
$$\Box(MAP)$$
$$\underline{(SAM)}$$
$$\Box(SAP)$$

模态三段论有两个前提,按照前提的不同结合情况,模态三段论可分为五种:

(1) 两个前提都是**必然命题**。

(2) 一个前提是**必然命题**,一个前提是**直言命题**。

(3) 一个前提是**必然命题**,一个前提是**可能命题**。

(4) 一个前提是**直言命题**,一个前提是**可能命题**。

(5) 两个前提都是**可能命题**。

模态三段论除了要遵守三段论的规则外,还要根据前提的模态确定结论的模态。如何确定结论的模态呢?比较流行的原则是有例外的结论从弱原则。什么是结论从弱原则呢?从模态命题与直言命题之间的关系来说,同一素材的必然命题蕴涵直言命题,直言命题蕴涵可能命题。因此,必然命题最强,直言命题次之,可能命题最弱。所谓结论从弱原则,就是结论命题不得强于前提中较弱的命题。

例如: 偶数必然能被 2 整除,
　　　x 可能是偶数,
　　　所以,x 可能是能被 2 整除。

由于这个模态三段论中有一个前提是可能命题,故结论只能是可能命题。

其推理形式是:

□（MAP）
◇（SAM）
―――――――
◇（SAP）

但是，这种结论从弱原则有例外情况，当前提是由必然命题和直言命题构成时，就有以下例外情况：

（1）当小前提是肯定命题而大前提是必然命题时，结论可以是必然命题。

例如：偶数必然能被 2 整除，

　　　　x 是偶数，

　　　　所以，x 必然是能被 2 整除。

由于这个模态三段论的小前提是肯定命题，并且大前提是必然命题，属例外情况，结论可以是必然命题。其推理形式是：

□（MAP）
SAM
―――――――
□（SAP）

（2）当小前提是必然否定命题时，结论可以是必然命题。

例如：自然数都是有理数，

　　　　a 必然不是有理数，

　　　　所以，a 必然不是自然数。

由于这个模态三段论的小前提是必然否定命题，属例外情况，结论可以是必然命题。其推理形式是：

PAM
□（SEM）
―――――――
□（SEP）

总括起来，模态三段论的规则如下：

（1）必须遵守三段论的所有规则。

（2）如果两个前提都是必然命题，则结论可以是必然命题。

（3）如果前提中有一个可能命题，或两个前提都是可能命题，则结论只能是可能命题。

（4）如果一个前提是必然命题，一个前提是直言命题，一般情况下，结论只能是直言命题或可能命题；但当小前提是肯定命题而大前提是必然命题，或者小前提是必然否定命题时，结论可以是必然命题。

凡符合上述四条规则的模态三段论都是有效的，而违反其中任何一条规则的模态三段论都是无效的。

第三节 自然推理系统 T^N、QT^N

一、模态逻辑推理的有效性

模态逻辑的命题公式即模态公式可分为三类：有效式、协调式、矛盾式。

在克里普克语义学中，可以定义模态公式的有效性。设 α 是任意公式，若 α 在模型 $\mathcal{U}$ 中的所有可能世界里都是真的，则称 α 在该模型中有效；若 α 在满足一定条件的所有模型所组成的模型类的每一模型中有效，即 α 在该类的每一模型的每一可能世界里都是真的，则称 α 在该模型类中有效；若 α 在由任意模型所组成的模型类中有效，则称 α 普遍有效或逻辑有效。如命题逻辑中的重言式以及谓词逻辑中的有效式就是普遍有效式或逻辑有效式。若 α 在任意模型的任一可能世界里都是假的，则称 α 为不可满足，不可满足的公式就是矛盾式。不是有效的，也不是不可满足的公式称为协调式。

模态逻辑推理的有效性取决于相应的模态公式是否是有效式。如果模态推理相应的模态公式是有效式，该模态推理就是有效的。应当指出，模态公式的有效性与模型有关、与模型类有关，因此，模态推理的有效性也与模型和模型类有关。也就是说，在模态逻辑中，有些推理是普遍有效的，有些推理只是在某些模型或模型类中有效。

二、模态命题逻辑的自然推理系统 T^N

模态命题逻辑的自然推理系统 T^N 是 P^N 系统扩充的结果。

T^N 系统除了有 P^N 系统符号外，还有一个基本符号，即 L。L 叫模态词，是一元逻辑联结词。L 表示"必然"，LA 表示"必然 A"。

在 T^N 系统中，有如下定义：

$$MA =_{df} \neg L \neg A$$

M 是表示"可能"的模态词，MA 表示"可能 A"，此处 A 是 T^N 系统的命题形式。

在 T^N 系统中，命题形式定义如下：

（1）任一命题变项是命题形式。

（2）如果 α 和 β 是命题形式，那么：

$\neg \alpha, \alpha \wedge \beta, \alpha \vee \beta, \alpha \rightarrow \beta, \alpha \leftrightarrow \beta$ 亦是。

（3）如果 α 是命题形式，那么：

$L\alpha, M\alpha$ 亦是。

（4） 只有由（1）~（3）形成的表达式才是命题形式。

P^N 系统规则加上关于模态词的推理规则就构成模态命题逻辑的自然推理系统 T^N 的规则。显然，P^N 系统的推理规则都是 T^N 系统的规则，规则中的命题形式不限于 P^N 系统而扩展到 T^N 系统的命题形式。

T^N 系统关于模态词的基本推理规则有三条：

必然销去规则 LS：从 $L\alpha$ 可以推出 α。

必然引入规则 LG：从定理 α 可以推出 $L\alpha$。

必然分离规则 LM：从 $L(\alpha\to\beta)$ 和 $L\alpha$ 可以推出 $L\beta$。即从 $L(\alpha\to\beta)$ 可以推出 $(L\alpha\to L\beta)$。

α 是 T^N 的定理，当且仅当 α 能仅由 T^N 系统的推理规则推出。换句话说，在 T^N 中，有一个无假设（前提为空集 Λ）的自然推理以 α 为一项。记为 $\vdash_{T^N} \alpha$ 或简记为 $\vdash \alpha$。

显然，P^N 系统中所有的定理都是 T^N 系统的定理，从而 P^N 系统的所有重言式都是 T^N 系统的定理。

一个推理蕴涵式是 T^N 系统的定理，当且仅当从它的全部前提出发，根据 T^N 系统推理规则能推出它的结论。记为 $\vdash \alpha\to\beta$ 或 $\alpha\vdash\beta$。此处 α 是前提，β 是结论。

T^N 系统的定理称为 T^N 系统的有效式。

如果一个推理蕴涵式是 T^N 系统的定理，则称该推理在 T^N 系统中是有效的。否则是非有效的。

【例1】 $\vdash A\to MA$

1	①	A	P
2	②	$\neg MA$	P
2	③	$L\neg A$	2T
2	④	$\neg A$	3LS
1, 2	⑤	$A\wedge\neg A$	1, 4T
1	⑥	$\neg\neg MA$	2, 5R.A.A
1	⑦	MA	6T
Λ	⑧	$A\to MA$	1, 7C.P

【例2】 $LA\vdash\neg M\neg A$

Λ	①	$A\to\neg\neg A$	(P^N 重言式)
Λ	②	$L(A\to\neg\neg A)$	1LG

3	③	LA	P
3	④	L¬¬A	2, 3LM
3	⑤	¬¬L¬¬A	4T
3	⑥	¬M¬A	5T

另一证明：

1	①	LA	P
2	②	M¬A	P
2	③	¬LA	2T
1, 2	④	LA∧¬LA	1, 3T
1	⑤	¬M¬A	2, 4R.A.A

【例3】$L(A \land B) \vdash LA \land LB$

1	①	A∧B	P
1	②	A	1T
∧	③	A∧B→A	1, 2C.P
∧	④	L(A∧B→A)	3LG
∧	⑤	L(A∧B)→LA	4LM
6	⑥	L(A∧B)	P
6	⑦	LA	5, 6T
1	⑧	B	1T
∧	⑨	A∧B→B	1, 8C.P
∧	⑩	L(A∧B→B)	9LG
∧	⑪	L(A∧B)→LB	10LM
6	⑫	LB	6, 11T
6	⑬	LA∧LB	7, 12T

【例4】$L(A \to B) \vdash MA \to MB$

1	①	L(A→B)	P
1	②	L(¬B→¬A)	1T
1	③	L¬B→L¬A	2LM
1	④	¬L¬A→¬L¬B	3T
1	⑤	MA→MB	4T

【例5】$\vdash M(A \land B) \to MA \land MB$

1	①	A∧B	P

第六章 逻辑推理：模态、规范推理

1	②	A	$1T$
∧	③	$A \wedge B \rightarrow A$	$1, 2C.P$
∧	④	$L(A \wedge B \rightarrow A)$	$3LG$
∧	⑤	$M(A \wedge B) \rightarrow MA$	$4T$（例4）
1	⑥	B	$1T$
∧	⑦	$A \wedge B \rightarrow B$	$1, 6C.P$
∧	⑧	$L(A \wedge B \rightarrow B)$	$7LG$
∧	⑨	$M(A \wedge B) \rightarrow MB$	$8T$（例4）
∧	⑩	$M(A \wedge B) \rightarrow MA \wedge MB$	$5, 9T$

【例6】 $LA \vee LB \vdash L(A \vee B)$

1	①	A	P
1	②	$A \vee B$	$1T$
∧	③	$A \rightarrow A \vee B$	$1, 2C.P$
∧	④	$L(A \rightarrow A \vee B)$	$3LG$
∧	⑤	$LA \rightarrow L(A \vee B)$	$4LM$
6	⑥	B	P
6	⑦	$A \vee B$	$6T$
∧	⑧	$B \rightarrow A \vee B$	$6, 7C.P$
∧	⑨	$L(B \rightarrow A \vee B)$	$8LG$
∧	⑩	$LB \rightarrow L(A \vee B)$	$9LM$
∧	⑪	$LA \vee LB \rightarrow L(A \vee B)$	$5, 10T$
12	⑫	$LA \vee LB$	P
12	⑬	$L(A \vee B)$	$11, 12T$

另一证明：

1	①	$LA \vee LB$	P
2	②	$\neg L(A \vee B)$	P
2	③	$M \neg (A \vee B)$	$2T$
2	④	$M(\neg A \wedge \neg B)$	$3T$
2	⑤	$M \neg A \wedge M \neg B$	$4T$（例5）
2	⑥	$\neg LA \wedge \neg LB$	$5T$
2	⑦	$\neg LA$	$6T$
1, 2	⑧	LB	$1, 7T$

2	⑨	¬ LB	6T
1, 2	⑩	LB ∧ ¬ LB	8, 9T
1	⑪	L (A∨B)	2, 10R. A. A

【例7】⊢ L¬ A→L (A→B)

1	①	L¬ A	P
2	②	¬ L (A→B)	P
2	③	M¬ (A→B)	2T
2	④	M (A∧¬ B)	3T
2	⑤	MA∧M¬ B	4T（例5）
2	⑥	MA	5T
1	⑦	¬ MA	1T
1, 2	⑧	MA∧¬ MA	6, 7T
1	⑨	L (A→B)	2, 8R. A. A
Λ	⑩	L¬ A→L (A→B)	1, 9C. P

这个定理称作严格蕴涵怪论。

另一证明：

1	①	¬ A	P
2	②	A	P
1, 2	③	B	1, 2T
1	④	A→B	2, 3C. P
Λ	⑤	¬ A→ (A→B)	1, 4C. P
Λ	⑥	L [¬ A→ (A→B)]	5LG
Λ	⑦	L¬ A→L (A→B)	6LM

三、模态谓词逻辑的自然推理系统 QT^N

模态谓词逻辑自然推理系统 QT^N 建立在 Q^N 和 T^N 系统之上。QT^N 的全部推理规则由 Q^N 系统和 T^N 系统的全部推理规则组成。规则中的命题形式是模态谓词逻辑的命题形式。

QT^N 系统既是 Q^N 系统的扩充，又是 T^N 系统的扩充。

α 是 QT^N 的定理，当且仅当 α 能仅由 QT^N 系统的推理规则推出。即在 QT^N 中，有一个无假设（前提为空集Λ）的自然推理以 α 为一项。记为 $\vdash_{QT^N} α$ 或简记为 ⊢α。

显然，Q^N 系统和 T^N 系统的全部定理都是 QT^N 系统的定理。从而 QT^N 系统的全部逻辑有效式和 T^N 系统的全部有效式都是 QT^N 系统的定理。

一个推理蕴涵式是 QT^N 系统的定理，当且仅当从它的全部前提出发，根据 QT^N 规则能推出它的结论。记为 ⊢α→β 或 α⊢β。此处 α 是前提，β 是结论。

QT^N 系统的定理称为 QT^N 系统的有效式。

如果一个推理蕴涵式是 QT^N 系统的定理，则称该推理在 QT^N 系统中是有效的。否则是非有效的。

【例1】 ⊢$L\forall x\alpha \to \forall xL\alpha$

1	①	$\forall x\alpha$	P
1	②	α	1US
Λ	③	$\forall x\alpha \to \alpha$	1, 2C.P
Λ	④	$L(\forall x\alpha \to \alpha)$	3LG
Λ	⑤	$L\forall x\alpha \to L\alpha$	4LM
6	⑥	$L\forall x\alpha$	P
6	⑦	$L\alpha$	5, 6T
6	⑧	$\forall xL\alpha$	7UG
Λ	⑨	$L\forall x\alpha \to \forall xL\alpha$	6, 8C.P

上述定理是 Barcan 公式的逆定理，Barcan 公式（$\forall xL\alpha \to L\forall x\alpha$）不是 QT^N 系统的定理。

【例2】 ⊢$M\forall x\alpha \to \forall xM\alpha$

1	①	$\forall x\alpha$	P
1	②	α	1US
Λ	③	$\forall x\alpha \to \alpha$	1, 2C.P
Λ	④	$L(\forall x\alpha \to \alpha)$	3LG
Λ	⑤	$M\forall x\alpha \to M\alpha$	4T（例4）
6	⑥	$M\forall x\alpha$	P
6	⑦	$M\alpha$	5, 6T
6	⑧	$\forall xM\alpha$	7UG
Λ	⑨	$M\forall x\alpha \to \forall xM\alpha$	6, 8C.P

【例3】 ⊢$\exists xLA \to L\exists xA$

1	①	$\exists xLA$	P
1	②	LA	1ES
3	③	$\neg L\exists xA$	P

3	④	$\neg L\neg \forall x\neg A$	3T
3	⑤	$M\forall x\neg A$	4T
3	⑥	$\forall xM\neg A$	5T（例2）
3	⑦	$M\neg A$	6US
3	⑧	$\neg LA$	7T
1,3	⑨	$LA\wedge \neg LA$	2,8T
1	⑩	$L\exists xA$	3,9R.A.A
$\wedge$	⑪	$\exists xLA\to L\exists xA$	1,10C.P

【例4】$\vdash \exists xMA\to M\exists xA$

1	①	$\exists xMA$	P
2	②	$\neg M\exists xA$	P
2	③	$L\neg \exists xA$	2T
2	④	$L\forall x\neg A$	3T
2	⑤	$\forall xL\neg A$	4T（例1）
2	⑥	$L\neg A$	5US
2	⑦	$\neg MA$	6T
1	⑧	MA	1ES
1,2	⑨	$MA\wedge \neg MA$	7,8T
1	⑩	$M\exists xA$	2,9R.A.A
$\wedge$	⑪	$\exists xMA\to M\exists xA$	1,10C.P

第四节 规范命题

一、规范命题的特征

规范命题就是陈述人们的行为规范的命题。所谓行为规范，就是指令人们在一定的情况或条件下必须或可以如此这般或不如此这般行为的规定，简称规范。例如，法律上、道德上、技术上的规定、义务、指令、禁令等都是行为规范。把这些规范陈述出来，就是规范命题。

【例1】人民法院、人民检察院和公安机关应当保障证人及其近亲属的安全。（《刑事诉讼法》第63条第1款）

【例2】禁止非法搜查公民的身体。（《宪法》第37条第3款）

【例3】辩护律师可以同在押的犯罪嫌疑人、被告人会见和通信。（《刑事诉讼法》第39条第1款）

任何规范都有制定者和承受者。任何规范都应当明确具有某种特征的人在某种情况或条件下必须（或可以）履行或不履行某种行为。规范命题是由两部分组成的，一个部分是陈述某种行为的命题，另一个部分是"必须""禁止""允许"等规范词。规范词可以放在命题中间，也可以放在命题的前面或后面。在分析规范命题的结构或形式时，统一将规范词放在命题变项 p、q、……的前面。在规范逻辑中，用符号"O"表示"必须"，用符号"F"表示"禁止"，用符号"P"表示"允许"。

二、规范命题的种类

规范命题可分为以下三种：

（一）必须命题

必须命题就是陈述人们必须履行某种行为的命题。在自然语言中，通常用"必须""应当"等语词作为必须命题的规范词。

【例1】公安机关逮捕人的时候，必须出示逮捕证。（《刑事诉讼法》第93条第1款）

【例2】成年子女有赡养扶助父母的义务。（《宪法》第49条第3款）

【例3】当事人对自己提出的主张，有责任提供证据。（《民事诉讼法》第64条第1款）

必须命题的形式是：必须 p。

上述命题形式可表示为：Op。

（二）禁止命题

禁止命题就是陈述人们必须不履行某种行为的命题。在自然语言中，通常用"禁止""不得""不准""不许""不可"等语词作为禁止命题的规范词。

【例1】禁止包办、买卖婚姻和其他干涉婚姻自由的行为。（《民法典》第1042条第1款）

【例2】任何组织或者个人不得以干涉、盗用、假冒等方式侵害他人的姓名权或者名称权。（《民法典》第1014条）

【例3】未满12周岁的儿童不准在道路上骑自行车。

禁止命题的形式是：禁止 p。

上述命题形式可表示为：Fp。

（三）允许命题

允许命题就是陈述人们可以履行某种行为的命题。在自然语言中，通常用"允许""可以""准予"等语词作为允许命题的规范词。

【例1】允许当事人在法庭上提出新的证据。

【例2】双方当事人可以自行和解。（《民事诉讼法》第50条）

【例3】被告有权提出反诉。（《民事诉讼法》第51条）

允许命题的形式是：允许 p。

上述命题形式可表示为：Pp。

三、规范命题与模态命题之间的联系

"模态"一词是英语词 modal 的音译，modal 一词源于拉丁词 modalis，意指形态、模式等。"模态"一词有广狭二义。狭义的模态仅指"必然""可能"这类模态词；广义的模态并不限于"必然""可能"这类模态词，还包括规范模态、时间模态、认识模态等。狭义的模态命题又称为真势模态命题或真值模态命题，它与规范命题同属广义的模态命题。

规范逻辑与模态逻辑的命题形式、推理形式和逻辑规律等非常相似。甚至有些规范逻辑系统就是以模态逻辑系统为基础而建立起来的。在这些规范逻辑系统中，规范命题是用模态命题来定义的。在模态命题的基础上，增加一个命题常项"S"，用以表示"受到惩罚"，就可以将各种规范命题定义如下：

（一）Op 定义为：$\Box (\neg p \rightarrow S)$

这就是说，"必须 p"等值于"如果不履行 p 则受到惩罚，这是必然的"。

（二）Fp 定义为：$\Box (p \rightarrow S)$

这就是说，"禁止 p"等值于"如果履行 p 则受到惩罚，这是必然的"。

（三）Pp 定义为：$\neg \Box (p \rightarrow S)$

这就是说，"允许 p"等值于"如果履行 p 则受到惩罚，这不是必然的"。

由此可见，规范命题与模态命题之间存在某种密切的联系。

四、规范命题的真假

就行为规范本身来说，它是指令人们如何行为的规定，这些规定只有合理不合理、妥当不妥当、有效与无效的问题，而没有真假问题。但是，作为陈述行为规范的命题来说，规范命题是有真假的。然而判定规范命题真假的标准是什么呢？要判定一个规范命题的真假，就要看这个规范命题所陈述的规范是否为有效规范。如果这个规范命题所陈述的规范是有效规范，它就是真的；如果这个规范命题所陈述的规范不是有效规范，而是无效规范，它就是假的。

所谓一个规范是有效规范,就是指这个规范对其承受者是有约束力的、是有效力的。它能使规范承受者自觉或被迫地遵守它,如果规范承受者违反了这个规范,就会受到某种惩罚或制裁。例如,严禁刑讯逼供和以威胁、引诱、欺骗以及其他非法的方法收集证据,就是一个有效规范,对司法工作人员都有约束力。如果司法工作人员违反了这个规范,对犯罪嫌疑人、被告人实行刑讯逼供或者使用暴力逼取证人证言,就会受到司法机关的追诉,被处以刑罚。

一般说来,一个命题的真假,取决于它所陈述的情况是否与客观实际情况相符合。如果与客观实际情况相符合,它就是真的;否则它就是假的。人们在规范命题中陈述某个行为规范时,都是作为有效规范陈述出来,企图约束规范承受者,要承受者遵守。因此,如果某个规范命题所陈述的行为规范确实是有效规范,也就是说,这个规范命题所陈述的情况与客观实际情况相符合,它就是真的;如果某个规范命题所陈述的行为规范事实上是无效规范,也就是说,这个规范命题所陈述的情况与客观实际情况不相符合,它就是假的。例如,"在我国子女必须随父姓"这个规范命题就是一个假命题。因为我国《民法典》第1015条第1款规定:"自然人应当随父姓或者随母姓……"所以,上述规范命题所陈述的规范不符合我国民法典的实际规定,它是无效规范,陈述这个无效规范的规范命题就是假的。

第五节　规范推理

一、规范对当推理

同模态命题一样,同一素材的规范命题之间也有真假关系,这种真假关系称为规范对当关系。规范对当推理就是根据规范对当关系进行的演绎推理。

对同一行为 p 而言,有作为和不作为两种,因此,每种规范命题都可以分为肯定和否定两种,即规范命题共有 Op、$O\neg p$、Fp、$F\neg p$、Pp、$P\neg p$ 六种。"必须不 p"与"禁止 p"意义相同,"禁止不 p"与"必须 p"意义相同,它们之间是等值的,可以相互替换使用。即:

$$O\neg p \leftrightarrow Fp$$
$$F\neg p \leftrightarrow Op$$

因此,规范命题可以归结为四种:Op、Fp、Pp、$P\neg p$,这四种规范命题之间的对当关系也可以用对当方阵图表示如下:

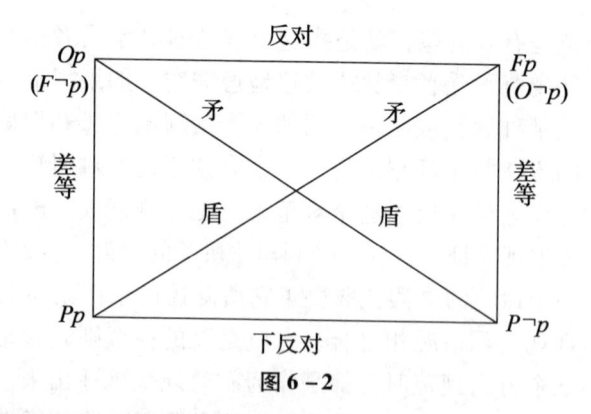

```
        反对
Op ─────────────── Fp
(F¬p)  矛      矛  (O¬p)
  差  \    /    差
  等    \/      等
        /\
  盾  /    \  盾
    /        \
Pp ─────────────── P¬p
        下反对
```

图 6-2

规范对当推理也有四种，分别说明如下：

（一）矛盾关系对当推理

规范命题之间的矛盾关系是指 Op 与 $P¬p$ 之间、Fp 与 Pp 之间的不可同真并且不可同假的真值关系。

1. Op 与 $P¬p$ 之间的真假关系。

当 Op 为真时，必须 p 是有效的，就不允许不履行 p，因而 $P¬p$ 为假。

当 $P¬p$ 为假时，不允许不履行 p，则必须 p 就是有效的，因而 Op 为真。

当 Op 为假时，必须 p 是无效的，就得允许不履行 p，因而 $P¬p$ 为真。

当 $P¬p$ 为真时，允许不履行 p，则必须 p 就是无效的，因而 Op 为假。

根据上述情况，Op 与 $P¬p$ 之间的真假关系是：

$$Op \leftrightarrow ¬P¬p$$
$$¬Op \leftrightarrow P¬p$$

2. Fp 与 Pp 之间的真假关系。

当 Fp 为真时，禁止 p 是有效的，就不允许履行 p，因而 Pp 为假。

当 Pp 为假时，不允许履行 p，则禁止 p 就是有效的，因而 Fp 为真。

当 Fp 为假时，禁止 p 是无效的，就得允许履行 p，因而 Pp 为真。

当 Pp 为真时，允许履行 p，则禁止 p 就是无效的，因而 Fp 为假。

根据上述情况，Fp 与 Pp 之间的真假关系是：

$$Fp \leftrightarrow ¬Pp$$
$$¬Fp \leftrightarrow Pp$$

因此，根据规范命题之间的矛盾关系，可以由某一命题为真推知另一命题为假，也可以由某一命题为假推知另一命题为真。

例如：并非子女必须随父姓，所以，子女可以不随父姓。其推理形式是：

$$¬Op \rightarrow P¬p$$

又如：允许当事人在法庭上提出新的证据，所以，不禁止当事人在法庭上提出新的证据。其推理形式是：

$$Pp \rightarrow \neg Fp$$

（二）差等关系对当推理

规范命题之间的差等关系是指 Op 与 Pp 之间、Fp 与 $P\neg p$ 之间的真假关系。

1. Op 与 Pp 之间的真假关系。

当 Op 为真时，必须 p 是有效的，就得允许履行 p，因而 Pp 为真。

当 Pp 为假时，不允许履行 p，则必须 p 就是无效的，因而 Op 为假。

当 Op 为假时，必须 p 是无效的，可以允许履行 p，也可以不允许履行 p，因而 Pp 可真可假。

当 Pp 为真时，允许履行 p，而必须 p 可以有效也可以无效，因而 Op 可真可假。

根据上述情况，Op 与 Pp 之间可以确定的真假关系是：

$$Op \rightarrow Pp$$
$$\neg Pp \rightarrow \neg Op$$

2. Fp 与 $P\neg p$ 之间的真假关系。

当 Fp 为真时，禁止 p 是有效的，就得允许不履行 p，因而 $P\neg p$ 为真。

当 $P\neg p$ 为假时，不允许不履行 p，则禁止 p 就是无效的，因而 Fp 为假。

当 Fp 为假时，禁止 p 是无效的，可以允许不履行 p，也可以不允许不履行 p，因而 $P\neg p$ 可真可假。

当 $P\neg p$ 为真时，允许不履行 p，则禁止 p 可以有效也可以无效，因而 Fp 可真可假。

根据上述情况，Fp 与 $P\neg p$ 之间可以确定的真假关系是：

$$Fp \rightarrow P\neg p$$
$$\neg P\neg p \rightarrow \neg Fp$$

因此，根据规范命题之间的差等关系，可以由必须命题或禁止命题为真推知允许命题为真，也可以由允许命题为假推知必须命题或禁止命题为假；但是，不能由必须命题或禁止命题为假推知允许命题的真假，也不能由允许命题为真推知必须命题或禁止命题的真假。

例如：不允许有超越宪法和法律的特权，所以，不必须有超越宪法和法律的特权。其推理形式是：

$$\neg Pp \rightarrow \neg Op$$

又如：知道案件情况的人都有作证的义务，所以，允许知道案件情况的人作证。其推理形式是：

$$Op \rightarrow Pp$$

（三）反对关系对当推理

规范命题之间的反对关系是指 Op 与 Fp 之间的真假关系。

当 Op 为真时，必须 p 是有效的，就得允许履行 p，则禁止 p 就是无效的，因而 Fp 为假。

当 Fp 为真时，禁止 p 是有效的，就得允许不履行 p，则必须 p 就是无效的，因而 Op 为假。

当 Op 为假时，必须 p 是无效的，而禁止 p 可以有效也可以无效，因而 Fp 可真可假。

当 Fp 为假时，禁止 p 是无效的，而必须 p 可以有效也可以无效，因而 Op 可真可假。

根据上述情况，Op 与 Fp 之间可以确定的真假关系是：

$$Op \rightarrow \neg Fp$$

$$Fp \rightarrow \neg Op$$

因此，根据规范命题之间的反对关系，可以由某一命题为真推知另一命题为假；但是，不能由某一命题为假推知另一命题的真假。

例如：人民法院按照审判监督程序重新审判的案件，应当另行组成合议庭；所以，不禁止人民法院按照审判监督程序重新审判案件另行组成合议庭。其推理形式是：

$$Op \rightarrow \neg Fp$$

（四）下反对关系对当推理

规范命题之间的下反对关系是指 Pp 与 $P\neg p$ 之间的真假关系。

当 Pp 为假时，不允许履行 p，就得允许不履行 p，因而 $P\neg p$ 为真。

当 $P\neg p$ 为假时，不允许不履行 p，就得允许履行 p，因而 Pp 为真。

当 Pp 为真时，允许履行 p，同时，可以允许不履行 p，也可以不允许不履行 p，因而，$P\neg p$ 可真可假。

当 $P\neg p$ 为真时，允许不履行 p，同时，可以允许履行 p，也可以不允许履行 p，因而，Pp 可真可假。

根据上述情况，Pp 与 $P\neg p$ 之间可以确定的真假关系是：

$$\neg Pp \rightarrow P\neg p$$

$$\neg P\neg p \rightarrow Pp$$

因此，根据规范命题之间的下反对关系，可以由某一命题为假推知另一命题为真；但是，不能由某一命题为真推知另一命题的真假。

例如： 未经人民法院依法判决，对任何人都不允许确定为有罪；所以，未经人民法院依法判决，对任何人都允许不确定为有罪。其推理形式是：

$$\neg Pp \rightarrow P\neg p$$

二、必须化推理

必须化推理就是根据规范逻辑中的必须化规则进行的演绎推理。由于必须化规则又称 O - 必然化规则，因而必须化推理又称 O - 必然化推理。

必须化规则： 如果 $\vdash A$，则 $\vdash OA$。

这就是说，如果 A 是可证的公式，则 OA 也是可证的公式。但由于规范命题是陈述人们的行为规范的命题，因而只有当 A 是陈述人们的行为的命题时，才能应用必须化规则进行推理，否则就不能应用这条规则进行推理。

根据必须化规则，如果一个非规范命题是逻辑可证的，就可以由这个非规范命题的前提得出一个规范命题的结论。

从上述必须化规则还可以导出以下三条规则：

(1) 如果 $\vdash A \rightarrow B$，则 $\vdash OA \rightarrow OB$。

(2) 如果 $\vdash A \rightarrow B$，则 $\vdash PA \rightarrow PB$。

(3) 如果 $\vdash A \rightarrow B$，则 $\vdash FB \rightarrow FA$。

根据这三条导出规则，也可以进行必须化推理。

【例1】 如果所有证人都出庭作证，则有证人出庭作证；所以，如果必须所有证人都出庭作证，则必须有证人出庭作证。其推理形式是：

$$\frac{\vdash SAP \rightarrow SIP}{\vdash O(SAP) \rightarrow O(SIP)}$$

【例2】 如果既判处某甲徒刑又没收某甲财产，则判处某甲徒刑；所以，如果允许既判处某甲徒刑又没收某甲财产，则允许判处某甲徒刑。其推理形式是：

$$\frac{\vdash p \wedge q \rightarrow p}{\vdash P(p \wedge q) \rightarrow Pp}$$

【例3】 如果非法侵入公民的住宅并且非法搜查公民的住宅，则非法侵入公民的住宅；所以，如果禁止非法侵入公民的住宅，则禁止非法侵入公民的住宅并且非法搜查公民的住宅。其推理形式是：

$$\frac{\vdash p \wedge q \rightarrow p}{\vdash Fp \rightarrow F(p \wedge q)}$$

同模态推理中的必然化推理一样，必须化推理也可以把非规范推理中的某些推理形式引进到规范推理中来。

三、复合规范命题推理

复合规范命题就是以规范命题为复合命题的支命题或在复合命题前有规范

词的命题。有些复合规范命题之间有等值关系或蕴涵关系，复合规范命题推理就是根据复合规范命题之间的等值关系或蕴涵关系进行的演绎推理。

常见的表示复合规范命题之间的等值关系或蕴涵关系的有效式有：

(1) $O(p\to q)\to(Op\to Oq)$

(2) $O(p\land q)\leftrightarrow Op\land Oq$

(3) $P(p\lor q)\leftrightarrow Pp\lor Pq$

(4) $P(p\land q)\to Pp\land Pq$

(5) $Op\lor Oq\to O(p\lor q)$

(6) $F(p\lor q)\leftrightarrow Fp\land Fq$

(7) $Fp\lor Fq\to F(p\land q)$

(8) $O(p\leftrightarrow q)\to(Op\leftrightarrow Oq)$

(9) $O(p\to q)\land Op\to Oq$

(10) $O(p\to q)\land Pp\to Pq$

(11) $O(p\to q)\land Fq\to Fp$

(12) $O(p\lor q)\land Fp\to Oq$

以上公式只是规范逻辑有效的等值式和蕴涵式中的一部分。除去作为公理的公式外，它们都是可以得到证明的。除此之外还有许多这样的公式。根据这些公式，就可以进行复合规范命题推理。

【例1】如果利害关系人在起诉前向人民法院申请采取财产保全措施就要提供担保，这是必需的；所以，如果利害关系人在起诉前必须向人民法院申请采取财产保全措施，就必须提供担保。

这个推理是根据上述公式（1）进行的，其推理形式是：

$$\frac{O(p\to q)}{Op\to Oq}$$

【例2】逮捕犯罪嫌疑人、被告人，必须经过人民检察院批准或者人民法院决定，由公安机关执行。（《刑事诉讼法》第80条）

所以，逮捕犯罪嫌疑人、被告人，必须经过人民检察院批准或者人民法院决定，并且必须由公安机关执行。

这个推理是根据上述公式（2）进行的，其推理形式是：

$$\frac{O(p\land q)}{Op\land Oq}$$

【例3】对于未遂犯，可以比照既遂犯从轻或者减轻处罚。（《刑法》第23条第2款）

所以，对于未遂犯，可以比照既遂犯从轻处罚，或者可以比照既遂犯减轻处罚。

这个推理是根据上述公式（3）进行的，其推理形式是：

$$\frac{P\ (p \vee q)}{Pp \vee Pq}$$

【例4】消费者或者其他受害人因商品缺陷造成人身、财产损害的，可以向销售者要求赔偿，也可以向生产者要求赔偿。(《消费者权益保护法》第40条第2款)

所以，消费者或者其他受害人因商品缺陷造成人身、财产损害的，可以向销售者或者生产者要求赔偿。

这个推理是根据上述公式（3）进行的，其推理形式是：

$$\frac{Pp \vee Pq}{P\ (p \vee q)}$$

【例5】被保险人或者受益人在未发生保险事故的情况下，谎称发生了保险事故，向保险人提出赔偿或者给付保险金的请求的，保险人有权解除保险合同，并不退还保险费。(《保险法》第27条第1款)

所以，被保险人或者受益人谎称发生了保险事故，向保险人提出赔偿或者给付保险金的请求，保险人有权解除保险合同，并且可以不退还保险费。

上述推理是根据上述公式（4）进行的，其推理形式是：

$$\frac{P\ (p \wedge q)}{Pp \wedge Pq}$$

【例6】犯罪分子违法所得的一切财物，应当予以追缴或者应当责令退赔；所以，犯罪分子违法所得的一切财物，应当予以追缴或者责令退赔。

这个推理是根据上述公式（5）进行的，其推理形式是：

$$\frac{Op \vee Oq}{O\ (p \vee q)}$$

【例7】经营者不得以格式条款、通知、声明、店堂告示等方式，作出对消费者不公平、不合理的规定，或者减轻、免除其损害消费者合法权益应当承担的民事责任。(《消费者权益保护法》第26条第2款)

所以，经营者不得以格式合同、通知、声明、店堂告示等方式作出对消费者不公平、不合理的规定，并且不得以格式合同、通知、声明、店堂告示等方式作出减轻、免除其损害消费者合法权益应当承担的民事责任的规定。

这个推理是根据上述公式（6）进行的，其推理形式是：

$$\frac{F\,(p \vee q)}{Fp \wedge Fq}$$

【例8】 如果公司合并或者分立，则由公司的股东会作出决议，这是必需的；而公司必须合并或者分立；所以，必须由公司的股东会作出决议。

这个推理是根据上述公式（9）进行的，其推理形式是：

$$\frac{O\,(p \rightarrow q),\ Op}{Oq}$$

【例9】 人民法院审理民事案件，必须由审判员组成合议庭，或者由审判员、陪审员共同组成合议庭；这个民事案件的审理不得由审判员、陪审员共同组成合议庭；所以，这个民事案件的审理必须由审判员组成合议庭。

这个推理是根据上述公式（12）进行的，其推理形式是：

$$\frac{O\,(p \vee q),\ Fp}{Oq}$$

上述推理所依据的等值式或蕴涵式都是经过证明的，未经证明的公式不得作为推理的规则。特别要注意，不要将蕴涵式误认为等值式。

例如：不要将公式（4）误认为等值式，因为 $Pp \wedge Pq \rightarrow P\,(p \wedge q)$ 是不能成立的，从 $Pp \wedge Pq$ 推不出 $P\,(p \wedge q)$。例如，允许信仰宗教，也允许不信仰宗教，但不能允许既信仰宗教又不信仰宗教。由此可见，从 $Pp \wedge Pq$ 推不出 $P\,(p \wedge q)$。

又如：不要将公式（5）误认为等值式，因为 $O\,(p \vee q) \rightarrow Op \vee Oq$ 是不能成立的，从 $O\,(p \vee q)$ 推不出 $Op \vee Oq$。例如，信仰宗教或不信仰宗教，这是必须的，但信仰宗教不是必须的，不信仰宗教也不是必须的。由此可见，从 $O\,(p \vee q)$ 推不出 $Op \vee Oq$。

四、规范三段论

规范三段论就是以规范命题为大前提，以直言命题为小前提，借助于中项或媒介项的作用，得出一个规范命题结论的演绎推理。

规范三段论的形式是多种多样的，有些规范三段论类似于直言三段论，有些规范三段论类似于关系三段论。

【例1】 故意犯罪应当负刑事责任，
　　　　故意杀人罪是故意犯罪，
　　　　所以，故意杀人罪应当负刑事责任。

这个推理与直言三段论非常相似，其推理形式是：

$$\frac{\text{凡 } M \text{ 必须 } P}{\text{凡 } S \text{ 必须 } P}$$
$$\text{凡 } S \text{ 是 } M$$

【例2】 我们必须严厉打击破坏社会主义市场经济秩序罪，
　　　　生产、销售伪劣商品罪是破坏社会主义市场经济秩序罪，
　　　　所以，我们必须严厉打击生产、销售伪劣商品罪。

这个推理与关系三段论非常相似，其推理形式是：

$$\frac{\text{所有 } x \text{ 与所有 } y \text{ 必须有 } R \text{ 关系,}}{\text{所有 } z \text{ 是 } y,}$$
$$\text{所有 } x \text{ 与所有 } z \text{ 必须有 } R \text{ 关系}$$

有些规范三段论经过整理以后，可以与直言三段论或关系三段论相似。

【例3】 已满16岁的人犯罪必须负刑事责任，
　　　　张某是已满16岁的人，
　　　　所以，张某犯罪必须负刑事责任。

如果用附性法将上述规范三段论的小前提改为"张某犯罪是已满16岁的人犯罪"，就与直言三段论相似了。

【例4】 醉酒的人犯罪必须负刑事责任，
　　　　放火是犯罪，
　　　　所以，醉酒的人放火必须负刑事责任。

如果用附性法将上述规范三段论的小前提改为"醉酒的人放火是醉酒的人犯罪"，就与直言三段论相似了。

规范三段论应当遵守直言三段论的规则或关系三段论的规则。

五、规范条件推理

规范条件推理就是根据规范命题所涉及的行为之间的条件关系进行的演绎推理。它有以下几种：

（一）必须条件推理

必须条件推理就是根据必须命题所涉及的行为之间的条件关系进行的演绎推理。它有以下两种：

1. 由必须到必须。如果 A 是必须的，而 B 是 A 的必要条件，则 B 也是必须的。也就是由 OA 和 $A \to B$ 可以推出 OB。即：

$$OA, A \to B \vdash OB$$

例如：证据应当在法庭上出示，并由当事人互相质证。（《民事诉讼法》第68条）

而只有当事人出庭才能互相质证，

所以，当事人必须出庭。

2. 由必须到禁止。如果 A 是必须的，而 B 是非 A 的充分条件，则 B 是禁止

的。也就是由 OA 和 $B→\neg A$ 可以推出 FB。即：
$$OA, B→\neg A \vdash FB$$

例如：合同依法成立，即具有法律约束力，当事人必须全面履行合同规定的义务，任何一方不得擅自变更或解除合同。

而如果迟延履行合同，就不能全面履行合同规定的义务，

所以，不得迟延履行合同。

（二）禁止条件推理

禁止条件推理就是根据禁止命题所涉及的行为之间的条件关系进行的演绎推理。它有以下两种：

1. 由禁止到禁止。如果 A 是禁止的，而 B 是 A 的充分条件，则 B 也是禁止的。也就是由 FA 和 $B→A$ 可以推出 FB。即：
$$FA, B→A \vdash FB$$

例如：出版者、表演者、录音录像制作者、广播电台、电视台等依照本法有关规定使用他人作品的，不得侵犯作者的署名权、修改权、保护作品完整权和获得报酬的权利。(《著作权法》第31条)

而使用他人作品，未按照规定支付报酬，就侵犯了他人著作权的获得报酬权。

所以，不得使用他人作品而不按照规定支付报酬。

2. 由禁止到必须。如果 A 是禁止的，而 B 是非 A 的必要条件，则 B 是必须的。也就是由 FA 和 $\neg A→B$ 可以推出 OB。即：
$$FA, \neg A→B \vdash OB$$

例如：禁止污染河流，

而只有净化排入河流的工业废水，才不污染河流，

所以，必须净化排入河流的工业废水。

（三）允许条件推理

允许条件推理就是根据允许命题所涉及的行为之间的条件关系进行的演绎推理。它有以下两种：

1. 由允许到允许。如果 A 是允许的，而 B 是 A 的必要条件，则 B 也是允许的。也就是由 PA 和 $A→B$ 可以推出 PB。即：
$$PA, A→B \vdash PB$$

例如：当事人在法庭上可以提出新的证据。(《民事诉讼法》第139条第1款)

而只有通知新的证人到庭，才能提出新的证据，

所以，允许通知新的证人到庭。

2. 由允许到允许不。如果 A 是允许的，而 B 是非 A 的充分条件，则非 B 是允许的，即允许不 B。也就是由 PA 和 $B \rightarrow \neg A$ 可以推出 $P \neg B$。即：

$$PA, B \rightarrow \neg A \vdash P \neg B$$

例如：允许当事人在调解书送达前反悔，

而当事人签收调解书后就不能反悔，

所以，允许当事人不签收调解书。

六、规范强弱推理

规范强弱推理，就是从一个较强或较弱的规范推出一个较弱或较强的规范的推理。这种推理是从规范制定者的意图出发，既然有权制定这一规范的人制定了前一个较强或较弱的规范，就更有理由制定后一个较弱或较强的规范，因而由前一个规范可以推出后一个规范。规范强弱推理有以下两种：

（一）由强到弱的规范推理

由强到弱的规范推理就是由一个较强的规范推出一个较弱的规范的推理。由强到弱的规范推理适用于必须规范和允许规范。它的根据是：从规范制定者的意图看，如果必须履行或允许履行一个较强的行为，就更有理由必须履行或允许履行比这个行为较弱的行为。

例如：为了满足工农业生产的需要和城市居民生活的需要，明文规定某市供电局必须负责全市的电力供应；那么，根据同一个意图，该市供电局，就更有理由必须负责该市某个区的电力供应，从而推出：该市供电局必须负责该市某个区的电力供应。这就是由前一个较强的必须规范推出后一个较弱的必须规范。

又如：为了充分开发和利用土地资源，法律明文规定，公民和集体可以承包经营集体所有的或者国家所有由集体使用的土地；那么，根据同一个意图，就更有理由允许公民和集体承包经营集体所有或者国家所有的荒山、荒地，从而推出：允许公民和集体承包经营集体所有或者国家所有的荒山、荒地。这就是由前一个较强的允许规范推出后一个较弱的允许规范。

（二）由弱到强的规范推理

由弱到强的规范推理就是由一个较弱的规范推出一个较强的规范的推理。由弱到强的规范推理适用于禁止规范。它的根据是：从规范制定者的意图看，如果禁止履行一个较弱的行为，就更有理由禁止履行一个比这个行为较强的行为。

例如：某公园的管理者，为了保护草坪不受损坏，明令禁止游园人践踏草坪；那么，根据同一个意图，就更有理由禁止游园人挖掘草坪，因为挖掘草坪，会给草坪造成更大的损坏，从而推出：禁止游园人挖掘草坪。这就是由前一个较弱的禁止规范推出后一个较强的禁止规范。

由于规范强弱推理要从规范制定者的意图出发，如果规范制定者曾经公开明确地表示过制定这个规范的意图，这还比较好办。如果规范制定者没有公开明确地表示过制定这个规范的意图，这就要依靠推论者的分析和推测，由于推论者的价值观念同规范制定者的价值观念并不一定完全相同，因而推论者推测的意图并不一定就是规范制定者的真正意图。即使推测的意图同制定者的意图完全一致，但对于什么行为是强的，什么行为是弱的，其评定的标准，有时却是非常含混、难以确定的。因此，推论出来的规范，并不一定就被有权制定该规范的人所认可，并不一定就是有效的。

由于上述原因，规范强弱推理与前几种规范推理不同，它不是演绎推理，而是非演绎推理，其结论有一定的或然性。

第六节 自然推理系统 DT^N

一、DT^N 系统的基本规则

规范逻辑（又称道义逻辑）的自然推理系统 DT^N 建立在 P^N 系统之上。

DT^N 系统除了包含 P^N 系统的基本符号外，还有一个基本符号 O。O 是规范词，是一元逻辑联结词。O 表示"必须"，Op 表示"必须 p"。

在 DT^N 系统中，有如下定义：

$P\alpha =_{df} \neg O \neg \alpha$ 表示"允许 α"。

$F\alpha =_{df} O \neg \alpha$ 表示"禁止 α"。

在 DT^N 系统中，命题形式定义如下：

(1) 任一命题变项是命题形式；

(2) 如果 α 和 β 是命题形式，那么：

$\neg \alpha, \alpha \wedge \beta, \alpha \vee \beta, \alpha \rightarrow \beta, \alpha \leftrightarrow \beta$ 亦是；

(3) 如果 α 是命题形式，那么：

$O\alpha, P\alpha, F\alpha$ 亦是；

(4) 只有由 (1) ~ (3) 形成的表达式才是命题形式。

P^N 系统规则加上关于规范词的推理规则就构成规范逻辑的自然推理系统 DT^N 的规则。P^N 系统的全部规则都是 DT^N 的推理规则，规则中的命题形式不限

于 P^N 系统而扩展到 DT^N 系统的命题形式。

DT^N 系统关于规范词的基本推理规则有三条：

必须销去规则 OS：从 $O\alpha$ 可推出 $\neg O \neg \alpha$。即从 $O\alpha$ 可推出 $P\alpha$。

必须引入规则 OG：从定理 α 可推出 $O\alpha$。

必须分离规则 OM：从 $O(\alpha \to \beta)$ 和 $O\alpha$ 可推出 $O\beta$。即从 $O(\alpha \to \beta)$ 可推出 $(O\alpha \to O\beta)$。

二、DT^N 系统的有效推理

α 是 DT^N 的定理，当且仅当 α 能仅由 DT^N 系统的推理规则推出。即在 DT^N 中，有一个无假设（前提为空集 Λ）的自然推理以 α 为一项。记为 $\vdash_{DT^N} \alpha$ 或 $\vdash \alpha$。

显然，P^N 系统的全部定理都是 DT^N 系统的定理。从而 P^N 系统的全部重言式都是 DT^N 系统的定理。

一个推理蕴涵式是 DT^N 系统的定理，当且仅当从它的全部前提出发，根据 DT^N 系统推理规则能推出它的结论。记为 $\vdash \alpha \to \beta$ 或 $\alpha \vdash \beta$。此处 α 是前提，β 是结论。

DT^N 系统的定理称为 DT^N 系统的有效式。

如果一个推理蕴涵式是 DT^N 系统的定理，则称该推理在 DT^N 系统中是有效的。否则是非有效的。

【例1】 $\vdash \neg PA \to P \neg A$

1	①	$\neg PA$	P
1	②	$O \neg A$	$1T$
1	③	$\neg OA$	$2OS$
1	④	$P \neg A$	$3T$
Λ	⑤	$\neg PA \to P \neg A$	$1, 4C.P$

【例2】 $F \neg A \vdash PA$

1	①	$F \neg A$	P
1	②	OA	$1T$
1	③	$\neg O \neg A$	$2OS$
1	④	PA	$3T$

这个结论称为道义允许律：如果一个行为的否定被禁止，那么这个行为本身是被允许的。

$F \neg A$ 等值于 OA，因此上式表明：如果一个行为是必须的，那么该行为是被允许的。

【例3】⊢ O (A→B) ∧PA→PB

1	①	O (A→B)	P
1	②	O (¬B→¬A)	1T
1	③	O¬B→O¬A	2OM
1	④	¬O¬A→¬O¬B	3T
1	⑤	PA→PB	4T
Λ	⑥	O (A→B) → (PA→PB)	1, 5C. P
Λ	⑦	O (A→B) ∧PA→PB	6T

这个定理表明：必须如果有行为 A 就有行为 B，并且允许行为 A，蕴涵允许行为 B。

【例4】⊢ O (A→B) ∧FB→FA

1	①	O (A→B)	P
1	②	O (¬B→¬A)	1T
1	③	O¬B→O¬A	2OM
1	④	FB→FA	3T
Λ	⑤	O (A→B) → (FB→FA)	1, 4C. P
Λ	⑥	O (A→B) ∧FB→FA	5T

这个定理表明：必须如果有行为 A 就有行为 B，并且禁止行为 B，蕴涵禁止行为 A。

【例5】⊢ P (A∧B) →PA∧PB

1	①	A∧B	P
1	②	A	1T
Λ	③	A∧B→A	1, 2C. P
Λ	④	O (A∧B→A)	3OG
Λ	⑤	P (A∧B) →PA	4T（例3）
1	⑥	B	1T
Λ	⑦	A∧B→B	1, 6C. P
Λ	⑧	O (A∧B→B)	7OG
Λ	⑨	P (A∧B) →PB	8T（例3）
Λ	⑩	P (A∧B) →PA∧PB	5, 9T

这个定理表明：允许行为 A 并且行为 B 蕴涵允许行为 A 并且允许行为 B。

【例6】 ⊢ $OA \vee OB \rightarrow O(A \vee B)$

1	①	$OA \vee OB$	P
2	②	$\neg O(A \vee B)$	P
2	③	$P\neg(A \vee B)$	2T
2	④	$P(\neg A \wedge \neg B)$	3T
2	⑤	$P\neg A \wedge P\neg B$	4T（例5）
2	⑥	$\neg OA \wedge \neg OB$	5T
2	⑦	$\neg OA$	6T
1, 2	⑧	OB	1, 7T
2	⑨	$\neg OB$	6T
1, 2	⑩	$OB \wedge \neg OB$	8, 9T
1	⑪	$O(A \vee B)$	2, 10R.A.A
Λ	⑫	$OA \vee OB \rightarrow O(A \vee B)$	1, 11C.P

这个定理表明：必须行为 A 或者必须行为 B 蕴涵必须行为 A 或者行为 B。

【例7】 $O(A \wedge B) \vdash OA \wedge OB$

1	①	$A \wedge B$	P
1	②	A	1T
Λ	③	$A \wedge B \rightarrow A$	1, 2C.P
Λ	④	$O(A \wedge B \rightarrow A)$	3OG
Λ	⑤	$O(A \wedge B) \rightarrow OA$	4OM
6	⑥	$O(A \wedge B)$	P
6	⑦	OA	5, 6T
1	⑧	B	1T
Λ	⑨	$A \wedge B \rightarrow B$	1, 8C.P
Λ	⑩	$O(A \wedge B \rightarrow B)$	9OG
Λ	⑪	$O(A \wedge B) \rightarrow OB$	10OM
6	⑫	OB	6, 11T
6	⑬	$OA \wedge OB$	7, 12T

可以证明：上述定理的逆⊢ $OA \wedge OB \rightarrow O(A \wedge B)$ 也是成立的。

这个定理表明：必须行为 A 并且行为 B 等值于必须行为 A 并且必须行为 B。

【例8】 ⊢ $P(A \vee B) \rightarrow (PA \vee PB)$

1	①	$P(A \vee B)$	P

1	②	$\neg O \neg (A \vee B)$	$1T$
1	③	$\neg O (\neg A \wedge \neg B)$	$2T$
1	④	$\neg (O \neg A \wedge O \neg B)$	$3T$（例7）
1	⑤	$\neg O \neg A \vee \neg O \neg B$	$4T$
1	⑥	$PA \vee PB$	$5T$
Λ	⑦	$P (A \vee B) \rightarrow (PA \vee PB)$	$1, 6C.P$

可以证明：它的逆定理也是成立的。

这个定理称作道义分配律：允许行为 A 或者行为 B 等值于或者允许行为 A 或者允许行为 B。

例如："允许对犯罪的外国人独立适用或者附加适用驱逐出境"等值于"允许对犯罪的外国人独立适用驱逐出境，或者允许对犯罪的外国人附加适用驱逐出境"。

由此我们也可以得到另一定理：

$$\vdash F (A \vee B) \leftrightarrow FA \wedge FB$$

即禁止行为 A 或行为 B 等值于禁止行为 A 并且禁止行为 B。

【例9】$\vdash O (A \wedge B \rightarrow C) \wedge OA \wedge FC \rightarrow FB$

1	①	$O (A \wedge B \rightarrow C)$	P
1	②	$P (A \wedge B) \rightarrow PC$	$1T$（例3）
3	③	FC	P
3	④	$\neg PC$	$3T$
1, 3	⑤	$\neg P (A \wedge B)$	$2, 4T$
1, 3	⑥	$O \neg (A \wedge B)$	$5T$
1, 3	⑦	$O (\neg A \vee \neg B)$	$6T$
1, 3	⑧	$O (A \rightarrow \neg B)$	$7T$
1, 3	⑨	$OA \rightarrow O \neg B$	$8OM$
10	⑩	OA	P
1, 3, 10	⑪	$O \neg B$	$9, 10T$
1, 3, 10	⑫	FB	$11T$
1, 10	⑬	$FC \rightarrow FB$	$3, 12C.P$
1	⑭	$OA \rightarrow (FC \rightarrow FB)$	$10, 13C.P$
Λ	⑮	$O (A \wedge B \rightarrow C) \rightarrow [OA \rightarrow (FC \rightarrow FB)]$	$1, 14C.P$
Λ	⑯	$O (A \wedge B \rightarrow C) \wedge OA \wedge FC \rightarrow FB$	$15T$

这个定理称作道义反三段论：必须如果行为 A 并且行为 B 就行为 C，并且

必须行为 A 而禁止行为 C，蕴涵禁止行为 B。

【例10】$\vdash OA \to O(A \vee B)$

1	①	A	P
1	②	$A \vee B$	$1T$
Λ	③	$A \to A \vee B$	$1, 2C.P$
Λ	④	$O(A \to A \vee B)$	$3OG$
Λ	⑤	$OA \to O(A \vee B)$	$4OM$

这个定理是一个道义怪论：必须行为 A 蕴涵必须行为 A 或者行为 B。

例如：如果必须判处这个人死刑，那么就必须判处这个人死刑或者把这个人无罪释放。

这在直观上似乎不合情理。

同样可以证明 $FA \to F(A \wedge B)$，$PA \to P(A \vee B)$，$FA \to O(A \to B)$ 等都是 DT^N 的定理，它们在直观上似乎不合情理，都被称为道义怪论。

如何解释和处理这样的"怪论"，从而构造新的道义逻辑系统是道义逻辑进一步发展的一个领域。

思考题

1. 什么是模态命题？它有哪些种类？
2. 什么是可能世界？如何借助可能世界的概念来确定模态命题的真假？
3. 什么是模态对当推理？它有哪些种类？
4. 什么是模态与非模态命题推理？它有哪些推理形式？
5. 什么是必然化推理？它有哪些规则？
6. 什么是复合模态命题推理？它有哪些主要的推理形式？
7. 什么是模态三段论？它有哪些规则？
8. 什么是规范命题？它有哪些种类？
9. 规范命题与模态命题之间有何联系？
10. 如何确定规范命题的真假？
11. 什么是规范对当推理？它有哪些种类？
12. 什么是必须化推理？它有哪些规则？
13. 什么是复合规范命题推理？它有哪些主要的推理形式？
14. 什么是规范三段论？它类似于什么推理？
15. 什么是规范条件推理？它有哪些种类？
16. 什么是规范强弱推理？它有哪些种类？为什么规范强弱推理属于非演绎

推理？

17. T^N、QT^N、DT^N 系统的推理规则有哪些？

练习题

一、根据命题之间的真假关系，指出下列各组命题的真假情况。

1. 已知："某甲必然是凶手"为假，则：
(1) "某甲不必然不是凶手"为（   ）。
(2) "某甲不可能不是凶手"为（   ）。
(3) "某甲不可能是凶手"为（   ）。
(4) "某甲不是凶手"为（   ）。

2. 已知："某甲可能是凶手"为真，则：
(1) "某甲必然不是凶手"为（   ）。
(2) "某甲可能不是凶手"为（   ）。
(3) "某甲必然是凶手"为（   ）。
(4) "某甲是凶手"为（   ）。

3. 已知："禁止干涉婚姻自由"为真，则：
(1) "不允许干涉婚姻自由"为（   ）。
(2) "允许不干涉婚姻自由"为（   ）。
(3) "禁止不干涉婚姻自由"为（   ）。
(4) "必须不干涉婚姻自由"为（   ）。

4. 已知："允许上诉"为真，则：
(1) "不禁止上诉"为（   ）。
(2) "必须不上诉"为（   ）。
(3) "允许不上诉"为（   ）。
(4) "必须上诉"为（   ）。

二、写出下列推理的形式，并判定它是否有效。

1. 被告人不必然上诉，所以，被告人可能不上诉。

2. 科学技术的进步不可能不带来生产力的发展，所以，科学技术的进步可能带来生产力的发展。

3. 罪犯不必然不说谎，所以，罪犯不可能不说谎。

4. 某甲不必然考上研究生，所以，某甲必然考不上研究生。

5. 某甲生了病，所以，某甲可能生病。

6. 必须遵守劳动纪律，所以，允许遵守劳动纪律。

7. 允许遵守公共秩序，所以，不允许不遵守公共秩序。

8. 不禁止爱护公共财产，所以，必须爱护公共财产。

9. 必须尊重社会公德，所以，禁止不尊重社会公德。

10. 禁止工商企业假冒其他企业已经注册的商标，所以，不允许工商企业假冒其他企业已经注册的商标。

11. 被告或者有罪或者无罪，所以，被告必然或者有罪或者无罪。

12. 子女或者随父姓或者不随父姓，所以，子女必须或者随父姓或者不随父姓。

13. 这个三角形三边相等当且仅当这个三角形三内角相等，这是必然的，所以，这个三角形必然三边相等当且仅当这个三角形必然三内角相等。

14. 必然如果某甲有罪则某乙也有罪，然而某乙必然无罪，所以，某甲必然无罪。

15. 或者禁止吸烟或者禁止饮酒，所以，禁止既吸烟又饮酒。

16. 必须如果甲队参加决赛则承认甲队半决赛的成绩，但禁止承认甲队半决赛的成绩，所以，禁止甲队参加决赛。

17. 明天可能又刮风又下雨，所以，明天可能下雨。

18. 甲队必然获得冠军，所以，必然甲队或乙队获得冠军。

19. 被收养的子女可能随养父的姓氏，张三是被收养的，所以，张三可能是随其养父的姓氏。

20. 作案人必然有作案时间，某甲是作案人，所以，某甲必然有作案时间。

21. 作案人必然有作案时间，某乙不是作案人，所以，某乙没有作案时间。

22. 作案人必然有作案时间，某丙不可能有作案时间，所以，某丙必然不是作案人。

23. 作案人必然有作案时间，某丁没有作案时间，所以，某丁必然不是作案人。

24. 犯过失致人死亡罪的，必须处以7年以下有期徒刑，某甲犯了过失致人死亡罪，所以，某甲必须处以7年以下有期徒刑。

25. 父母必须抚养教育未成年子女，张小英是张杰和王芳的未成年子女，所以，张杰和王芳必须抚养教育张小英。

26. 考生必须于×月×日上午8时参加考试，所以，考生必须于×月×日上午8时以前携带准考证进入考场。

27. 必须保持食品卫生，所以，禁止用被污染的纸张包装食品。

28. 禁止在阅览室内大声说话，所以，禁止在阅览室内燃放爆竹。

三、在 T^N 系统或 QT^N 系统中证明下述有效式，并写出证明过程。

1. $\vdash L(A\to B) \land L(B\to A) \to (LA\leftrightarrow LB)$

2. $\vdash LA \land LB \to L(A\land B)$

3. $\vdash LA \leftrightarrow \neg M\neg A$

4. $\vdash LLA \leftrightarrow \neg MM\neg A$

5. $\vdash \forall x\neg MA \to \forall xL(A\to B)$

6. $\vdash \forall xL(A\to B) \to (\forall xMA \to \forall xMB)$

四、在 DT^N 系统中证明下列有效式，并写出证明过程。

1. $\vdash OA \land OB \to O(A\land B)$

2. $\vdash F(A\lor B) \leftrightarrow FA \land FB$

3. $\vdash FA \to \neg OA \land \neg PA$

4. $\vdash P(A\to B) \leftrightarrow (OA\to PB)$

拓展阅读书目

1. 周礼全：《模态逻辑引论》，上海人民出版社1986年版。
2. 周北海：《模态逻辑导论》，北京大学出版社1997年版。
3. 张清宇等：《哲学逻辑研究》，社会科学文献出版社1997年版。

拓展阅读材料

1. 道义悖论
2. 休谟法则

第七章　合情推理：归纳逻辑

第一节　概　述

一、什么是归纳逻辑

演绎逻辑和归纳逻辑是逻辑学研究的两种不同的逻辑。研究演绎推理的逻辑称为演绎逻辑，研究非演绎推理的逻辑称为归纳逻辑。演绎推理和非演绎推理的区分在于前提和结论之间的联系不同。演绎推理前提蕴涵结论，前提真与结论真之间具有必然联系；而归纳逻辑所研究的非演绎推理前提与结论之间不具有必然联系，即从前提真只能或然地推出结论为真。归纳逻辑不用"有效"或"无效"为标准来评价推理，而是研究推理的前提对结论的支持程度（归纳强度），并且研究如何提高归纳强度，从而提高结论可靠性程度。

二、古典归纳逻辑和现代归纳逻辑

古典归纳逻辑，是指由培根所创立并经过密尔等人发展和完善了的关于非演绎推理及方法的系统理论。其研究内容主要是关于不完全归纳推理和求因果联系方法等。其基本特征是试图通过制定各种规则，来保证人们能够从经验材料的基础上概括出一般性的科学原理。

现代归纳逻辑是20世纪以来建立的，也称概率逻辑。它是指由凯恩斯创立并经莱辛巴哈、卡尔纳普等人发展，运用概率论、数理统计、数理逻辑等工具对非演绎推理的研究所取得的成果。现代归纳逻辑的基本特征是运用概率论的定量分析以及公理化、形式化的手段，来探索有限的经验事实对一定范围内的普遍原理的支持程度。现代归纳逻辑克服了古典归纳逻辑对非演绎推理或然真的程度缺乏精确研究的不足。但严格地说，现代归纳逻辑尚未形成一种统一的、公认的理论体系，而是由一些逻辑学家提出的各不相同的，甚至是互相冲突的归纳逻辑体系。

我们将要学习的非演绎推理包括回溯推理、归纳推理、密尔五法（求因果联系的推理）、类比推理、概率与统计推理等。这些推理的前提真对结论真的支持都具有或然性，但人们可以通过努力，提高前提对结论的支持程度，从而在前提真的情形下提高结论的可靠性程度。

第二节　回溯推理

回溯推理，是一种从结果推测导致该结果发生的原因或条件的非演绎推理。例如，有人早起走到窗前，看见天没下雨，但地是湿的，便推测："昨晚下过雨。"这就是一个回溯推理。在这个推理中，"地是湿的"是前提，"昨晚下过雨"是结论。这个回溯推理的前提和结论之间的推断关系是基于推理者知道其为真的另一（未表达）陈述而存在的，这个陈述就是："如果天下雨，那么地会湿。"像这种推理者相信为真的充分条件假言命题在回溯推理中通常是一个被省略了的前提。

昆虫学家们在研究中发现，有些飞蛾能吸引两千米距离外的异性。为了解释小小飞蛾为什么能有如此强的吸引力，美国昆虫学家 P. 卡拉汉教授提出了后经证实的推测：这些飞蛾是用红外辐射的方法向远处的异性发出信号的。P. 卡拉汉教授做出该推测时运用的就是回溯推理，他省略的前提是：如果这种信号是用红外辐射的方法发送的，那就能够发送至很远之处。

回溯推理的形式是：

p，　　　　①
如果 q 则 p，②
所以 q。　　③

①推理依据的前提——已知现象；
②通常被省略的前提——推理者相信为真的一般性知识；
③推理得出的结论——前提①之现象的原因或条件。

在省略式演绎推理中，结论由前提和另外一些（未表达）命题合乎逻辑地得出，这里所说的另外一些命题被推理者接受为真，但在前提中并未明显地表达。在回溯推理中，逻辑蕴涵关系的方向刚好相反。前提（上例中的①）可以由结论（上例中的③）和推理者相信的某些命题（上例中的②）合乎逻辑地推导出来。如果说演绎推理的推导过程是从理由（已知条件）到结论（该条件的结果），那么回溯推理的推导过程则是由已知结果推测理由（导致结果发生的原因或条件）。回溯推理的前提和结论间的推出关系正好与演绎推理之充分条件假言推理的肯定前件式的推导方向相反（由肯定"后件"——发现结果，到肯定"前件"——推测原因）。"回溯"也正是就它相对于演绎推理"倒着推"而言的。回溯推理又被叫做"溯因推理"或者"逆推理"。

不难看出，回溯推理的被省略的充分条件假言命题补充出来后，其推理形式从演绎逻辑的眼光来看是无效的。因为它是充分条件假言推理之肯定后件式。但这种推理无论在日常生活中还是科学研究或司法侦查中都应用得很频繁。我们由电灯突然熄灭，推论保险丝断了，就是回溯推理。当道尔顿根据组成化合物的元素重量的恒定比例和倍数比例提出他的物体原子结构的观念时，也是借助于回溯推理。气体分子运动论等许多物理理论的提出都是以回溯推理为基础的。公安人员面对作案现场留下的蛛丝马迹来确定嫌疑人的范围也离不开回溯推理。归纳逻辑在承认回溯推理即使前提为真而结论可错的前提下，肯定回溯推理有其客观依据及应用价值，研究如何提高回溯推理结论的可靠性程度。

回溯推理的根据在于客观现象之间的因果联系或条件联系。因为原因与结果之间、条件与被制约的现象之间存在着一定的联系。一个现象的发生必然存在着一定的原因或条件。正是基于这一点，我们才能根据已知的现象和已有的关于因果联系或条件联系的知识进而作出推测。其中关于因果联系或条件联系的一般知识往往就是被省略的充分条件假言命题的前提。

回溯推理是可错的，原因在于因果联系及条件联系的复杂性。一个现象的出现总是有其原因或条件的，但原因或条件可能是多种多样的。例如引起人体发烧可能是患急性肺炎、患重感冒、患急性脑膜炎等其他许多炎症。我们通常把因果联系表达为一个充分条件假言命题，其中前件是原因，后件是结果。由于一果多因的现象存在，任何一个原因存在，都会有相应的结果存在；但有特定的结果，却未必每个原因都出现。如上例中，如果某人得了急性肺炎，那么他就会发烧，但如果某人发烧，他未必就是得了急性肺炎。因为与此相关的还有其他因果联系的一般知识："如果人患重感冒就会发烧""如果人患急性脑膜炎就会发烧"……基于每一个相关的因果联系的一般知识，都可以推测出一个可能的原因。其中哪一个为真呢？有待于进一步的检验、判定。

为了提高回溯推理结论可靠性程度，推理者应尽量积累与研究现象相关的因果联系的知识，从而尽可能地推测出引起该现象（结果）的各种原因，再经过逐个检验、试错，修正各种假设（所推测的原因），从而找到导致该现象发生的准确原因。例如针对"发烧"现象，人们可以推测出各种不同的原因，医生根据病人的情况、医学理论以及临床经验就能比一般人作出更准确的诊断。再如上例对"地湿"现象的原因的推测,"下过雨"只是其中一种可能的原因,"洒水"同样可以引起"地湿"这一结果。到底哪一种推测更准确呢?如果这个人进一步观察发现"旁边的楼顶上也都湿了",他就有理由相信"下过雨"是"地湿"的原因;但如果他出门后发现尽管窗前的地湿了,"其他地面却是干的",他就有理由相信"洒水"是"地湿"的原因。拥有的相关经验和知识越丰富,检验各种推测结论时态度越谨慎,由回溯推理中得出结论的可靠性越高。在司法侦查实践中,大量运用着回溯推理。侦查人员总是利用作案现场和已有知识,通过回溯推理先找出嫌疑犯,进而确定作案者。例如,死者刘某某(其夫靳某在外地工作)于某日深夜两点前后,在卧室内被杀。据查,事先房门确实是关着的,室内无任何可供藏身之处,门又不易拨开,且门闩上毫无刀拨痕迹,可以断定罪犯是先叫开门然后行凶的。那么谁能够在深更半夜叫开一个青年女子的门呢?侦查人员运用回溯推理作了如下推测:

门是被叫开的;

如果是非常熟悉的人半夜叫门,就能将门叫开;

因此,可能是非常熟悉的人半夜叫门。

通过这个推理,缩小了侦查范围,将侦查对象集中到与死者非常熟悉的人身上。后经进一步调查,得知死者之夫靳某曾提出要与刘某某离婚,刘某某被杀的当晚,又有人亲眼看见靳某回过村。据此,针对靳某有作案时间,侦查人员又做出如下回溯推理:

靳某有作案时间;

如果靳某谋杀其妻,那么靳某有作案时间;

因此,可能是靳某杀害其妻。

后来,侦查人员通过进一步的侦查,查明靳某正是杀人凶手。

第三节 归纳推理

归纳推理是这样一种非演绎推理:由于发现某类对象中的许多个别对象都具有某种属性,而且没有发现相反的情况,从而得出结论:所有这类对象都具有这种属性。

据介绍,1742 年,哥德巴赫写信给欧拉,提出每个不小于 6 的偶数都是两个素数之和。例如:$6 = 3 + 3$,$24 = 11 + 13$ 等。有人对一个个偶数进行演算,一直演算到 3 亿 3 千万都没有遇到反例,于是相信即使对于更大的偶数,哥德巴赫的上述猜想也是对的。这种基于所观察的偶数的性质得出所有大于6的偶数的性质的结论的思维过程所运用的就是归纳推理。

"归纳推理"这个概念常常在不同的意义上被运用。有时，"归纳推理"被作为非演绎推理的代名词。这种广义使用的"归纳推理"泛指本章讲解的所有推理。即使就由个别对象为前提得出一般结论的推理而言，"归纳推理"也有广义和狭义之分。广义的归纳推理依前提中是否考察了某类对象的全部个体而分为完全归纳推理和不完全归纳推理。如果我们已经知道在前提中考察了该类对象的全部个体，这个推理就是完全归纳推理；否则，就是不完全归纳推理。这两种归纳推理的形式分别是：

用 S_1、S_2……S_n 分别表示某类对象中的不同个体，P 表示对象所具有的属性。

完全归纳推理　　　　　　　　不完全归纳推理

S_1 是 P　　　　　　　　　　S_1 是 P

S_2 是 P　　　　　　　　　　S_2 是 P

……　　　　　　　　　　　　……

S_n 是 P　　　　　　　　　　S_n 是 P

S_1、S_2……S_n 是 S 类全部对象　　……

所以，凡 S 是 P　　　　　　所以，凡 S 是 P

由于完全归纳推理考察了每个对象而无例外，只要前提真则结论必然真。所以就前提和结论之间的联系性质而言，它是一种演绎推理。我们这里讨论的是作为非演绎推理的不完全归纳推理，也就是说我们是在狭义上运用"归纳推理"概念的。由于完全归纳推理只有在研究对象确定而且数目有限时才可以采用，实际思维中大量运用的也是不完全归纳推理。

归纳推理的前提真并不能保证结论必然真。因为人们所观察到的事例是为数有限的，而且单凭观察所获得的经验是不能证明事件的普遍性。事实上，人们用归纳推理得到的许多结论，如："所有的天鹅都是白的""动物的血液都是红的""凡固体物质受热体积都会增大"等，后来都因遇到相反的事例，被事实证明是错误的。在冯梦龙编的《警世通言》中，记载着这样一则故事：

有一天，苏东坡去看望宰相王安石，恰好王安石出去了。苏东坡在王安石的书桌上看到了一首咏菊诗的草稿，才写了开头两句：

"西风昨夜过园林，吹落黄花满地金。"

苏东坡心想："西风"就是秋风，"黄花"就是菊花，菊花最能耐寒、耐久，敢与秋霜斗，怎么会被秋风吹落满地呢？说西风"吹落黄花满地金"是大错特错了。提起笔来，续诗两句：

"秋花不比春花落，说与诗人仔细吟。"

王安石回来以后，看了这两句诗，心里很不满意。他为了用事实教训一下苏东坡，就把苏东坡贬为黄州团练副使。苏东坡在黄州住了将近一年。在黄州重阳赏花时，他发现由于夜里起风，只见菊花纷纷落瓣，似满地铺金。这时他想起给王安石续诗的往事，才知道原来是自己错了。

苏东坡在写下那两句诗的时候就是依据自己曾经看到的秋日菊花而断定所有的菊花都不会出现被一夜秋风吹落满地的情形。后来在黄州他就发现了相对于自己以前断定的反例，因而意识到自己错了。

归纳推理的客观依据问题，即人们为何能从经验事实得出普遍结论的问题是认识论要解决的。归纳逻辑所关心的是归纳推理是实际思维中的有力工具，关心怎样才能利用这种工具基于观察到的事实得到可靠性程度较高的超越观察的结论。

通常，归纳推理结论的可靠程度与观察事例的数量、范围以及对于观察对象的分析程度有着直接的关系。一般说来，观察的对象越多，考察的范围越广，归纳推理结论可靠性程度越高。例如，我们在调查研究时，涉及的对象越多，涉及的地区范围越广，得出的结论越可靠。对观察对象的分析对于提高归纳推理结论可靠性程度具有重要作用。如当观察到铜受热之后体积膨胀，铝受热之后体积膨胀，铁受热之后体积膨胀，便利用归纳推理得出结论：所有金属受热之后都体积膨胀。在这个归纳推理得出结论基础上，如果分析出上述物体受热之后，分子之间的凝聚力减弱，相应的分子之间的距离就会增加，从而导致体积膨胀。经过这样的分析，我们就有理由在更大的置信度上接受上述归纳推理的结论。这样的分析比起增加观察"金属受热之后体积膨胀"的事例的数量更能提高归纳推理结论的可靠性程度。因为仅靠经验事实的累积是不能证明普遍结论的。这一点，正如恩格斯所说：十万部蒸汽机并不比一部蒸汽机能更多地证明热能转化为机械运动。

进行归纳推理不仅要注意扩大前提考察的范围，还要注意收集可能出现的反面事例。符合一个给定规律性的成千上万个正面事例都不足以使我们接受这个规律性，但只要一个反面事例就足以否证这个规律性。如果我们在最容易出现反面情况的场合都没有收集到反面情况，也从一个方面说明归纳推理的结论可靠性程度提高了。

归纳推理的结论可靠性程度不仅与考察前提是否广泛有关，还与得出的结论断定的信息量有关。在其他条件相同的情况下：结论断定的信息量越多，其可靠性程度越低；结论断定的信息量越少，其可靠性程度越高。如上例中基于观察到的"受热后体积膨胀"的铜、铝、铁而言，可以得出关于"金属"的结论，也可得出关于"固体"的结论。对于上述已观察的结果，不仅能够得出"凡金属受热后体积膨胀"的结论，也能得出"凡固体受热后体积膨胀"的结论。但由于关于"固体"的结论比关于"金属"的结论断定的信息量多，该结论得到已有前提的支持程度低于信息量较少的关于金属结论。对于依据一定的观察前提我们如何得到恰当的结论，华罗庚曾在《数学归纳法》中做了非常通俗的说明：

从一个袋子里摸出来的第一个是红玻璃球，第二个是红玻璃球，甚至第三、四、五个都是红玻璃球时，我们立刻会猜"也许这个袋子里的东西全部是红玻璃球"。但当有一次我们摸到一个白玻璃球时，就会修正自己的猜想："也许袋子里的东西都是玻璃球"。但当有一次摸出来的是一个木球时，我们又会修正自己的猜想："也许袋子里的东西都是球"……

在上述思维过程中，人们考察的对象越来越广，而且结论断定的信息越来越少，结论得到前提支持的程度越来越强。当然，最后的结论还有待把袋子里的东西全部摸出来再检验、修正。

在运用归纳推理时，如果不注意扩大考察对象的范围，不注意结论断定的信息内容的多少，又不注意可能出现的反面事例，就作出一般性结论，其结论的可靠性程度就低，这样运用归纳推理就容易犯"轻率概括"的错误。

例如： 1906 年美国物理学家 J. J. 汤姆逊获诺贝尔物理学奖，1937 年他的儿子 G. P. 汤姆逊也获得了诺贝尔物理学奖；1903 年、1921 年居里夫人两次获诺贝尔化学奖，后来她的女儿艾琳娜·约里奥·居里也获得了诺贝尔化学奖；1922 年，丹麦科学家 N. 玻尔获诺贝尔物理学奖，1975 年他的儿子 A. 玻尔也获得此项奖；1929 年瑞典人 F. 欧勒获诺贝尔化学奖，他的儿子 V. F. 欧勒后来获得了诺贝尔生理学奖。由此得出结论：凡父母获诺贝尔奖者，其子女也可获得诺贝尔奖。

这样的"归纳"便是"轻率概括"，前提与结论间缺乏可分析的联系，其结论很容易被反面事例所推翻。

第四节　密尔五法

密尔（旧译穆勒）五法，亦即求因果联系五法，是指判明因果联系的五种逻辑方法。这些方法是英国逻辑学家、法学家斯图加特·密尔在他的六卷书《逻辑体系》卷三："归纳的依据和方法"中，总结人们探索自然的方法时提出来的。这五种方法分别是：求同法、求异法、求同求异并用法、共变法和剩余法。我们介绍这五种方法，是因为从逻辑眼光来看，每一种方法都是一种探求因果联系的非演绎推理。为了学习求因果联系的非演绎推理，我们先要弄清什么是因果联系。

自然界和社会中的各现象都是互相关联、互相依赖、互相制约的。如果某个现象的存在对于另一个现象发生是不可或缺的，那么这两个现象之间就具有因果联系。其中，引起某一现象产生的现象叫原因，被另一现象引起的现象叫结果。例如：物体摩擦就会生热。"摩擦"和"生热"之间存在着因果联系。其中，"摩擦"是引起"生热"的原因，"生热"是"摩擦"所引起的结果。

因果联系是一种普遍的联系。每一现象的出现都有引起它的原因，而只要原因一经出现，相应的结果就会随之出现。没有无因之果，也没有无果之因。但是，因果联系又是具体的、特定的；不是任何两个相继出现或同时变化的现象之间都存在着因果联系。如不能认为非洲羊群的增加和癌症发病率的增高之间也存在着因果联系。即使是先后相继的现象之间，也并不都存在着因果联系。例如，一年四季，春天总是先于夏天，但春天并不是夏天的原因。

因果联系是确定的。这种确定性在质的方面表现为：在一定条件下，特定的原因会产生特定的结果。例如，在标准的大气压下，水的温度上升到100℃以上就会变成蒸汽。因果联系的确定性在量的方面表现为：当原因发生一定量的变化时，结果也随之发生相应的量的变化。例如，在标准的大气压下，水的温度上升到100℃之后，随着温度的升高，水变为蒸汽的量也随之增大。

因果联系的知识在应用上十分重要。人们为了追求特定的结果，总是先促成导致它的特定原因发生，如农民为了获得丰收而追求充足的阳光、适量的水分、肥料等。为了避免有害的结果，人们总是努力消除产生它的相关原因，如医生为了治病救人而抑制或消除某种病菌。司法实践中也大量运用着因果联系的知识，如要使被告承担法律责任，就要证明其违法事实与特定的危害结果之间存在着因果关系。

正因为因果联系的普遍存在和大量运用，关于因果联系的认识就举足轻重，因而人类思维中普遍运用着寻求因果联系的方法。基于因果联系往往是先后相继的，人们在探寻因果联系时，必须在被研究现象出现之前存在的诸多情况中去寻求它的原因，这种在某个现象出现之前所存在的情况叫"先行情况"；必须在被研究现象出现之后才出现的各个情况中去寻求它的结果，这种在某个现象之后出现的情况叫"后行情况"。在以后的论述中我们将"先行情况"和"后行情况"统称为"有关情况"。基于因果联系不仅表现在质的方面，还表现在量的方面，人们还从被研究现象量的变化和有关情况相应的量的变化之间去寻求因果联系。由于因果联系是复杂多样的，在各个不同领域中，都有各自不同的寻求因果联系的方法。英国哲学家约翰·斯图亚特·密尔在他的《逻辑体系》中提出的求因果联系的方法是对人们长期以来对因果联系的探索的系统说明，他总结的这几种方法是比较简单的、但具有普遍意义的方法。有人将这几种方法统称为求因果联系五法。

一、求同法

求同法是这样寻求因果联系的：如果在被研究现象出现的几个场合中，其他有关情况都不相同，只有一个情况是相同的，那么就得出结论，这个唯一相同的情况与被研究现象之间有因果联系。

一般用 A、B、C、D、E 等分别代表不同的有关情况，用 a 代表被研究的现象，求同法可用公式表示如下：

场合	有关情况	被研究现象
①	A、B、C……	a
②	A、B、D……	a
③	A、C、E……	a

因此，A 与 a 之间有因果联系。

上述公式中，以场合①说明 A、B、C 是现象 a 的有关情况，这些情况中之一或几种之综合与 a 之间可能有因果联系；但场合②说明情况 C 和 a 之间没有因果联系，因为场合②中没有 C 却有现象 a；同样的道理，场合③说明情况 B 和 a 之间没有因果联系；将三个场合比较，我们便可以发现在被研究现象 a 出现的各场合中唯一相同的情况是 A，因而得出结论：A 与 a 之间有因果联系。

例如：人们在牙保健方面的一项发现就是借助于求同法而获得的。人们发现有几个地区的人蛀牙的发病率较低，于是开始探寻其中原因，结果发现蛀牙发病率低的这几个地区，经度、纬度、海拔、经济、生活习惯等方面各不相同，但有一个情况是相同的，那就是这几个地区的水源中都有较高的含氟量。于是得出结论：氟和蛀牙发病率低之间有因果联系。人们有了这个发现以后进而推广这种经验，今天我们看到有的牙膏中就标明起"含氟防蛀牙"之功效。

求同法的特点是异中求同。在被研究现象出现的几个场合中，其他有关情况都不相同，只有一个是相同的，从而得出这个情况与被研究现象之间有因果联系。利用这种异中求同的方法，推出该情况与被研究现象之间有因果关系。例如，20世纪80年代以前，医学界都认为胃溃疡是由于不良饮食习惯或者生活压力所引起胃酸过多造成的。1979年，澳大利亚医生罗宾·沃伦在观察胃粘膜样本时发现了一种螺旋杆状细菌，他在随后的研究中发现这种螺旋杆状细菌总是出现在慢性胃炎和消化性胃溃疡病人的样本中。依据求同法，罗宾·沃伦意识到这种螺旋杆状细菌与慢性胃炎和消化性胃溃疡有因果联系（这一结论被其后严格的科学实验证实）。由于这一发现，罗宾·沃伦和他的同伴于2005年获得了诺贝尔生理学和医学奖。

利用求同法得出的结论不必然为真。因为在观察到的几个场合中的那个相同情况，可能和所研究的现象毫无关系。例如，人们认为球王贝利长了"乌鸦嘴"就是不恰当的运用求同法：每当贝利预言哪支球队获胜，被预言获胜的球队都输了，似乎各球队输的结果都是由贝利预言该队获胜导致的。实际上，贝利或其他人的预言不会和某队的输赢有因果联系。

另外，在观察到的几个场合中，可能包含着被忽视了的共同的有关情况，而这个被忽视了的共同情况可能恰恰与被研究的现象之间有因果联系。例如，在某一餐馆就餐的几名顾客食物中毒了。医生在诊断食物中毒的原因时发现这几名顾客吃的菜中，其他各不相同，但都有炒土豆丝，医生便断定"炒土豆丝"与"食物中毒"之间有因果联系。但实际上，这几名顾客用餐时用了该餐馆的餐具也是其相同情况，而且有可能是该餐馆的餐具被污染引起了就餐顾客的食物中毒。

为了提高求同法得出结论的可靠性程度，要注意对各个场合中的共同情况加以分析，不仅要注意到各场合中是否还有其他相同情况，也要注意各场合中唯一的相同情况是否的确与被研究的现象有因果联系。另外，要尽量增加可以比较的场合，观察的场合越多，结论可靠性越大。如果比较的场合少，就可能出现"不相干情况"（与被研究现象之间并无因果联系）是各场合的相同情况，随着观察场合的增多，"不相干情况"均为各场合中相同情况的可能性随之减少。

二、求异法

求异法是这样寻求事物间因果联系的：如果在被研究的现象出现和不出现的两个场合中，其他有关情况都相同，唯有一个情况不同，该情况在被研究现象出现的场合出现，在被研究现象不出现的场合也不出现，那就得出结论，该情况与被研究的现象之间有因果联系。

求异法可用公式表示如下：

场合	有关情况	被研究现象
①	A、B、C……	a
②	—、B、C……	—

因此，A 与 a 之间有因果联系

上述公式中，场合②中有关情况一栏中的"—"表示有关情况或现象 A 不

出现。场合①说明情况 A、B、C 中之一或其中某几种情况之综合与 a 之间有因果联系，场合②说明情况 B、C 出现了而 a 现象没出现。比较场合①和场合②，我们便得出 A 与 a 之间有因果联系的结论。

例如：两只相同的白鼠被安置在相同的环境中做实验。给两只白鼠分别喂了数量相同的四种食物。另外，给其中一只喂了一种药而另一只没喂这种药。不久，喂了那种药的白鼠变得紧张和不安，而另一只则没有这种表现。于是，研究者得出结论，该药是引起紧张的原因。对于上述两只白鼠而言，其他各种条件完全相同，只是变得紧张不安的那只食用了该药，而另一只则没有。

求异法的特点是同中求异，在被研究现象出现和不出现的两个场合中，其他有关情况都相同，只有一种情况不同，从而断定这种情况和被研究的现象间有因果联系。由于求异法考察了被研究现象出现和不出现的正反两个场合，而且要求除了在正面场合中有某一情况而反面场合中没有这一情况外，其他情况都相同。运用求异法得出的结论比求同法得出的结论的可靠性程度大。但由于求异法对所考察的场合有非常严格的要求，控制正反两个场合除某一情况之有无外，其他情况完全相同，往往只有在科学实验中才能做到。因此，求异法又被叫做科学实验法。

求异法有时也会被误用，主要原因是"唯一不同的情况"找不准，很可能考察的这个"唯一不同情况"与被研究现象之间并无实质联系。在这种情形下，即使在正反两个场合中只找到一个情况不同，该情况和被研究的现象之间也没有因果联系。

例如：在对离体的青蛙心脏进行实验时，生理学家通常使用生理盐水作为灌注液，用这种方法可使青蛙心脏继续保持约半小时的跳动。一次在伦敦大学医院，生理学家格林发现他做实验用的青蛙心脏连续跳动了好几个小时，他非常惊讶。为了找到青蛙心脏跳动时间延长的原因，他分析了以前的实验和这次实验，能想到的唯一原因便是季节的影响，由此看来只有季节的不同才是这次实验和以前实验之间的区别。于是他把这个结论写进实验报告。但后来他又发现，以前制作生理盐水时用的是蒸馏水，而他的实验助手在后面这次实验中制作盐水溶液时，用的不是蒸馏水而是自来水。根据这个线索，格林先生又断定是自来水中含有的某些微量元素引起青蛙心脏跳动时间延长。后来的多次实验证明，格林先生的第二个结论是正确的。他的第一个结论之所以错误，就是由于在考察前后实验的场合时，没有找准各个场合上"唯一不同"的情况。

三、求同求异并用法

求同求异并用法是这样探寻事物之间因果联系的：如果在被研究现象出现

的几个场合中，都有某一情况出现，而在被研究现象不出现的几个场合中，都没有这个情况出现，那就得出结论：该情况与被研究的现象之间有因果联系。

求同求异并用法可用公式表示如下：

场合	有关情况	被研究现象
第一组①	A、B、C……	a
②	A、B、D……	a
③	A、C、E……	a
第二组①	B、C、E……	—
②	D、O、H……	—
③	C、F、I……	—

因此，A与a之间有因果联系

例如：在研究生物和环境的关系时，达尔文观察到不同类的生物生活在相同的环境中，常常具有相似的形态构造：鲨鱼属于鱼类，鱼龙属于爬行类，海豚属于哺乳类，这些不同种类的动物由于长期生活在相同的海水环境中，所以外貌相似，都是梭形，都有胸鳍、背鳍和尾鳍。而同类生物生活在不同的环境中时，往往呈现不同的形态构造：鼹鼠、狼、蝙蝠、鲸等都是哺乳动物，但因为它们的生活环境不同，其形态的构造也很不相同，鼹鼠腿短嘴尖适于地下生活，狼腰细腿长适于奔跑，蝙蝠有翅适于飞翔，鲸的形状类似鱼适于水中生活。由此，达尔文依据求同求异并用法得出结论：生物形态与生活环境有因果联系。

达尔文在上述考察中运用了一次正面场合的求同，又运用了一次反面场合的求同，然后再对两组场合比较运用了一次求异。具体地说：第一组中鲨鱼、鱼龙、海豚种类各不相同，但它们的形态相同，唯一相同的有关情况是它们的生活环境，因而生物的形态与环境有联系。第二组中鼹鼠、狼、蝙蝠、鲸的形状各不相同，但它们是同一类生物，不同的只是生活环境，因而，没有相同的环境是它们没有相同形态的原因。第一组对象和第二组对象比较，凡有相同环境的生物有相同的形态，凡没有相同环境的生物没有相同的形态，因而，生物形态与生活环境有因果联系。

求同求异并用法的思维过程可以分为三步：

第一步，考察被研究现象出现的一组场合，都有一个共同情况出现，这是一次求同；

第二步，考察被研究现象不出现的一组场合，都没有这个情况出现，这又是一次求同；

第三步，将考察的两组对象进行对比分析，发现被研究现象出现的场合都有某情况出现，被研究现象不出现的场合都没有某情况出现，这里运用了一次求异。

所以说，求同求异并用法是运用了两次求同一次求异最后得出结论的。但必须指出的是：求同求异并用法作为一种寻求因果联系的方法，并不是我们前面提及的求同法和求异法的连续运用。求同求异并用法中的"求同""求异"和求同法、求异法中的"求同""求异"并不是在完全相同的意义上使用的。这里的"求同"是一次正面场合的求同，一次反面场合的求同。这里的"求异"也不像求异法中要求的那样，严格控制各场合中有关情况，使得除一个情况不同外，其他完全相同。另外，求异法是两个场合间求异，而求同求异并用法是两组场合间求异。正因为求同求异并用法对各场合中有关情况的控制没有求异法要求得那样严格，在社会实践中，求同求异并用法比求异法得到更广泛的运用。

求同求异并用法的结论也是或然的。与求异法一样，人们在考察有关情况时，可能忽视一些真正相关的情况，如某学生在不满意自己的考试成绩而究其原因时发现，凡是经常找老师交流的学生成绩都较好，不找老师交流的学生成绩都不好，由此得出结论：经常和老师交流是成绩好的原因。但这里更相关的情况可能是学习认真、发现问题、提前解决问题是成绩好的原因。

为了提高求同求异并用法结论可靠性程度，我们应尽量在每组中考察更多的场合。另外，被考察现象不出现的反面场合的一组与被考察现象出现的正面场合一组的其他有关情况应尽量相似，以便将两组进行比较。否则，被研究现象不出现的场合是大量的，但它们对于我们探寻因果联系往往并无促进意义。

四、共变法

共变法是这样寻求因果联系的：如果在被研究现象发生变化的几个场合中，其他有关情况都不变化，唯有一个情况相应地变化，那就得出结论：这个相应变化的情况与被研究的现象之间有因果联系。

共变法可用公式表示如下：

场合	有关情况	被研究现象
①	A_1、B、C……	a_1
②	A_2、B、C……	a_2
③	A_3、B、C……	a_3

因此，A 与 a 之间有因果联系

上述公式中"a_1、a_2、a_3"及"A_1、A_2、A_3"分别表示被研究现象和某有关情况在不同场合中量上有变化。

例如： 科学家们发现地球磁场发生磁暴（磁场强度的突然变化）的周期性

与太阳黑子变化的周期性总是一致的：每当太阳黑子增多时，地球磁场磁暴发生的次数也增多，而当太阳黑子减少时，地球磁场发生磁暴的次数也减少。而对于宏观的自然现象而言，地球上的社会现象的变化几乎是可以忽略不计的。据此，依据共变法，科学家得出结论：地球磁场的磁暴现象与太阳黑子的活动之间有因果联系。

前面介绍的三种寻求因果联系的方法要求考察被研究现象"出现"或"不出现"的情形。共变法则可用于不可能使被研究现象处于纯粹的"出现"或"不出现"状态时。实际上，对于很多对象，我们无法考察其处于"不出现"的纯粹状态，如海洋的温度、黄金的价值、犯罪率、冰川的大小、人的血压等。在寻求与诸如此类对象有关的因果联系时，往往要使用共变法。如果说前面介绍的三种方法是从质的方面去研究对象间因果联系的，那么，共变法则是从量的方面去寻求因果联系的。

密尔在他的《逻辑体系》中讲到共变法的运用时，举了关于海洋潮汐和月亮引力之间关系的推理作为例子。密尔提出，即使研究者考虑到海洋潮汐可能与月亮的出现有关，但我们既不能把月亮移开以便确定这样做是否把潮汐也消除了；也不能证明月亮的出现是伴随潮汐的唯一现象，因为月亮出现的同时总有星星出现，我们也不能把星星移走。但我们能证明潮汐随月亮的变化而变化，即月亮的位置的变化总是引起涨潮的时间、地点的变化。每次涨潮都有下述事件之一出现：或者月亮在离涨潮处最近的位置上，或者月亮在离涨潮处最远的位置上。因而，我们得出结论：月亮和海洋潮汐之间有因果联系。

共变法用途很广泛。例如为了诊断某乙的高血压，大夫发现随着某乙血压的升降总会伴随着他脑波强弱的变化。大夫根据血压和脑波之间的这种共变现象得出结论：血压和脑波之间有联系。至于是血压的升降引起脑波的变化或者相反，或者这两个现象由某一共同原因引起，有待进一步研究去说明。利用共变法，人们做出了许多发现，如抽烟与肺癌、饮酒与肝硬化之间的因果联系都是运用共变法探求出来的。但并不是任何有共变关系的现象有因果联系。例如，曾经有人发现随着冰箱产量的增加，肺结核的发病率也升高，于是认为冰箱的生产、使用与肺结核之间有因果联系，这个结论是不可靠的。

在运用共变法时，我们要注意与被研究现象发生共变的情况是不是唯一的。如果除了我们注意到的情况外，其他还有与被研究现象共变的情况，我们所得出的注意到的有关情况与被研究现象有因果联系的结论的可靠性程度就降低了。

例如：某城市治理交通违章过程中，多次修改了对违章现象的处罚政策，而且处罚得越来越严，结果发现，交通违章现象越来越少。有人便由此得出结论：严厉处罚对治理违章有良效。但是如果该城市治理交通违章时，不仅有相关政策的出台，而且在执行政策上加大了力度，如一方面不断增加交警岗位、交通违章摄像头，另一方面不断深化安全教育，上述结论的可靠性程度就降低了。

五、剩余法

剩余法是这样寻求因果联系的：如果已知某一复合现象与另一复合现象之间有因果联系，又知前一现象中某一部分与后一现象中某一部分有因果联系，那就得出结论：前一现象的剩余部分和后一现象的剩余部分之间有因果联系。

剩余法可用公式表示如下：

A、B、C……与 a、b、c……之间有因果联系；

B 与 b 之间有因果联系；

C 与 c 之间有因果联系；

……

因此，A 与 a 之间有因果联系

例如：曾经有两位化学家，他们发现空气中氮的重量达每升 2.3012 克，而从其他化合物中观察到的氮的重量每升只有 2.2990 克。他们由此猜想：空气中氮的"多余的重量"是一个同氮相结合的未知元素的重量。后来，化学家们经多次实验发现了确实有这种元素存在，它就是氩。运用剩余法的另一个著名例子就是导致海王星发现的研究。按照牛顿经典理论，人们能预测任何行星在任何时候的准确位置。对于天王星以外的一切行星，上述观点都被证明是正确的，但天王星的实际轨道同计算预测的轨道差距不能归为计算误差。针对这个情况，法国天文学家勒费里埃提出：天王星轨道的偏差是由天王星之外的另一未知行星的引力所致。他还依据这个假设计算出了这颗未知行星的位置。后来，天文学家在计算的位置上准确地寻找到了这颗新行星（这颗新行星被命名为海王星）。

剩余法在社会生活中也被大量运用。其中简单的实例便是在称量不便逐一计重的物体时，人们总是先称出容器本身的重量，然后再称出容器装进所要称量的物体后的重量，再将后一次称出的重量减去前一次所称的重量，所得结果就是被称量物体的重量。

剩余法的结论是或然的。因为在复合现象 A、B、C 和复合现象 a、b、c 之间，必须能确定其中 B、C 和 b、c 之间确有因果联系，而且剩下的部分 a 不可能由 B、C 引起。若剩余部分 a 也是由 B、C 之一或其共同作用而引起，推断 A 与 a 之间有因果联系就有失误。另外，剩余部分 a 可能不是由单一原因，而是

由复合原因引起的。

第五节　类比推理

类比推理是这样一种非演绎推理：根据两个或两个以上事物在某些属性上相同，从而推出它们在其他属性上也相同。

若用 A 和 B 分别表示两个不同的事物，用 a_1、$a_2 \cdots a_n$ 和 b 分别表示事物的不同属性，类比推理的形式可以表示为：

A 有属性 a_1、$a_2 \cdots \cdots a_n$，b；
B 有属性 a_1、$a_2 \cdots \cdots a_n$
因此，B 也有属性 b

例如：美国专家利用类比推理引进了中国浙江的黄岩蜜橘到加利福尼亚州种植。专家考察发现，加利福尼亚州与中国浙江在地形、土质、水文、气温、降雨量等方面都是相似的，中国浙江适宜种植优质的黄岩蜜橘，因而，美国加州也适宜种植这种优质蜜橘。

在人们的日常生活中也大量运用着类比推理。

例如：当你买过的一双鞋穿起来很舒适，你下次买鞋还会买同一厂家生产、同一品牌、同一号码的鞋，而且预测新买的鞋穿起来也会舒适。这个思维过程实际上是根据已买的鞋和新买的鞋之间许多属性（生产厂家、品牌、号码）都相同，而推出它们在"穿起来舒适"这一点上也相同。根据同样的思维活动，人们会去购买一本新书、一盘新录音带，原因是该作者的其他作品让你受益、该歌手的其他歌曲令你喜欢。类比推理就是这样在日常生活中被大量运用着，让人们相信美好的过去会在将来重现。

类比推理是通过对事物之间的比较而得出结论，但类比不同于比较。后者只是一种比较同异的方法，没有以此为前提逻辑地得出新结论，因而不是推理。类比推理也不同于语言表达中的比喻。比喻只是用具体的、为人熟知的知识去说明抽象的、深奥的道理，比喻也不是推理。弗兰西斯·培根在《论国家的真正伟大》里说道："无论是生物体或是政治体，没有锻炼是不能健康的；对一个国家来说，一场正义的和荣誉的战争是真正的锻炼。不错，内战像寒热病的发热；可是对外战争就像运动的发热，有维持身体健康之效；因为在懒散的和平环境中，勇气将要软化，生活将要腐化。"这段文字中培根以国家和个人作比较，提出真正的锻炼是正义和荣誉的战争的主张，但他并未进行推理或论证。

下面的类比也貌似论证但不是论证:"众所周知,熊是危险的动物。如果离熊太近,就有可能失去生命。在遇到熊市的时候情况也是一样。当熊市来临时,我们所能做的就像遇到真熊一样:保持距离。"

类比推理在人们的认识中有着重要的意义。科学技术的许多发现和发明创造都是借助于类比推理而获得的。例如:惠更斯提出光的波动说,就是与水波、声波类比而受到的启发。飞机、潜水艇的最初设计与制造,也是因与鸟类、鱼类等类比而受到启迪。仿生学的研究和发展,更是与类比推理结下了不解之缘。

类比推理不仅是一种认识的方法,发现的方法,也是人们进行解释、论证的有效方法。例如伽利略曾运用类比推理向反对"地动说"的人释疑。反对哥白尼"地动说"的主要理由之一是所谓的"塔的证据"。反对者认为,依据"地动说",地球表面上任何地点都将在短暂时间内运动很大的距离。如果有一块石头从塔顶上落下来,那么在下落的过程中,由于地球的运动,塔已经离开了原来的位置,因此石头应该下落在离塔基很远的位置,而实际看到的情形并非如此。伽利略指出,"塔的证据"不能成为反对"地动说"的理由。正如一条匀速航行的船,从桅杆顶上落下一件重物,总是落在桅杆脚下而不是落在船尾一样。基于伽利略类比地释疑,加上法国人伽桑狄进行的"桅杆顶落石实验",为"地动说"提供了很好的辩护。

类比推理在反驳的过程中也被经常运用。如加拿大前外交官切斯特·朗宁,出生于中国襄樊市。他回国竞选省议员时,反对派说他是吃中国奶妈的奶长大的,具有中国血统。他在答辩中说:"诸位都是吃牛奶长大的,岂不都具有牛的血统了吗?"这位外交官效果显著的反驳,运用的是一种类比方法。他和反对派所运用的推理依据完全相同(从"吃×××的奶"为前提推出"有×××血统"为结论),他运用这个论证方式构造了一个其前提为真,而结论不能为反对派所接受(为假)的推理。运用这种类比推理的方式进行反驳比直接指出对方推理形式无效更有说服力,更能让对方放弃他原有的观点。但运用这种方法进行反驳时,我们必须做到:首先,要与对方的推理形式一致;其次,要运用这个推理形式构造一个前提为真而且结论为假的推理。本书绪论所提"半费之讼"中,欧提勒士反驳普罗泰戈拉所运用的推理形式就是与对方一致的。

司法实践中常常使用类比推理,尤其是判例法国家,遵循先例的准则要求对相同的案件作相同的判决,追求正义的人们也要求对不同的案件进行不同的判决。因而案件双方主体往往为了追求符合自己利益的结果援引不同的先例,或者针对特定的先例与争议案件是类似还是不同展开激烈论争。

类比推理的结论是或然的。客观事物之间既有同一性，又有差异性。尽管两个对象的某些属性相同或相似，但它们终究是两个不同的对象，总有一些属性是不同的。如果上面我们提到的公式中"b 属性"恰好是事物 A、B 之间的差异，那么类比推理的结论就是错误的。例如，几十年前，有些科学家将火星与地球类比，根据二者都是太阳系行星，都有大气层，都有水，都有适中的温度，而地球上有生物，从而推测火星上也有生物。该类比推理"火星上有生物"的结论，基本上已被最新科学资料否定。

　　要提高类比推理结论可靠性程度，要注意以下两点：其一，前提中事物间的相同属性或相似属性越多，结论可靠性越大。因为类比对象间相同属性或相似属性越多，类比对象的类别越接近。其二，前提中事物间相同属性（a_1、a_2……a_n）与类推属性（b）之间关系越密切，结论可靠性程度就越大。只有推出属性与前提中的相同属性之间有本质上的联系时，结论才会是正确的。否则，仅依据两事物间外在相似而推出他们其他属性也相似便容易得出错误结论。如神学者曾拿宇宙和钟表类比，钟表是许多部分构成的和谐整体，宇宙也是由许多部分构成的和谐整体。钟表有其制造者，因而宇宙也有其制造者。以这样的类比来证明上帝存在是难以令人信服的。

第六节　概率与统计推理

　　概率是用来刻画随机事件发生的可能性大小的概念。随机事件是指在特定条件下可能发生也可能不发生的事件。例如，掷一枚均匀骰子，出现一点、出现两点都是随机事件。对于特定条件下随机事件的概率有多种理解，它们形成概率的多种定义，这些定义都关涉到不同的求初始概率的方式。这里主要介绍先验概率、频率概率和主观概率等概率的不同解释及求法。

　　先验概率是指对于某一特定事件 A，如果总共有 n 种可能而互斥的结果，并且其中有 m 种事件对于事件 A 的出现是有利的。那么，事件 A 的概率 $P(A)$ 就等于有利事件出现的数目与所有可能出现的数目之比。即 $P(A) = m/n$。例如，掷一枚硬币，总共有出现正面和出现反面两种可能的结果，而出现正面的可能性又是全部可能性的一半，所以掷一枚硬币出现正面的概率是 $1/2$。

　　频率概率是指，如果我们重复地进行同一个实验 n 次，其中随机事件 A 在这 n 次实验中出现了 m 次，则称比值 m/n 为这 n 次实验中 A 出现的频率。如果随机事件 A 出现的频率在某个数值附近摆动，则事件 A 的概率就是 $P(A) = m/$

n。例如：有些人对掷硬币出现正面的可能性做了实验，如下表：

表7-1　硬币出现正面可能性的概率

实验者	掷硬币次数	出现正面次数	频率
蒲丰	4040	2048	0.5069
皮尔逊	12 000	6019	0.5016
维尼	30 000	14 994	0.4998

由上表可以看出，频率在1/2间作微小摆动，因此，我们说掷硬币出现正面的概率等于1/2。频率概率也叫统计概率，它是由已观察到的频率推出未观察到的频率。频率概率也是对非演绎推理进行定量刻画的有力工具。

主观概率是指某个人根据已给定的证据对一个给定命题所持有的确信度。例如：要判断一匹马 X 与另一匹马 Y 的比赛中谁能获胜，我们就要从已知的关于马 X 和马 Y 的知识中去寻找证据。如：马 X 和马 Y 过去的表现、它们的健康状况、骑手的技术等。然后我们就有了对马 X 获胜的确信度，即感觉到马 X 获胜的概率值。当我们相信事件 A 出现（X 获胜）与不出现（Y 获胜）的比为 $a:b$ 时，便可以计算出事件 A 出现的概率 $P(A) = a/(a+b)$。主观概率也叫做认识概率，它与人们知识状况相关。因为主观概率是以我们的全部相关知识来看待某一命题所具有的置信度，这样的置信度随人而异，并且随时间而变化。因为不同的人在相同的时间有不同的知识储备，同一个人在不同的时间也有不同的知识储备。

归纳逻辑研究的非演绎推理是推理者主观的不充分置信的推理。即推理者考虑到虽然前提真，但结论也可能被证明是假的，这样，推理者并非无条件地接受推理的结论，而是认为当前提为真时，结论为假的可能性是不大的。即推理的前提给予了结论一定的证据支持，而且前提给予结论的支持程度的大小决定了一个非演绎推理的归纳强度。

例如：水星上有有智慧的生物；
　　　金星上有有智慧的生物；
　　　地球上有有智慧的生物；
　　　木星上有有智慧的生物；
　　　土星上有有智慧的生物；
　　　天王星上有有智慧的生物；
　　　海王星上有有智慧的生物；
　　　冥王星上有有智慧的生物；

所以，火星上有有智慧的生物。

这个推理便是一个归纳强度较大的推理，就是说：如果其前提是真的，其结论为假就难以置信。但是，这一点并不受下述事实的影响：有些前提本身是不大可信的。这就揭示了一个原则：非演绎推理的归纳强度，即归纳概率，既不由其前提本身决定，也不由结论本身决定，而是由前提和结论之间的证据支持关系决定的。上例说明结论为假的非演绎推理可能是归纳强度大的。下面的例子则说明，一个结论为真的非演绎推理也可能是归纳强度不大的，归纳概率不大的。

例如：传说张家口有个人活到了399岁零11个月，而且身体还很健康；

所以，没有人活到400岁。

归纳概率恰好是什么？这是一个尚未解决的问题，也是归纳逻辑的一个关键问题。这个关键的问题同下面两个问题有关：

（1）怎样测定一个推理的归纳概率？

（2）什么是关于构造归纳强度高、归纳概率大的推理的规则？

归纳概率的定义、测定非演绎推理的归纳概率以及构造合理的、归纳强度高非演绎推理的方法等问题的探讨，构成了归纳逻辑。其中归纳概率的定义问题的解决，对于后两个问题的解决具有先决意义。而且，归纳概率的不同定义，会导致不同的归纳逻辑。

统计推理是由样本的知识推断关于总体的知识的推理。所谓样本，是人们加以认识的、被考察对象的集合，与之相应，人们试图认识的对象的全体组成的集合称为总体。例如，人们想知道北京大学生的抽烟状况，从北京大学生中调查了5000人的情况并以此为依据对所有北京大学生的情况作断定。在这里，"5000人"就是样本，"北京大学生"就是总体。如果调查的5000人中有20%的人吸烟，便因此断定北京大学生中有20%的人吸烟，这就是一个统计推理。

统计推理的基本形式为：

S_1 是 S

S_2 是 S

S_3 是 S

……

S_n 是 S

S_1、S_2、S_3……S_n 是总体 S 中的样本 S'，并且 S' 中有 m/n 是 P。

所以，总体 S 中有 m/n 是 P。

统计推理是从样本过渡到总体的推理，结论所断定的范围超出了前提的范围，因而是一种非演绎推理。但由于统计推理的前提是从总体中抽取的样本为依据，而且抽样的过程往往遵循随机的原则，因而其结论可靠性程度较我们前面提到的归纳推理的结论可靠性程度大有提高。为了更好地理解这一点，我们要了解什么是抽样以及随机抽样。

从总体中选出样本叫抽样。抽样的目的是考察样本的属性从而推断样本所代表的总体的属性，因而要保证所抽取的样本对于总体具有代表性，才能提高统计推理的结论可靠性程度。而要使样本对其总体具有代表性，抽样过程就要遵循随机的原则，亦即要做到随机抽样。在随机抽样中，样本完全由随机原则产生。一定范围内的某个对象或单位能否被抽中、能否入样，完全由偶然性、由机遇规律确定，总体中每一个对象或单位都有被抽中的机会，并且有相同的机会，每一个对象被抽中的机会（可能性或概率）是均等的。常用的随机抽样方法主要有简单随机抽样、分层随机抽样等。

简单随机抽样就是直接从含有几个对象或单位的总体中，随机地抽取 m 个对象或单位，组成一个随机样本。这种抽样法一般适用于被考察总体的容量不太大，并且相对于所考察的属性，各单位差异不大的场合。例如，检验某种产品合格率，若已知生产者技术差异不显著，通常便采用简单随机抽样的方式构成检验样本。

分层随机抽样是先将总体按一定标准划分为若干组，然后根据总体的结构比例，每组构成所占的比重从各层中分别实行简单随机抽样。这种抽样方式适用于总体容量大，且各单位对于考察的属性表现出较大差异的场合。如在城市居民家庭生活状况调查中，先将城市依经济发展、生活习惯等状况分为若干组，如经济特区城市、非经济特区沿海城市、内地大城市、内地中小城市等。这样的每一个组都是一个类型。然后在各组中随机地抽取一些城市，再在所抽取的城市的基础上，随机地抽取街区、抽取户，以抽中的户作为样本。

第七节 假说方法

一、假说的特征

在现实世界中，我们经常会遇到一些现有的科学理论和经验知识无法合理解释的现象。例如：宇宙是由什么组成的？火星上到底有没有生命？我们人类是从哪里来的？恐龙为什么会灭绝？等等。这些问题需要回答，这些现象需要解释。虽然有时这些事物现象的本质不是人们的感官能直接认识到的，也不可能是一步就能认识到的,并且主体对客体的认识又总是受到占有材料、思维能力和实践水平等限制,但是人们的认识具有自觉的能动性,在实践活动和科学研究中,人们能借助假说方法探索自然界和社会的奥秘。

假说是人们根据科学理论或事实对所研究事物或现象作出的一种推测性解释、一种假定性说明。

（一）假说的特征

1. 假说具有一定的科学性。假说是以科学理论为前提,以科学事实为根据,合乎逻辑地提出来的,因此假说具有一定的科学性。假说不同于毫无科学根据的神话、幻想和主观臆想、迷信等。科学研究并不排斥具有启发性的神话和幻想,例如牛顿的万有引力定律就是通过想象得出来的；但神话和幻想并不是科学意义上的假说,例如有人提出当地球不再适合人类居住时,可以移居到月球,这种想法目前来说只是个美好的幻想,缺乏科学依据和可行性。

2. 假说具有一定的解释力。假说的使命在于解释事实现象,要为所探索的问题提供答案或解释性说明。如果一个假说在解释某个事实或现象方面是充分的、足够的,那么这个假说通常就会被人们所接受。例如：牛顿的微粒说成功地解释了光的直进、反射和折射现象；惠更斯的波动说成功地解释了光的干涉、衍射现象；牛顿的万有引力定律成功地解释了整个太阳系的错综复杂的运动,并且和观测的结果基本相符。这些假说都被人们普遍接受。

如果一个假说无法解释所研究的事物现象,或出现与假说相违的反面事例,那么这个假说就要修改,甚至会被否定。例如,有一些学者想用社会物质生活条件的某一方面——地理环境的不同来解释复杂的社会现象,这就是"地理环境决定论"假说。但是,这个假说不仅在解释这一国家与那一国家地理环境相似但社会面貌为什么不同方面有困难,而且根本无法解释这样的事实：一个国家在相当长的时期内,自然地理环境并没有什么改变,为什么革命一次两次地发生了？社会制度一次两次地变革了？所以这种缺乏解释力的假说不会被人们所认同。

随着事物现象和科学技术的发展变化,假说的解释力也是不断发展变化的。

例如：月球是地球唯一的天然卫星,是离地球最近的天体。关于月球的成因,科学家们提出了不同的假说：

（1）分裂说。这是最早解释月球起源的一种假说。这种假说认为,在太阳系形成的初期,月球本来是地球的一部分,后来由于地球转速太快,把地球上一部分物质抛了出去,这些物质脱离地球后形成了月球,太平洋就是月球分裂出去时留下的遗迹。

(2) 同源说。这种假说认为，地球和月球都是太阳系中浮动的原始星云，经过旋转和吸积，而形成星体。它们的平均密度和化学成分不同，是由于在吸积过程中，地球比月球相应要快一点，一开始便以铁为主要成分，而月球则是在地球形成后，由残留在地球周围的非金属物质凝聚而成。

(3) 俘获说。这种假说认为，月球原是太阳系中的一颗小行星，在围绕太阳运行中，由于运行到地球轨道附近，被地球的引力所俘获，脱离原来的轨道而成为地球的卫星。还有一种接近俘获说的观点认为，地球不断地把进入自己轨道的物质吸积到一起，久而久之，吸积的东西越来越多，最终形成了月球。

月球形成的这三种假说，都能或多或少地解释月球的化学成分、密度、结构、轨道等现象，但后来人们发现它们各有缺陷。分裂说存在着动力学上的致命弱点。根据计算，以地球的自转速度是无法将月球那样大的一块物质抛出去的。再者假设月球是地球抛出去的，那么二者的化学成分应该是一致的。但是通过对"阿波罗12号"飞船从月球上带回来的岩石样本进行化验分析，人们发现二者相差非常大。同源说也受到了同样的挑战，通过对月球上的岩石样本进行化验分析，人们发现月球要比地球古老得多。而使用电子计算机的模拟表明，地球要俘获月球这样大的一颗星球作卫星并使月球在近圆的轨道上绕地球运行几乎是不可能的，因此俘获说也很难成立。

(4) 大碰撞说。这是20世纪80年代关于月球成因的新假说。这种假说认为，在太阳系早期，形成了一个原始地球和一个火星般大小的天体。这两个天体在各自演化过程中，分别形成了以铁为主的金属核和由硅酸盐构成的幔和壳。后来这两颗行星发生了碰撞，剧烈的碰撞不仅使火星般大小的天体碎裂了，硅酸盐幔和壳受热蒸发，也使地球的地壳和地幔上一些物质汽化。但这些气体和尘埃，并没有完全脱离地球的引力控制，它们通过相互吸积而结合起来，形成了月球，或是先形成了众多分离的"小月球"，再逐渐吸积形成今天我们看到的月球。由于月球是由低密度的幔和壳组成的，因此月球密度必然比地球小得多，化学成分也不相同。大碰撞说在某种程度上兼容了前面三种假说的优点，并得到了一些地质化学、地质物理学实验的支持，成了当今很多人赞同的假说。

(5) 新俘获说。这是近年来解释月球起源问题最有权威的学说。这种假说认为，太阳系八大行星及其卫星，都起源于太阳系原始星云。无数的小行星在星云气体中围绕太阳旋转，互相碰撞，逐渐吸积成长，形成大小不同的行星。地球和月球也是这样在星云气体中成长的。地球在形成过程中，曾有许多小天体飞到引力圈内来，并被地球不断"吞掉"。月球被俘获时间比其他小天体都晚。月球进入地球引力圈后，受到很多力的共同作用，既没掉到地球上来，也没跑到引力圈外去，始终在卫星轨道上运行。自从俘获月球后，地球再也没有俘获其他小天体，只有月球一个卫星。因为已有月球绕地球飞行，如果再有其他小天体飞来，依据天体力学原理，不会处于稳定状态，它不是掉到地球上来，就是飞出去，再不就是落到月球上去。行星俘获小天体是行星演化进程中的一种普遍现象，除金星以外，整个太阳系行星都是如此。金星的自转速度太慢，不可能俘获行星，因此至今还孑然一身在太空漫游。新俘获说和旧俘获说有些不同。旧俘获说仅从地球引力方面来考虑月球起源，新俘获说是从整个太阳系行星演化进程上阐明了月球的起源以及被俘经过。新俘获说还有一些尚待研究的问题，使得人们对这一假说的发展和完善充满了期待。

3. 假说具有一定的可检验性。假说是否符合客观事实，是否正确，有待于检验和证实。假说只有能经受住客观事实和实践检验，才能成为科学意义上的假说。假说能在实践检验过程中，随着人类认识的进步和实践工具的发展，不断得到修正和完善，最终发展成为严密的科学理论。

【例1】1513年哥白尼初步提出的日心说，也称为地动说，是关于天体运动的和地心说相对立的学说，它认为太阳是宇宙的中心，而不是地球。日心说有力地打击了地心说，动摇了当时占统治地位的宗教神学观念，在很长时期里被视为异端邪说。虽然哥白尼日心说是建立在肉眼观测基础上的太阳系构造图，并严重低估了太阳系的规模，错误地把太阳当成是宇宙的中心，但哥白尼的假说具有可检验性。1609年伽利略发明了天文望远镜，并由此发现了一些可以支持日心说的新的天文现象。例如：木卫体系的发现直接说明了地球不是宇宙的唯一中心，金星满盈的发现也暴露了地心说的错误。在此基础上，开普勒又修正了哥白尼假说中的错误部分，指出行星绕太阳运行的轨道不是圆形的而是椭圆形的。后来牛顿用万有引力的原理解释了行星的运行，给地球的绕日公转提供了更有力的证明。此外，科学家们还做了很多实验，证明了地球的自转和公转，使哥白尼假说得到发展和完善，日心说在与地心说的竞争中取得了完全的胜利。当然，从后来的研究结果证明，宇宙空间是无限的，它没有边界，没有形状，因而也就没有中心。

【例2】麦克斯韦尔电磁波假说认为电磁波是一种波动。由此推断：电磁波应有反射、折射、衍射等现象。后来赫兹的实验证实了这些推断，有力地支持了电磁波假说。

如果假说不具有可检验性，最终会被否定。例如：有的神学家用风神发怒来解释刮风现象。可是"风神发怒"是一个不可检验的命题。谁见到过风神？怎么检验风神发怒呢？神学家们提不出任何检验的方法和证据，而只能指着呼啸的风说：风神正在发怒。这样的假说最终会被人们抛弃。

（二）假说的作用

假说的作用是解释或说明事物或现象，而事物现象纷繁复杂，因此假说的内容和形式广泛多样。假说可以是说明事物或现象发生的原因，也可以是说明事物或现象之间的因果联系及其规律。假说可以是说明个别事物或现象的，也可以是说明一类事物或现象的。假说可以是一个假说命题，也可以是一个假说体系或假说理论。假说可以是日常工作过程中为了说明或解释某个具体问题而作出的设想，也可以是根据一定事实和科学理论对未知事物所作的预见。

假说在人们的认识过程中起着重要的作用。它是一种探索性思维方法，是科学发现和科学发展的先导。正如恩格斯所说："只要自然科学在思维着，它的发展形式就是假说。"[1]具有科学意义的假说不但能够正确地说明和解释已存在的事实或现象，完善已有的科学理论，而且能够科学地预见未知的事物或现象，促进并指导科学上的新观察、新实验，从而产生科学上的新发现和新理论。很多重大的科学理论的形成和发展过程都经过假说这个阶段，而一些重要的假说的证实，往往成为科学理论发展的重大突破口。

例如：牛顿的万有引力定律不仅揭示了天体运动的规律，而且在天文学和宇宙航行计算方面有着广泛的应用。它为实际的天文观测提供了一套计算方法，可以只凭少数观测资料，就能算出长周期运行的天体运动轨道，科学史上哈雷彗星、海王星、冥王星的发现，都是应用万有引力定律取得重大成就的例子。

在社会科学研究领域以及法律工作中也在广泛使用假说。

【例1】列宁就曾指出，马克思的唯物史观最初也是作为假说提出来的。"自从《资本论》问世以来，唯物主义历史观已经不是假设而是科学地证明了的原理。"[2]

【例2】民法中的"宣告死亡"也是一种假说。"宣告死亡"实际上是假定死亡，是对失踪人在较长时期内不归的一种推测性假定。一旦被宣告死亡的公民生还，人民法院就应撤销其死亡宣告。

刑侦中的侦查假设也是一种假说。在刑事侦查中，侦查人员对所发生的案件，最初由于掌握事实材料不多，对整个案情或某一情节不能作出确定的判断，而只能进行设想或推测。侦查假设就是在已掌握的事实材料和有关知识的基础上，结合过去积累的实践经验，针对刑事侦查需要弄清的事物情况作出的推测

---

[1] ［德］恩格斯：《自然辩证法》，于光远等译，人民出版社1957年版，第201页。
[2] 《列宁全集》（第一卷），人民出版社1959年版，第122页。

性的或假定性的说明。可以说，刑事侦查的全过程就是侦查假设的提出、检验、证实的过程。

【例1】1997年7月15日，著名时装大师范思哲在美国迈阿密城遇害。案件发生时，凶手逃走得很快，现场没有任何抢劫的迹象。据目击者称，作案凶手是一名二十多岁的白人男子，头戴白色太阳帽，身穿白色或浅色上衣，深色短裤，身背一个背包。就在案发后不久，当地警方在范思哲住处附近发现一辆红色雪佛莱小货车。经目击者验证，在车里遗留下来的衣服与杀害范思哲凶手所穿的衣服相同。警方证实这辆车是连环杀手安德鲁·库纳南从新泽西州偷来的。这辆货车的主人是两个月前被杀害的一个守墓人，他是库纳南系列谋杀案的第4个受害者。库纳南是1997年5月美国联邦调查局通缉的十大要犯之一，他在此之前被怀疑在1997年4月底至5月初的两周时间内连续杀死了4名男子。联邦调查局特工和迈阿密警方证实，杀害范思哲所使用的手枪与库纳南在前两次谋杀案中所使用的手枪相同。最终警方根据调查以及目击者提供的情况，认为在全国各地进行系列谋杀活动的库纳南与范思哲被杀事件嫌疑最大，很可能就是凶手，范思哲是他的第5个系列受害者。随后美国警方倾全力调查，终于在1997年7月23日将疑犯库纳南潜藏的一艘豪华游艇包围，最后在游艇的一间卧室里发现了自杀身亡的库纳南。疑犯库纳南之死，使得范思哲遇害成了难解之谜。

【例2】2002年11月13日早8时，北京市通州区公安分局接到报案：一家食品厂财务室的保险柜被盗，内存10余万元现金失窃。侦查人员经过勘查现场，将财务室里的物品进行痕迹提取，得到了犯罪嫌疑人作案时留下的足迹，犯罪嫌疑人作案时穿的是一双胶鞋。侦查人员获知该食品厂统一穿劳保服，员工在工作时间统一穿胶鞋。侦查人员确定：

（1）本案是1个犯罪嫌疑人作案。

（2）本案是内部熟人作案。

（3）作案时间在凌晨1时到3时之间。

而该厂每位员工都有2到4双胶鞋。侦查人员对食品厂所有员工进行指纹和足迹提取，从117双足迹中提出5双可疑足迹，和犯罪嫌疑人作案时留下的足迹进行比对。经鉴定，员工李某的足迹与犯罪嫌疑人作案时留下的足迹很相似，但李某拒不承认盗窃保险柜的事实。12月3日，经公安部和北京市公安局的多名足迹专家认定，员工李某双脚足迹的大小、动力程度和步行特征与作案现场留下的足迹特征完全吻合，从而确定了盗窃食品厂保险柜的犯罪嫌疑人就是李某。

任何案件总是在一定的时间、空间和条件下发生的，深入勘查现场，收集有关案件的事实材料，并结合有关的经验和知识，是建立侦查假设的重要依据。事实材料越丰富，知识面越宽广，思路越开阔，侦查假设的内容就越充实。例如：如果具备有关医学方面的知识，根据死者的生理特征，就可以推测死者的年龄；如果具备化学、药物等方面的知识，就可以推测毒物的种类；如果具备关于足迹的知识，就可以推测犯罪嫌疑人的身高、体重、作案人数，以及犯罪嫌疑人的行走路线及活动情况；根据足迹以及黏附的水迹、附着物等，就可以推测作案时间。提高侦查假设的可靠性，还要广泛进行检验。由于侦查假设是针对特定的人和事提出的，因此具有一定的可检验性。假定某人是一起盗窃案件的犯罪嫌疑人，接下来的侦查工作总是有可能证明这一假设是对还是错。假定犯罪嫌疑人会将赃物藏于何处，通过搜查也总能证明这一假设的真伪。每侦破一个案件，都意味着在该案侦查过程中提出的侦查假设得到了检验。

二、假说的提出

假说的提出，就是对事物或现象、事物或现象之间的关系及其规律作出解释性或假定性说明，这是假说的初级阶段。针对同一问题，有时会提出彼此不同、彼此竞争的假说，有时还提出相互对立的假说。假说的提出要与人类知识总体没有矛盾，如果假说的内容不能完善或推翻某一科学理论，就不能违背这一科学理论。在提出假说、形成假说的过程中，要以掌握的事实材料和已有的科学知识为前提，还要运用逻辑推理。

例如： 1883年7月，美国总统格菲尔德在华盛顿车站遭到枪击，子弹深入脊椎处，伤势很重，必须立即动手术取出子弹。这一年华盛顿的夏天异常闷热，出现了历史上罕见的高温。病床上的格菲尔德总统十分虚弱，生命岌岌可危。虽然总统夫人在一旁一刻不停地用扇子给他扇风，但面对这样的高温仍然无济于事。总统夫人向政府提出要求，设法降低室温和排除室内的湿气。美国政府将这个任务交给了一个名叫多西的矿山工程师。多西早年在矿山工作过，懂得在矿山如何向坑道内输送空气。空气一经压缩就会放出热量，这种热量需要用水进行冷却。如果把压缩过的空气还原，同样会吸收热量，能使周围的空气冷却。于是，他通过大胆的设想在总统的病房旁安装了一台空气压缩机，并把一根吸热的管子接到病房，结果使总统病房的室温从30℃多下降到25℃左右。这样，后人利用类比推理在空气压缩机的基础上发明了空调机。[1]

人们在提出假说时，通常把这个假说和已有的事实或一般性知识结合在一起，作为根据或理由，即作为推理的前提，然后从这些前提出发，合乎逻辑地

---

[1] 永康："空调机是怎样发明的"，载《少年月刊》1998年Z2期。

推导出待解释的事实命题。一般地，提出假说的过程可以概括为：

（1）已确定某个事物或现象（F）为真。但该事物现象没有得到解释或没有得到合理解释而需要重新解释。

（2）为解释 F 寻找根据或理由。我们有已确认为真的一般性知识（W），W 可作为解释 F 的根据，但仅靠 W 还不能必然推导出 F。

（3）提出假说（H），将 W 和 H 结合在一起就能推导出 F。于是我们就得到这样一个推理过程：

$W \wedge H \rightarrow F$

$W \wedge H$ 是推理的前提，F 是推理的结论。在这里，尽管 H 是有待检验证实的，但推理的有效性能保证前提蕴涵结论，即如果前提为真，则结论为真。因此，如果假说 H 为真，就能圆满解释所研究的事物或现象；如果从 $W \wedge H$ 不能推出 F，则说明假说 H 不能充分解释所研究的事物或现象，就需要对假说 H 进行修正完善，或提出新假说。

例如： 1910 年，生病卧床休息的德国气象学家魏格纳聚精会神地望着墙上的一张世界地图。他突然发现，大西洋两岸的地形之间具有交错的关系，特别是南美的东海岸和非洲的西海岸之间相互对应，简直就可以拼合在一起。此后他通过大量研究，于 1912 年正式提出大陆漂移说。在此之前有人提出过类似的设想，但魏格纳使这一假说受到广泛重视。他说：任何人观察南大西洋的两对岸，一定会被巴西与非洲间海岸线轮廓的相似性所吸引住。不仅圣罗克角附近巴西海岸的大直角凸出和喀麦隆附近非洲海岸线的凹进完全吻合，而且自此以南一带，巴西海岸的每一个凸出部分都和非洲海岸的每一个同样形状的海湾相呼应。反之，巴西海岸有一个海湾，非洲方面就有一个相应的凸出部分。如果用罗盘仪在地球仪上测量一下，就可以看到双方的大小都是准确一致的。

对该事实如何解释呢？两块陆地边缘的海岸线为什么会如此吻合一致呢？魏格纳设想：在古生代，地球上只有一块陆地，称为泛大陆，其周围是广阔的海洋。中生代开始由于天体引力和地球自转所产生的离心力，使泛大陆分裂成若干块，这一块块陆地像浮冰一样在水面上漂移，逐渐分开。他设想南美洲与非洲这两块陆地早先是合在一起的，后来才漂移开来。按照魏格纳自己的说法，把原来纯粹是"幻想的和非实际的""没有任何地球科学意义的""只是一种拼图游戏似的奇思异想"，上升为科学假说。有了大陆漂移说，就能合乎逻辑地解释上述事实。将这个解释过程加以简化，可表示为：

（1）如果地球上的各大陆块都是原始泛大陆破裂后漂移而成的，那么相对应的各大陆块边缘的海岸线轮廓就会相吻合（一般性知识命题 W）。

（2）设想南美洲与非洲这两块陆地早先是合在一起的，后来才漂移开来（假说命题 H）。

（3）结论：南美洲东部的海岸线与非洲西部的海岸线彼此正相吻合（事实命题 F）。

三、假说的检验

这是假说的完成阶段。假说虽然具有一定的科学性，但假说毕竟是从个别的、特殊的事物或现象或科学事实中概括出来的，它的基本思想和主要部分是推想出来的，在解释某个事物或现象的过程中，假说是被假定为真的，其真实性有待于检验。假说只有被证实为真时，它对于解释事实或现象，才具有真正的科学意义。假说从提出到被证实，应当有无懈可击或无可辩驳的证据，或者有比以前更为有力、充分的证据，或者有超过一切现有理论的明显的优越性，才能使得假说获得人们普遍的认同。随着人类认识的提高和科学实践的发展，假说经常会受到新观点、新理论的挑战。有时一个假说从提出到证实会经过很多人，甚至几代人的不断修改、补充和完善。在科学发展的过程中，有时一个假说很容易就被人们所接受，例如引力理论、地磁学、电学，甚至有些假说在得到满意的解释以前就为人们普遍接受了。而有时一种正确的理论在其初期阶段常常被当做是错误的，甚至是歪理邪说，经过艰苦的实践检验后才被人们接受。有些人甚至为此付出生命代价，例如布鲁诺因为坚持宣传哥白尼的日心说而惨遭罗马宗教裁判所的毒手。

在假说的验证阶段，有的可以直接通过有关的科学观察和科学实验来检验假说是否正确。例如达尔文进化论认为人类是由类人猿进化而来的，由此推断：地层里存在着类人猿的遗骸。到了1881年，荷兰医生杜步亚果然在爪哇岛的地层中，发现了类人猿的一副头盖骨、大腿骨和几枚牙齿的化石。这个事实有力地支持了进化论。

而当假说不具备可直接检验的条件，例如那些概括性的、普遍性的以及关于不可重复的事物情况的假说，这就需要先从假说（H）和一般性知识（W）逻辑地引申出某一检验命题（C），然后通过各种方法验证检验命题是否与客观事实相符。检验命题是具体的，是可以直接加以检验的。但是假说具有的可检验性特征有时并不等同于现实的可检验性，有的假说尽管提出了检验命题，具备了逻辑上的可检验性，但是不一定具备技术上的可检验性。这样的假说还需要我们耐心地等待。

如果检验命题（C）与一般性知识（W）没有矛盾，则假说（H）获得了一些证据的支持。检验命题被证实的越多，支持假说成立的证据就越多，假说成立的可能性就越大。尤其是关键性检验命题被证实，则假说就得到关键性或决定性证据的支持。因此，要尽可能多的从假说引申出更多的和更具关键性的检验命题，其过程如下：

$W_1 \wedge H \to C_1$

$W_2 \wedge H \to C_2$

$W_3 \wedge H \to C_3$

……

$W_n \wedge H \to C_n$

因为 C_1、C_2、C_3……C_n 都是正确的，所以 H 也就可能是正确的。在这个检验过程中，检验命题被证实，只能表明假说可能成立，并不等于假说就被证实为真。因为根据假言推理规则，不能从肯定后件进而肯定前件，即检验命题为真，假说未必为真。但习惯上，对于一个假说，如果从它推出的多个检验命题都被证实为真，没有出现反例，这样的假说一般就被视为真而加以接受。

例如：魏格纳认为，大陆漂移说能够解释由海洋分隔的各大陆上动物群和植物群的显著相似性。他提出大陆和海底是地表上的两个特殊的层壳，它们在岩石构成和海拔高度上彼此不同，他还推论地球的极地始终是在迁移的。魏格纳将自己的论点建立在地质学、古生物学和古气象学的基础上，他着重强调大西洋两岸地质学的相似性，而不仅仅是海岸的高度吻合。魏格纳为自己的大陆漂移说提出了许多检验命题：

（1）大西洋两岸及印度洋两岸地区彼此相对的地层结构相同。例如北美纽芬兰一带的褶皱山系与西北欧斯堪的纳维亚半岛的褶皱山系相对应，都属早古生代造山带。

（2）大西洋两岸的古生物种（植物化石和动物化石）几乎是完全相同的。如巴西和南非同一地质时期的地层中均含一种生活在淡水或微咸水中的爬行类——中龙化石，它不可能游过大洋，而迄今为止世界上其他地区都未曾发现。又如主要生长于寒冷气候条件下的舌羊齿植物化石广泛分布于非洲、南美、印度、澳大利亚、南极洲等诸大陆中，而这些大陆所在的气候带却不相同。

（3）某一地质时期形成的岩石类型出现在现代气候条件下不该出现的地区。留在岩层中的痕迹表明，今天的北极地区分布有古珊瑚礁和热带植物化石，在3.5亿年前到2.5亿年前之间，北极曾经一度是炎热的沙漠；而今天的赤道地区发现有古代的冰层，曾经为冰川所覆盖。这些陆地古时所处的气候带与今天所处的气候带正好相反。

但由于历史条件的限制，魏格纳的假说缺乏令人满意的产生漂移的力学机制。魏格纳本人在提出大陆漂移的同时却认为大洋底是稳定的，大陆在海洋地壳上运动，而海洋地壳密度更大的壳层则固定不动。在魏格纳时代，人类对地球的了解还只限于大陆的浅层，对其深部（包括深海底）基本是一无所知的。魏格纳说道："漂移力这一难题的完整答案，可能需要很长时间才能找到。"由于假说本身的缺陷，尤其是强大的传统势力的抵制，以及海陆固定论的影响由来已久，大陆漂移说一开始就受到能否生存下去的考验。有人竟因魏格纳原是气象学家，就把他提出的漂移说，看成外行的"左道旁门"而嗤之以鼻。而支持的人则认为漂移说"是一个极好的科学假说，它将大大激发进一步的探究"，"没有反对魏格纳的充分理由，但是，在理论得到毫无保留地接受以前，还必须找到更加坚实可靠的证据"。1930年11月，魏格纳在格陵兰考察冰原时遇难，大陆漂移说也随之衰落了，从此沉冤三十余载无人问津。

20世纪50年代，古地磁学的研究积累了大量新的、令人信服的证据，表明大陆和海底确实存在着相对运动，许多大陆块现在所处的位置并不代表它的初始位置，而是经过了或长或短的漂移，而且至今大陆仍在缓慢地持续水平运动，例如地球的北极正在以每100年6厘米的速度缓慢地向日本方向移动。这些证据比海岸线的吻合，甚至比大洋两岸地质学和生态学的符合，以及植物和动物化石的相似要优越许多，有力地说明了大陆漂移的事实。而且科学家又成功地完成了大西洋两岸大陆轮廓的电子计算机拼合，为验证漂移说提供了形象的证据。到了20世纪60年代，随着板块构造说、海底扩张说的出现，又为大陆漂移的机制找到了进一步的合乎逻辑的解释。地球结构的最外一层为固体的地壳，往下是液态的地幔，中央是炎热的地核。地幔的对流造成了地壳的运动，其中有的板块会带动大陆或部分大陆和海底一同运动。至此，大陆漂移说得以完善，人们终于承认了大陆漂移说的正确性。

如果检验命题 C 和事实不相符合，又没有理由确认前提 W 为假，则假说 H 就不能成立或需要修改完善。英国著名科学史家丹皮尔指出："根据事实形成一个初步的假说……然后再用数学的或逻辑的推理演绎出实际的推论，并用观察或实验加以检验。如果说假说与实验的结果不相符合，我们必定要重新猜度，形成第二个假说，如此继续下去直到最后得到一个假说，不但符合于（或如我们常说的能够'解释'）最初的事实，而且符合为了检验这个假说而进行的实验的一切结果，这个假说于是可升格到理论的地位。"[1]这一过程可概括如下：

---

[1] [英] W.C. 丹皮尔：《科学史及其与哲学和宗教的关系》，李珩译，商务印书馆1979年版，第119页。

(1) $W \wedge H_1 \rightarrow C_1$　　　（引申出检验命题 C_1）
(2) $\neg C_1$　　　　　　　（检验命题为假）
(3) $\neg (W \wedge H_1)$　　　　（假言推理否定后件式）
(4) $\neg W \vee \neg H_1$　　　　（德摩根第一律）
(5) W　　　　　　　　（W 为真）
(6) $\neg H_1$　　　　　　　（选言推理否定肯定式）
(7) $W \wedge H_2 \rightarrow C_2$　　　（提出新假说）
……

【例1】 燃素说认为，物质本身含有燃素，当燃烧时，燃素就从燃料中逸出。所以燃体能自行释放燃素，物质燃烧不需要空气。但实践检验表明：如果炉子里没有空气，炉火就会熄灭。由此燃体能自行释放燃素的假说被证实为假。后来拉瓦锡经过反复实验，提出了新假说——氧化燃烧学说，在化学史上统治了100多年的燃素说被彻底推翻。

【例2】 英国生物学家、生物进化论的奠基人达尔文用自然选择来解释长颈鹿的脖子为什么长。他认为，远古时代的长颈鹿脖子有长有短。在牧草稀少的干旱时期，长脖子的能够获取更多的食物，吃到高处的树叶，更好地生存繁衍下来，日积月累，脖子也就越来越长了。而短脖子的不利于生存，逐渐被淘汰。所以，长颈鹿的长颈是自然选择的结果。达尔文的解释被人们普遍接受。

但是有人提出很多疑问，例如：为什么其他食草动物吃不到树冠上的树叶，可是也活下来了呢？长脖子会给长颈鹿饮水造成相当的困难。长长的脖子增加了被猎食动物发现的风险。长颈鹿占据的生态位只有非洲象一个竞争物种，所以并没有生存压力迫使长颈鹿在这么长时间里保持长颈的状态。

新达尔文主义的解释是，古代的长颈鹿，由于发生各种突然变异而出现了长度不等的脖子。其中，长脖子的在生存竞争中有利于摄取食物，经过自然选择发展成为今天的长颈鹿。也有人假设，在进化的初期，非洲存在其他体态高大的和长颈鹿展开生存竞争的大型有蹄动物，长颈鹿的脖子就是在与这些有蹄动物竞争中逐渐变长的，而这些有蹄动物现在已经灭绝。还有人假设，长颈鹿的长腿是为了快速奔跑逃离天敌，而长颈则是为了能够喝到地面上的水。

行为生态学家西蒙提出了另一种解释：长脖子不是为了食物，而是为了争夺伴侣。西蒙偶然观察到两只雄长颈鹿正打得难解难分，它们互相摆动颈部以头撞击对方。这种动作看上去很斯文，但6英尺多长、200多磅重的脖子所产生的冲力有时可将"情敌"置于死地！在这种缠颈、撞头的争夺战中，颈长头重的长颈鹿总是占上风。另外，长颈鹿头上短而坚的角或许是为了增加头部的撞击力量。西蒙提出：

（1）如果长脖子是为了争夺食物，那么长颈鹿应该吃其他热带草原动物够不到的金合欢树上部的叶子，可事实上长颈鹿常曲颈吃低矮树丛上的叶子。

（2）如果长脖子是为了拓宽食物范围，那么在漫长的演变过程中，它的腿、颈和其他部位都应该按比例增加。但西蒙通过将现代长颈鹿身高比例同它们祖先的比例作了比较后发现，在其祖先化石中最大的，腿长占现代长颈鹿的80%，而颈部却比例失调，短小得多。西蒙认为，觅食的要求不可能使它的脖子突然增长，但争夺"红颜"之战要靠脖子，所以促使脖子迅速增长。例如雄性性成熟后，颈部的重量还要增加大约90磅，而雌性一旦达到性成熟阶段，颈部就停止增长。

（3）雌长颈鹿虽无争斗之需，但有很多和雄性相同的基因，所以脖子也就长了。

在假说的检验过程中，证实一个假说要严密，推翻一个假说也要严密。证实一个假说和推翻一个假说在逻辑上是不对称的，证伪的破坏性远远大于证实。因为证实运用的是假言推理肯定后件式，这是一个无效推理形式，而证伪运用的是假言推理否定后件式，这是一个有效推理形式。因此，我们应该有意识地去冒假说被推翻的危险，应设法使我们提出的假说经受尽可能多的检验。

假说经过检验以后，大致有如下情形：

（1）证明了假说的正确，例如门捷列夫提出的元素周期表。

（2）与假说的基本思想一致，而与某些细节不一致，例如开普勒证实了哥白尼日心说，但同时修正了其错误，指出行星绕太阳运行的轨道不是圆形的而是椭圆形的。板块构造说为大陆漂移说提供了合理的动力学解释，但同时摒弃了魏格纳的"天体引力""离心力"。

（3）与假说的基本思想相违背，但与某些细节一致，例如古代亚里士多德与托勒密根据日月星辰东升西落的直观印象，提出了"地心说"的假说，同时认为地球是球形的和观测天文要用"视差动"的方法。后来的事实证明"地心说"是错误的，而地球为"球形的"及"视差动"的方法则是正确的。

（4）证明假说不正确，例如燃素说、星云假说的被否证。

所以假说经检验后，或上升为科学理论，或被否证，或需要进行修正与完善。在假说的提出与验证过程中，应当以科学理论做指导，但不受传统观点的束缚；应当以科学事实为依据，但不受原有材料的限制；应当具有可检验性，但不局限于当代的科技水平；应当使假说的内容完善、严谨，但不求立即上升成为科学原理。

思考题

1. 演绎推理和非演绎推理的主要区别是什么？
2. 什么是回溯推理？
3. 什么是归纳推理？怎样提高归纳推理结论的可靠程度？
4. 探寻因果联系的方法有哪些？说明各种方法的内容，并写出它们的公式。
5. 什么是类比推理？怎样提高类比推理结论的可靠程度？
6. 什么是概率？概率主要有哪几种解释？
7. 归纳逻辑研究的主要问题是什么？为什么说其中最关键的问题是归纳概率的定义？
8. 什么是统计推理？为什么说统计推理比归纳推理的结论可靠性程度高？
9. 什么是假说？假说具有什么特征？
10. 为什么假说的检验命题被证实为真，不等于假说被证实为真？
11. 如何理解证实假说与推翻假说在逻辑上的不对称性？

练习题

一、分析下述实例，指出各属于何种非演绎推理。

1. 当福尔摩斯第一次见到华生时，看到眼前的华生面容憔悴。就此，福尔摩斯得出结论：华生久病初愈而又历经艰辛。

2. 侦察实践表明，甲犯作案有一定动机，乙犯作案有一定动机，丙犯作案有一定动机……可见，犯罪分子作案都是有一定动机的。

3. 在非洲进行考察的动物学家们，通过几年的观察，看到狮子吃饱后总是懒洋洋地躺在地上。于是得出结论：所有的狮子吃饱后都懒得动。

4. 水稻能够进行光合作用，大豆能进行光合作用，松树能进行光合作用。所以，凡绿色植物都能进行光合作用。

5. 人们屡次发现，对氮、氢、氧这些气体加热时，随着气体的增温，体积就增大。于是人们得出结论：各种气体在加热时体积都会膨胀。

6. 20世纪60年代，有人发现，自1840年以来，凡尾数为"零"的那一年当选美国总统的，都没有活着离开白宫：1840年，威廉·亨利·哈里森当选为美国总统，在任期间就患病死亡；1860年，亚伯拉罕·林肯当选为美国总统，在任期间被刺杀；先后于1900年及1960年当选为美国总统的威廉·麦金利及约翰·肯尼迪也都在任期间被刺杀。便由此得出结论：凡在尾数为"零"的年份当选为美国总统的，都不能活着离开白宫。

7. 一年夏天某市公安部门连续接到举报：该市公共汽车上经常发生青年女

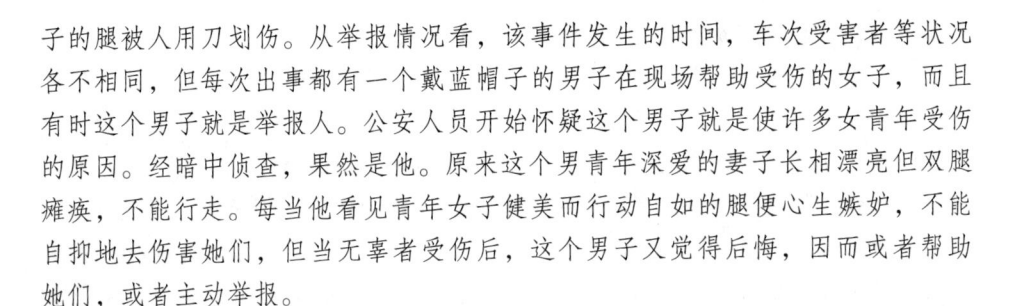

子的腿被人用刀划伤。从举报情况看，该事件发生的时间、车次受害者等状况各不相同，但每次出事都有一个戴蓝帽子的男子在现场帮助受伤的女子，而且有时这个男子就是举报人。公安人员开始怀疑这个男子就是使许多女青年受伤的原因。经暗中侦查，果然是他。原来这个男青年深爱的妻子长相漂亮但双腿瘫痪，不能行走。每当他看见青年女子健美而行动自如的腿便心生嫉妒，不能自抑地去伤害她们，但当无辜者受伤后，这个男子又觉得后悔，因而或者帮助她们，或者主动举报。

8. 1960 年，英国有一个农场的 10 万只鸡，由于吃了发霉的花生而得癌症死去了。1963 年，有人用发霉的花生喂大白鼠、鱼、雷豹等动物，它们也患癌症死去。这些动物的品种、生理特征、生活条件等因素各不相同，而吃了发霉的花生这一点是相同的。由此得出结论：吃了发霉的花生是使这些动物致癌而死的原因。

9. 有人为了探索长寿的原因，调查走访了几十位百岁以上的老人，发现他们生活的地区为山区、丘陵、平原等各不相同；有的喜欢素食，有的喜欢肉食；有的烟酒不沾，有的不禁烟酒。他们的诸多生活习惯各不相同，但他们也有共同点：都经常运动、心情开朗。由此得出结论：经常运动和心情开朗是长寿的原因。

10. 为了探寻黄热病是不是由带病毒的蚊子传播的，人们设计了这样一个实验。在两间蚊子没法进入的房屋中，分别放置了黄热病人睡过的（未经消毒）床单、用过的脸盆等器具，这些东西都染有黄热病人的呕吐物。其中一个房间里放置了叮咬过黄热病人的蚊子，另一个房间则没有蚊子。然后让两个身体状况相同的志愿者分别进入这两个房间起居生活。而且这两个志愿者被证明对黄热病没有免疫力。结果，几天以后，有蚊子的房间里的志愿者染上了黄热病，而没蚊子的房间里的志愿者却没有染上黄热病。由此得出结论：黄热病是由带病毒的蚊子传播的。

11. 20 世纪初，科学家为了了解甲状腺肿大的原因，对这种疾病流行的地区进行了调查研究，结果发现这些地区的人口、气候、地理位置等各不相同，但有一个共同情况，就是这些地区的饮水中缺碘，土壤水流中都缺碘。由此，科学家得出结论：缺碘是引起甲状腺肿大的原因。

12. 在一项实验中，按认知能力均等地将成员分为实验组和对照组。实验组的成员食用了某种味精，而对照组的成员则没有使用食用这种味精，结果显示：实验组的认知能力比对照组的认知能力差得多。实验者由此得出结论：食用该味精会导致认知能力降低。

13. 长期生活在海水中的鱼，尽管置身于咸水之中，而鱼肉却不是咸的，这是为什么呢？科学家们考察海水里的鱼，发现它们在种类、体型、大小等方面都各不相同，但它们的鳃片上都有一个能排盐的特殊构造——"氯化物分泌细胞组织"。科学家们又考察生活在淡水中的鱼，发现无论种类、体型、大小的不同，淡水鱼都没有这种"氯化物分泌细胞组织"。由此可见，具有"氯化物分泌细胞组织"是海水鱼长期生活于咸水之中而肉质不咸的原因。

14. 某甲得了一种罕见病。大夫让他坚持有规律的运动，食用一种抗生素。结果某甲的病治好了。大夫在分析某甲治愈的真正原因时，认为某甲服用该抗生素是治愈原因的可能性较大，但到底是因某甲服用抗生素还是某甲运动、食用维生素、休息的结果呢？大夫作了进一步观察。他把病人作为考察对象，分为两组。这些病人与某甲患同一种病，而且身体状况都相仿。大夫对这两组病人的运动、食用维生素、休息等方面都不作要求，实际上这两组病人在这几个方面状况各不相同，但大夫要求第一组病人都服用某甲食用的抗生素而第二组都不服用该抗生素。结果发现，第一组病人都治愈了，而第二组病人则没有。于是大夫坚信了他当初的分析。

15. 马克思在《资本论》中曾经引用了一段话："一旦有适当的利润，资本就胆大起来。如果有10%的利润，它就保证被使用；有20%的利润，它就活络起来；有50%的利润，它就铤而走险；为了100%的利润它就敢践踏一切人间法律；为了300%的利润，它就敢犯任何罪行，甚至是冒绞首的危险。"

16. 一位犯罪学家通过比较发现，就业率的波动和盗窃罪发案率的起伏之间有共变现象。当就业率升高的时候，盗窃率降低；当就业率降低的时候，盗窃率升高。这位犯罪学家得出结论：失业是引起盗窃率升高的原因。

17. 科学家做过一个实验，他们将苜蓿（一种多年生草本植物）切细，埋在秧苗两边，结果这些秧苗结出的果实比其他秧苗结出的果实又多又好。只靠苜蓿里的氮、磷、钾不可能产生这样的效果。于是科学家们推测，苜蓿里还有未知的营养元素。后来果然分离出30烷醇，实验证明，正是30烷醇刺激了秧苗生长。

18. 1885年，德国弗登堡矿业学院的教授威斯巴克发现了一种新矿石，他先请化学家李希特对该矿石作定性分析，发现其中含有元素银、硫、汞等。后来他又请另一位化学家文克勒作了定量分析，一方面矿石中含有李希特教授分析的元素，但同时发现各种已知元素的重量累计只占该矿石重量的93%，还有7%的重量来源无法从上述各元素的重量中得到说明，文克勒认为该7%的重量是由某种未知元素构成的。经过对矿石进行分离和提纯，终于发现了新元素。

19. 海罗在锡拉丘兹称王之后，为了显示自己的丰功伟绩，决定在一座神庙里放上一顶金皇冠，献给不朽的神灵。海罗与承包商谈好价钱，订了合同，并精确地称出黄金交给对方。皇冠完成后海罗相当满意。但后来有人告发说加工时商人盗窃了金子换以等量的白银。海罗为自己被骗大为恼怒，可又没办法揭穿商人的做法，就把这个任务交给了阿基米德。阿基米德洗澡的时候都在想称量皇冠的办法。当他进澡盆时，发现自己的身体越往里进，从盆里溢出的水就越多。由此，他找到了解决问题的办法。

20. 美国物理学家富兰克林发现，闪电与用摩擦方法产生电的现象有许多相似之处：它们都发光，光的颜色相同；电摩擦产生的电火花和闪电的形状都呈弯曲的方向；二者都是瞬时产生、所发的光都能使物体着火、都能熔解金属、都能杀死生物体等。于是他得出结论：闪电是空中的放电现象。后来，富兰克林和他儿子在费城做了著名的风筝实验，验证了他的结论。也是在这个基础上，富兰克林发明了避雷针。

21. 罗马体育馆的设计师，分析研究了人的头盖骨由8块骨片组成，形薄、体轻，但却比较坚固。他想，体育馆的屋顶用1620块形薄、体轻的构件组成颅形，也应该是坚固的。设计师按照这种想法设计施工，果然达到了预期的效果。

22. 某洗衣机厂生产1000台洗衣机，检查员随意抽取500台进行检查，发现其中450台是合格产品，50台是次品，检查员得出结论：产品的合格率是90%。

23. 某地区种植水稻60万亩，我们按长势将它分为三个等级，其中长势好的30万亩，一般的20万亩，差的10万亩。然后依次从三个等级中随机抽取6亩、4亩、2亩共12亩作为样本，这12亩地平均每亩产量为1500斤，由此推广到总体60万亩的总产量为9亿斤。

24. 有一个国家，近几年来流通中货币量有所增加。经济学家分析，由于生产的增长，商品总量的确有所增加；近几年来，货币流通速度没有发生变化，但是流通中货币量的增加超过商品总量的增加比例，超过了15%。因此，经济学家得出结论：这个国家的物价近几年上涨了15%。

二、分析下列非演绎推理，判断在什么情况下，该推理结论的可靠性较高？在什么情况下，结论的可靠性较低？

1. 一个科学家对1000只供医学试验用的白鼠进行测试，发现它们的食物中缺乏维生素D时，每只白鼠都患有佝偻病。另一科学家进行同一试验，从10种不同的动物中，各取10个不同的样品，试验结果同对白鼠的实验一样。两个科学家都得出结论：当缺乏维生素D时，所有的动物都会得佝偻病。

2. 对某工厂的生产线上生产的4双鞋进行检查，这些鞋是同一品牌、都是机制的。结果表明每双鞋中左鞋都比右鞋大。于是得出结论：如果检查第5双鞋，也是左鞋比右鞋大。再对另一合作社的4双鞋进行检查，这些鞋是由合作社中各种不同手艺的工人亲手制造的。结果也是每双鞋中左鞋都比右鞋大，于是得出结论：如果检查第 5 双，也是左鞋比右鞋大。

3. 由甲、乙、丙等人组成的小组连续 3 次出去游玩都遇到天下雨。在扫兴而归之后，乙说：以前我们和丁出去玩从来没遇上天下雨，这几次和丙一起来，每次都下雨，一定是丙给我们带来了坏运气。甲反驳说：这没有道理。实际上，这几次我们出来，每次早上都异常闷热。天异常闷热之后往往都会下雨。

4. 美国脑神经科学家奥立弗·萨克在治疗嗜睡病过程中饱受挫折。1968年，他决定试用一种叫做 L-杜朴敏的药。当年夏天，所有沉睡几十年的病人在服用了这种药后都奇迹般地苏醒过来。于是，奥立弗·萨克得出结论：L-杜朴敏对嗜睡病有疗效。可是，当奥立弗·萨克在英国等其他地方用 L-杜朴敏试图治疗同样的病人时却没有疗效。

5. 在勘察一交通事故的现场时，两名警察通过观察车轮的痕迹分别作出了自己的结论。

警察甲认为：肇事的是一辆卡车。

警察乙认为：肇事的是一辆深灰色东风牌卡车。

三、运用非演绎推理的有关知识回答下列问题。

1. 调查表明，最近几年来，中老年人中患高血压的病例逐年减少。但是，以此还不能得出高血压发病率逐年下降的结论。以下哪项如果是真的，最能加强以上论证？

　A. 高血压早就不是不治之症。

　B. 近年来青年人中的高血压病例有所上升。

　C. 防治高血压病的医疗条件近年来有很大的改善。

　D. 和心血管病、肿瘤病等比较起来，近年来对高血压的防治缺乏足够的重视。

2. 爱尔兰有大片泥煤蕴藏量丰富的湿地。环境保护主义者一直反对在湿地区域采煤。他们的理由是开采泥煤会破坏爱尔兰湿地的生态平衡，其直接严重后果是会污染水源。这一担心是站不住脚的。据近 50 年的相关统计，从未发现过因采煤而污染水源的报告。以下哪项如果为真，最能加强题干的论证？

　A. 在爱尔兰的湿地采煤已有 200 年的历史，其间从未因此造成水源污染。

　B. 在爱尔兰，采煤湿地的生态环境和未采煤湿地没有实质性的不同。

　C. 在爱尔兰，采煤湿地的生态环境和未开采前没有实质性的不同。

　D. 爱尔兰具备足够的科技水平和财政支持来治理污染，保护生态。

3. 一项统计表明，近五年来，脑黄金营养液在各种营养滋补品中的销售比例提高了近 10%。其间，这种营养液的电视广告的出现频率，特别是在黄金时段的出现频率也有明显增加。这一事实有力地说明：电视广告是产品促销的有效手段。以下哪项如果为真，最能削弱以上的论证？

A. 电视观众的普遍习惯是，看到电视广告就立即换频道。

B. 一项对脑黄金营养液买主的调查显示：99%的被调查者回答：没有注意该产品的电视广告。

C. 一项对注意到脑黄金营养液广告的电视观众的调查显示：几乎没有被调查者购买脑黄金营养液。

D. 巨额广告费极大地降低了脑黄金营养液的利润率。

4. 据医学资料记载，全球癌症的发病率20世纪下半叶比上半叶增长了近10倍，成为威胁人类生命的第一杀手。这说明，20世纪下半叶以高科技为标志的经济迅猛发展所造成的全球性生态失衡是诱发癌症的重要原因。以下哪项最能削弱上述论证？

A. 人类的平均寿命，20世纪初约为30岁，20世纪中叶约为40岁，目前约为65岁，癌症高发病的发达国家的人均寿命普遍超过70岁。

B. 20世纪上半叶，人类经历了两次世界大战，大量的青壮年人口死于战争；而20世纪下半叶，世界基本处于和平发展时期。

C. 高科技极大地提高了医疗诊断的准确率和这种准确的医疗诊断在世界范围内的覆盖率。

D. 高科技极大地提高了人类预防和诊治癌症的能力，有效地延长着癌症病人的生命时间。

四、根据假说的有关知识分析下例并回答有关问题。

1. 科学家们一直关注探讨着一个问题：是什么原因使得恐龙在大约6500万年之前全部灭绝。美国加利福尼亚大学的一项研究提出这样一个论断：这个控制世界达13 500万年之久的巨霸遭到灭顶之灾是由于在离地球1/10光年以内的一颗超新星爆炸引起的。论据是：古比欧地区岩石（那里的岩石是恐龙消失阶段最完整的记录）中金属铱的密集度，在恐龙消失期间骤然增加25倍。如果这种超新星爆炸，则会发出大量的辐射能和物质碎片到地球上来，致使岩石中金属铱的密度骤然增加许多倍，会使地球周围的臭氧层遭到暂时的破坏，会使地面上的温度骤然下降、普遍干旱和光合作用减弱，使许多生物不能生长，从而使习惯于在热带亚热带雨林中生长而食量又非常大的恐龙失去了生存的必要条件。

请问：上例中提出了什么假说？是怎样提出来的？

2. 1960年以来，我国科学家几次考察了青藏高原，观察到许多事实与原先关于青藏高原形成原因的假说（由于地槽堆积而构成山脉）不符合。于是人们提出新的假说：由于印度大陆分裂，一部分留在非洲，一部分向北漂移与欧亚大陆挤压，几个大陆板块相互挤压引起地面升高，从而形成了青藏高原。如果真是这样，应当能找到印度大陆分裂的证据。人们发现在非洲和我国青藏南部地区都存在一种缺翅虫，而这种缺翅虫扩散力很弱，它们只分布在很窄小的地区。非洲与我国藏南相距遥远，两地都存在这种缺翅虫，绝非是由于扩散造成的。于是人们认为，这是由于印度大陆分裂的结果。

请问：新假说的内容是什么？是怎样提出来的？

3. 人们发现，蝙蝠在黑夜里能快速而准确地飞行而不会撞在任何东西上。为了解释这个现象，科学家们根据常识提出了这样一个假说：蝙蝠能在黑夜中避开障碍物飞行是由于它有特别强的视力。那么，由这个假说可知，如果把蝙蝠的眼睛蒙上，它在飞行中就会由于看不见东西而撞在障碍物上。为了检验这个假说，科学家们设计了一个小实验：在一暗室中系上许多纵横交错的钢丝，在每条钢丝上系上一个灵敏的铃铛，让一些蝙蝠蒙上眼睛在这个暗室里飞行。蝙蝠如果撞上钢丝，铃铛便会发出响声。可实验结果铃铛不响，蝙蝠没有撞在钢丝上，从而推翻了原假说。科学家们想，蝙蝠是否有别的特异功能呢？是否无需眼睛就能辨别障碍物呢？于是，他们又提出了一个新的假说：蝙蝠能发出一种超声波，超声波遇到障碍物以后会发生反射，反射波被蝙蝠接收，便可知前方有障碍物。由此假说可推知：蝙蝠在飞行中会不断发出超声波。后来，科学家们用仪器把这种超声波探测出来了，从而证实了这一假说。

请问：上例提出了哪些假说？是怎样被检验的？

4. 1928 年秋天的一个早晨，英国细菌学家亚历山大·弗莱明像平常一样准时来到实验室。他偶然发现，有一只细菌培养皿中的培养基发霉了，长出一团青绿色的霉花。他的助手见了，毫不在意地准备去把它倒掉，但细心的弗莱明来说："不能倒掉，这里似乎有文章，我要仔细地研究一下。"当他将这只培养皿放在显微镜下观察时，奇迹出现了：在霉花的四周致病的葡萄球菌死光了。弗莱明猜想，是这种绿色霉菌杀死了顽固的葡萄球菌。弗莱明决定通过实验来验证自己的推测。于是，他和助手一起小心翼翼地培养繁殖这种霉菌，然后滴到葡萄球菌中。几小时后，葡萄球菌果然死光了。后来，弗莱明又把霉菌培养滤液稀释 10 倍甚至 100 倍，杀菌效果仍然很好。接着他又着手在动物身上做试验，把霉菌滤液注射进兔子血管里，结果兔子安然无恙，充分证明它不仅杀菌能力强而且无毒性。弗莱明把这种具有强大杀菌能力的物质，叫做"青霉素"。

请问：上例中弗莱明提出了什么假说？是怎样进行检验的？

5. 1781 年 3 月 31 日晚，德裔英国天文学家威廉·赫歇尔用自制天文望远镜观测夜空时，发现了一个新的天体，他以为可能是一颗彗星。但随后其他天文

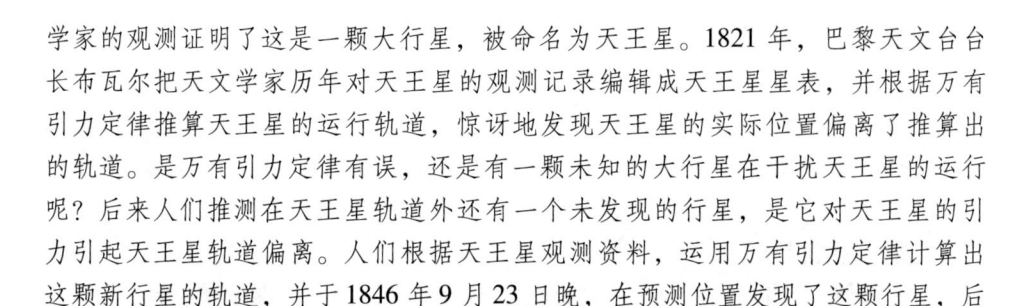

学家的观测证明了这是一颗大行星，被命名为天王星。1821年，巴黎天文台台长布瓦尔把天文学家历年对天王星的观测记录编辑成天王星星表，并根据万有引力定律推算天王星的运行轨道，惊讶地发现天王星的实际位置偏离了推算出的轨道。是万有引力定律有误，还是有一颗未知的大行星在干扰天王星的运行呢？后来人们推测在天王星轨道外还有一个未发现的行星，是它对天王星的引力引起天王星轨道偏离。人们根据天王星观测资料，运用万有引力定律计算出这颗新行星的轨道，并于1846年9月23日晚，在预测位置发现了这颗行星，后来命名为海王星。同样的方法，在1930年3月14日，发现了冥王星。

请问：上例中先后提出了哪些假说？运用了什么逻辑推理？

6. 1682年8月，天空中出现了一颗用肉眼可见的彗星，它的后面拖着一条清晰可见、弯弯的尾巴。当时，年仅26岁的英国天文学家哈雷对这颗彗星进行了仔细观测，记录了彗星的位置和它在星空中的逐日变化。经过一段时期的观察，他惊讶地发现，这颗彗星好像不是初次光临地球，而是似曾相识的老朋友。哈雷猜想到彗星会定期回到太阳附近。在通过大量的观测、研究和计算后，他大胆地预言，1682年出现的那颗彗星，将于1758年底或1759年初再次回归。哈雷作出这个预言时已近50岁了，而他的预言是否正确，还需等待50年的时间。他意识到自己无法亲眼看见这颗彗星的再次回归，于是他幽默地说道：如果彗星根据我的预言确实在1758年回来了，公平的后人大概不会拒绝承认这是由一位英国人首先发现的。

1758年底，这颗第一个被预言回归的彗星准时地回到了太阳附近。哈雷的预言得到了证实。后人为了纪念他，把这颗彗星命名为"哈雷彗星"。

请问：上例中哈雷提出了什么假说？运用了什么逻辑推理？

7. 2000年的一个周末，美国达马哈市的布鲁斯夫妇宴请亲人到家里为他们11个月大的儿子理查德过生日。当晚，理查德脸色发白，全身颤抖，耳、鼻、眼、口流血，被紧急送进了医院，然而虽经全力抢救，第二天清晨理查德死于肝功能严重衰竭。几个小时后，理查德的舅舅强森死于同样症状。紧接着，布鲁斯夫妇、强森的女儿也被送进了医院。

侦查人员发现，理查德与强森在死亡前曾在一起相处过，那便是在周末的聚会上。染病的家庭成员当天也在场。随后，侦查人员发现得病的人在当天晚上都饮用过柠檬水，而其余没有饮用柠檬水的人却安然无恙。

最后证明凶手正是在柠檬水中投入了剧毒。

请问：侦查人员在侦查过程中提出了什么假说？使用了什么逻辑推理？

拓展阅读书目

1. [美] 欧文·M. 柯匹、卡尔·科恩等:《逻辑学导论》,张建军等译,中国人民大学出版社 2007 年版。

2. [英] 波普尔:《猜想与反驳》,傅季重译,上海译文出版社 1986 年版。

拓展阅读材料

1. 弗兰西斯·培根

2. 约翰·斯图加特·密尔

3. 洗手,挽救了产妇的生命

第八章 逻辑基本规律

逻辑基本规律是一切思维活动都必须遵守的最基本的思维准则，包括同一律、矛盾律和排中律。这些规律从不同角度概括和表达了正确思维的基本特征和逻辑要求，对人类的思维具有规范和制约作用。

第一节 同一律

一、什么是同一律

同一律指任何一种思想自身总是确定的、同一的。通常表示为：A 是 A，也可符号化为：$A \rightarrow A$。

同一律保证思想表达的确定性。在同一语境中，某一语言单位表达什么思想就表达什么思想，A 就是 A。一个语词表达什么概念就确定地表达这个概念，一个句子表达什么命题就确定地表达这个命题。只有保证了思维的确定性，才有可能讨论其正确与否。

同一律要求在同一思维过程中，一个思想必须保持自身的确定和同一，它是什么就是什么，如俗话说：说一不二。

这里的"思想"，指用来表达思想的词项或命题。

就词项而言，遵守同一律就是要保持其确定的内涵和外延。在同一思维过程中，一个词项被用来指称什么对象，具有什么涵义，应当是确定的、前后一致的。

【例1】 所有恒星都是发光的，太阳是恒星，所以，太阳是发光的。

这个三段论推理的推理形式为：

$$\frac{\begin{array}{c} MAP \\ SAM \end{array}}{SAP}$$

其中，"恒星""太阳""发光的"这三个词项都分别出现了两次。在分析该三段论推理的形式时，我们使用同一个符号来表示两个不同命题中出现的同一个词项。根据同一律的要求，它们应该具有相同的内涵和外延。

【例2】"物质是永恒不灭的，石油是物质，所以，石油是永恒不灭的。"

这个三段论推理的推理形式也为：

$$MAP$$
$$SAM$$
$$SAP$$

但是，其中的中项"物质"在大前提中表示哲学上的物质范畴，在小前提中表示一种具体的物质形态，内涵、外延均不相同，在该推理中却被当做同一个词项使用，因此违反了同一律。

在法律工作中，使用概念时保持其内涵和外延的确定和同一具有十分重要的意义。例如，"紧急避险"这一法律术语指：为了使国家、公共利益、本人或者他人的人身、财产和其他权利免受正在发生的危险，不得已给另一较小合法权益造成损害的行为。在司法实践中，只有在确定的内涵和外延下使用这一概念，才能真正做到依法办事。否则，就会把属于紧急避险的行为判定为非紧急避险，或把不属于紧急避险的行为判定为紧急避险，扭曲法律。

就命题而言，同一律要求保持其确定的陈述和真假。在同一思维过程中，同一个命题必须保持相同的意义，相应地，对该命题真假的判定也应当是确定的，要么为真，要么为假。

例如：只有加强社会主义法治，才能顺利进行社会主义现代化建设。因为，如果要顺利地进行社会主义现代化建设，就要有一个安定团结的政治局面，如果要有一个安定团结的政治局面，就必须加强社会主义法治。

如上论证是由一个假言联锁推理构成的。作为前提和结论的假言命题是由三个不同的简单命题充当前件或后件的，每个简单命题出现两次，都是在相同的意义下使用的，符合同一律要求。

同一律是人们对思维活动的规律性加以概括和总结所得到的逻辑基本规律，它既不是先验的，也不是约定俗成的。同一律要求某一个思想保持其确定的内容，是相对于同一思维过程而言，并不是否认客观事物及人的认识的发展和变化。例如，不同国家和各个国家的不同历史时期，"人民"这一概念被赋予了不同的内容。在我国，抗日战争时期，一切抗日的阶级、阶层和社会集团都属于"人民"的范围；而在社会主义建设时期，一切赞成、拥护和参加社会主义建设事业的阶级、阶层和社会集团都属于"人民"的范围。但是，相对于某一具体的思维过程而言，"人民"这一概念究竟指哪些人，有什么含义，应该是确定的。不断运动变化着的客观事物有相对静止的一面，反映客观事物的人的主观思维也同样是不断变化发展的，同时又具有相对的确定性。正是基于这种相对的确定性，人类的思维、交流才能够正常进行。同一律要求保持思想的确定性，正是体现了思维的这一特点。

二、违反同一律的逻辑错误

人的日常思维是借助于自然语言进行的，而自然语言的用法十分复杂。一个语词、一个语句，可以表达几种不同的意思。同一个意思，又可以通过不同的语言形式得以表达。如果使用不当，就会引起思维混乱，导致逻辑错误。

违反同一律的逻辑错误有：混淆概念、偷换概念；转移论题、偷换论题。

混淆概念，指无意识地或者说不自觉地把不同的概念当做同一概念来使用。混淆概念常在一词多义或两词近义的情况下发生。

由一词多义引起的混淆。自然语言中的语词大多数是多义词，具有歧义性。同时，由于每个人的阅历、身份、生活经验各不相同，对同一个语词会有不同的主观理解和解释，从而导致交谈、论辩中发生混淆概念的情况。

例如：在一场题为"闲事该不该管"的辩论中，正方主张：闲事该管，路见不平，拔刀相助，一向是中华民族的传统美德，应该弘扬；反方则认为：闲事不该管，要管就管正事，因为闲事就是无关紧要的皮毛琐事，管闲事不仅没有意义，管不好还会招来麻烦。

在上述论辩中，双方唇枪舌剑，互不相让，但实质上却没有针对同一论题，因为双方所说的"闲事"是两个不同的概念：正方所说的"闲事"是指与自己没有直接关系的事；反方的"闲事"则是指不重要、没有意义的小事。日常生活中常会发生类似此例的无谓争论，双方各坚持自己对某一语词的理解，自说自话，虽然争得面红耳赤，却并无交锋。

由两词近义引起的混淆。

例如：一位律师辩护说："被告怎么会有犯罪思想呢？我们不承认有思想犯罪。"

"犯罪思想"与"思想犯罪"这两个概念虽然相近，但并不相同。"思想犯罪"是不存在的，但"犯罪思想"是存在的，它是犯罪构成的主观方面情况的反映，是判定某一行为是否构成犯罪的一个重要条件。这位律师的错误就在于把相似而不相同的两个概念混为一谈，违反了同一律。

偷换概念，指出于主观故意而发生的概念混淆。偷换概念是一种常见的诡辩方法。

例如：柏拉图的《欧底姆斯篇》中记载了这样一个故事：

一次，苏格拉底带着一个青年人去请教欧底姆斯。一见面，欧底姆斯就给青年人提了个问题：

"你学习的是已经知道的东西，还是不知道的东西？"这个青年回答，学习的当然是他不知道的东西。于是，欧底姆斯就向青年提了一串问题：

"你认识字母吗？"

"我认识。"

"所有的字母都认识吗？"

"是的。"

"而教师教你的时候，不正是教你认识字母吗？"

"……"

"如果你认识字母，那么教师教你的不就是你已经知道的东西了吗？"

"是的。"

"那么，或者你并不在学习，而只是那些不认识字母的人在学习吧？"

"不，我也在学习。"

"那么，如果你认识字母，那你就在学习你已经知道的东西了。"

"是的。"

"那你最初的回答就不对了。"

青年人被问得昏头昏脑，最后承认自己失败，甘拜欧底姆斯为师。

在这段对话中，欧底姆斯就是在玩弄偷换概念的诡辩技巧。"已经"是一个时间副词，表示发生于说话之前或者发生于某确定的时间点之前。在欧底姆斯提的第一个问题（"你学习的是已经知道的东西，还是不知道的东西？"）中，"已经"以学习时间为参照，指"在学习时间之前"；在后面的问题（"如果你认识字母，那么教师教你的不就是你已经知道的东西了吗"和"如果你认识字母，那你就在学习你已经知道的东西了"）中，"已经"以二者的谈话时间为参照，指"在谈话时间之前"。这两个"已经"的时间含义不同，故"已经知道"的意思也不相同。欧底姆斯故意混淆这两个概念，扰乱对方的思考。

转移论题，指无意识或者说不自觉地以一个似是而非的论题取代原论题。表现为说话答非所问、写文章文不对题。

例如：在一篇题为"席勒和歌德的友情"的文章中，作者写道："席勒和歌德并称'德国文坛双璧'，他们在魏玛的友情，更是千古美谈。席勒的诗才逊于歌德，但席勒的剧才胜于歌德——在舞台艺术方面，有高度成就，对德国的戏剧发展有重大的贡献。不过，他们在道德方面却有分别。席勒努力求进的生活、气质高尚的道德以及追求崇高理想的精神，成为德国青年的模范。"

文章的题目是"席勒和歌德的友情"，但正文却偏离主题，大谈二者的才能和道德状况，明显转移了论题。

偷换论题，指有意识、有目的地用一个不同的论题取代原论题。偷换论题也是一种常见的诡辩手法。

例如： 记者：请问本届董事会对公司内部贪污腐化问题做了哪些工作？

董事长：大家都知道，上一届董事会忽视了这个问题，而这就是我们现在面临这样一个烂摊子的原因。如果他们当时就果断采取措施，那我们现在的处境就会好得多。幸运的是，他们在后来的竞选中落选了，现在由我们决定公司的事务。

这里，记者要问的是本届董事会在解决公司内部贪污腐化问题方面所做的工作，而董事长将其偷换为上届董事会在该问题处理上的缺失，目的在于转嫁责任，分散听众对于正在讨论的问题的注意力。

运用修辞手法不属于违反同一律。随着语言艺术的进步和发展，人们对语言的使用已远不满足于把自己的意思表达得清楚、明白，而是努力追求语言表达的艺术性、趣味性，大量使用修辞手法，如比喻、夸张、反语、一语双关等。巧妙地运用修辞，说者和听者对其中的意蕴心有灵犀，不仅不会引起思维的混乱，还使表达更加生动、有力。这种情况不属于违反同一律。

例如： 一位农民和老师对话如下：

农民：我要教育我的儿子，免得他变成愚人。

老师：你做得对。但每月要交十里拉。

农民：这笔钱数目不小，我可以买头小毛驴了。

老师：如果你买了驴子，而不教育儿子，家里就有两头驴了。

在这段对话中，老师用一个生动的比喻说明不加教育的孩子会像驴子一样愚蠢，使农民认识到不舍得花钱教育后代的后果。我们之所以不会指责这个老师混淆"驴子"和"孩子"这两个概念，在于比喻的目的是说明"事物 A 像 B"，而混淆概念是说"A 是 B"。

三、同一律在法律工作中的应用

遵守同一律，保持思想自身的确定和同一，对法律工作有着极其重要的意义。同一律在法律工作中的应用，具体要求如下：

（一）法律规范自身必须确定、一致

法律规范是人们的行为准则，是司法工作的依据，因此，在法律条文的陈述中，法律概念的内涵和外延必须明确，否则就难以贯彻"有法可依、有法必依、执法必严"的原则。在司法实践中，司法人员援引法律必须严格维护法律规范自身的确定性，对法律条文的理解和适用不能随心所欲，既不能主观地加以扩大，也不能缩小。

例如：法律规定，凡在悬挂中华人民共和国国旗或国徽的船舶或航空器内犯罪的，适用中华人民共和国刑法。如果是在一列行驶在俄罗斯领土上的国际列车上悬挂中华人民共和国国旗的某节车厢内发生的刑事案件，就不能算是我国的浮动领土而适用我国刑法，否则就是对法律作了主观扩大。

（二）对案件事实的认定应当清楚、确定

认定案件的事实情节往往非常复杂，在涉及专业知识的时候尤其如此。

例如：某农场诉某种子公司出售劣质品种的黄豆种子，造成绝产，要求赔偿经济损失3.5万元。主要理由是播种之后，黄豆出苗情况不好，农场认为该种子发芽率低于国家要求的标准，是劣质种子。法院在调查过程中了解到，这种种子有特殊的播种要求，留苗密度要高。而原告的播种面积为300亩，却只购买了800斤种子，种子不够，影响了出苗情况。该种子有合乎国家标准的检验证明，证明发芽率并不低，同时又有其他证据证明这种种子属优良品种，且售与原告的这批种子也非劣质种子。法院据此驳回原告的诉讼请求。

认定上述案件事实的关键在于，是否能够正确地区分"发芽率"和"出苗率"这两个不同的概念。"发芽率"是在实验室规定的理想条件下所做的发芽试验情况，是种子品质的一个重要指标。"出苗率"是田间实际出苗情况的反映，不仅和种子自身的发芽率有关，也受土壤、气候、虫害、播种方法等因素的制约。因此，出苗率低并不等于发芽率低、种子有问题。如果混淆了这两个概念，案件事实就不可能清楚。

（三）同一案件的事实、定性和判处三者必须保持同一

有什么事实，就应根据法律定什么性质；属于什么性质，就应依法作相应的判处。

例如：被告人莫某携带一支"六四"手枪和10发子弹，趁安检处旅客人多拥挤，混入机场，登上飞机。当飞机中途降落，莫某企图再次以同样方式混入机场时，被机场安检人员查获。法院认定的案件事实是被告人莫某非法携带枪支子弹乘坐民航班机，但在给被告人的犯罪事实定性时，却定为私藏枪支、弹药罪（即违反枪支管理，私藏枪支、弹药拒不交出的行为）。事实与定性没有保持同一，因此，违反了同一律。

（四）法庭辩论应针对同一论题进行

在法庭辩论中，如果论辩双方不能保持论题同一，而是你说你的、我说我

的，就构不成一场辩论，解决不了实质问题。

例如：某律师出庭为杨某伤害致死案辩护。律师提出三点意见：其一，杨某的犯罪是出于义愤，不属于无端滋事。其二，杨某的罪行轻微。法医检验结果表明，致受害人最后丧命的损伤行为与杨某的行为无直接关系。其三，请求法庭在量刑上考虑从轻判处。接着，公诉人答辩。他大谈刑法上所规定的故意犯罪，指出有直接故意和间接故意两种形式，继而谈论直接故意杀人和间接故意杀人的区别，等等。由于公诉人没有就律师的意见展开辩论，导致法庭辩论完全失去了意义。

第二节 矛盾律

一、什么是矛盾律

矛盾律指：任何一个思想都不可能既是真的又是假的。也可以表述为，两个相互排斥的思想不可能同真，其中必有一假。通常表示为：A 不是非 A，也可符号化为：$\neg(A \wedge \neg A)$。

这里的"相互排斥"，指思想的矛盾关系和反对关系。

在传统逻辑中，命题的真值只有两个：真和假。任何一个命题的真值都必居其一，不可能既真又假。如果已确定命题 A 为真，则 A 一定不为假。换言之，如果已经确定 A 为真，则 $\neg A$ 一定不为真，即 A 和 $\neg A$ 这两个相互排斥的命题不能同真。

矛盾律要求：在同一思维过程中，对于两个相互排斥的思想不能都予以肯定。

就词项而言，不能用两个具有矛盾关系或反对关系的词项去指称同一个对象。例如，我们不可能说一个几何图形是"方的圆"，一件铁器是"木制的铁器"；对同一个人，不能既说他是"成年人"，又说他是"未成年人"；对同一个三段论推理，不能既断定它是"第二格的"，又断定它是"第四格的"。否则，就会违反矛盾律。

就命题而言，不能对两个不可同真的命题都予以肯定。命题之间的矛盾关系是一种既不可同真又不可同假的关系，命题之间的反对关系是一种不可同真但可同假的关系，因此，不能对具有矛盾关系或反对关系的命题都予以肯定。

【例1】所有内容违法的合同都是无效合同。

【例2】所有内容违法的合同都不是无效合同。

【例3】 并非所有内容违法的合同都是无效合同。
【例4】 如果案件发生在晚上九点以前,那么,作案地点不在办公室。
【例5】 案件发生在晚上九点以前,但作案地点在办公室。
【例6】 甲或乙杀害了丙。
【例7】 甲没有杀害丙,并且乙也没有杀害丙。

以上例1和例2中的命题具有反对关系;例1和例3、例4和例5、例6和例7中的命题分别具有矛盾关系。根据矛盾律的要求,都不能同时加以肯定。

矛盾律作为逻辑基本规律,不涉及思维的具体内容,它本身不能确定两个互相排斥的思想究竟哪个真哪个假。但是,一旦确定了其中一个为真,根据矛盾律,就可以确定另一个思想为假。

矛盾律是逻辑规律,它所讲的"逻辑矛盾"和辩证法的"辩证矛盾"是两个完全不同的概念。逻辑矛盾是无法正确表达思想的思维混乱,必须予以排除。存在逻辑矛盾的思想是不能成立的,存在逻辑矛盾的理论体系(其中既肯定 A 又肯定¬A)是不协调的、不会得到公认的。辩证矛盾是客观世界本身的矛盾,如"运动是物体在同一瞬间既在同一个地方又不在同一个地方""光是微粒又是波"。它揭示的是事物本身具有的对立统一关系及其运动过程,是人们认识、理解客观世界所必须遵循的规律。任何科学的认识都要求排除逻辑矛盾,而任何科学又都是在研究对象本身所固有的辩证矛盾。总之,"逻辑矛盾"是需要排除的矛盾,而"辩证矛盾"是必须认可且不可避免的矛盾,二者不可混淆。同时,辩证思维作为人的思维,也必须保持自身的无矛盾性,也要遵守逻辑基本规律。

二、违反矛盾律的逻辑错误

矛盾律要求对相互排斥的思想不能都予以肯定,以保证思想自身的一致性。违反矛盾律的逻辑错误是自相矛盾。

"自相矛盾"一词源于《韩非子》中的一个寓言故事:"楚人有鬻盾与矛者,誉之曰:'吾盾之坚,物莫能陷也。'又誉其矛曰:'吾矛之利,于物无不陷也。'或曰:'以子之矛陷子之盾,何如?'其人弗能应也。"从逻辑上分析,这个楚国人同时肯定了一对互相矛盾的命题:"我的盾不能被刺穿"和"我的盾能被刺穿",或者"我的矛能刺穿一切东西"和"我的矛有东西刺不穿"。正是因为这个楚国人的说法自相矛盾,所以当别人问他:"用你的矛刺你的盾,结果会怎么样呢?"他无言以对。

我们日常说话或写文章,如果忽视思想的前后一贯性,就会出现自相矛盾的情况。

【例1】 我们承认如果案件已被人民法院受理,则辩护律师可以会见在押的被告人。我们也认为，虽然案件已被法院受理，但辩护律师不能会见在押的被告人。

【例2】这种药疗效奇特，包你一用就好，无效退全款。

【例3】此项技术从未有人研究过，研究过的人也从未有获得成功的。

【例4】禁止污染海洋，但不禁止含污染物的工业废水排入大海。

【例5】这些流失的文物是价值上亿元的无价之宝。

以上几例，都违反了矛盾律，犯了"自相矛盾"的逻辑错误。

除了这种直接肯定一个命题 A 又肯定其否定命题¬ A 的"自相矛盾"，还有违反空间、时间的客观规律，属于时间、空间形式上的不可能性的自相矛盾。

例如：2008年9月24日，大连市阳光商厦一台联想电脑被盗，刑侦人员展开调查。在讯问犯罪嫌疑人齐某时，齐某拒不供认自己的罪行，说自己手里的联想电脑是在大连市一个家电市场买的。刑侦人员通过如下对话，终于找到了案件的突破口。

问：你手中的联想电脑是何时何地买的？

答：9月16日下午在大连市一个家电市场买的。

问：你没记错吧？

答：没有，我记得很清楚。我16日买的，第二天就去南京了。直到30日被收审前，我一直都在南京。

问：如果记错了呢？

答：我的记忆力很强，绝不会错，错了我负法律责任。

问：据我们了解，这台电脑是大连市阳光商厦的商品，因为有个别部件坏了未能卖出，在9月24日被盗。9月16日还在货架上，你怎么能从家电市场买到呢？

齐某一听慌了神，连忙说："不是16日而是28日买的。"

刑侦人员追问道："你前面不是说17日到30日一直在南京市吗？28日怎么能在大连市家电市场上买电脑呢？"

齐某无言以对，不得不交待了盗窃罪行。

在本案审理中，刑侦人员正是利用时间、空间形式上的不可能性，揭露了犯罪嫌疑人齐某前后陈述中的自相矛盾，从而戳穿了齐某的谎言，迫使齐某不得不说出真相，交待其罪行。

矛盾律所要排除的是在同一思维过程中思想与自身的不一致性，不属于同一思维过程的矛盾不违反矛盾律。例如，臧克家说，"有的人死了，他还活着；有的人活着，他已经死了"。这里，"死了"和"活着"表面上相互矛盾，但实际上针对的是事物的不同方面，具有"肉体"和"精神"的多重含义，因此并不违反矛盾律。

三、矛盾律在法律工作中的应用

矛盾律在法律工作中的应用，具体要求如下：

（一）法律规范自身不能相互矛盾或冲突

法律是人们行为的准则，是司法工作的依据。如果法律规范中包含逻辑矛盾，就会令人无所适从，从而失去法律的规范作用。要保证法律规范的逻辑一致性，就要求各种法之间不能互相矛盾，各种法的各条文之间不能互相矛盾。

例如：2001年5月，河南省汝阳县种子公司与该省伊川县种子公司签订合同，约定由伊川县种子公司代为培育玉米种子。2003年年初，汝阳县种子公司以伊川县种子公司没有履约为由诉至洛阳市中级人民法院，请求赔偿。伊川县种子公司同意赔偿，但在赔多少钱上，双方争执不下。其中一个关键问题是，种子价格应按照市场价还是政府指导价进行赔偿。根据河南省人大常委会1989年出台的《河南省农作物种子管理条例》，应该适用政府指导价；但根据1998年的《价格法》和2001年的《种子法》，应该适用市场价。这两类法律规范之间的冲突，使得法院审理案件时颇为踌躇，最终导致"2003年末最热点法治事件"的出现。[1]

（二）在同一案件中，必须排除各种证据材料之间的相互矛盾

证据是认识案情的基础，是定罪量刑的依据。在办案时，我们要广泛搜集证据，认真审查各种证据材料之间（如证人证言、被害人陈述、被告人的供述和辩解等）是否吻合一致、是否具有逻辑矛盾以确定案件的真实情况。如果同一案件的证据材料之间出现了逻辑矛盾，那就说明其中必定有假，就需要对证据材料重新审查核实。

例如：一起故意伤害自诉案件，原告向法院控告被告打断了他的肋骨，并提供了两件证据：一是县医院出具的诊断证明书；二是X光透视胸片。在法庭质证中，被告代理律师发现，原告出具的县医院诊断证明书与X光透视胸片之间存在不一致之处：前者证明原告左二肋骨骨折，后者表明原告是右三肋骨骨折。这引起了被告代理律师的怀疑，后经查证发现，原告的肋骨根本没有发生骨折，他所提供的两件证据都是假证。

（三）在审讯和法庭辩论中善于发现和利用矛盾

有些人在犯罪后为了掩盖罪迹，逃避惩罚，常挖空心思，歪曲事实，虚构

---

[1] 参见马怀德主编：《我国法律冲突的实证研究》，中国法制出版社2010年版，第79页。

情节，编造假口供。这些假的口供往往顾此失彼，前后不一致，不能自圆其说。同案人的供述之间、犯罪嫌疑人的供述与证人证言以及被害人的陈述之间、口供或事实之间都有可能存在矛盾。办案人员要善于发现并利用这种矛盾，揭穿谎言。

例如：某被告被控贪污3万元，证据是公司出纳员余某的证言："这3万元是我分成若干次到银行取款后单独交给被告的。他让我不要告诉别人。"余某在证词中说："有一次，我记得是3月8日上午9点左右，他让我到一个地方去送钱。我不认识那个地方，是他告诉我如何到达的。他在门口接我，也不让我进屋，我把钱交给他就走了。"在另一次调查笔录中，余某又说："3月8日上午9点多，我给他送钱时，看见屋里有人在打牌，有人在睡觉。"被告人的律师发现这些疑点后，在法庭调查时坚持要求法庭传唤出纳员余某出庭作证。通过连环发问、步步紧逼，余某招架不住，顾此失彼，破绽百出。最后，律师又指出一个事实：余某最后一次取款的时间是在被告被抓起来以后。很显然，作为证人的出纳员是不可能到看守所去送钱给被告贪污的。通过法庭调查、质证，被告贪污3万元的事实最终被否定，而作为证人的出纳员余某被抓起来。

（四）法院判决书不得自相矛盾

例如：张某私自购买采血设备，在本村采集血液3天后，被公安机关抓获。县检察院以张某犯非法采集血液罪向人民法院提起诉讼。法院经过审理，对张某作出如下判决：被告人张某犯非法采集血液罪，免予刑事处罚，并处罚金1000元。

法院判决张某"免予刑事处罚，并处罚金1000元"是自相矛盾的，因为"免予刑事处罚"中的"刑事处罚"既包括主刑也包括附加刑，而罚金恰是一种附加刑，是刑事处罚的一种。在本案中，既然"免予刑事处罚"就不能再"处罚金1000元"；既然"处罚金1000元"，就不能"免予刑事处罚"。法院对"免予刑事处罚"与"处罚金1000元"同时加以肯定，违反了矛盾律，犯了自相矛盾的逻辑错误。因此，这个判决是不成立的。

四、悖论

根据逻辑基本规律，一个命题的真值应该是确定的，不能既是真的又是假的，也不能既不真又不假。但是，的确存在着一种特殊的命题，在真假二值之间做奇异的循环，这就导致了悖论。

关于悖论的定义，表述很多。《中国大百科全书·哲学卷》认为，悖论是指"由肯定它真就推出它假，由肯定它假就推出它真的一类命题。这种命题也可以表述为：一个命题A，A蕴涵$\neg A$，同时$\neg A$蕴涵A，A与自身的否定$\neg A$等值。"[1]

悖论的起源最早可以追溯到公元前6世纪。古希腊克里特岛人伊壁门尼德说了这么一句话："所有的克里特人都是说谎者"。从这句话真可以推出它为假，但从这句话假却不能必然推出它为真。公元前4世纪，古希腊的麦加拉—斯多葛学派的欧布里德把它修改为："我正在说的这句话是谎话"。这句话本身究竟是真的还是假的？如果它是真的，它所陈述的"我正在说的这句话是谎话"成立，则可推出它是假的；如果它是假的，那么"我正在说的这句话是谎话"为假，则可推出它是真的。由此导致了真正的说谎者悖论的出现。[2]

麦加拉—斯多葛学派只是发现了悖论，如何解决这一难题，研究并不多。中世纪时，意大利的保罗对悖论问题作了深入细致的研究，他把悖论叫做"不可解命题"。他的方法是通过区别悖论命题的普通涵义和"精当"涵义来解决悖论难题。

此后，直到19世纪末20世纪初，悖论问题陷入沉寂。悖论重新引起逻辑学家和数学家的极大关注，归因于集合论中几个著名悖论的发现：①布拉里—福蒂悖论，即"最大的序数悖论"。②康托尔悖论，即"最大的基数悖论"。③罗素在研究这两个悖论时，又发现了"罗素悖论"。

罗素悖论的内容是：定义一个集合S：S是由所有不属于自身的集合所组成的一个集合，即$S = \{x \mid x \notin x\}$。那么，$S$是否属于自身？如果$S \in S$，则根据$S$的定义，$S$并不具有其元素共有的"$x \notin x$"的性质，则可推出"$S \notin S$"；如果$S \notin S$，则$S$具有该集合元素的性质，也是其中的一个元素，则$S \in S$。罗素悖论也被称为集合论悖论。使罗素悖论看起来更为简明的一个变形是"理发师悖论"：某村只有一个理发师。他说："我只给本村那些不给自己理发的人理发。"依据是否给自己理发，将本村的人分成两类：A类人是自己给自己理发；B类人让理发师给自己理发，而自己不给自己理发。那么，这个理发师给不给自己理发呢？如果该理发师不给自己理发，那么作为B类人中的一员，理发师就该给自己理发，

---

[1] 有关悖论的定义，学界后来又有新的认识。2004年出版的《逻辑学大辞典》指出，悖论是"在某些公认正确的背景知识之下能够合乎逻辑地建构矛盾等价式的理论事实"。根据这一定义，悖论的构成需要满足三个要素，分别是"公认正确的背景知识""严密无误的逻辑推导""可以建立矛盾等价式"。参见彭漪涟、马钦荣主编：《逻辑学大辞典》，上海辞书出版社2004年版，第609页。

[2] 在后来的发展中，说谎句有许多不同形式的表达，如"这句话是假的""本语句不是真的"等。说谎者悖论亦有许多变形，如"明信片悖论""经验悖论"等。这方面的参考文献有：[英]苏珊·哈克：《逻辑哲学》，罗毅译，商务印书馆2003年版；张建军：《科学的难题——悖论》，浙江科学技术出版社1990年版；陈波：《逻辑哲学》，北京大学出版社2005年版；等等。

如果理发师给自己理发，那么作为 A 类人中的一员，他就不该给自己理发。[1]

此后，在集合论之外又相继发现了几个悖论，其中最重要的是理查德悖论，即"一切可以用有穷个字定义的实数悖论"。一个简单的变形可以这样表达："不能用少于 17 个字定义的最小整数。"这句话用 16 个字定义了这个整数。

20 世纪 20 年代，英国数学家和逻辑学家 F. P. 拉姆赛提出把悖论分为两类：逻辑悖论和语义悖论。逻辑悖论又称语形悖论，包括布拉里—福蒂悖论、康托尔悖论、罗素悖论等；语义悖论包括说谎者悖论、理查德悖论等。拉姆赛的这种分类方式很有影响，被人们广泛接受与采纳。20 世纪 60 年代以来，悖论家族增添了新的成员，一些新的悖论如"知道者悖论"的发现，使得语用悖论或认知悖论成为悖论的第三种类型。

如何解决悖论？不同的逻辑学家、数学家提出了不同的方案。这方面的主要成果有：罗素的类型论、塔尔斯基的语言层次论、克里普克的真理论等。

罗素认为，悖论产生的根本原因在于我们承认"不合法的全体"，即一类事物可以包括由此类事物所构成的整体作为自己的分子，如由一切集合所组成的那个类还是一个集合。这种"不合法的全体"会引起"恶性循环"，导致悖论。在其巨著《数学原理》中，罗素提出用类型来区分类和类的元素，假设存在不同的等级：个体——0 类型；个体的集合——1 类型；个体的集合的集合——2 类型；……在这样的类型划分下，谈论 $x_n \in x_n$ 是不恰当的（x_n 表示 x 是 n 类型的变元）。这是罗素简单类型论的基本思想。为了排除语义悖论，他又提出分支类型论，进一步区分每一类型内部的次序，即在命题的主语和述语之间区分不同的层次，禁止同一层次内的两个概念一个做主项，而另一个做谓项。

一些数学家认为，要解决集合论中的悖论，并不需要引入罗素所说的新的逻辑原则。导致悖论的主要原因是集合概念不精确，允许太大的集合存在，像"一切序数的集合""一切集合的集合"。排除悖论的办法是对集合的大小加以限制，并进一步精确集合的概念。而为了解决语义悖论，也并非必须像分支类型论那样麻烦的办法，通过区分对象语言和元语言就可以做到。但是，在另外一些学者看来，通过区分对象语言和元语言来消解语义悖论的做法，在自然语言中根本行不通。要真正解决语义悖论问题，必须回到自然语言的本真状态中来展开研究。在激烈的争辩中，20 世纪后期悖论研究又有了新的发展，次协调逻

---

[1] 关于理发师悖论的严格性，不少学者进行过讨论。参见 W. V. Quine, "The Way of Paradox", *Scientific American*, 206（1962）；张建军：《逻辑悖论研究引论》，南京大学出版社 2002 年版。

辑解决方案、情境语义学解决方案等相继产生。

今天，人们已不再把悖论仅仅看成是玩弄文字的思维游戏，而是认识到悖论在科学，尤其是逻辑学发展中所占的重要地位。对于悖论问题的探讨，最直接的结果是导致类型论和公理集合论的创立。此外，它也推动了数学、语义学的发展，并极大地影响着科学的一般方法。

第三节 排中律

一、什么是排中律

排中律指：任何一个思想或者为真或者为假。也可以表述为，两个相互排斥的思想不可能同时为假，其中必有一真。通常表示为：A 或者 $\neg A$，也可符号化为：$A \vee \neg A$。

这里的"相互排斥"，指思想的矛盾关系和下反对关系。

在传统逻辑中，命题的真值只有两个：真和假。任何一个命题的真值都必居其一，或者为真，或者为假，不可能既不真又不假。如果已确定 A 不为真，则 A 一定为假。换言之，如果已经确定 A 为假，则 $\neg A$ 一定为真。A 与 $\neg A$ 这两个相互排斥的命题不可能都为假，其中必有一真。

排中律要求：在同一思维过程中，对两个相互排斥的思想不能同时予以否定。

就词项而言，当用两个具有矛盾关系的词项指称同一对象时，其中必有一种情况是成立的。也就是说，一个对象必定被同一论域中的某对矛盾概念中的一个所反映。例如，这个杯子是"金属的"和这个杯子是"非金属的"不可能都假，如果对两者都加以否定，就会违反排中律。

就命题而言，排中律要求不能同时否定两个不可同假的命题。命题之间的矛盾关系是一种既不可同真又不可同假的关系，命题之间的下反对关系是一种可以同真但不可同假的关系，因此，对具有矛盾关系或下反对关系的命题，不能同时加以否定。

【例1】有些犯罪是故意的。

【例2】有些犯罪不是故意的。

【例3】并非有些犯罪是故意的。

【例4】甲和乙都在案发现场。

【例5】如果甲在案发现场，那么乙不在案发现场。

【例6】你可以在周一到周五随便哪天来取货。

【例7】你可以在周五到周日任选一天来取货。

排中律要求对例1与例2、例1与例3、例4与例5、例6与例7中的命题都不能同时加以否定。

排中律作为逻辑规律，和矛盾律一样，也不能确定两个相互排斥的命题究竟哪一个真、哪一个假。但如果已经知道其中一个命题为假，那么，根据排中律，另一命题必真。

二、违反排中律的逻辑错误

排中律要求保持思想自身的明确性。一个思想如果被认为既不真又不假，就会令人难以理解、不知所云。

违反排中律的逻辑错误是模棱两不可。

【例1】有人提议或者老李去或者老王去，我认为欠妥。要是老李和老王两个人都不去，我也不赞成。

【例2】在讨论被告是否犯了贪污罪时，有人说："不能认为被告犯了贪污罪，也不能认为被告没有犯贪污罪。我觉得被告犯的是介于贪污和非贪污之间的一种罪行。"

【例3】在讨论是否应该禁烟时，某甲说："我不赞成禁烟，烟草可是国家的一项重要产业。可是……毕竟吸烟危害人的健康，所以，我也不赞成不禁烟的意见。"

以上几例对有关同一事物情况的两个相互矛盾的陈述都加以否定，这样所表达的思想含糊不清，犯了模棱两不可的错误。

排中律禁止同时否定两个具有矛盾关系或下反对关系的思想，因为二者不能同假，其中必有一真。对于两个具有反对关系的思想，如果也认为不能同时予以否定，就属于对排中律的误用。这种错误可以称为"非黑即白"的谬误。显然，在黑与白这两个具有反对关系的概念之外还存在其他选择。

例如：在林肯和道格拉斯关于奴隶制的辩论中，道格拉斯反对给黑人以和白人平等的权利。他说："这意味着白人要和黑人一起生活、一起睡、一起吃，要和黑人结婚，否则就是不可理解的。"林肯反驳道："我反对这种骗人的逻辑，说什么我不想要一个黑人女人做奴隶，就一定得娶她做妻子。两者我都不要，我可以听凭她自便……"

林肯在论辩中敏锐地抓住了道格拉斯的错误，指出这种错误的实质在于认为不是黑的便一定是白的。生活中不乏这种爱走极端的错误。例如，妈妈对孩子说："你把家里所有的灯都打开，太浪费电了。能不能关掉一些不用的？"孩子答道："妈妈，难道您想让我点上蜡烛在家里撞来撞去吗？"排中律只排除对两个不可同假的思想都加以否定的情况，对两个互相反对的命题都加以否定并不违反排中律，因为互相反对的思想是可以同假的。

对两个互相否定的思想不作选择、不表态，不违反排中律。因为排中律仅仅要求对两个不可同假的命题不能都否定，并没有要求确定其中哪个真哪个假。由于认识上的局限，还无法断定孰真孰假，或者由于其他原因而不愿意表态（如在会议上对某提案进行表决时，出于某种考虑，既不投赞成票，也不投反对票，而表示弃权），不违反排中律。

对复杂问句拒绝回答，也不违反排中律。复杂问句是指包含着预设并要求对方做肯定或否定回答的问句。预设是指交际中话语的已知部分，或者说双方共知的东西。

【例1】甲对乙说："赵科长又戒烟了吧？"

甲的话语中包含着"赵科长抽烟""赵科长曾经戒过烟"等多个预设。对于这种复杂问语，不论作肯定还是否定的回答，其结果都承认了其中的预设。

【例2】调查者问："你收受的贿赂中有没有名人字画呢？"

调查者所提的问题是一个复杂问语，其中所包含的预设是：对方有收受贿赂的行为。对此问题，不论答"有"还是答"没有"，都意味着承认自己有受贿行为。面对不正当的复杂问语，正确的做法是直接否定问语中的预设："我根本没有接受过贿赂。"这就构成了对不正当的复杂问语的反驳。

三、排中律在法律工作中的应用

排中律在法律工作中的应用，具体要求如下：

（一）法律用语不容模棱两不可

案情认定是不容含糊的，或者 A，或者非 A，必须明确，不能既不是 A 又不是非 A。例如，某被害人死亡，或者是自杀，或者非自杀，二者必居其一。如果否定是自然死亡，就要肯定是非自然死亡，反之亦然。起诉意见、审判结果必须明确，不能含混其词。例如，某被告的行为是否触犯了刑律、构不构成犯罪，相关审判意见必须明确，不容含混。此外，再审判决和再审裁定对于原审判决的意见，如定罪是否准确，量刑是否适当，撤销原判或是维持原判，都要作出明确的结论。

（二）在审讯中，禁止使用不正当的复杂问句

不正当的复杂问句包含了一个错误的或者是未经证实的预设，对方不论给予肯定或否定的回答，都意味着承认了这个预设。在审讯中，故意使用不正当的复杂问句是变相诱供或套供。例如，关于犯罪嫌疑人甲是否参与过某起共同

犯罪活动，我们尚未证实，其本人也没有承认。在这种情况下，如果审讯人员提问："你愿意揭发你的犯罪同伙的罪行吗？"如果犯罪嫌疑人甲一时紧张，顺口就答："我愿意。"就等于承认了自己是犯罪同伙的一员。问题是，被问讯者在紧张不安的情况下所作的回答，究竟肯定或否定了什么，有时他自己都不是很清楚。这种审问的结果只会给工作带来麻烦。当然，如果我们已经掌握了某被告人的犯罪事实，那么，在审讯中使用复杂问语不仅是正当的，而且是有益的。

同一律、矛盾律和排中律，是一切思维活动都必须遵守的最基本的思维准则，在传统逻辑中占有很重要的地位。它们从不同的方面保证思想的确定性、一致性和明确性。任何违反逻辑基本规律的思想都是不正确的。不确定的、自相矛盾的、模棱两不可的思想，既不能反映客观事实，也无法表达任何思想，更不能指导人的行为，因而是无效的，应该予以排除的。

思考题
1. 什么是同一律？同一律的要求是什么？违反同一律的逻辑错误是什么？
2. 什么是矛盾律？矛盾律的要求是什么？违反矛盾律的逻辑错误是什么？
3. 什么是排中律？排中律的要求是什么？违反排中律的逻辑错误是什么？
4. 为什么矛盾律能适用于反对关系的命题，而排中律却不适用于反对关系的命题？
5. 同一律、矛盾律、排中律的作用是什么？

练习题
一、运用逻辑基本规律，分析下述各例有无逻辑错误。
1. 某法院作出判决：被告人周某犯非法采集血液罪，免于刑事处罚，并处罚金1000元。
2. 凡是你没有失去的就是你具有的，你没有失去头上的角，所以，你有角。
3. 关于信仰宗教的问题，有信仰的自由，也有不信仰的自由，我们既不禁止，也不提倡。
4. 某甲说："被告不就是罪犯吗！怎么？还要为罪犯辩护？"
5. 在讨论同性恋是否应该合法化时，有人认为："同性恋合法化不好，不合法化也不好。"
6. 老李和老王在分析案情时，老王说："根据现有材料还不能确定张某是凶手。"老李说："那么，张某不是凶手。"老王说："也不能确定张某不是凶手。"

7. 经验主义不能一概反对。例如，工作经验、生产经验等就不应该反对。

8. 甲："有的人不是自私的。"乙："不是这样，所有的人都是自私的。"丙："甲和乙说得都对。"丁："甲和乙说得都不对。"

9. 我不认为到会的都是好律师，也不认为到会的有些不是好律师。

10. 甲说："根据该被告人的犯罪情况，不应从重处罚。"乙说："那就应从轻处罚。"甲说："也不应从轻处罚。"

11. 甲说："请问，这个罪犯是故意犯罪还是过失犯罪？"乙说："这个罪犯既不是故意犯罪也不是过失犯罪。"

12. 在产品质量情况汇报会上，有人说："质量问题是一个很重要的问题。我们村过去有个打铁的人，手艺很高明，但思想保守，不愿把技术传给别人，唯独只传给他的儿子。后来，他和他的儿子都死了，手艺也就绝了，很可惜……"

13. 甲说："说并非所有证人都说真话是成立的，说并非所有证人都不说真话也是成立的。"

14. 甲说："要说必然会胜诉是不对的，谁能担保必然会胜诉呢？要说可能不会胜诉也是不对的，怎么可能不会胜诉呢？"

15. 某甲因上班时间去看电影受到了领导批评。某甲辩解说："看电影有什么错呢？受教育嘛，我去看电影受教育，提高了觉悟，这难道不是好事，反而是坏事？真是好坏不分呢！"

16. 甲："你认为根本没有信念之类的东西吗？"乙："是的。"甲："你真是这么认为的吗？"乙："是的。"

17. 甲："王某或者是原告，或者是被告。"乙："不对，他既不是原告，也不是被告。"丙："你们说得都对。"丁："我认为甲和乙说的都不对。"

18. 甲："我明年一定能考上律师。"乙："你这话不对。"甲："你竟然认为我明年不可能考上律师？"乙："你这话也不对。"甲："你说的话不合逻辑。"乙："你的话才不合逻辑呢！"

19. 老师对小明说："请用'马到成功'造句。"小明答曰："'马到成功'是由四个字组成的成语。"

20. 甲："允许在此倒垃圾是不对的。当然，禁止在此倒垃圾也是不对的。"乙："在此倒垃圾是可以的，不在此倒垃圾也是可以的。"

21. 律师为被告辩护说："被告在犯罪前曾经荣立一等功，按《刑法》有关规定，有立功表现的可以减轻或者免除处罚，希望法庭在量刑时予以考虑。"

22. 在讨论是否应该禁烟时，某甲说："我不赞成禁烟，烟草可是国家的一项重要产业。可是……毕竟吸烟严重危害人的身体健康,所以,我也不赞成不禁烟的意见。"

23. 据说,司马光在洛阳闲居时,一年过元宵节,他的妻子要出去看灯,司马光反对:"家里有灯,为啥非出去看不可呢?"妻子说:"出去看灯也看游人。"司马光更生气了:"难道我是鬼而不是人?!"

二、根据逻辑基本规律,回答下述有关问题。

1. 某人做了好事没有留下姓名。已知在甲、乙、丙、丁 4 人中有一个是做好事的人。当有人问到甲、乙、丙、丁 4 人时,他们回答如下:

甲:不是我做的。

乙:是丁做的。

丙:是乙做的。

丁:不是我做的。

其中只有一个人说了真话。请据此指出谁是做好事的人。

2. 原苏联诗人马雅可夫斯基以幽默风趣的辩才著称。有一次,他在莫斯科综合技术博物馆作演讲时,回答听众的提问:

听众:您说,有时应当把沾满"尘土"的传统和习惯从自己身上洗掉。那么,您既然需要洗脸,这就是说,您也是肮脏的了。

诗人:那么您不洗脸,您就自以为是干净的吗?

听众:马雅可夫斯基同志,您为什么手上戴戒指?这对您很不合适。

诗人:照您说,我不应该戴在手上,而应该戴在鼻子上喽?!

听众:马雅可夫斯基,您的诗不能使人沸腾,不能使人燃烧,不能感染人。

诗人:我的诗不是大海,不是火炉,更不是瘟疫。

请运用逻辑基本规律的知识分析这段对话有无错误。

3. 某证人说:如果张三参与了作案,那他或者是受到了胁迫,或者是不明真相。而如果他是为了帮助朋友,那么,即使没有受到别人胁迫,他也会参与作案。如果是为了帮助朋友的话,那他一定了解真相。他确实是为了帮助朋友而参与作案的。

分析这段证词是否全部真实。

4. 某法院审理一起盗窃案,开庭时,站在被告席上的小偷双手插在衣袋里,若无其事,十分傲慢。法官当即斥责小偷:"请被告人尊重法庭,把手从口袋里拿出来。"谁知这位小偷不慌不忙,仍然没有把手拿出来的意思。当法官再次斥责他时,这小偷竟回答说:"这可太为难我了。我把手放在自己的口袋里,你们要我把手抽出来;而我把手放在别人的口袋里,你们又要把我送进监狱。法官先生，难道你要我把手一直举在空中不成？"

请问：小偷的回答是否违反逻辑基本规律？为什么？

5. 关于甲班四级英语考试，三位老师预测如下：

张老师说："不会所有人都不及格。"

李老师说："有人会不及格。"

王老师说："班长和学习委员都能及格。"

如果三位老师中只有一人预测正确，请问：班长和学习委员的四级英语考试成绩是否及格？

拓展阅读书目

1. 张建军：《逻辑悖论研究引论》，南京大学出版社2002年版。

2. 陈波：《思维魔方：让哲学家和数学家纠结的悖论》，北京大学出版社2014年版。

3. ［英］苏珊·哈克：《逻辑哲学》，罗毅译，商务印书馆2003年版。

拓展阅读材料

1. 伯特兰·罗素

2. 充足理由律

第九章 论 证

第一节 证明与反驳

一、证明

从狭义上说,论证与证明是同义词,从广义上说,论证包括证明和反驳。

人们不论是在日常生活中还是在科研工作中,当需要确定某一观点、某一理论的成立时,就需要进行证明。

(一)什么是证明

证明就是以被确认为真的命题为根据,从而得出某一命题为真的推演过程。

【例1】王某(某监狱监管干部)等人在审问被监管人俞某的过程中将其拷打致死,构成刑讯逼供罪。根据《刑法》第247条的规定,司法工作人员对犯罪嫌疑人、被告人实行刑讯逼供或者使用暴力逼取证人证言的行为构成刑讯逼供罪。本案被告人王某等人系监狱监管干部,是司法工作人员,却无视国家法律,对被监管人俞某故意用木棍、竹竿和浸湿打结的麻绳轮番毒打,企图逼取口供,最后导致俞某外伤性休克死亡。其行为,显然已触犯《刑法》第247条,构成刑讯逼供罪。

【例2】我们发展经济的同时,一定要注意保护环境。因为,如果一味发展经济,而不注意保护环境,长期下来,就会危害我们生存的环境,破坏生态平衡,不但达不到发展经济的目的,而且会严重危害人类的生存和发展。

上述两例都是证明。例1是一篇法庭上公诉人宣读的公诉词。通过法条的规定及事实的认定,证明了"王某构成刑讯逼供罪"这一命题的真实性;例2证明了"我们发展经济的同时,一定要注意保护环境"的重要性。

逻辑证明不同于通常所说的证实。在实践中,人们可以通过测量、观察等途径,来确定某一论断的真假,这称为证实,即经验证明、实践证明。例如,两条线段是否等长、火星上是否有生命存在等，都需要通过实地的测量、考察、试验等来确定。

逻辑证明是一种理性的推演过程，它需要通过推理的形式，从一些已知的真命题出发，推导出所要论证的命题为真。

【例3】几何学关于"三角形的三个内角之和等于180°"的证明：

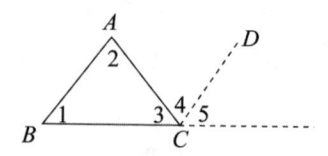

已知：△ABC

求证：∠1 + ∠2 + ∠3 = 180°

证明：（1）延长直线 BC

（2）从 C 点作 CD∥AB（过线外一点可作一条平行线）

（3）∠1 = ∠5（同位角相等）

（4）∠2 = ∠4（内错角相等）

（5）∠3 + ∠4 + ∠5 = 180°（180°角定义）

（6）∠1 + ∠2 + ∠3 = ∠3 + ∠4 + ∠5 ［由（3）（4）等量代换］

（7）∠1 + ∠2 + ∠3 = 180° ［由（5）（6）等量代换］

上面关于几何定理的证明就是一个逻辑证明的过程。其中被引用的定义、公理、定理，即（1）（2）（3）（4）（5）（6），都是已知为真的前提，（7）是真实性需要论证的命题，它是从所引用的那些前提合乎逻辑地推导出来的。证明实质上是推理的运用，任何证明都需要通过推理来进行，这是逻辑证明的根本特征。

凭感觉可以直接感知其真实性的命题，不需要证明。在确立科学理论的研究过程中，真实性不需要加以证明的只是极少数的原始命题，如数学中的公理。在人类理性的增长过程中，新提出的理论观点，需要通过证明才能确定其真实性；即使是真实性已被实践检验过的命题，由于其真实性是否明确往往因人而异，也需要证明。可见，逻辑证明广泛应用于我们日常生活、工作和科研中。

人们进行证明活动，目的在于为确认某一论断的真实性提供理由。为此，人们不仅需要逻辑思维的知识和技能，还需要相关方面的具体科学知识。逻辑学不研究某个具体的证明，只研究所有证明都具有的最一般的共同的东西，如证明的逻辑结构、方法、规则等，解决证明的严密性、说服力等问题。

(二) 证明的作用

证明在理论思维中起着重要的作用。

1. 逻辑证明是科学理论建立的必经途径。一个科学理论观点，无论是在实践检验之前，还是在实践检验之后，都需要通过逻辑论证的环节。一个科学理论命题的提出，需要借助于已有的科学知识和逻辑证明的过程，检验其是否能够得到理论和事实的支持，检验其本身是否含有逻辑矛盾。即使某种认识已通过实践的检验，也需要借助逻辑证明完成由实践到理论的过渡。因为实践总是具体的、特殊的，而被检验的某种理论是抽象的、普遍的。由具体到抽象，由特殊到普遍，必须借助于逻辑证明的中介作用。如果不经过逻辑证明，理论的科学性就不能建立。例如，哥德巴赫猜想从1742年提出，至今已有200多年，由于还没有得到完全证明，所以现在仍然还是一个猜想，还不能成为科学理论。从这个意义上讲，没有逻辑证明，就没有科学理论。

2. 逻辑证明是人们获取新知识的重要手段。通过逻辑证明，人们可以在已有知识的基础上获得新的知识。例如，伽利略推翻亚里士多德关于运动的理论，从而建立自己的新理论的过程，就是通过一个无可辩驳的逻辑推理达到的。他设想一个重物与一个轻物同时下落，按照亚里士多德的理论，当然是重物落得快，轻物落得慢。现在，设想把重物与轻物绑在一起下落会发生什么情况。一方面，绑在一起的两个物体构成了一个新的更重的物体，它的速度应比原来的重物还快；但另一方面，下落速度较慢的轻物加在下落速度较快的重物上，会减慢重物的下落速度，则这个速度比原来的重物速度要慢。这两个方面的推理都是合理的，但结论却是相互矛盾的。因此，可以得出结论，亚里士多德关于落体速度与其重量有关系的理论是错误的。从逻辑上分析，解决这一矛盾的唯一途径是：下落速度与重量无关。可以说，这一新的理论的提出，完全是通过逻辑证明达到的。当然，随后进行的科学实验进一步验证了新的理论的正确性。

3. 逻辑证明是作出科学预见的重要工具。科学理论的功能之一是作出科学预见。人们利用科学规律进行理论探索与论证，从而对未来社会的发展或科学理论的发展作出预见性的推测，从而指导实践。例如，天文学家通过观察，获得大量的数据、资料，在此基础上通过逻辑论证，推测出1997年3月9日将会出现日全食与海尔—波普彗星同时出现的奇观，并且推测出最佳的观测地点是我国的漠河，这就为实地观测和研究提供了信息。

逻辑证明在思想表述与交流中也起着重要作用。无论传播真理、传授知识，或是宣传鼓动、演讲辩论，还是反驳谬误、揭露诡辩，逻辑证明都是人们不可缺少的思想表述与交流的手段。

逻辑证明贯穿于司法实践的全过程。例如，一起刑事案件，从立案到侦查，自起诉到判决，都需运用逻辑证明。司法人员在查证活动中收集到的各种案情材料，仅仅是一些零散的、无序的原始材料。如何使这些材料成为证明案情真相的证据，还需要通过理论思维的加工制作，以揭示其内在的逻辑联系。逻辑证明正是完成这一过渡与转化所不可缺少的工具。

起诉书和判决书是结构完整的逻辑证明。被告人有罪、什么罪、如何处罚，这是证明的论题，列举的犯罪事实和定罪的法律依据，这是证明的论据。一份有说服力的起诉书、判决书，必须结构完整、论证严密，这样才能体现出法律的权威性。

法庭辩论是证明与反驳相互交织的过程。公诉人在法庭活动的目的，是证明被告人有罪、何罪、应如何处罚；而辩护人在法庭活动的目的，是反驳指控，证明被告人无罪或罪轻，论证是否应对被告人进行处罚，能否减轻处罚或从轻处罚。辩论的双方，其任务和侧重点是不同的，但确认案件事实，确认案件证据的真实性与证明力，以及正确适用法律等，都是通过法庭辩论来共同完成的。证明与反驳贯穿于法庭辩论的全过程。

司法工作自始至终都和逻辑证明密切相关。一个司法工作者，如果能熟练地、有效地运用逻辑证明，不但可以提高工作效率，而且有利于对各类案件的正确处理。

（三）证明的结构

从证明的组成来说，凡证明都是由论题和论据两部分组成的；从论据与论题的联系来说，凡证明都有一定的论证方式。

论题就是真实性需要确定的命题。它回答"证明什么"的问题。人们进行论证总是先把论题提出来，以明确要证明的是什么问题。论题往往既是证明的开头，又是证明的结尾。

论题一般有两类：一类是已经证明为真的命题，如科学定理、定律等。对这类论题的证明，目的在于阐明真理、宣传真理。另一类是真实性尚待确定的命题，如科学假说。对这类论题的证明，目的在于探索真理、发现真理。

论据就是用来确定论题真实性的命题，即在证明中为支持论题所提供的根据、理由。它回答"用何证明"的问题。

可以用来作为论据的命题一般有两类：一类是已被证明为真的理论命题，如科学原理、公理、定理、定义等。用这类命题作为论据，能使证明深刻、说服力强。另一类是已被确定为真的经验命题。在实际证明过程中，人们往往把两类论据结合运用，这样，既有理论深度，又有事实依据，可达到更好的证明效果。

在一个复杂的证明过程中，论据往往有基本论据和非基本论据之分。直接支持论题的论据是基本论据，对基本论据再作论证的，称作非基本论据。

例如： 类推定罪应当取消。因为它不符合罪刑法定的刑法基本原则，而罪刑法定原则是公民人身权利得以保证的重要环节。

上述证明中，第一个论据"它不符合罪刑法定的刑法基本原则"是直接支持论题"类推定罪应当取消"的，是基本论据；而第二个论据"罪刑法定原则是公民人身权利得以保证的重要环节"是阐述罪刑法定原则的正确性的，因此是非基本证据。

论证方式就是论据和论题联系的方式，即在证明中采取何种推理形式从论据推出论题。它回答"如何证明"的问题。

根据论证的需要，在一个证明中可以只有一个推理形式，也可以采用一系列的推理形式。只包含一个推理形式的证明，其论证方式就是该推理形式，包含两个以上推理形式的证明，其论证方式就是所用的各推理形式的总和。

【例1】 地震是可以预报的。因为地震是一种自然现象，是有规律的。凡是有规律的事物都是可以被人们所认识和掌握的。

【例2】 对待文化遗产应采取批判继承的态度。对待文化遗产的态度，要么是全盘继承，要么是虚无主义，要么是批判继承。全盘继承，不分精华和糟粕，不能推陈出新，文化不能发展；虚无主义，割断历史，违背文化发展的规律，文化同样不能发展；只有批判继承，才符合物质辩证发展的法则，扬弃糟粕，吸取精华，促进文化繁荣。

上述例1的论证方式是一个三段论，例2的论证方式是一个选言推理和三个假言推理。

在论证过程中，对于不同内容的论题，可以采用相同的论证方式；对于同一个论题，也可以有几种不同的论证方式。这就是说，从论据到论题的途径不是唯一的。在实际思维过程中，我们应当选择那些简明有效的论证方式，而舍去冗长的论证方式。这就需要熟练掌握推理的方法与技巧。

严格的逻辑证明一般是指演绎证明，即运用演绎推理来证明论题，证明过程的每一步推导都要严格地遵守演绎推理的规则，以保证从论据推出论题的必然性、可靠性和严密性。非演绎推理是一种或然性推理，它由前提得出结论带有某种经验性、偶然性，而不能保证得出结论的必然性。因此，非演绎推理不能用于严格的逻辑证明。

（四）证明与推理

证明与推理密切相关。

第一,推理是证明的工具,证明是推理的应用。只有运用推理,才能由论据推出论题,没有推理也就谈不上逻辑证明。

第二,证明的结构与推理的结构一致。证明中的论题相当于推理中的结论,论据相当于推理中的前提,论证方式相当于推理从前提得出结论的推理形式。其对应关系如下:

$$推理:前提 \xrightarrow{推理形式} 结论$$
$$\parallel \qquad\quad \parallel \qquad\quad \parallel$$
$$证明:论据 \xrightarrow{论证方式} 论题$$

证明与推理又是相互区别的。

第一,目的与作用不同。证明的目的是确定某个命题为真,其作用在于确立已知,阐明真理。推理的目的是得出一个新的命题,其作用在于寻求未知,发现真理。

第二,真假要求不同。证明的有效性不仅要求论据与论题之间有必然的逻辑联系,而且还要求论据是真实的。推理的有效性是就其推理形式而言的,与推理内容无关,它仅要求前提与结论之间有逻辑联系。

第三,思维进程不同。证明的过程,总是先有论题,然后为确立论题的真实性寻找理由。论题是已知的,论据也是已知的,由论据得出论题的过程是由已知到已知的过程。推理总是先有前提,然后得出结论。前提是已知的,而结论却是未知的,前提到结论的过程是由已知到未知的过程。

二、反驳

(一) 什么是反驳

反驳就是引用确认为真的命题为根据,从而得出某一命题为假或某一论证不能成立的推演过程。

例如:鲁迅在《文学和出汗》中有这样两段话:

上海的教授对人讲文学,以为文学当描写永远不变的人性,否则便不久长。例如英国,莎士比亚和别的一两个人所写的是永久不变的人性,所以流传至今,其余的不这样,就都消灭了云。

这真是所谓"你不说我倒还明白,你越说我越糊涂"了。英国有许多先前的文章不流传,我想,这是总会有的,但竟没有想到它们的消灭,乃因为不写永久不变的人性。现在既然知道了这一层,却更不解它们既已消灭,现在的教授何从看见,却居然断定它们所写的都不是永久不变的人性了。[1]

---

[1]《鲁迅全集》(第三卷),人民文学出版社1973年版,第557页。

这里，鲁迅通过揭露对方论证过程中的矛盾，从而达到了确认对方论题虚假的目的。

反驳与证明在论证中的作用是截然不同的。证明是确认某一命题的真，是"立"，反驳是确认某一命题的假，是"破"。但二者又是相互联系的。证明中有反驳，反驳中有证明。证明某一命题，就是反驳与之相否定的命题；而反驳某一命题，又是证明与之相矛盾的命题。证明与反驳在具体的论证过程中经常交互使用，有时以证明为主，反驳为辅，有时又以反驳为主，证明为辅，以达到确立真理，批驳谬误的目的。

（二）反驳的结构

与证明的结构相同，反驳也是由被反驳的论题与所引用的论据两部分构成。从论据与被反驳的论题之间的联系来看，反驳也要通过一定的论证方式。

被反驳的论题，即被确定的假的命题。如上例中"文学当描写永远不变的人性，否则便不长久"就是被反驳的论题。

反驳的论据，即用来作为反驳的根据或理由的命题。

反驳的方式，即在反驳过程中所运用的推理形式的总和。

（三）反驳从何着手

反驳是确定某一命题为假或某一论证缺乏逻辑性，其目的在于揭露诡辩，批驳谬误。为了达到反驳的目的，应该从何着手？这应从实际出发，或者针对论题，或者针对论据，或者针对论证方式。

反驳论题，就是证明对方的论题是虚假的。

例如：1945年11月14日，纽伦堡国际军事法庭开庭，审判戈林等纳粹首要战犯。他们被指控犯有破坏和平罪、违反战争法规罪和违反人道罪。

纳粹战犯虽然在战场上遭到了可耻的失败，在法庭上却不肯轻易就范。被告的辩护律师雅尔赖斯教授竟然声称，由纳粹德国发动的第二次世界大战虽然有5500万受害者，但是却没有一个抓得住的凶手。他在法庭上辩护时提出，"行为之前法无规定者不罚""国际法不直接针对个人，而且如果个人行为是国家行为，个人不负责任""执行命令者无罪"等辩护理由。

针对雅尔赖斯"国际法不直接针对个人"的论点，原苏联首席起诉人鲁登科指出，国际法对于个人和国家一样都要使他们承担义务，并对他们具有约束力，这一点早已被人们承认。这是因为违反国际法的行为是通过个人实施的，而不是通过抽象的实体，所以，不惩办个人，就难以惩办国家。

苏方起诉人在这里的反驳就是针对对方论题进行的反驳。针对论题进行反驳，只要论据充分，论证方式正确，就可以驳倒对方的整个论证。

反驳论据，就是证明对方的论据是虚假的。

例如：在前述纽伦堡国际审判案例中，雅尔赖斯提出，"战争并不是对国际法规的重大背叛"。他说，"至少在1939年前的许多年，在国际实际生活中并不存在有关禁止战争的普遍有效的国际法法规"。对此，英国首席起诉人肖克罗斯爵士指出，1928年8月27日国际社会就已签订非战公约（即巴黎公约），该公约"无条件谴责将来以战争作为政策的工具"，并且明确表示"放弃战争"。

肖克罗斯爵士在这里就是针对对方提出的论据进行的反驳。

驳倒了对方的论据，确定了对方论据的虚假性，并不等于驳倒了对方的论题，只是表明对方的论题失去了论据的支持。论据假，论题的真假仍是尚未确定的。

例如：一切行星上都有生命存在，
　　　　　火星是行星，
　　　　　所以，火星上也有生命存在。

这个证明的论据之一"一切行星上都有生命存在"是虚假的。这只表明，论题"火星上有生命存在"在此论证中没有得到证明，它的真假还需要重新证明。

反驳论证方式，就是确定对方的论据与论题之间没有必然的逻辑联系，从论据推不出论题。

例如：如果死者是服砒霜中毒死亡的，那么尸体内一定有砒霜的残余物质，
　　　　　现查明尸体内有砒霜的残余物质，
　　　　　所以，死者一定是服砒霜中毒死亡的。

这个证明的论据是正确的，但是论题却未必为真。这个证明，就可针对它的论证方式进行反驳，指出其中所运用的推理不是有效式。

确定从论据推不出论题，这表明论证不能成立，但不等于驳倒了论题。论题的真假还需重新论证。

驳倒了对方的论据或论证方式，虽然不等于驳倒了论题，但还是具有重要意义的。这说明对方的论题失去了论据的支持，或从论据不能必然推出论题。这样的证明难以令人信服，其论题难以成立。

关于论题、论据、论证方式，三者的关系总结如下：

第一，论据真，论证方式正确，则论题真；

第二，论据真，论证方式不正确，则论题可真可假；

第三，论据假，论证方式正确，则论题可真可假；

第四，论据假，论证方式不正确，则论题可真可假。

第二节 证明的规则

为了保证证明有效、有说服力，必须遵守证明的规则。

一、论题必须清楚、明确

证明的目的在于确立论题的真实性，因此，论题清楚、明确是证明的首要条件。只有论题清楚、明确，证明才能目标一致，有的放矢，才能达到证明的效果。如果证明什么不清楚、不明确，证明者自己的论述就会失去主题，漫无中心，使论题得不到有效的论证，听众就可能产生歧义，或引起无谓的争论。这不但无益于宣传真理，批驳谬误，反而会引起人们的思想混乱。

日常论证中，常有人违反这一逻辑要求。如有的人演讲，十分生动、有趣，现场气氛热烈。但是演讲结束，却发现主题不清，不知演讲的目的为何。又如，有人写文章，长篇大论，却中心不突出。还有，开会讨论问题，有时大家争论很激烈，但仔细清理一下各种意见，又发现并没有根本的分歧，只是由某些误解引起的争辩。以上种种情况都是由论题不清引起的。

违反这条规则的逻辑错误称为"论题含混"。

二、论题必须保持同一

论题保持同一是指在同一证明过程中只能有一个论题，并且应始终围绕它进行论证。违反这条规则的逻辑错误是"转移论题"或"偷换论题"。

"转移论题"或"偷换论题"就是在证明过程中将论题转换成其他论题，进行论证。

例如： 一篇题为《老年人长寿的要诀在于经常参加体育锻炼》的文章写道：早晨起来户外散步，可呼吸新鲜的空气，促进血液循环；上午到公园遛弯儿可舒广胸怀，增加生活情趣；下午弈棋、钓鱼，可活跃思维、陶冶性情；冬日狩猎，可活动筋骨；夏日游泳，可强健肌肤；春日登山，可开阔视野；秋日远游，可饱览山色风光。

这篇文章所列举的论据貌似在证明论题，实则论述了老年人参加文体活动的益处，并没有针对论题——长寿，进行论证。

在司法文书中，对同一案件性质的断定必须保持同一，否则就会犯转移论题的错误，对案件的定性造成混乱。

按照这一规则，在法庭辩论中，要求参加辩论的双方，必须就同一问题发表意见，或是就案件事实，或是就证据的证明力，或是就案件的法律适用。总之，辩论的双方要就同一问题交锋，这样才能达到澄清事实，正确适用法律的目的。如果辩论双方没有针对与案情有关的同一问题进行辩论，而是在一些与案件无实质性联系的问题上纠缠不休，就达不到法庭辩论的目的。

三、论据必须是已确认为真的命题

论据是用来确认论题真实性的命题。证明的过程就是从已知为真的论据推出论题真实性的过程。因此，引用的论据必须是已经确认为真的命题，只有这样的论据，才具有论证的价值。如果论据虚假，或论据的真实性还有待证明，就不能确定从该论据推出的论题必真。

如果以虚假的命题作为论据进行论证，就会犯"虚假理由"的错误。

例如：古代曾有学者这样证明"宇宙是有限的"这个论题：假如宇宙没有界限，那么它就没有一定的中心，但是一切物体都以地球为中心，后者有一定的位置并且是宇宙的中心，所以，宇宙是有限的。

在这个论证中，用来作为论据的命题都是虚假的，因此，此论证是无价值的。当然，这种错误的发生，很大程度上是由于当时人们认识水平所限。

在司法实践中，自诉人、被告人、辩护人或证人都可能捏造虚假的论据为自己的论点作证，以使法庭作出有利于己方的判决。这种以假取信于人的论证，就是犯了"虚假理由"错误的表现。这种错误有时隐蔽在论证过程中被省略的部分，这时需要还原推理过程才能发现。

例如：某辩护人为被告人辩护说："被告人伤害被害人不是故意的，因为被告人与被害人素不相识、彼此无仇。"

该证明的论证方式是一个省略式，其推理可还原如下：

如果被告人与被害人素不相识、彼此无仇，那么被告人伤害被害人不会是故意的。该案被告人与被害人素不相识、彼此无仇，所以，该案被告人伤害被害人不是故意的。

这个推理省略了一个虚假的大前提。以虚假的前提作论据，就犯了"虚假理由"的错误，是起不到有效论证的目的的。

如果以真实性尚未证明的命题作论据，就会犯"预期理由"的错误。在司法实践中，司法人员如果不认认真真地进行调查研究，实事求是地分析案情，而是凭主观猜测，随意添枝加叶，将尚待证实的材料作为办案的根据，这就是"预期理由"错误。

例如：《十五贯》中，无锡知县过于执错判尤葫芦被杀一案，就是因为他主观臆断，凭"想当然"办事的结果。过于执听说苏戌娟在尤葫芦被杀后与熊友兰同行，尤葫芦被杀后丢了十五贯钱，而熊友兰恰好身上也带了十五贯钱。于是他就断定熊友兰和苏戍娟通奸谋杀尤葫芦,并以此为据,给这两个无辜的青年判了死刑。过于执不调查案件的真相,只根据一些表面现象进行主观加工、猜测,然后以此作为论据进行判案,势必造成冤假错案。

四、论据的真实性不能依靠论题来证明

论题的真实性是靠论据为真来确定的。如果论据自身的真实性又靠论题来证明,就等于论题没有得到证明。这样,就会产生"循环论证"。

例如: 17世纪法国哲学家笛卡尔曾经这样证明神的存在:我的神的观念是非常清晰的。神是尽善尽美的,无所不包的,因此也包含了"存在"的性质;如果说尽善尽美的神缺乏这一重要性质——说他"不存在"是自相矛盾的,因此神是存在的。

笛卡尔在证明"神是存在的"时,论据是"神包含'存在'的性质",这等于只是同语反复,实际上什么也没有得到证明。

一个比较复杂的证明过程,有时论据本身是带证明的,从而形成多层论证。但不管论证多么长,只要有"循环论证"的错误,论证就是白费力气。马克思在《剩余价值论》一书中曾揭露过这种错误。书中说:"……预付资本的价值又由什么决定呢?马尔萨斯说,是由预付资本中包含的劳动价值决定的。劳动价值又由什么决定的呢?是由花费工资购买的商品的价值决定的。而这些商品的价值又由什么决定呢?由劳动的价值加利润。这样,我们只好不断地在循环论证里兜圈子。"在此,马尔萨斯用"商品的价值"论证"劳动的价值",反过来又用"劳动的价值"论证"商品的价值"。马尔萨斯在这里到底证明了什么?什么也没有。

五、从论据应能推出论题

在证明的过程中,论据与论题之间要有必然的逻辑联系,论题能从论据推出。违反这条规则,就会犯"推不出"的逻辑错误。"推不出"的错误常常表现为以下三种形式:

(一) 论据不充分

这是指所引用的论据对确定论题的真实性来说,不是充分的理由。从推理的角度来分析,即论据不构成论题成立的充分条件。

例如: 一份起诉书与一审判决中都提到被告人方某用致命的工具——锤子,打了被害人邵某的要害部位——头部,由此认定:被告人犯故意杀人罪。被告人以"无杀人故意"为由,提出上诉,并委托律师为其辩护。某律师出庭辩护说:"一般来说,用致命的工具打击致命的部位,对认定故意杀人罪有重要意义,但是不构成充分理由,不能孤立地以此作为区分杀人与伤害的绝对标准,仍需

结合案情进行具体的考察。上诉人虽"用锤子击头"了,但据医院证明,邵某的头皮有8厘米挫伤,无骨折,颈部有擦破伤痕,左侧胸挫伤,"神志清楚、语言流畅",可见邵某只受了轻伤。因此,上诉人虽用致命的工具打了邵某的致命部位,但其打击的强度只能证明其下手时仅有伤害的故意,而没有杀人的故意。因此,应认定上诉人所犯的是故意伤害罪。

从逻辑上分析,律师的辩护指出了起诉书与一审判决在论证上犯了"推不出"的错误。在该案中,被告人用致命的工具击中致命的部位,这对认定"被告人是故意杀人罪"来说,只是必要条件,但不是充分条件。即使前述事实为真,后面的认定不必然真,前提不蕴涵结论。

(二)论据与论题不相干

这是指论据与论题之间没有蕴涵关系,从论据的真推不出论题为真。

例如:某卫戍区在刘某交通肇事案的辩论中,辩护人反复强调被告人平时表现好,这次出车送老兵,是因领导临时增加停车点,为了赶时间才出的事,要求免予刑事处罚。对此,公诉人着重指出:被告人违反城郊行车时速规定,高速开车;在高速行进中又违反驾驶规则,打开车门,转身向后车厢的乘车干部问事,这就是要追究被告人法律责任的根本理由。至于辩护人所强调的理由,与是否要追究被告的法律责任毫无联系。

公诉人的这一答辩,既阐明了追究被告法律责任的充分理由,同时又指出了辩护人所强调的理由对被告免予刑事处罚之间没有蕴涵关系,两者不相干。这也是一种"推不出"的逻辑错误。

在起诉书中,如果所陈述的事实和法律依据,与被告人的罪名认定不相符合,这也是论据与论题不相干。

例如:某被告人与一男孩(12岁)在某大街一侧的便道上玩排球,该男孩打了一个低球,被告人用脚接球,但未能稳住,球滚上马路。此时,63岁的吕某骑车经过,车轮压球,人摔倒,头触地,造成闭合颅脑损伤,合并脑出血,经抢救无效,两天后死亡。检察院以被告人犯交通肇事罪提起公诉。某律师出庭辩护。律师根据《刑法》第133条的规定,指出交通肇事罪具有两个主要特征:一是犯罪的主体是从事交通运输的人员;二是在客观上的表现为:交通运输人员过失地违反规章制度,发生重大事故,致人重伤、死亡或者使公私财产遭受重大损失。本案被告人和他的行为不具有上述特征。被告人是羊毛衫厂的机修工人,不能作为本罪的主体。在公路便道上玩球,仅仅违反了《某市道路交通管理暂行处罚条例》,《刑法》第133条不适用于本案。因此,仅凭"被告人在公路旁玩球出事",不能就认定"被告人犯交通肇事罪"。

从逻辑上分析，律师的辩护指出了起诉书中所陈述的事实和法律依据，与被告人罪名的认定，两者"风马牛不相及"，即论据与论题之间没有蕴涵关系。

（三）违反推理规则

证明总要使用推理，这就要求由论据推出论题，必须遵守推理规则。只有论证方式正确，才能保证论据与论题之间具有必然的逻辑联系，从论据的真推出论题必真。如果论证方式不正确，违反了推理规则，那么由论据的真推不出论题必真。因此，论证中违反相应的推理规则，就会犯"推不出"的逻辑错误。

例如：一起凶杀案，侦察员小张调查了解到如下事实：该案的凶手是持三棱刀作案的；某甲是重点怀疑对象。经调查，在某甲的床褥底下发现一把三棱刀，而且某甲在发案时有作案时间。在案情分析会上，老王要小张谈谈自己对案情的看法。小张说："我认为，某甲是该案的凶手。因为，该案的凶手是持三棱刀作案的，而今查出，某甲有一把三棱刀，由此，可以肯定某甲正是该案件的凶手。其次，如果谁是该案件的凶手，那么发案时间内一定有作案时间。今查证，发案时间内，某甲有作案时间，所以，某甲是该案的凶手无疑了。"

刑侦人员小张对案件的分析和论证，相继用了两个推理。现整理如下：

(1) 该案的凶手是持三棱刀作案的，
　　某甲是有三棱刀的，
　　所以，某甲是该案件的凶手。
(2) 如果谁是该案件的凶手，那么发案时间内一定有作案时间，
　　某甲在发案时间内有作案时间，
　　所以，某甲是该案件的凶手。

小张的第一个推理貌似三段论，实际上不是三段论。其中"持三棱刀作案的（人）"与"有三棱刀的（人）"是两个不同的概念，在推理的前提中并没有起到中项的作用，因此，不是三段论或其他推理的有效式。这说明小张的论证方式是不正确的，犯了"推不出"的逻辑错误。

第三节　证明的方法

根据证明过程中论题与论据联结方式的不同，证明分为直接证明和间接证明两种方法。

一、直接证明

直接证明的方法就是论题的真实性直接由论据推出。

例如： 刘某构成侵占罪。因为，出租车司机刘某将乘客李某遗失的手包（内有人民币 11 万元）藏匿家中，非法占为己有，拒不退还。根据《刑法》第 270 条第 2 款的规定，将他人的遗忘物或者埋藏物非法占为己有，数额较大，拒不交出的，处 2 年以上 5 年以下有期徒刑，并处罚金。所以，刘某的行为已构成侵占罪。

上述证明就是直接证明的方法。论据是犯罪的事实和刑法的有关规定，论据为真，直接推出论题为真。

直接证明的特点是论题直接从论据推出，论据蕴涵论题，论据真则论题必真。

二、间接证明

间接证明的方法是论题的真实性需借助假设前提推出。

假设的前提中，有的是论题的条件命题，有的是论题的矛盾命题，有的是论题的相关命题（与论题陈述并列的各种可能情况）。根据假设前提的不同，间接证明分为条件证明、反证法和排除法三种。

（一）条件证明

条件证明适用于论题是一个假言命题（或假言命题的等值命题）的论证。在条件证明中，论题的真实性是借助于假设一个与假言命题的前件相同的命题为补充前提而推出的。

如果以符号"P"代表已知为真的论据（或论据集），以 $A→B$ 代表一个论证的论题，那么条件证明只适用于如下证明：

$$P$$
所以，$A→B$　　　　①

或者论题形式等值于"$A→B$"的论证，如"$\neg A \vee B$""$\neg (A \wedge \neg B)$"等。

论题为假言命题的任一证明的证明方法，就是把假言命题的前件假设为一个补充的前提，然后运用有效的推理序列，推导出假言命题的后件。可表示如下：

$$P$$
假设 A
所以，B　　　　②

我们对论证式②的有效性的证明，也就是对论证式①的有效性的证明。因为①与②在逻辑上是等值的，即"$P→(A→B)$"等值于"$(P \wedge A)→B$"。这正是条件证明法的逻辑根据所在。

例如： 只有案件发生在星期日的晚上，如果甲去花园街 8 号，那么甲是杀害乙的凶手。因此，案件不是发生在星期日的晚上，而甲是杀害乙的凶手，这是不可能的。

现将该例的有效性的推演过程用符号表示如下：

用 p 表示：案件发生在星期日的晚上。

用 q 表示：甲去花园街 8 号。

用 r 表示：甲是杀害乙的凶手。

已知：¬ p→¬ (q→r)　　　（已知前提）

求证：¬ (¬ p∧r)　　　　　（论题）

证明：(1) ¬ p→¬ (q→r)　　（已知前提）

　　　(2) ¬ p　　　　　　　（假设前提）

　　　(3) ¬ (q→r)　　　　　[根据 (1) (2)，假言推理肯定前件式]

　　　(4) q∧¬ r　　　　　　[根据 (3)，否定蕴涵推理]

　　　(5) ¬ r　　　　　　　　[根据 (4)，联言推理分解式]

　　　(6) ¬ p→¬ r　　　　　[根据 (2) (5)，应用条件证明]

　　　(7) ¬ (¬ p∧r)　　　　[根据 (6)，等值置换]

在条件证明法中，假设前提是假言命题结论的前件。当证明的论题是假言命题或它的等值命题，而直接证明又难以进行时，采用此方法就能使问题迎刃而解。

（二）反证法

在反证法中，论题的真实性是借助于假设一个与论题相矛盾的命题为补充前提而推出的。

反证法的步骤是：首先，假设一个与原论题相矛盾的反论题；然后，由这个假设前提推出矛盾或者导致荒谬；这样，推翻反论题，根据排中律，则原论题必真。

反证法的推演过程可表示如下：

求证：P

证明：假设前提 ¬ P

由假设前提按照推理规则进行推理，最后推出矛盾或导致荒谬。

即 ¬ P→Q∧¬ Q [或 R（R 是明显荒谬的）]

而 ¬ (Q∧¬ Q)（或 ¬ R）

所以，¬ P 为假

那么，P 为真

反证法是数学证明中常用的方法。

例如：证明 $\sqrt{2}$ 是无理数。

证明：假设 $\sqrt{2}$ 是有理数，则

设 $\sqrt{2} = a / b$（a、b 为不可通约的整数）

两边同时平方，$2 = a^2/b^2$

$a^2 = 2b^2$

由于 a^2 是偶数

所以，a 必为偶数

a 与 b 不可通约，a 是偶数，

所以，b 是奇数。

令 $a = 2c$

则 $a^2 = 4c^2 = 2b^2$

$b^2 = 2c^2$

所以，b^2 是偶数

b 必为偶数

由假设前提推出 b 既是奇数又是偶数，这是矛盾的。

所以，假设不成立，$\sqrt{2}$ 不是有理数。

反证法的证明简洁明了，对论题的证明无可置疑，因此是一种非常有说服力的证明方法，不仅在数学中广泛应用，而且广泛应用于其他学科和日常思维的论证中。当直接证明难以奏效时，反证法是一种比较便捷的方法。

（三）排除法

排除法又称选言证法，其论题的真实性是借助于假设与论题相关的命题（与论题陈述并列的所有可能情况）为补充前提而推出的。

排除法的步骤是：先找出与原论题相关的所有可能性，构成一个选言命题；然后证明除原论题外，其他选言支均不成立；最后，根据选言推理否定肯定式，推出原论题真。

排除法的推演过程可表示如下：

求证：P

假设：Q、R、（S……）

已知：Q、R、（S……）与 P 相关，即构成 $P \lor Q \lor R$（$\lor S$……），并且这一选言式涵盖了所有可能情况。

证明：由已知前提证明

$\neg Q$

$\neg R$（$\neg S$……）

所以，P

例如：我国《香港特别行政区基本法》规定，香港特别行政区享有司法终审权。香港特别行政区成立后，香港的司法终审权的归属，不外乎三种可能性：或者仍留在英国政府，或者转交中国北京，或者交给香港政府。我国恢复对香港行使主权后，虽然香港现行法律基本不变，但有损我国主权的条文已经被撤销，终审权当然不能继续留在伦敦。但另一方面，由于香港采用的仍是英国式的法律制度，与我国内地法律制度根本不同，法院组织与内地法院也不是同一个体系，显然也不宜由北京来行使终审权。所以，司法终审权由香港特别行政区政府行使。

证明中列举出全部的可能情况，然后对论题以外的可能情况一一加以否定，最后，肯定论题成立。显然，由相关的假设命题为假，推出论题为真，其逻辑推演过程是选言推理的否定肯定式。

运用排除法时应注意，论题与其相关的命题所陈述的情况，必须穷尽事物的所有可能情况。只有这样，论题的真才具有充分的、无可辩驳的说服力。

间接证明的特点是论题的真是借助于某种假设前提推出的。因此，论题的推演过程比较迂回，不如直接证明简洁。在司法文书的论证中，一般不宜采用这种证明方法。但在办案实践中，分析案情时，如能灵活地运用间接证明，根据需要提出某种假设，针对这种假设进行证明，合乎逻辑地得出结论，这就为确定论题的真开通了一条新的途径。

在实际证明中，直接证明和间接证明结合运用，对同一个论题，从多种角度加以证明，会使论证更加具有说服力。

例如：在 1946 年的远东国际军事审判庭上，庭长由盟军最高统帅麦克阿瑟指定，庭长当然居中。各国法官为在审判席中的座次展开了激烈的争论。我国的代表梅汝璈博士为维护国家的利益和尊严，决心争到第二把交椅。梅博士是这样论证的："我认为，法庭座次按日本投降时各受降国的签字顺序排列最合理。首先，今日系审判日本战犯，中国受日本侵害最深，而抗战时间最久，付出牺牲最大，因此，有 8 年浴血抗战历史的中国应排在第二；其次，没有日本的无条件投降，便没有今日的审判，按各受降国的签字顺序排座，实属顺理成章。"梅博士说到这里略一停顿，微微一笑说："当然，如果各位同仁不赞成这一办法，我们不妨找个体重测量器来，然后以体重的大小排座。体重者居中，体轻者居旁。"中国法官的话音未落，各国法官均已忍俊不禁。

梅博士的论题是：法官座次，中国应排第二。他先是提出两条有力的论据，直接证明中国应排在第二；接着又提出，若上述方法不行，那么可以体重来排列，这显然是荒谬可笑的，由此否定了其他方案。这是通过反证法进一步论证了原论题，从而通过正反两个方面加强了论证的力量。

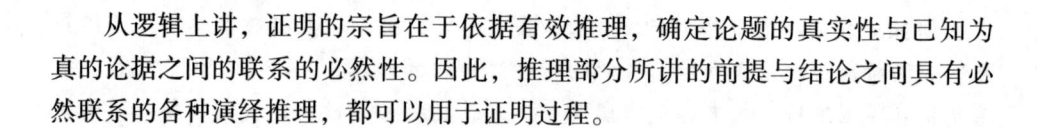

从逻辑上讲，证明的宗旨在于依据有效推理，确定论题的真实性与已知为真的论据之间的联系的必然性。因此，推理部分所讲的前提与结论之间具有必然联系的各种演绎推理，都可以用于证明过程。

第四节 反驳的方法

根据反驳过程中论据与论题联系方式的不同，反驳可分为直接反驳、间接反驳和归谬法。

一、直接反驳

直接反驳就是引用真实性已经确定的命题，直接推出被反驳的论题或论据虚假的反驳方法。

在直接反驳中经常使用的论证方式是根据对当关系中的矛盾关系或反对关系进行的推理。因为这两对关系中的命题是不可同真的，一个命题为真，必然推出另一个命题为假。如"所有动物的血液都是红色的"这一命题，可用"有的动物的血液不是红色的"来反驳；"有的未满18周岁的公民也可以有选举权"可用"所有未满18周岁的公民都没有选举权"来反驳。对于陈述事物情况错误的全称命题，还可用个别事例来反驳。如"所有哺乳动物都是生活在陆地上的"这一论题，就可用"鲸不是生活在陆地上的哺乳动物"来反驳。

直接反驳的特点在于：不需要经过任何中间环节，反驳直接、有力。

二、间接反驳

间接反驳是通过证明与被反驳的论题相否定的论题为真，从而推出被反驳的论题为假的反驳方法。又称独立证明的反驳方法。

间接反驳的步骤大致是：首先，设定与被反驳的论题相矛盾或相反对的论题；然后，通过有效的推理证明反论题为真。这样，根据矛盾律，推出被反驳的论题为假。

间接反驳的推演过程可表示如下：

被反驳的论题：P

设反论题：$\neg P$ [或 Q（Q 与 P 是矛盾关系或反对关系）]

证明：$\neg P$ 为真（或 Q 为真）

所以，P 假

例如： 在法庭审理吕某私自架设电线电死人案中，公诉人指出："被告人吕某的行为已经构成以危险方法危害公共安全罪。吕某违反用电管理规定，私自在自家葡萄园铁丝架上架设电线，在已被电工告知所拉电线已经破损应当更换新线，否则要出事故的情况下，仅用塑料薄膜将破损处作了包扎，没有更换新线，以致邻居郑某触电死亡。所以吕某的主观方面是放任的故意。并且吕某在公共场所私架电线，对不特定多数人的生命、健康、重大公私财产安全构成威胁，其行为所侵害的客体为公共安全。吕某的行为完全符合以危险方法危害公共安全罪的犯罪构成。"辩护人对此提出了不同的观点："吕某的行为构成过失致人死亡罪。吕某固然私架电线，且在已被告知存在危险的情况下没有及时更换新线，以致邻居郑某触电死亡。但吕某毕竟用塑料薄膜将破损处作了包扎，在事发前有预防措施，事发后又积极抢救被害人。所以这不是放任危险发生，而是轻信能够避免，以致发生了危害结果。因此吕某的主观方面不是故意而是过失。并且吕某私架电线的地点是远离村落的自家的葡萄园，因此，吕某的行为不是对公共安全的威胁，而是侵害了死者郑某的生命安全。所以，吕某主观方面既有过失，客观方面又造成郑某的死亡结果，其行为所侵害的客体为公民个人的生命安全。吕某的行为符合过失致人死亡罪的犯罪构成，而不是公诉人所说的以危险方法危害公共安全罪。"

这里，辩护人通过充分的论据，论证了"吕某的行为构成过失致人死亡罪"，这样，就驳倒了公诉人提出的"吕某的行为构成以危险方法危害公共安全罪"的论点。

间接反驳的特点在于：需要通过中间环节，先设立反论题，通过证明反论题的真，进而确定被反驳的论题为假，从而达到反驳的目的。

三、归谬法

归谬法就是从被反驳的论题推出错误的结论，由否定错误的结论，进而推出被反驳的论题虚假的反驳方法。

归谬法的步骤是：首先，假设被反驳的论题为真；然后，以它为前件推出后件，构成一个充分条件假言命题。而这一命题的后件是错误的，或者是明显荒谬的，或者是逻辑矛盾；因此否定假言命题的后件，进而否定前件，从而达到反驳的目的。

归谬法的推演过程可表示如下：

被反驳的论题：P

假设：P 真

反驳：$P \to Q$（Q 是明显荒谬的）（或 $P \to R \land \neg R$）

$\neg Q$ [或 $\neg (R \land \neg R)$]

所以，¬P

即 P 假

例如：在一起贪污案的庭审中，辩护人提出，被告人所领取的钱是奖金。公诉人反驳说："若被告人领取的是奖金，被告人为何在领款栏上不签自己的名字，却签他人的名字呢？更有甚者，被告人为何要暗中加大回扣手续费，骗取公司领导的批准呢？"

这里，公诉人没有直接证明被告人领取的不是奖金，而是先假定辩护人的论点是真的，但是却由此推出一系列有违于案情、无法解释的荒谬结论，从而驳倒了对方的论点。

归谬法的特点在于：这是一种以退为进的反驳方法。假定被反驳的命题为真，是为了引出荒谬，引出荒谬是为了反戈一击，从而加强反驳的力量。

思考题

1. 什么是证明？它是由哪几部分构成的？
2. 证明与推理有何区别与联系？
3. 什么是反驳？它是由哪几部分构成的？
4. 证明有哪些规则？违反这些规则会犯什么逻辑错误？
5. 证明的方法有哪几种？它们各有什么特点？
6. 反驳的方法有哪几种？它们各有什么特点？
7. 归谬法与反证法有何区别与联系？
8. 论据真，论题是否必真？论据假，论题是否必假？为什么？
9. 有逻辑矛盾的理论一定是错误的，无逻辑矛盾的理论是否一定是正确的？

练习题

一、下列证明是否存在逻辑错误？如果存在错误，请指出是何种错误。

1. 杀人在道义上是错误的，因此，主动型安乐死在道义上是错误的。

2. 某市民问："你们制定的市民文明公约内容太多，不易记忆，可否精简，以便直接起到警示的作用。"

某官员答："这次市民文明公约，是在市政府的直接领导下，组织专家组，在广泛听取市民意见的基础上制定的，是领导、专家、群众三者结合的产物。"

3. 鲁迅在《论辩的魂灵》一文中，概括了这样的奇谈怪论："……而你只说甲生疮，是说谎也。卖国贼是说谎的，所以你是卖国贼。我骂卖国贼，所以我是爱国者。爱国者的话最有价值的，所以，我的话是不错的，我的话既然不错,你就是卖国贼无疑了。"

4. 《十五贯》中知县过于执断定"熊友兰和苏戌娟通奸谋杀尤葫芦"。过于执一看到苏戌娟,就这样说:"看她艳如桃李,岂能无人勾引?年正青春,怎会冷若冰霜?她与奸夫情投意合,自然要生比翼双飞之意,父亲拦阻,因之杀其父而盗其财,此乃人之常情。这案情就是不问,也已明白十之八九了。"

5. 刘某被指控犯盗窃罪。在法庭辩论中,刘某的辩护人指出:"刘某构成盗窃罪的证据不足。因为现场丢下的自行车不能作为刘某作案的证据。"公诉人论证说:"现场丢下的自行车是刘某的,这证明刘某是嫌疑人;正因为刘某是嫌疑人,所以,不容置疑现场丢下的自行车就是赃物。"

6. 在《战国策·魏策四》中讲述了一个故事:有人问一南辕北辙的人:"你到楚国去,为什么朝北走呀?"此人答曰:"我的马好""我的钱财多""我的车夫本领也高呀!"

7. 有人质疑执法人员乱罚款的问题,某执法人员回答:"罚款本身不是目的,严格执法是为了更好地维护公众的利益。"

二、指出下列证明的方法。

1. 本案死者是他杀。因为,如果死者背部有多处致命刀伤,则死者是他杀。经查证,本案死者背部确有多处致命刀伤,所以,本案死者是他杀。

2. 地球是发展变化的。因为一切事物都是发展变化的,所以地球也是发展变化的。

3. 科学是无禁区的。因为如果有禁区,就等于承认客观世界有不许接触、不能探索、不可认识的领域,而事实上人类是在不断地认识世界、改造世界的过程中发展的,所以,科学是无禁区的。

4. 如果人类要从事政治、科学、艺术活动,则必须从事物质资料的生产。因为,如果人类要从事政治、科学、艺术活动,则必须要有吃、穿、住等生活资料,而如果人类要有吃、穿、住等生活资料,则必须从事物质资料的生产。

5. 三段论的两个前提中如果有一个是特称命题,结论必为特称命题。因为有一个前提是特称命题并且能得出结论的三段论,其前提共有三种情况:

(1) 如果前提是 A 命题和 I 命题,结论是 I 命题;

(2) 如果前提是 A 命题和 O 命题,结论是 O 命题;

(3) 如果前提是 E 命题和 I 命题,结论是 O 命题。

所以,凡是前提中有一个命题是特称命题的三段论,如果能够得出结论,结论只能是特称命题。

6. 古希腊的无神论者论证说,世界上有灾难和丑恶存在,就说明神不存在。

他们是这样论证的：

我们应该承认，神或是愿意但又不能除掉世界的丑恶，或是能够但又不愿意除掉世界的丑恶，或是能够又愿意除掉世界的丑恶。如果神愿意而不能除掉世界的丑恶，那么他就不是万能的，而这种无能为力是与神的本性相矛盾的；如果神能够而不愿除掉世界的丑恶，那么就证明了神的丑恶，而这种恶意也同样是与神的本性相矛盾的；如果神愿意而又能够除掉世界的丑恶（这是唯一能够适合神的本性的一个假定），那么，何以在这种情况下世界还有丑恶呢？

三、指出下列反驳的方法。

1. 有的人认为，自古以来，沙漠占地球陆地面积的大小，一直是没有变化的。事实上，地球上的沙漠面积在不断地扩大。智利的北部自 1960 年以来，已有几百平方公里的土地被亚塔卡马沙漠吞噬，撒哈拉沙漠中某些部分每年向南蔓延达 50 公里。在过去 50 年中，有 65 万平方公里的可耕地被吞没。印度有 1/5 以上的土地正遭受着塔尔沙漠的蹂躏。在中东、阿根廷、伊朗、南非、中国和美国，一些肥沃的土地，也被沙漠逐渐侵占着。

2. 燃素说是 17 世纪由德国化学家施塔尔提出的。他认为，一切可燃物中有一种特殊的物质——燃素，燃烧过程就是可燃物放出燃素的过程。但是后来对燃烧现象进行精确的定量分析表明，金属燃烧后，重量不是减少，而是增加。

3. 康有为曾说："万国礼教主无不跪。中国民不拜天，又不拜孔子，留此膝何为？"

鲁迅极言康论宏妙，不仅使人明白"留此膝何为"，而且也进一步明白了"脖颈最细，古人则于此斫之；臀肉最肥，古人则于此打之"。

4. 有一案例：提举官杨某在担任浙江会稽的录事参军时，有一家被盗。这家人抄起棍子就追，把贼击倒在地，并扭送到保长处。保长把贼捆绑起来，又带上镣铐，解送官府。走在途中，贼死了。郡府要惩办保长把贼捆绑致死的罪。案已结审，录事参军杨某看完检验书说："该贼是被背后追杀的人击伤致死的。因为贼的左肋下有一处致命伤，长一寸二分，伤痕中还有一条白道道，这肯定是被背后追杀的人击伤致死的。"杨某传来了那个追贼的人，弄清了情况。他又要来了那根打贼的棍子，果然棍子的一端有一个裂缝，证明贼身上的伤痕中间的白道道，就是棍子的裂缝形成的。所以贼并非由保长致死。于是保长免于治罪。

5. 药剂师走进邻居一个书商的铺子里，从书架上拿下一本书来问道："这本书有趣吗？"

书商答："不知道，没读过。"

药剂师质问:"你怎么能卖你自己未读过的书呢?"

书商反驳:"难道你能把你药房里的药都尝一遍吗?"

6. 美国大律师赫梅尔在一起赔偿案件中代表某保险公司出庭辩护。原告在法庭上声称:"我的肩膀被掉下来的升降机轴打伤,至今右臂仍抬不起来。"赫梅尔说:"请给陪审员看看,你的右臂现在能举多高?"原告慢慢地将手臂举到齐身的高度,并表现出非常吃力的样子,以示不能再举得更高了。赫梅尔又说:"那么你在受伤前能举多高呢?"原告不由自主地一下子将手臂举过了头顶,引得全场哄堂大笑。笑声宣告了原告的失败和赫梅尔辩护的成功。

7. 在一次国际会议期间,一位美国外交官挑衅地对中方代表说:"如果你们不向美国保证,不用武力解决台湾问题,那么显然就是没有和平解决的诚意。"

中方代表立即予以反驳:"台湾问题是中国的内政,采取什么方式解决是中国人民自己的事,无需向他国作什么保证。请问,难道你们竞选总统也需要向我们作出什么保证吗?"

四、分析下述法庭辩论,指出其证明或反驳的方法,并分析其中有无逻辑错误。

1. 某被告的辩护人,在辩词中根据医院"表面无伤痕"的鉴定,证明被告的一拳是轻击。公诉人说:"表面无伤痕,不是用力大小的唯一根据,甚至不是主要根据。轻抓伤皮,可以有伤痕;重打引起内伤,可以无伤痕。因此,仅仅根据表面无伤痕,就认定被告打击的一拳属于'轻击',说服力不强。"

2. 在一起故意伤害案的法庭辩论中,辩护人为被告人丁某辩护说:"丁某与被害人王某无冤无仇,他没有伤害被害人的故意,因此不构成故意伤害罪。"公诉人指出:"被告人自己交代说:'王某和我关系好,可是那天他突然当着众人喊我的绰号,侮辱了我的人格,我就是要教训教训他。'还有,在场的证人赵某作证说:'丁某在动手打王某之前说,看你还敢不敢这么喊,今天要好好教训你一下。'被告人自己的交代和证人证言不是很清楚地证明了丁某构成了故意伤害罪吗?如果真像辩护人所说的这样,那么无冤无仇地伤害他人的强奸犯,无冤无仇地伤害他人的抢劫犯,岂不都是没有伤害他人的故意而不构成故意犯罪?"

3. 一起杀人案件:韦某与其弟媳上山挑柴草,韦某从山上挑到山下,其弟媳接着挑回家。挑了十几担后,韦某在与弟媳交接柴草处,发现弟媳倒在地上,头被击伤,满面是血,衣服被撕破,奄奄一息。韦某立即背起弟媳,欲回家抢救。行走不到10米,弟媳死去。此时,韦某异常心慌,心想此处很少有他人来往,别人一定会说是他杀害其弟媳的,自己跳进黄河也说不清了。于是将其尸体抛入荒草丛中,回家装着不知发生什么事。几天后,韦某被捕,检察院以杀人罪对韦某提起公诉。韦某矢口否认。

在法庭上，公诉人说："韦某是作案人无疑。其理由是：现场有韦某的脚印；韦某身上有死者的血迹。我们知道，如果是作案人，那么现场必有他的足迹，现案发现场韦某的脚印非常清晰；如果是作案人，那么作案人的身上必有死者的血迹，韦某身上有死者的血迹，铁证如山。所以，韦某是作案人，他就是杀死其弟媳的凶手。"

韦某的辩护人提出，单是这两条理由，还不能认定韦某是杀死其弟媳的凶手。因为这两条还不构成充足理由。这里还有其他的可能。例如，或者是韦某先到现场，离开后才发生杀人案件；或者是杀人案件发生后，韦某来到现场。这两种情况下，现场都会留下韦某的清晰的脚印。另外，韦某身上的血迹，即使是其弟媳的血，也不一定是作案时沾上的。所以仅凭这两点，不能必然得出韦某就是杀人凶手。

4. 印度电影《流浪者》中的拉兹，闯进拉贡纳特法官公馆，举刀想杀死抛弃自己的生身父亲，但终因手软未遂。拉兹被拉贡纳特指控为谋杀罪。

在法庭上，检察官向控告人提问："拉贡纳特先生，您知道不知道被告拉兹为什么要杀害您？他是不是与您有仇？"

拉贡纳特非常自负地说："被告是天生的罪犯。这种仇恨，是罪犯对法官所持的仇恨，因为法官对强盗向来是毫不留情的……"

辩护律师丽达问："您称被告是天生的罪犯，这是什么意思？"

拉贡纳特："这我认为不必要解释。被告是天生的流浪儿，从他父母那里继承了犯罪因素。父亲是坏人，儿子绝不会好。好人的儿子是好人，贼的儿子一定是贼。"

……

丽达："拉兹为什么要杀拉贡纳特？原因比您想象的要复杂得多。……"丽达把拉贡纳特无情地赶走妻子以及拉兹母子的悲惨遭遇当众叙述了一遍，然后继续她的辩护。她说："这就是拉兹的过去，你们已经了解，拉兹为什么走上了犯罪的道路。法官先生，有罪的不是拉兹，而是他的父亲！是他从家里赶走了无辜的妻子！是他遗弃了亲生儿子！拉兹小时候只能跟流浪儿生活在一起，那种环境能够使他成为正路人吗？法官先生，我认为你们不应该判拉兹的罪，而应该判罪过深重的拉贡纳特。"

拉贡纳特："……她硬说我好像是这个罪犯的什么父亲。请问律师先生，你有什么证据？"

丽达："您不想承认拉兹是您的儿子，世界上再也没有别的更有力的证据了。拉贡纳特先生，这个证据可以在您的良心里找到，从拉兹身上找到。您看看他，您看看拉兹的脸，跟您的面貌一样；您听听拉兹的声音，与您的声音完全相同，您的良心现在还不承认自己的孩子吗？"

拓展阅读书目

1. ［美］欧文·M. 柯匹、卡尔·科恩等：《逻辑学导论》，张建军等译，中国人民大学出版社 2007 年版。

2. ［德］P. A. 施泰尼格尔：《纽伦堡审判》（上卷），王昭仁等译，商务印书馆 1985 年版。

3. 唐灏：《远东国际大审判》，上海人民出版社 2003 年版。

拓展阅读材料

苏格拉底的"精神助产术"

第十章 论 辩

第一节 对话与争辩

一、对话与独白

对话是指两个或多个主体之间按照一定的惯例共同参与的言语活动。单一主体的言语活动是独白。典型的对话是其中一方先说然后各方依次序轮流再说。如果说几何学中的论证是基于公理的，那么社会政策的制定及立法、司法中的论证则是基于对话的。几何学以及科学的论证理论关注"客观性"的独白，而与政策、法律相关的论证则更关注多主体间的对话。

无论是书面记载的对话还是口头对话中都存在着以对话为表征但实际上不是多主体共同参与的言语活动。西方经典文献中，柏拉图《对话篇》以及伽利略《关于托勒密和哥白尼的两大世界体系的对话》等"对话"都是作者单个主体的言语，并不是真正在多主体间展开的信息交流。下例乘客间的谈话，尽管发生在多主体间，但也不是典型的对话。

在某航班路途中，乘客甲（小伙子）和乘客乙（老人）是邻座。

乘客甲：请问，现在几点了？

乘客乙：我不能告诉你。我要是告诉你现在几点，你就会向我表示感谢。接着我们就会展开其他交谈，下飞机时你就会请我去咖啡馆，我又会请你到我家做客。我家有个小女儿，长得很漂亮，接着你们就会相爱、结婚。可我绝不会把女儿嫁给一个连手表也没有的穷光蛋。

乘客甲和乘客乙之间并没有展开真正的信息交流。因主体间对于是否展开对话的意愿有分歧，双方交流的开始也就是交流的结束。

典型的对话中，参与对话的主体依次轮流承担信息发送者和接收者的角色，交换语言信息或言语行为。对话有开始、展开和结束等几个阶段。

下面就是一个典型的对话：

甲：你看我胖了吗？

乙：你胖了。

甲：我为何胖了呢？

乙：你买车后生活方式变了。

甲：我还是胖点好吧？

乙：胖了不好。

甲：那怎么办？

乙：多锻炼。

上述对话中，甲乙分别轮流承担信息发送者和信息接受者的角色，甲乙所交换的信息内容分别涉及某对象（"甲变胖"）是什么、为什么、怎么样[1]、怎么办等不同方面。对话在信息交流完成后结束。

二、争议型对话（争辩）和非争议型对话

以对话主体针对对话内容所持立场、态度、观点是否有分歧为标准，对话分为争议型对话和非争议型对话。

上例甲乙之间是一个非争议型对话。该对话中，对话主体对交流的信息不持争议，随着对话的展开，一方主体先向对方探寻信息，对方主体提供的信息成为探寻主体接受的信息，这样的信息流动就实现了对话的目的。在非争议型对话中，论证不是必要的。

在争议型对话中，对话主体之间存在分歧，各主体之间就对话内容形成对抗和制约。我们把争议型对话称为争辩。

各主体争辩的内容也涉及：是什么、为什么、怎么样及怎么办等各方面。

下例猎人之间针对"是什么"展开了争辩：

猎人老伊和老万一起出去打猎。在森林里，他俩看见一株树上有一只松鼠，而松鼠也在树上盯着他们。他俩围绕着松鼠走了一圈，松鼠在树上也绕了一圈，它一直面朝着两个猎人，并且盯着他们。这时候，在旁边观望的另一个猎人问：你们有没有绕着松鼠走一圈？

老伊说：有。因为我们已经环绕着松鼠走了一条封闭曲线。

老万说：我们根本没有环绕松鼠走一圈。假如我们环绕它走一圈的话，那么我们就应该从各个方面看到松鼠。但事实上，我们却始终只看见松鼠的面部，而松鼠的其余部位都没有看见。

---

[1] "怎么样"也可以寻求说明，如"怎么打开这扇门？"，这里指寻求评价。

猎人老伊和老万针对问题"有没有绕着松鼠走一圈"所持的观点正好相反。在该对话中没有看到争议或意见分歧的消除。利用论证理论的知识不难发现，若不对问题中的"绕着"进行准确界定，即若对该概念的界定双方不合作，两个猎人之间的争辩即使进行得再久双方也不可能通过对话消除分歧。

《艾子杂说》里介绍的下述对话是针对"为什么"而展开争辩：

营丘士：凡大车之下，与骆驼之项，多缀铃铎，其故何也？

艾子：车、驼之为物甚大，且多夜行，忽狭路相逢，则难于回避，以借鸣声相闻，使预得回避尔。

营丘士：佛塔之上，亦设铃铎，岂谓塔亦夜行而使相避邪？

艾子：君不通事理，乃至如此！凡鸟鹊多托高以巢，粪秽狼藉，故塔之有铃，所以警鸟鹊也，岂以车驼比邪？

营丘士：鹰、鹞之尾，亦设小铃，安有鸟鹊巢于鹰鹞之尾乎？

艾子大笑：怪哉，君之不通也！夫鹰准击物，或入林中，而绊足绦线，偶为木之所绾，则振羽之际，铃声可寻而索也，岂谓防鸟鹊之巢乎？

营丘士：吾尝见挽郎秉铎而歌，虽不究其理，今乃知恐为木枝所绾，而便于寻索也。

该对话中，由于营丘人不按照艾子的解释来理解特定的铃的作用，而试图以同一原因来解释大车下、骆驼颈下、塔顶上、鹞鹰尾巴下、送丧的挽郎等各处的铃，在对话中不停地混淆不同地方系铃的原因来与艾子展开对话，随着对话的展开，不断呈现各方对铃存在原因的理解分歧。若营丘人不改变他参与对话的不合作方式，该对话的进展只能呈现更多的分歧。

下例是针对"怎么样"展开的争辩：

甲君：中国纸太薄了，只可以用毛笔写。西洋纸厚实，毛笔可以写，铅笔钢笔也可以写。所以西洋纸比中国纸好。

乙君：这不是中国纸比西洋纸坏，而是中国笔比洋笔好。中国的毛笔不论厚纸薄纸都可以写，不像西洋的铅笔钢笔非用厚纸不可。

甲君：但中国的毛笔只可以写中国字，不能写西文。西洋的铅笔钢笔非但可以写西文，也可以写中国字。所以中国的笔不如西洋的笔好。

乙君：那不是中国笔不如洋笔，实在是中国字胜西文。中国字不论中国笔或洋笔都可以写，不像西文非用洋笔写不可。且中国字个个正方形，既可直排也可横排，不像西文一定要像蟹那样横行。所以中国字比西文好。

甲君：那倒不是西文比中国的豆腐干文字坏，实在是西洋的横排比中国的直排好。横排中西皆宜，而直排只适合中国字。"

这个对话展示了甲君和乙君关于中西文具优劣的意见分歧，该对话中的争论也没有通过双方的信息交流而解决，若甲君和乙君之间不先就评价文具的标准展开讨论或不就该标准达成共识，他们之间的争议即使永不休止也不能消除双方的意见分歧。

下例是针对"怎么办"展开的争辩：

父亲：你竟敢背着我抽烟，我非狠狠地处罚你不可。

儿子：爸爸，别处罚我。我向您保证，从现在起，我以后不背着您抽烟。

该对话中的争议是关于儿子该如何行为的，儿子的回答似乎是消除了和爸爸之间的意见分歧。但由于他把争议点从"抽烟"变为"背着父亲抽烟"，父亲在对话中诉求的是儿子不抽烟，儿子承诺的只是不背着父亲抽烟，所以该对话中的争议并未因对话而消除。该对话中儿子提供的信息说明该对话主体对消除争议或分歧的态度是消极的、不合作的。

三、论辩与争吵

争辩中的争议和分歧是对话各主体面临的挑战和制约。如果争辩主体对于消除分歧或疑问互不合作，争辩不仅不能取得消除争议的结果，还有可能把这种具有对抗性的对话变为争吵。黑格尔在《谁在抽象地思维?》中所列举的对话就是争吵：

市场上有个女商贩在卖鸡蛋。一位女顾客挑拣以后问："你卖的鸡蛋是臭的吧?"这句话可惹恼了女商贩，她回敬女顾客道："什么?我的鸡蛋是臭的?你自己才臭呢!你怎么敢这样说我的鸡蛋?你?你爸爸吃了虱子，你妈妈跟法国人相好吧!你奶奶死在养老院里了吧?瞧，你把整幅被单都当成了自己的头巾啦!你的帽子和漂亮的衣服大概也是用床单做的吧!除了军官们的情人，是不会像你这样靠着打扮来出风头的!规规矩矩的女人多半是在家里照料家务的，像你这样的女人，只配坐监牢!你回家去补补你的袜子的窟窿去吧!"

毫无疑问，女顾客的疑问不可能通过女商贩的回答得到澄清，这样的对话不是争辩而是争吵。这样进行的对话不仅不能解决分歧反而会引起更多的分歧或争执。

若争辩中对话主体的目的是通过对话发现分歧之所在或在一定程度上解决分歧，那么通过主体间的合作，采取适当的对话策略和态度，经过必要的论证来检验各主体的立场、观点，争辩就不仅是展示争议的手段，也可以是消除争议的手段。

下面是一位小学老师在一年级的自然课中引导学生理解"动物"的对话：

老师：鸡、鸭、猪是动物还是植物？

学生：是动物，不是植物。

老师：为什么说它们是动物呢？

学生：因为它们都会叫，而植物不会叫。

老师：那蚯蚓是不是动物？

学生：是。

老师：蚯蚓不会叫，对吗？

学生：蚯蚓会爬，会爬会走的都是动物。

老师：鱼不会爬，不会走，只能在水里游，鸟会飞，它们不是动物吗？

学生：它们是动物，能活动的东西才叫动物。

老师：对，可飞机会飞，也会活动，是不是动物呢？

学生：不是，飞机不是自己会飞，它没有生命。

老师：对了，能自己活动的，有生命的，才叫动物。

这个对话由老师的提问展开，第二轮对话展示了学生对"动物"的理解与老师的理解之间有分歧，自第三轮对话老师就试图纠正学生对于"动物"的理解的偏差，随着对话的开展和深入，学生通过对老师所提问题的回答不断检验、修正自己的理解，对话在学生达成令老师满意的对"动物"的恰当理解后，以老师的总结语标志对话的结束。尽管该对话中存在着意见分歧（虽然分歧的表达并不明显），由于老师在对话展开的过程中目的明确而且为实现对话目的提出了恰当的问题，学生在老师提出问题后修正了之前的回答，该对话在消除了学生和老师理解之间的分歧的基础上实现了对话目的。

古希腊哲学家苏格拉底与年轻人的对话之所以被称为"精神助产术"，就是因为苏格拉底基于消除分歧的目的在对话中恰当提问，以此让对方主体发现并消除意见的争议或分歧。随着对话的展开，对方主体会逐步发现之前所持的意见需要修正或放弃。下面是苏格拉底（以下称苏）和埃弗奇詹姆（以下称埃）之间的一次对话：

埃：我知道所有的事情是正义的还是非正义的。

苏：欺骗是正义的还是非正义的？

埃：一切欺骗都是非正义的。

苏：作战时指挥者利用谋略欺骗自己的敌人，是正义的还是非正义的？

埃：这是正义的；欺骗敌人不是非正义的，欺骗朋友是非正义的。

第十章 论辩

苏：将军为了鼓舞低落的士气，欺骗战士说盟军就要到来，是正义的还是非正义的？

埃：这是正义的；战争中的欺骗不是非正义的；和平时期的欺骗是非正义的。

苏：父亲为了让儿子服药以恢复健康，欺骗儿子说药是甜的，这是正义的还是非正义的？

埃：……

在这个对话中，苏格拉底不断提出与埃弗奇詹姆的主张不一致的实例来展开对话，随着对话的深入，埃弗奇詹姆面对新的问题逐步检验、修正自己的观点直至最后放弃自己的意见。

主体间合作的、围绕论证和检验展开的对话不仅可以通过争辩消除意见分歧，即改变对话主体关于"是什么""为什么"及"怎么样"的立场、态度和观念；通过合作的理性对话，争辩还可以通过改变认知而改变行为。下面的对话就实现了改变行为的目的。

唐朝初年，庐江王李瑗谋反，唐太宗李世民杀了李瑗，把李瑗的爱姬留在了身边。一天，侍中王珪与李世民谈话，见他身边侍立着一位美女，便问是谁。

李世民：这是庐江王李瑗的姬子，李瑗杀了她丈夫娶了她。

王珪：陛下认为，庐江王纳姬是对还是不对？微臣心中弄不明白所以大胆请教陛下。

李世民：杀了人，又抢了人家的妻子，是非已经十分明显，卿何必问呢？

王珪：庐江王杀人夺妻，陛下认为他不对。可是，庐江王因谋反被杀，陛下把他的妻子留在自己身边，难道陛下会做自己认为不对的事吗？

李世民听了，明白自己的做法不对，便虚心纳谏，把美女送出宫去了。

该对话因王珪对李世民把别人的妻子留在身边持不同意见而展开，王珪通过对话诉求李世民改变被争议的行为。随着对话的展开，李世民检验、修正了自己的行为，实现了对话目的。实现行为（即"怎么办"）的改变比实现认知的改变需要对话主体尤其是做出改变的主体更多的合作。

主体间合作地通过论证表达分歧、检验主张、消除分歧的争辩是论辩。无论是在日常生活还是重大决策中，人们往往就是非、评价及规则展开激烈论辩。社会应通过论辩制定法律和执行法律，通过论辩来保持言论自由，通过论辩来判断和解决当代社会问题。这种对社会、对公众有明是非、审治乱、处利害、决嫌疑意义的论辩日益受到重视，是社会进步的一个重要标志。

与人类生活相关的理性的论证往往并不是单个主体一次完成的，它需要不断地经受其他主体的质疑和检验。论辩就是在意见冲突语境下对论证的分析、评价和检验，论辩的目的就是通过论证表达、检验和消除争议。论辩过程中各主体的论证在实际的或可预见的来回交换中进展。论辩主体针对对方提出的观点或论证展开理性的回应。论辩的过程就是对论证的"公共检测"过程。

论辩的起点是意见分歧，论辩因主体间的说服型论证或批判性讨论而展开。论辩过程中，各主体分别提出竞争性的主张、针对对方的观点提出质疑或反驳、基于对方的质疑提供论证、各方基于质疑或论证来检验、修正或放弃主张。论辩的理想结果是各主体基于质疑和论证的检验消除既争的意见分歧。

论辩是对抗性、争议型对话，但论辩过程中往往有一些对话轮是非争议型的，论辩主体间寻求信息和提供信息的对话轮就是非争议型的。论辩的目标是争议的消除、对抗的消失。

论辩的对抗性不仅体现在各主体间观点的分歧，更集中地体现在各主体间质疑和论证的相互制约。论辩的合理性不仅指通过有说服力的论证来揭示论题的合理性，还指论辩进展的程序是合理的。合理论辩也指论辩主体合作地以论证为手段追求消除争议的目的。评价论辩程序和主体合作的理性标准就是论辩的准则。

第二节 论辩的准则

亚里士多德曾经说过：真理本身往往能胜过谬误；但是在与谬误的竞争过程中，当强词夺理的人们想让谬误取胜时，真理就必须求助于一个尽量吸引人、尽量说明真相的环境。论辩的准则就是诉求一个有利于说明真相和探寻可接受性的言语环境。

论证的规则主要是约束论题、论据等命题、约束从理由到结论的命题之间的联系即论证方式；论辩的准则不仅包括对命题及命题间联系的约束，还要规制论辩主体的言语行为。正如 H. P. 格赖斯在《逻辑与会话》中提出的，不能脱离对话者的意图和语境规则以及理解的丰富结构来理解论辩中的论证。论辩中的论证分析不能忽略未表达前提就是关注语境的体现。

第十章　论　辩

本教材前一章中已经讨论过论证的规则[1]，本节中的论辩准则主要约束主体的言语行为。一些类型的论辩，如大学生辩论赛、法庭论辩中，都有各自的特殊准则。本节讨论的论辩准则针对一般理性论辩行为。

追求理想的论辩结果（各主体不争议地接受某个论题）需要论辩过程中各主体为实现论辩目标而合作。论辩主体的合作，指每个参与者在论辩中有实现其目的的义务，同时也有与其他参与者共同实现其目的的义务。为了通过论辩消除争议，就要求各主体在检验命题的真实性或可接受性时贡献合理的论证。论辩的进程理应依诉求论证、展开论证、质疑论证或接受论证而开展。为了论辩依理性程序展开，各主体需遵守如下论辩准则：

一、自由准则

该准则保障论辩主体自由地提出主张或质疑。该准则是启动论辩的基础。论辩是多主体间就争议意见分别传达和接收、处理信息的动态过程。主体的多重性和论证的互动性是论辩的基本特征，也是论辩或对话区别于独白的关键。自由准则的具体要求是：

（1）允许论辩者提出任何主张。
（2）允许论辩者对任何主张提出质疑。

各论辩主体在论辩中应该是自由不受胁迫的。论辩各方都不得彼此阻止对方提出主张，也不得阻止对方提出质疑。下面两例中的论辩就违背了自由准则。

【例1】　正方：不孝的人不能当公务员。
　　　　　反方：大家都知道你并不孝敬老人，你哪有资格提倡孝道。

【例2】　西方的两个政治家论辩妇女是否有堕胎权时，其中一方反对堕胎，理由是胎儿有生命权。另一方对此观点提出质疑，理由是妇女有权利决定是否终止妊娠。对方对该质疑的回答是：如果你采取这样的观点，你将在选举中失败。

例1中的反方通过指出正方的品格缺陷来试图阻止正方提出主张，如果允许反方通过这样的言语来实现其意图，就限制了正方提出主张的自由，也就不可能针对该主张展开论证或论辩。例2中主张反对堕胎的一方通过预测对对方不利的后果来试图阻止对方的质疑，这样的言语行为不是通过理性论证来证明

---

［1］　上一章中讨论的论证规则主要是约束针对事实性论题的论证的，论辩中涉及的论题类型除了关于事实的，还有关于价值、规则等方面的。上一节中列举的关于"是什么""为什么"的争辩是针对事实性问题的，关于"怎么样"的争辩是针对价值问题的、关于规则的争辩是针对应该"怎么办"的问题的。自图尔敏开始，研究者们提出了针对价值、规则等类型论题的特殊论证形式和论证规则。参阅［德］罗伯特·阿列克西：《法律论证理论》，舒国滢译，中国法制出版社2002年版。

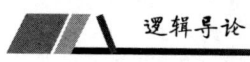

自己的主张，而是阻止对方要求论证的诉求。

二、清晰准则

论辩开始的条件是多主体间的意见分歧，但不可能期望通过一次论辩解决所有的争议。为了实现通过论证消除分歧的目的，论辩各方虽然存在分歧，但论辩主体也必须拥有共识。论辩各方必须有共享的无争议的事实、信念、价值和某些程序。只有在各主体共同承认、接受某些共同前提的条件下展开的分歧才是可以通过论证来消除的。没有双方共同认可和接受的东西，论辩各方也就无法识别焦点的争议和分歧之所在。没有双方共同认可的出发点，各主体之间的争辩会永无休止地陷入论证的无穷倒退。没有共同出发点的争议型对话不是论辩而是争吵。清晰准则的具体要求是：

(1) 论辩各方的争议点必须是清晰的。

(2) 论辩各方使用语言所表达的意思必须是清晰的。

2005年发生的伊拉克前总统萨达姆·侯赛因与主审法官阿明之间的对话就没有清晰的争议焦点。基于这个对话不可能展开消除争议的论辩。

  法官：我们需要你给出身份、姓名，然后才能听取你的陈述。现在先写下身份，等你有必要开口时我们会让你开口。

  萨达姆：你是谁？你的身份是什么？

  法官：我代表伊拉克刑事法庭。

  萨达姆：你们所有人都是法官？

  法官：我们没时间讨论细节，你可以写下自己想说的。

  ……

  萨达姆：你认识我。因为你是一个伊拉克人。而且你知道我并不累。

  法官：这些是必要程序，我们必须听你的陈述。

  萨达姆：……我拒绝回答这个法庭的问话，我保留宪法赋予我作为伊拉克总统的权利。你们很清楚这一点。

  法官：这些都是程序。法官不能依赖个人常识。

  萨达姆：我不承认任命你们的那些人和（伊拉克）政府。侵略本来就是非法的，建筑在其上的也一样不合法。

  之后，阿明法官一再要求萨达姆证实他的身份，但萨达姆一直采取不合作态度，阿明法官无奈之下，几乎泛起笑容。最后，他说："你是萨达姆·侯赛因……前任伊拉克总统。"

  萨达姆翘起手指，再次打断，"我没有说（自己）是前任总统……"

  该对话中，萨达姆和阿明之间就没有解决争议的共识，在阿明看来，法庭的合法性是无可争议的，对话应该依照法庭合法程序进展；可萨达姆却在质疑法庭及法官本身的合法性，也不按法庭的程序展开对话。

上一节中列举的两个猎人之间的争论中，由于"绕着"所表达的意思不清晰，该不清晰引起了两个猎人对其意义的理解产生分歧，不消除语言表达的模糊或歧义就不可能展开理性的论辩。

三、论证负担准则

为了论辩的启动和展开，准则一规定了论辩主体有提出任何主张或质疑的自由。但该自由若不受限制，就可能导致钻牛角尖的论辩主体机械不停地追问"为什么"，或者不停地提出与解决争议毫无关系的各种主张。不必提供理由地提出主张或质疑是轻而易举的事情。但无依据的质疑会引起论证的无穷倒退；不作论证的主张不仅不能为解决争议做贡献，反而会偏离争议。在论辩中，除非论辩双方都履行了论证的义务，否则意见分歧绝不可能真正消除。为此，对论辩者提出主张或质疑必须设定必要的论证负担责任。论证负担准则的具体要求是：

论辩者必须应对方请求就其所作主张的内容或提出的质疑进行论证，除非他能证明自己有权拒绝进行论证。

下面的两个例子，分别是对话主体承担和不承担论证责任的例证。

【例1】 中央电视台的对话栏目中曾有一期话题是"大学生创业"。节目一开始，就展开了如下学生和李开复之间的对话，基于学生的质疑，李开复针对自己的主体适格问题进行了论证：

学生：李老师，据我所知，您一直在已经成立的公司工作，并没有自己真正地去创业，我觉得今天这个创业课堂上您来当老师是不是会有一些经验上的欠缺？

李开复：我应该还是有资格的，因为我在一些非常成功的，也许是世界上最成功的创业型的公司如苹果、微软、Google工作过，我希望可以分享一些我的经验，让中国未来也能出一个微软，出一个Google。第二呢，我觉得我跟中国大学生还是比较接近的，他们心中的一些思想、梦想或者是疑虑，我比较清楚。但是话说回来，我也同意你的说法，如果今天只有我一位老师，那是肯定不足的，因为我没有创业过。非常幸运的，我们还有几位创业而且非常成功的老师，待会儿将和我一起站上讲台。

【例2】 汉初的两位大臣辕固生和黄生在汉景帝面前进行的争论，其中黄生只提主张不做论证。他提出"下不能犯上"的主张，但就为什么在上者成为暴君时，臣下也不能推翻他，他却不做论证：

黄生：汤武非受命，乃弑也。

辕固生：不然。夫桀纣虐乱，天下之心皆归汤武，汤武与天下之心而诛桀纣，桀纣之民不为之使而归汤武，汤武不得已而立，非受命为何？

黄生：冠虽敝，必加于首；履虽新，必关于足。何者？上下之分也。今桀纣虽失道，然君上也；汤武虽圣，臣下也。夫主有失行，臣下不能正言匡过以尊天子，反因过而诛之，代立践南面，非弑而何也？

辕固生：必若所云，是高帝代秦即天子之位，非邪？

这时景帝说道：食肉不食马肝，不为不知味；言学者无言汤武受命，不为愚。

景帝的发言结束了双方的辩论。

实际论辩中，论辩主体往往以不同的方式逃避举证责任。为了维护自己的立场，论辩中各方主体往往将其立场表达为根本无须证明的。当他们将自己的意见当做不证自明的东西提出时，就是在试图逃避举证责任。例如，在表达自己观点时用标识词"很明显……""不可否认……""毫无疑问……""毋庸置疑……""众所周知……"等。以这种方式来逃避举证责任的另一诉求是试图阻却对方提出质疑。

逃避举证责任的典型方式是，把举证责任转移到提出质疑的一方身上。如果试图确立某个观点的一方不提出论证以证明其观点的成立，而是向对方提出要求"你能证明它不成立吗"。这就是不合理地转移举证责任。下面的对话中小李就在不合理地转移举证责任：

小李：这个世界有鬼存在。

小张：你怎么证明有鬼呢？

小李：那你先证明没有鬼呀！

围绕质疑和论证展开论辩是论辩理性展开的要素，而各主体往往有意无意地逃避论证责任，在论辩中合理分配各方的论证责任就尤为重要。司法实践中针对不同部门、不同类型的案件审理都有特定的举证责任分配标准和证明标准。刑事审判中的"无罪推定"原则决定了要把被告有罪的举证责任分配给控方。民事审判中的"谁主张，谁举证"更体现了举证责任分配的普遍性。

论证责任通常应该由提出主张的一方承担。当试图确立某个主张和试图质疑该主张的人之间竞争性地要求对方承担举证责任时，往往要基于所提主张的初信度，以及该主张是肯定的还是否定的等方面来分配论证责任。某主张的初信度指该主张与我们的背景信息一致的程度，与我们的背景信息越一致，其初信度越高。论证责任应该分配给提出初信度低的主张的主体。所提主张的初信度越低，该主体的举证责任就越大。比利时哲学家佩雷尔曼在他的修辞理论中提出的"惯性原理"对于举证责任分配具有借鉴意义。所谓"惯性原理"，是指过去一度被承认的观点，若没有足够的理由就不予抛弃。佩雷尔曼认为这个原则构成了我们知识生活与社会生活稳定的基础。在其他条件相同时，举证责任应置于提出肯定主张的一方而不是提出否定主张的一方。

主体的论证责任意味着论证的义务和不论证的风险两方面。不论证的风险是指不承担论证义务的一方要承担修正、放弃自己的观点或立场的结果。

下面所引的是一位欧洲经济学者针对当地讨论缩短劳动时间的政策时发表的观点。该观点的核心也是要求政策支持者应该承担举证责任，是关于论证责任分配的论述。

这项政策（缩短工作时间）的支持者要求对方表明缩短工作时间会有令人不愉快的结果，诸如降低劳动力需求或经济停滞。但事实上，具有深远影响的措施的支持者（缩短工作时间确实具有深远影响）必须表明这一措施将产生有利效果，而不是另一方必须表明那也许会产生有害结果，这应该成为一种习惯。

四、真诚准则

论辩是多主体通过论证共同检验主张的真实性或可接受性的言语活动。要求论辩主体负担论证责任是因为：提出主张的主体不仅要自己相信所提的主张，还有义务通过对方可接受的论证向对方证明该主张。论证的作用是将对主张的置信从主张的一方过渡到质疑的一方。为了实现对主张置信的过渡，就要求提出主张的人不能提出连本人都不相信的主张。真诚准则的具体要求是：

（1）提出主张的一方只能提出本人所相信的主张。
（2）提出问题的一方不能提出加载问题。

加载问题又被称为"复杂问语"。本书的"逻辑规律"之排中律一节中探讨过这个问题。"为什么一斤铁比一斤棉花重？"这个问题的提出就违背了真诚原则的要求，因为这个问题中就包含着"一斤铁比一斤棉花重"这个不成立的陈述。典型的加载问题是其中包含有待争议的预设。如果对方没有承认自己有偷窃行为，就对其提问"你是怎么处理你所偷来的东西的"就是一个加载问题。

下例中原告在论辩中就违背了真诚性准则的第一条要求。

美国律师赫梅尔在一件赔偿案件中代表作为被告的某保险公司出庭论辩时，就揭示了原告违背真诚准则所提的主张（手臂只能抬到齐耳高）：

原告：我的肩膀被掉下来的升降机砸伤，至今右臂仍抬不起来。
赫梅尔：请你给陪审员们看看，你的手臂现在能举多高？

原告慢慢地将手臂举到齐耳的高度，并表现出非常吃力的样子，以示不能再举高了。

赫梅尔：那么，在你受伤以前能举多高呢？

原告不由自主地将手臂举过了头顶，还说道：能举这么高呐！

原告的回答引起了当庭的哄堂大笑，原告违背真诚准则提出的主张也经不住检验。

论辩中检验的是提出主体所相信的主张，连自己都不相信的主张应该由持有该主张的主体通过其他途径求证、检验，从而相信或放弃。

五、宽容准则

论辩进展的过程中各主体都需要理解对方的论证。合理的论辩还要求论辩主体以合理性的最大限度来理解对方论证。论证中往往存在假设和未明确表达的前提。由于这些未表达的假设或前提又是论证成立的不可缺少的构成要素，在理解或质疑论证的时候，论辩者往往需要对对方的论证进行解释或重构，并针对对方的假设或未表达前提提出质疑。宽容准则就是针对解释或重构的约束。宽容准则的要求是：

（1）在进行解释时不能脱离语境、不能违背对方意图，要朝着有利于对方观点成立的方向进行解释。

（2）在重构对方论证时，要尽量站在对方的立场来选择尽可能使得原论证成立的成分来补充、重构论证。

下面就是违背宽容准则的两个论辩实例。

【例1】正方：创作的基础是生活经验。

反方：难道写杀人还得去杀人，写妓女还得去卖淫吗？

【例2】小张：小王很可能不喜欢乒乓球，因为他喜欢网球。

小李：你认为每个喜欢网球的人都不喜欢乒乓球？

小张：我没有那个意思，我只是认为许多喜欢网球的人都不喜欢乒乓球。

例1中反方在解释正方的"生活经验"时违背了宽容准则：正方所说的生活经验可以是所做，也可以是所闻所见，既可以是直接经历的也可以是间接获取，反方却把正方的经验限制地解释为直接经验，并在此解释的基础上质疑正方。例2中小李在识别小张的未表达前提时违背了宽容准则：如果把未表达前提理解为"多数喜欢网球的人都不喜欢乒乓球"，小张的论证也可以成立，但小李却把小张的未表达前提中的量词从非全称量词"多数"夸大为全称量词"每个"。上一节列举的《艾子杂说》中，营丘人对艾子的话语的解释违背了宽容准则。父子对话中儿子把父亲所要表达的"不抽烟"解释为"不背着您抽烟"也违背了宽容准则。违背宽容准则而展开的质疑并不针对既表达的论证,这样的质疑会偏离论辩的争议焦点。

六、相关准则

准则一赋予论辩主体自由提出主张和质疑的权利,据此论辩者有可能随时提出有关天气等问题的主张而不顾该主张与论辩所讨论的问题有没有联系;论辩者也有可能针对对方的质疑做出并无论证关联的回答。尽管实际论辩中很难完全排除与论辩内容联系不紧密的质疑或主张,但不对无关的质疑或主张作限制就不可能围绕既争问题展开论辩,偏离既争问题的论辩不可能达到消除争议的目的。相关准则的具体要求是:如果论辩主体提出与先前表达无关的主张或质疑,那就必须应对方的请求证明其为何要提出该主张或质疑。

《孟子·梁惠王下》中齐宣王的顾左右而言他的回答就违背了相关准则。

孟子:您的一位大臣把妻子、儿女托付给一位朋友照顾,去楚国访问回来时,妻子儿女却挨饿受冻,对这样的朋友该怎么办呢?

宣王:应该断绝与他来往。

孟子:您的执法官员管不好他的下属,该怎么办呢?

宣王:应该将他撤职。

孟子:一个国家的政务处理不好,老百姓挨饿,该怎么办呢?

宣王顾左右而言他。

尽管宣王在孟子的最后一轮提问后也展开了对话,宣王"言他"的内容我们不得而知,但他的回答与孟子的问题之间无关是清晰可见的。

七、检验准则

论辩中的质疑和论证是以互动的论证式言说为手段来检验存在的知识、价值、规则等主张的缺陷。论辩之消除争议也就是消除不一致。为了实现论辩的目的,要求论辩者在论辩过程中,只要有可能就要基于已经提出的质疑或论证来消除既争主张中的缺陷,消除与对方观点的不一致。要求各主体不断以对方的质疑检验自己的主张,以对方的论证检验自己的质疑。只有通过论辩主体自觉地检验、修正等行为,符合前述准则的理性论辩才能实现目的。检验准则的具体要求是:

(1)放弃对已被对方合理论证的观点的质疑。

(2)修正、放弃被对方合理质疑的主张。

如果提出主张的一方已对自己的主张提供了合理的论证,另一方就应该停止对该主张的质疑。下面的表达就违背了检验准则。

"我不能反对你的论据，也承认你的推理正确，但我依然认为你的主张不成立。"

论辩中一旦一方提出了合理的质疑，被质疑的一方就有义务修正、放弃既有的主张。在上一节列举的苏格拉底和埃弗奇詹姆关于"正义"的对话中，埃弗奇詹姆针对苏格拉底的提问，检验自己之前的主张并在他的回答中不断修正自己的观点。埃弗奇詹姆在对话中遵循了检验准则。学生和老师的对话中，学生也随着老师的提问不断检验、修正自己的回答。王珪和李世民的对话中李世民针对王珪的质疑检验并修正了自己的行为。

论辩分为开始、展开和结束等阶段。论辩的准则分别针对这些阶段的论辩主体的言语行为进行约束。准则一和准则二约束论辩的开始，准则三至六约束论辩的进展，准则七约束论辩的结束。不遵循这些准则的论辩不能合理地开始、展开或结束。

由于受各种条件的限制，往往在论辩结束的时候，论辩各方争议的分歧并不能真正消除，总有一些争议的问题既不能被合理地确证也不能被合理地否证，这些问题将被暂时悬置以待辨明。论辩的准则，是论辩理性展开的条件，是保障通过论辩消除意见分歧的必要条件。论辩准则要求论辩各方通过合理的论证为实现论辩目的做贡献。相反，不遵循准则的论辩主体就是在阻碍、偏离合理论证，妨碍论辩目的的实现。不遵循准则的论辩就会犯种种谬误。

第三节　论辩的方法

论辩中有人能言善辩，口若悬河，滔滔不绝；有人思维敏捷，反击迅速，随机应变；有人逻辑严密，无懈可击；有人构思奇特，思想深邃；有人妙语连珠，风趣诙谐；有人歪理迷惑，虚实莫测，如此等等。人们或称赞为"雄辩""奇辩"，或指责为"诡辩"。影响论辩的因素很多，如论辩者的知识结构、思维智慧、论辩方法、逻辑技能、语言修养、心理素质等。掌握论辩的方法是论辩立于不败之地至关重要的因素。

论辩是人类较早运用的言语交际形式，论辩方法和技巧在两千多年前就受到辩者的关注。在我国春秋战国时期，论辩之风颇为盛行。为了达到"以是己之说非他人之说"的目的，诸子百家互相诘辩，概括总结出许多重要的论辩方法和技巧，如邓析的"两可之说"、老子的"正言若反"、墨子的"是譬犹"、公孙龙的"唯乎彼此"、韩非的"势不两立"。中国古代逻辑思想的集大成者《墨辩》，总结归纳出有关论辩的八种具体方法，分别是"或、止、假、效、譬、侔、援、推"。在西方古希腊时期，为适应参与国事讨论、法庭诉讼以及学术争论的需要，论辩理论的研究（包括辩说方法）、论辩能力的训练和提高成为人们非常关注的事情。当时非常有名的智者学派，不仅自身热衷论辩，而且广招门徒，传授论辩之术，流传至今的"半费之讼"即是智者学派应用和传授论辩术的一个例证。在这一时期，还产生了许多与论辩有关的著作，如柏拉图的《对话篇》《裴多篇》，亚里士多德的《论辩篇》《辩谬篇》等，产生了多种论辩方法和技巧，苏格拉底的"精神助产术"就是一个典型代表。

在当今社会，论辩方法受到人们的普遍关注。持有不同主张的政治家、法庭审判中的原告、被告及辩护人、主张不同学术观点的科学家乃至日常生活中的人们，为了达到沟通思想、协调行为、区分真谬、增长智慧、交流和发展文化的目的，需要大量地运用论辩方法。人们看到，论辩的实质是证明与反驳的说理过程，因此，证明与反驳是有关论辩的两种最基本的方法。在论辩中，证明的作用在于立论，就是论辩者主动地、正面地阐述和论证己方论题的正确、合理。反驳的作用在于批驳对方论题的虚假、不合理。这两种方法的主要内容包括：直接证明、间接证明的反证法、选言证法、直接反驳、间接反驳、归谬法等（在前面已述），它们是进行论辩必须掌握的一些最基本的技巧与方法。除此而外，在进行直接或间接的论证过程中，还要使用一些具体的论辩技巧与方法。本节将介绍一些常用的论辩方法。

一、事例论证法

简称例证法，是运用典型事例作为论据来进行说理的一种论辩方法。

常言道："事实胜于雄辩。"列举最有吸引力、最有说服力的事实，是论辩获胜的基础与法宝。在论辩中，如果你的证明与反驳只是依据一些理论与原则，没有具体的事例作印证，那么论辩就会陷入抽象、空泛、不具体、不生动有趣的状态，进而失去驾驭听众注意与热情的力量。此时，理论再深刻、系统，也不会有说服力量。

丘吉尔曾说过，最有力的雄辩，不是冗长的论证，而是举出必要多的实例。所有的实例都指向同一方面的结果。如果这样，你的结论一定会被人接受。他说的是经验之谈，许多有力的论证都是如此。

【例1】中国社会在"五四"前后，人文意识有急剧变化，由"五四"之前的"大社会、小自我"变化为日益重视"自我"的地位和权利。北大教授王瑶先生每论及此，总要以"五四"前后自我称谓的变化为例。"五四"前一般的自称是："鄙人""愚""不才"——绝对没人敢称"我"。中国人理直气壮自称为

"我",实在是从"五四"开始:"我认为""我主张""我宣布"——它标志了不起的个性解放。

在此,王先生没有多费口舌,只是靠这简单的例证,就极其形象、清晰而又富有说服力地证明了"人文意识变化"这一原本很抽象的道理。

用事实说话是一种强有力的手段。在我国春秋战国时期,事例论证法就广为运用。

【例2】战国时,齐宣王问隐士颜斶:"是我这当国君的人高贵呢,还是你这样的士人高贵?"

颜斶回答说:"当然是国君不如士人高贵啦!"

齐宣王一听,瞪大眼睛怒喝道:"你这话有根据吗?有根据我可以饶恕你,要是找不出根据就别怪我不客气了。"

颜斶回答说:"当然有依据。从前秦国出兵攻到齐国,他们的军队经过士人柳下惠的坟地时发出一道军事命令说:'有到柳下惠墓地50步范围内去打柴或割草喂马者,一律杀头,决不宽恕。'后来与齐国军队交战时,秦军又发出一道军事命令:'有能割下齐王脑袋者,封他为万户侯,同时奖赏黄金2万两。'从这两道军事命令中就可以看出:一个活着的国君脑袋,甚至还比不上一个死掉的士人坟堆上的一堆柴草。"

尽管这些话齐宣王听起来很不顺耳,但颜斶说的确实是不可否认的事实,也就不好说什么了。这就是事例论证法的奇妙所在。

在西方古希腊时期,事例论证法也广为运用。著名哲学家苏格拉底倡导的"精神助产术"是其中的一个典范。

【例3】有一天,苏格拉底和希庇阿斯一起讨论问题。苏格拉底很谦虚,说有论敌难住了他,自己无法为"美"下一个圆满的定义,请希庇阿斯帮忙,希庇阿斯很自信地答应了。于是,苏格拉底扮作那个爱寻根问底的论敌,开始发问:

"请告诉我什么是美?"

"我想你问的意思是,什么东西是美的。"

"不",苏格拉底坚持说,"我要问美是什么。"

"那么,你记清楚,苏格拉底,美就是一位漂亮姑娘。"

"但一匹漂亮的母马不也可以是美的?既然《圣经》里的上帝在一个预言里都这样称赞过。一匹母马,能不承认它美吗?"

"你说得对,苏格拉底,上帝说母马美,是有道理的。"

"一个漂亮、精致的竖琴美不美?我们该不该承认?"

"该承认。"

"那么一个美的汤罐怎么样?它不是一个美的东西吗?"

希庇阿斯发脾气了,"怎么能问这样的问题呢?"

"如果一个很好的汤罐,打磨得很光,做得很圆,烧得很透,能否承认它美?"

"不可否认,但这种美总比不上一匹母马,一位年轻姑娘或是其他真正美的东西的美。"

"年轻姑娘比起女神,不也像汤罐比起年轻姑娘吗?我们该不该承认,最美的姑娘比起女神来也还是丑的呢?"

"这是无可反驳的。"

"那对于美本身是什么的问题,你指出一种美(漂亮姑娘)来回答,而这种美,依你自己说,却又美又丑,好像美也可以,丑也可以,是不是?那么什么是美?"

……

在上述对话中,苏格拉底运用"精神助产术",通过列举大量事例对希庇阿斯所提出的一系列观点进行了反驳,弄得希庇阿斯尴尬不已甚至都想逃之夭夭了。无怪乎,有人说,以事例作为论据最令人信服,这种论辩方法也最为雄辩。

二、比喻说理法

比喻是人们熟悉的一种修辞方法,是根据一种事物与另一种事物之间的某种相似性,把一种事物比作另一种事物。比喻可以用来描述。例如,著名作家朱自清在《春》这篇散文里写道:春天像刚落地的娃娃,从头到脚都是新的,它生长着。春天像小姑娘,花枝招展的,笑着走着。再如,有人说:幸福是海子心中那座面朝大海的房子;幸福是舒婷视线里被雾打湿两翼的双桅船;幸福是徐志摩康桥边那段彩虹似的梦;幸福是汪国真所向往的大漠、森林、峻岭崇山。比喻的这种功能使平白简单的语言情趣化、曲折化,使抽象的事物形象化。比喻也可以用来说理。比喻说理法,也称喻证法,是运用打比方的手段来说明道理的一种方法。例如,叔本华说:财富往往像海水,你喝得越多,就越感到渴。再如,毛泽东说:凡是反动的东西,你不打,他就不倒。这也和扫地一样,扫帚不到,灰尘照例不会自己跑掉。比喻的这种作用是将抽象的道理寓于具体的形象之中,使道理深入浅出,通俗易懂。

我国古代的辩说家很早就注意到比喻说理法的重要性,先秦时期广为使用的论辩方法——"譬"的实质就是比喻说理法。著名辩者惠施明确指出,譬是

"以其所知喻其所不知而使人知之",即用知道的事物比拟不知道的事物。墨家学派认为,"辟(通譬)也者,举他物而以明之也"。即用一种事物、现象作比方来说明另一事物和现象,用此理喻彼理。在先秦诸子的论辩中,比喻说理法得到了广泛运用。

【例1】墨子曰:圣人以治天下为事也,必知乱之所起,焉能治之。不知乱之所起,则不能治。譬之如医之攻人之疾然者,必知疾之所起,焉能攻之。不知疾之所起,则弗能攻。

墨子用"治病要知病"这样一种浅显、明了、具体的事理来说明"治国、治乱要知乱因"这一深奥、隐晦和抽象的道理,十分贴切精到,容易被理解和接受。

墨子还善用比喻说理法进行劝说。

【例2】据《墨子·耕柱》记载:

有一次墨子批评了学生耕柱子,耕柱子有些不高兴。墨子请他坐下来,问道:"假如我马上上太行山,用牛或马驾车,你认为是驱赶牛好呢?还是驱赶马好?"

"当然是驱赶马好。"耕柱子说。

墨子又问:"为什么要赶马?"

耕柱子回答:"这很简单,马值得驱赶,他可以跑得快。赶牛再用力,它也是慢慢吞吞的嘛。"

墨子笑了笑说:"我就是因为觉得你是值得鞭策的,所以才批评你、鞭策你。"

在此,墨子没有发表长篇大论的说教,而是以驱赶马作比来进行说理。一个贴切恰当的比喻,胜过千言万语。用具体的事例作比,说明抽象难懂的事理;用大家所熟知的事例作比,说明大家不熟知的事理;用浅显的事例作比,说明复杂深奥的事理。这就是比喻说理法在辩论中能起到的特殊作用。

比喻说理这种论辩方法,可以说是中华民族的瑰宝。许多脍炙人口的成语故事、寓言故事都应用了比喻说理法。伯乐的儿子手持《相马经》,按照图上描写的样子去找马,结果却找回来一只癞蛤蟆。于是,后人用"按图索骥"这个成语来比喻做事拘泥于教条不知变通。炎帝女儿淹死在东海,灵魂化为精卫鸟,日衔西山石木来填东海。后人用"精卫填海"比喻意志坚强,不怕困难。在论辩中使用成语故事、寓言故事进行劝说的例证更比比皆是。"螳螂捕蝉,黄雀在后"被用来谏阻吴王不要只顾眼前利益、不顾事后危险而一味地想讨伐楚国;"唇亡齿寒"被用来劝说虞公不可助晋灭虢;"画蛇添足"被用来劝说昭阳不要攻齐。借助比喻，将深奥的道理通过简单的故事体现出来，使率直的说理含蓄化，不仅有助于说服对象理解说服者的意图，而且有利于打消说服对象的逆反心理，增强说服的可接受性。正如王充在《论衡》中所说：何以为辩，喻深以浅；何以为智，喻难以易。

在现当代的言谈论辩中，比喻说理法也是一种常用的论辩方法。

【例3】在纪念五四的一次学生夜间集会上，闻一多先生演讲。为了说明革命者对前途应坚定信念而对形势应保持清醒的认识，他指着刚从云缝中钻出来的月亮说："朋友们，你们看：月亮升起来了，黑暗过去了，光明在望了，但是，乌云还等在旁边，随时还会把月亮盖住……"

在论辩中，比喻说理法用得好，常常能起到化平淡为生动、化深奥为浅显、化抽象为具体、化冗长为简洁的作用。闻一多先生以月亮喻进步力量，以乌云喻反动势力，两者之间的残酷斗争，生动形象、清晰明了，极大地增强了语言的感染力和论证的说服力。

应当指出，比喻说理法和类比说理法存在一定的差异。比喻说理法对本体和喻体的相似程度要求较低。在比喻说理法中，本体和喻体只要有一点相似即可，即便是表面上的相似也完全可以作比，只要能说明本体的某种属性就行；类比说理对所要比较的两个（或两类）对象或属性之间的相似程度要求较高。在类比说理中，两类对象的属性之间的相似不仅要求有一定的数量，而且所类比的属性最好与对象本身具有本质上的联系，这样才能有效防止机械类比。

三、类比说理法

这是一种由此及彼、以此类推的说理方法。它将两个事物相同或相似的情况进行比较，得出结论。

【例1】20世纪30年代，英国商人威尔斯蓄意敲诈，到香港茂隆皮箱行订购3000只皮箱，价值港币20万元。合同规定1个月取货，港商按期交货。威尔斯却说："皮箱中有木料就不是皮箱，而合同上写的是皮箱。"因此向法院提出控诉，要求按合同规定赔偿损失。威尔斯在法院上信口雌黄、气焰嚣张。这时港商的辩护律师站起来，从口袋里取出金怀表，高声问法官："请问，这是什么表？"法官答："这是金表，可是，这与本案有什么关系？"律师高举金表，面对法庭上所有的人说："有关系。这是金表，没有人怀疑了吧？但是请问，这块表除外面是镀金的之外，内部的机件都是金制的吗？"旁听者同声说："当然不是。"律师继续说："那么人们为什么又叫它金表呢？"稍作停顿后高声说："由此可见，茂隆行的皮箱案，不过是原告无理取闹，存心敲诈而已。"原告理屈词穷。法庭以威尔斯犯诬告罪，罚款5000元结案。

在上述论辩中，英国商人威尔斯的论述似乎具有一定的道理，因此，从正面反驳比较困难。辩护律师采用类比说理法，用金表和皮箱作类比，指出金表中有其他金属机件仍被称为"金表"，同样，皮箱中有木料也仍然可以称为"皮箱"。有关"金表"和"皮箱"认识上的鲜明对照，使得对方观点中的错误暴露无遗，极大地提高了论辩的质量，收到了事半功倍的效果。

类比说理法早在先秦时期就广为应用。《墨辩》中谈到的具体论辩方法之一——"援"，就属于类比说理法。"援"是援引、借用论敌的观点来证明自己的观点也应该得到肯定的一种论辩方法。《墨辩·小取》说："援也者，曰子然，我奚独不可以然也？"意思是：你可以这样讲或这样做，我为什么不能这样讲或这样做？以对方所肯定的，推论自己所肯定的，这就是"援"式论辩方法的特点。

【例2】儒家弟子孔穿不同意公孙龙的"白马非马"，与之展开论辩。公孙龙当即反驳说："有一次，楚王打猎时丢了一张弓。楚王手下的人想去寻找，楚王回答说，'楚人丢了弓，会被楚人捡到，又何必去找呢？'孔子听到这件事后，觉得楚王胸怀不够宽广。在他看来，只需要说'人丢了弓，会被人捡到'就可以了，又何必加上'楚'字呢？由此看来，孔子是认为'楚人'和'人'不同了。孔穿你赞成'楚人'和'人'不同，又怎么能否定'白马非马'呢？"

在上述论辩中，公孙龙援引孔穿所肯定的观点"楚人非人"来推论自己所肯定的"白马非马"，这是"援"式论辩方法的一个典型例证。其实质是将"白马非马"与"楚人非人"作类比，表明如果肯定后者就必须肯定前者，如果否定后者就必须否定前者。

智用类比说理法，常常不用多费口舌，就能取得强有力的说服效果。类推的结论，有时不用说出，对方就会自然明白，道理就在其中。

【例3】春秋时期，孟子来到齐国。他看到当时的齐国社会不安宁，老百姓饥寒交迫，可是，国君齐宣王却根本没有认识到自己的责任。他请求面见齐宣王。

齐宣王同意召见，孟子一见面就对齐宣王说："如果您手下的一位大臣，把他的妻子儿女托付给朋友照顾，自己去周游列国。等他出游归来，发现他的妻子儿女受冻挨饿已有好长时间了，那位朋友竟如此不讲信义，请问，对这样的朋友您会怎么对付他呢？"

齐宣王毫不迟疑地说："当然是和他断绝往来！"

孟子接着又说："假如一个国家，管理刑罚的长官，却不能管理好他的部下，您说，应该如何处治他呢？""那还用问，罢他的官呗！"齐宣王仍然回答得十分干脆。

孟子紧接着又说:"一个长官管理不好他的部下要罢官,那么假如一个国家的政务处理得不好,老百姓挨饿受穷,那么该怎么办呢?"

齐宣王一想,这不是要我这个国君承担责任吗?他自知理亏,无言以对,就把话题扯到别的事情上去了。

孟子从朋友不讲信义的处置,从刑罚长官不负责任的处置,类推出一个国家的最高行政长官不管理好国家,不关心老百姓的疾苦,该如何处置。其结论不言而喻。这就是类推法特有的说理效果。

在辩论中,为了反驳对方的谬论,有时将类推法与归谬法并用。例如,一个白人牧师向一位黑人领袖诘难说:"先生既有志于黑人解放,非洲黑人多,何不去非洲?"黑人领袖回答说:"阁下既有志于灵魂解脱,地狱灵魂多,何不下地狱?"牧师无言以对,败下阵来。

四、反推论辩法

从同样一件事情中得出与对方相反的结论,或从对方的论点中引出否定对方自身的结论,这就是反推论辩法。

【例1】1837 年林肯曾作过一次精彩的演讲。当时,美国社会有人主张以私刑处死罪犯亦有利于社会的安定。说罪犯或被烧死,或被法律处死,他个人的结局都一样。林肯坚决不同意。他反驳说:"人们今天心血来潮要把赌徒吊死或者烧死,他们应该记住,在这种不常有的混乱中,他们很可能把一个既不是赌徒也不是杀人犯的人当做赌徒或杀人犯吊死或者烧死,而明天的暴徒学他们的榜样,也很可能由于同样的错误而把他们之中的几个人吊死或烧死。不仅如此,无罪的人,那些坚决反对任何违法行为的人,却同有罪的人一样,在私刑的淫威下受害。这样逐步发展下去,最后就会把为保护个人生命财产安全而建立起来的全部堡垒摧毁,弃如敝屣,而且这种行为还会助长不法之徒,同时使安分守法的好人彻底感到绝望。总之,暴民统治是对法律的摧毁。"

私刑支持者仅仅看到私刑能够处死罪犯,就说它有利于社会的安定。林肯指出私刑必然导致对法律的破坏,从而不利于社会的安定。深层的认识、相反的结论,这是林肯使用反推法得出的。这一论辩捍卫了法律的正义和尊严。

在我国春秋战国时期,反推论辩法就广为使用。

【例2】《吕氏春秋》记载:秦国和赵国曾订立这样一个盟约:秦国想要做的事,赵国必须帮忙;赵国想要做的事,秦国也一定要尽力支持。过了不久,秦国兴兵攻打魏国,但赵国想援救魏国。秦王很不高兴,就派使者质问赵王:"根据盟约,秦国想要做的事,赵国必须帮忙。现在秦国攻打魏国,而赵国却要去援救魏国，这不是违背盟约吗？"赵王听了十分为难，于是派人请教公孙龙。公孙龙说："我国也可以派使者质问秦王：赵国想救魏国，而秦国却不帮忙。这不是违背盟约吗？"

在这场论辩中，秦国以双方共同订立的盟约为据指责赵国，由于理由充足，赵国难以直接反驳。公孙龙出其不意，也以盟约为据并由此引出相反结论，使得秦国成为被指责对象而赵国一举扭转被动局面，从困境中解脱出来。把不同的道理用反推的方法讲出来，往往对比强烈，令人回味。

在当今的论辩实践中，反推论辩法也是常用的一种论辩方法。例如，在案件办理过程中，同一件证据、同一个法律条文，论辩双方由于立场和观察视角的差异，往往会得出不同的结论。因此，在对方运用某一证据和法律条文进行论辩时，我方也完全可以运用相同的证据和法律条文推出与对方截然相反的观点。

【例3】被告人张某冒名顶替他人参军，混入部队，后因盗窃军械库枪支，被军区保卫部依法逮捕。

公诉人控诉："被告人张某冒名顶替他人混入部队，在服役期间，无视《兵役法》规定，勾结他人盗窃军械库内枪支，其行为已经构成盗窃武器装备罪。"

律师辩护："本案被告人张某'冒名顶替他人混入部队'。他虽已身着军装，却是假借他人之名服兵役，所以，张某本人并不具备现役军人的资格。法律规定构成盗窃武器装备罪的主体必须是现役军人，因此，不能认定被告人张某的行为构成盗窃武器装备罪。应按《刑法》有关规定，交由部队驻地司法机关处理。"

利用反推论辩法，可以说出比对方更深一层的道理，有利于形成己方论辩的优势。在上述论辩中，律师巧妙地借用公诉人的论据"被告张某冒名顶替他人混入部队"，并由此出发，得出了被告张某的行为不构成盗窃武器装备罪的结论，从而反击了公诉人的指控。

五、矛盾揭露法

这是从对方论辩中揭露矛盾、找出破绽的一种反驳方法。

论辩中的矛盾表现是多方面的：有言论观点与客观实际不一致的矛盾；有言论观点与自己行为不一致的矛盾；有言论观点自身前后不一致的矛盾。一旦被揭露，论敌再无防守之能，只有败退下阵。

【例1】有位英国记者，曾经提出"一个国家向外扩张是由于人口过多"的论点。周总理不同意这种看法，对此提出了反驳。

周总理说："我不同意这种看法，英国的人口在第一次世界大战前是4500

万,不算太多,但是,英国在一个很长的时期内曾经是'日不落'殖民帝国。美国的面积略小于中国,而美国的人口还不及中国的1/3,但是美国的军事基地遍于全球,美国的海外驻军150万。中国人口虽多,但是没有一兵一卒驻在外国的领土上,更没有在外国建立军事基地。可见,一个国家是否向外扩张,并不决定于它的人口多少,而决定于它的社会制度。"

周总理揭露了英国记者的观点和客观事实是悖谬的。英国和美国的人口虽然不多,但它们却对很多国家进行了侵略;中国的人口虽然多,但却没有侵略任何国家。由此,英国记者的"一个国家向外扩张是由于人口过多"的论点就被彻底驳倒了。

揭露矛盾法是一种很有效的论辩方法,在先秦时期广为使用。例如,墨家倡导的论辩方法之一——"推",实质上就是通过揭露矛盾达到论辩制胜的目的。《墨辩·小取》说:"推也者,以其所不取之,同于其所取者,予之也。"意思是:把对方不同意(所不取)的观点,以及与之类同但对方却持赞同态度(所取)的观点,一起交由对方评判。其实质是,通过表明对方不同意的观点和同意的观点属于同类,使对方陷入自相矛盾,从而达到驳倒对方所承认的观点的目的。

【例2】《墨子·非攻》记载了墨子和公输盘的一段对话:

公输盘:先生有何见教?

墨子:北方有人侮辱我,我想借助您的力量除掉他。事成之后,我送您一千金以表谢意。

公输盘:我是讲仁义的,不随便杀人。

墨子:我听说您制造了云梯,准备用来攻打宋国。宋国有什么罪呢?楚国多的是土地而缺少的是人口,通过发动战争来杀害自己缺乏的人口而争取并不短缺的土地,不能算是聪明。宋国没有罪却要攻打它,不能算是仁爱。懂得这个道理不去据理力争,不能算是忠诚。争辩但达不到目的,不能算是坚定。杀一个人是不义,但却要杀多数人,不能算是会类推事理。

在上述论辩中,墨子通过表明公输盘所不同意的观点(随便杀人)与其同意的观点(攻打宋国杀很多人)在本质上没有分别,使得公输盘最终陷入自相矛盾而无力反驳,不得不认输。

在法庭审判中,揭露矛盾法是一种常用的论辩方法。

【例3】律师:你能不能再一次肯定,你当晚确实是9时20分入电影院看电影?

被告:我记得十分清楚,我肯定在9时20分入场的。

律师：好。我再问你，你入场的时候电影开始放映了没有？

被告：我觉得已经开始了一阵。

律师：这就怪了。我到该电影院调查过，该电影院一向习惯9时25分放映，你9时20分入场，电影怎么会已经开始放映了呢？

被告：这……或许我看错表，当时可能是9时25分。

律师：好，就算你当时看错了表，你是9时25分入场的，据我调查所知，该电影院习惯在正片放映之前先放3分钟广告片，2分钟预告片，那么，请问当晚电影院播放了哪些广告片？

被告：对不起，我对广告片没有兴趣。

律师：难道你对赞美自己公司的广告都没兴趣吗？

被告：（迟疑一会）哦，我记起来了，是放了赞美本公司的广告。关于我公司的广告太多了，我一时记不清楚是不是那晚放了。

律师：那又错了。我去该电影院调查过，该电影院素来与贵公司没有任何联系，未放映过有关赞美该公司的广告，那天晚上也不例外。我再问你，当晚放映了哪些预告片？

被告：我不记得了。

律师：你对广告没有兴趣，对预告片也没兴趣？

被告：……（无言以对）。

在这段对话中，律师通过事先设计好的问题，步步为营、环环相扣，巧妙地揭示出被告言行中存在的多个矛盾。例如，"电影院一向习惯9时25分放映（那天晚上也不例外），被告9时20分入场，却说电影已经开始放映了。"再如，"该电影院从未放映过赞美被告公司的广告（那天晚上也不例外），但被告却说当晚电影院放了赞美本公司的广告。"这些矛盾的揭示，暴露了被告论辩中的破绽，为律师赢得诉讼奠定了基础。

六、二难设辩法

这是二难推理在论辩中的应用。论辩的一方提出一个选言前提，即断定事物情况的两种可能性，并由此引申出两个对方难以接受的结论，迫使对方在两种可能性中做出选择。

二难设辩法是一种论辩性很强的辩说方法。应用这种方法，常可使论敌陷于进退维谷、左右两难的境地。

例如：某公司经理伙同业务、财会等部门少数人营私舞弊，被人检举揭发而撤职。公司副经理对经理的舞弊活动不知情。公司经理被撤职后，主管部门考虑到副经理在公司工作时间长、对业务熟悉，准备提拔他当经理。对于这一提议，公司一些人拥护，另一些人反对。于是，持不同观点和态度的两派人争论起来。反对的一派认为：一个公司的副经理，在公司内的地位仅次于经理，且在职时间又长。对这一集体舞弊的案件，如果事先知道而不揭发，则是对事业不忠诚，对集体不负责；如果事先毫不知情，则是对集体事业漠不关心，自身昏聩无能。副经理或者事先知情，或者事先不知情，由此可以得出结论，副经理或者是对事业不忠诚，或者是自身昏聩无能。用这样的人当经理，又怎么能将公司的工作搞好呢？面对反对派咄咄逼人的攻势，拥护派难以招架，一时无言可辩。

二难设辩法是辩论中锋利有效的武器。进攻一方常使用它来逼迫对方陷入左右为难的困境，但防守一方也可以想办法化解两难的困境。下面就介绍一些破解二难设辩的办法。

破解法之一： 指出对方论辩前提中的选言支不穷尽。这就可以避免步入对方所预设的两难困境。

例如， 前面例子中涉及的提拔副经理的问题。如果副经理的职权和责任是管理一个分公司的业务，那么他对经理所在的总公司的业务情况不经手、不了解，这是可能的，也是允许的。由此，对事业不忠诚或昏聩无能的问题也就无从谈起。

破解法之二： 指出对方论辩前提中的的条件不合实情、不合事理。即假言前提的前件与后件之间不存在蕴涵关系，由此构成的两难也就破解。

例如， 古希腊哲学家柏拉图的著作《美诺篇》中的美诺提出一个观点：一个人既不能研究他所知道的东西，也不能研究他所不知道的东西。因为如果他所研究的是他已知的东西，就没有必要；如果是不知道的，就不能去研究，因为他根本不知道他所要研究的是什么。

这个二难的错误在于：一是它忽略了"知道"还有程度的不同，对许多人来说，由知之甚少到知之甚多是非常必要的。二是它混淆了"不知道"与"不可知"的区别。有的人还"不知道"如何运用计算机高速运算功能，但运用计算机高速运算功能并非"不可知"。

破解法之三： 利用对方的假言前提，构造一个相反的二难推理，得出新的结论，达到破解对方的二难推理的目的。

例如， 古时候雅典有一位母亲，想劝她的儿子不要参与政治斗争。她说：

若你说话公正，则坏人要恨你，

若你说话不公正，则好人要恨你，

你不是这样说，就是那样说，

所以，你总是招人恨的。

她的儿子用反二难法反驳说：

若我说话公正，则好人爱我，

若我说话不公正，则坏人爱我，

我不是这样说，就是那样说，

所以，我总是招人爱的。

反二难推理破解法，是"以子之矛攻子之盾"的一种有力的反击方法。

七、以退为进法

当论辩者的言论遭到对方的指责时，假意退让，麻痹对方。然后，乘其不备，从另一个角度发起新的攻击，这就是以退为进法。

【例1】 美国著名作家马克·吐温一次在非正式场合上说："美国国会中有些议员是狗娘子养的。"

马克·吐温的话传到国会，这些议员受到如此攻击，大为震怒，纷纷要求马克·吐温澄清和道歉，否则就要诉诸法律。

几天之后，马克·吐温的声明果然在大报上登载出来了。声明说："日前本人在酒会上说美国国会中有些议员是狗娘子养的。事后有人向我兴师问罪。经我再三考虑，深悔此言不妥，故此登报声明，把我的话修正如下：'美国国会中有些议员不是狗娘子养的'。"

面对美国国会有些议员的兴师问罪，马克·吐温巧妙地与他们进行斗争。他表面上悔罪认错，假意退让。但实际上丝毫没有妥协，而是从另一角度，进一步给对方以嘲讽。稍作逻辑分析，就可以清楚这一点。特称否定命题与特称肯定命题之间的真假关系是二者不能同假，可以同真。由此可知，当马克·吐温修改后的话"美国国会中有些议员不是狗娘子养的"为真时，推不出他原来说的话，"美国国会中有些人是狗娘子养的"必假，两者可以同真。因此，马克·吐温的"道歉声明"并没有否定原来的话。

在论辩实践中，以退为进的技巧很多。在假意退让之后展开进攻的路径不同，以退为进法的表现形式就会有所不同。归谬反驳，即先假定对方论题为真，再由此出发推出荒谬的结论，表明对方观点为假，是一种较为典型的以退为进。

【例2】《晏子春秋》记载：齐景公喜欢打猎，让人养了许多老鹰和猎犬。一次，负责养老鹰的烛邹由于不慎，让一只老鹰逃走了。齐景公大怒，下令杀掉烛邹。晏子听说后，连忙说："烛邹有三条罪状，不能轻饶了他。让我一一给他指出来，也好让他死个明白。"齐景公欣然应允。晏子当着齐景公的面，指着烛邹，怒气冲冲地列举他的"罪状"："烛邹，你给君王养鹰却让它跑掉了，这是第一条罪状；你使君王为一只鹰而杀人，这是第二条罪状；杀了你，让天下诸侯都知道我们大王重视鹰而轻视人，这是第三条罪状。不杀不行！大王，我说完了，请杀了他吧！"此时的齐景公面红耳赤，说："不要杀了，我听懂你的指教了。"

面对齐景公不理智的做法，晏子没有采取直接批评、阻止的方法而是假意接受齐景公的意见是"正确"的，然后通过归谬反驳"放大"齐景公的做法的荒谬之处，使之更清楚地认识到自己的错误然后加以改正，这是典型的"以退为进"。这种方法用于劝说，含蓄委婉，易于接受。

八、难题转嫁法

这是摆脱逆境、变被动为主动的一种论辩方法。

论辩中的唇枪舌剑，一来一往，既是思辨的争斗，也是智慧的较量。当你遇到一些意想不到的难题，似乎被对方逼入绝境，情势非常不利时，怎么办？你可以运用谋略、智慧，将难题转嫁给对方，自己乘机巧妙摆脱逆境。

例如：清朝乾隆年间，任侍读学士的纪晓岚，是位机智过人的学者。一天，乾隆皇帝想开个玩笑难倒他，就问纪晓岚："纪爱卿，忠孝怎么解释？"

纪晓岚答道："回陛下，君要臣死，臣不得不死，为忠；父要子亡，子不得不亡，为孝。"

乾隆皇帝微微一笑，立刻说："我现在以君王的身份命令你去死！"

纪晓岚一听，心中暗暗叫苦，知道落入了乾隆的圈套。他眉头微微一皱，俯首答道："这……臣领旨！"说罢转身就走。

"你打算怎么去死？"乾隆皇帝叫住他。

"跳河！"纪晓岚头也不回。

"好，你去吧！"乾隆皇帝望着他离去的背影，心中十分得意，正等着纪晓岚闹笑话。

过了一会儿，只见纪晓岚耷拉着头从外面走了进来。

乾隆故作不解地问："纪爱卿，你怎么没跳河？是不是把'忠'字丢到了脑后？"

纪晓岚不慌不忙地回答说："我到了河边，正要往下跳，不料从河里出来了一个人。我一看，那不是楚国大夫屈原吗!?屈大夫从水里向我走来，他拍着我肩膀说：'晓岚，这就是你的不对了。想当年楚王昏庸无道，将我逼得无路可走，我是以死报国啊！可是如今皇上如此圣明，你这跳河一死，自己捞了个忠臣的名声，岂不是让圣主蒙上了昏君的罪名？'我仔细一想，觉得屈大夫的话很有道理，我宁可得个不忠的骂名，也不能让您落个逼死忠臣的罪名啊！现在我只好回来听从您的发落了。"

乾隆听后，笑着说："好个巧舌利嘴的滑头！"

乾隆皇帝本以为可凭"三纲"和圣旨难倒纪晓岚，想不到纪晓岚一番巧思妙语竟把难题转嫁到自己头上。纪晓岚却机智地摆脱了逆境。

九、反诘进攻法

用反问的语气，以加强说话的力量，向对方发起质问、讥讽，展开进攻的一种论辩方法。

【例1】 在首届国际华语大专辩论会赛场上，辩论双方就"人性本善"展开论辩。反方反驳正方同学说：人性本恶是日常生活一再向我们显示的道理。从《李尔王》的不孝女儿们到《联合早报》上拳击妻子脸部的丈夫们，从倒卖血浆的联合国维和部队到杀人不眨眼的拉美毒枭，恶人恶事真可谓横贯古今，不胜枚举。对方辩友，难道你还要对着《天龙八部》中恶贯满盈、无恶不作、凶神恶煞、穷凶极恶的四大恶人谈什么人性本善吗？

【例2】 在首届亚洲大专辩论会决赛场上，正方同学反驳反方同学时说：如果发展旅游业弊多于利的话，那么为什么许多国家和地区，包括这次参加比赛的中国、新加坡、澳门和香港都不抑制旅游业的发展呢？是否这些国家和地区这么多领导人都是愚不可及和盲目的呢？

上述例证中，正方、反方在反驳对方时都用了反诘进攻法，接连反问，就像连珠炮似的，使对方处于被动，这是一种机智有力的反驳方法。

在辩论中，如果对方提出自以为得计的质问。此时，不妨顺着对方攻击的话题，巧妙地使用反诘法，反唇相讥，给予对方有力的回击，使对方陷入被动尴尬的局面。

【例3】 南朝齐梁间的著名学者范缜，是一个不畏权势、不贪功名、不信佛教的大思想家。他经常与信佛教的权贵或佛教徒辩论，以致"辩摧众口，日服千人"，使佛教徒难以招架。一次，齐竟陵王萧子良问范缜："你不信因果，又怎么解释人生来有贫富贵贱之分呢？"

范缜回答说："人生在世，好比树上同时开的许多花，随风飘去，有些掉在粪坑里，有些落在茵席上，贵贱固然不一样，因果究竟在哪里？"萧子良无言以对。

第四节 诡辩与谬误

一、诡辩与谬误的含义

诡辩是一种故意违反逻辑规律和规则，为某一错误观点所进行的似是而非的论证。

谬误是指人们在思维和语言表达中所产生的一切逻辑错误。

诡辩和谬误有着密切的关联。人们在思维和语言表达中所产生的逻辑错误，有的源于不自觉，有的出自故意。如果故意违反逻辑规律、规则，为某种错误论点进行论证，这就构成了诡辩。诡辩与一般谬误的区别就在于它故意违反逻辑要求，并施展计谋、手段，使论证似是而非，貌似正确。黑格尔曾说："诡辩这个词通常意味着以任意的方式，凭借虚假的根据，或者将一个真的道理否定了，弄得动摇了，或者将一个虚假的道理弄得非常动听，好像真的一样。"[1] 总之，诡辩一定会导致谬误，但谬误不一定出自诡辩。

诡辩和谬误问题在历史上一直是逻辑学研究的重要组成部分。诡辩源于古希腊语"智者"一词。公元前5世纪左右，古希腊出现了智者学派，他们奉行"求胜不求真"的论辩原则，发展到后来，为了论证自己的论点，随意改变概念的含义，故意违反逻辑规律、推理规则。这样，"智者"就成了"诡辩家"的同义词。由于诡辩家混淆是非，而且还有一定的手段，就促使了人们去进一步研究这一问题产生的原因及揭露它的办法。这样就逐渐丰富了对这一问题研究的内容。

在西方，最早系统研究谬误问题的是亚里士多德。他的《辩谬篇》被公认为西方学术史上第一篇谬误研究专论。在其中，亚里士多德详细讨论了六种关于言辞的谬误和七种超出言辞的谬误，并讨论了对付这些谬误的方法。以后不同历史时期产生的许多学派也对这一问题有不同程度的研究。中国古代逻辑和印度古代逻辑也十分重视对思维中所犯错误的研究。

二、常见的各种谬误

谬误作为一种逻辑错误，是自觉还是不自觉造成的，这对逻辑研究无关紧要，重要的在于识别谬误的种种表现。

通常可以将谬误分为形式谬误和非形式谬误。

---

[1] 黑格尔：《哲学史演讲录》（第二卷），商务印书馆1960年版，第7页。

有关形式方面的谬误指为某种论点进行论证时违反推理规则所犯的错误。如本书前面所讲的假言推理肯定后件式、直言三段论的中项两次不周延的推理形式等。因前面章节已经详述，所以本节不再重复。

有关非形式方面的谬误是有关内容、实质方面的错误。这是由于在论证中使用的语言存在歧义，或者缺乏相关的知识以及认识的片面性等造成的。

非形式方面的谬误大致可以分为不相干谬误、歧义性谬误和论据不当谬误等三个方面。

（一）不相干谬误

不相干谬误指在论证中论据与论题的联系不是逻辑上的，而是其他诸如心理、人格、社会方面的联系。正确的论证应该依靠论据与论题在逻辑上的必然联系，而不能依靠其他因素的联系来支持自己的论点。

不相干谬误主要表现在诉诸武力、权威、人身、感情、众人、私利、无知、无关事实等方面。

1. 诉诸武力。在论证中，论证者借助自己掌握的武力，威胁、强迫他人接受其观点。所谓"强权即真理"，就是诉诸武力的表现。

【例1】秦末赵高要作乱，恐怕群臣不听从他，就献给秦二世一只鹿，硬说是马，让左右的人回答。左右的人很怕赵高，有的沉默不语，有的随之称马来阿谀他。"指鹿为马"，就是诉诸武力的表现。

【例2】鲁迅在《略谈香港》一文中，曾谈到这样一个事实："在香港时遇见一位某君，是受了高等教育的人。他自述曾因受屈，向英官申辩，英官无话可说了，但他还是输。那最末是得到严厉的训斥，道：'总之你是错的，因为我说你错！'"在理屈词穷的情况下，英官只得借助于权力，以权压人，以武力作论证。

2. 诉诸权威。在论证中，不给论题提供确实可靠的论据，而只靠引用书本或引用某权威人士的大名或其言论去说明论题。这样的论证是没有说服力的。因为权威的权威性总是具有相对性的，即在一定的时间、空间条件下是权威，超出了这个范围，就未必是权威。这种错误表现为将某一权威视为绝对的、不可逾越的。

例如：意大利物理学家伽利略在其著作《关于托勒密和哥白尼的两大世界体系的对话》中，讲到一位经院哲学家的推论。这位经院哲学家坚信人的神经会合在心脏。有一次，一位解剖学家请他去看人体解剖。他亲眼看到了人的神经是会合在大脑，而不是在心脏。解剖学家说："现在您该相信了吧！"这位经院哲学家说："您这样清楚明白地使我看到了这一切。假如在亚里士多德的著作里没有与此相反的说法，即神经是从心脏中产生的，那我一定会承认这是真理了。"

这位经院哲学家即使在铁的事实面前，也仍然坚信亚里士多德的观点，可谓诉诸权威到了极点。

3. 诉诸人身。在论证中，不是针对立论者的论点进行论证，而是针对立论者的品行、出身、职业、外貌、地位等与论题无关的因素进行评价、攻击。正如列宁所说："把目标转移到'个人'身上，实际上就是诡辩家的遁词和手腕。"

诉诸人身谬误主要包括两种形式：人格人身攻击和处境人身攻击。

人格人身攻击是通过诋毁对方的技能、才智、品德或人格等来否定对方的论题，属于直接人身攻击，是人身攻击的人格形式。

【例1】在篮球俱乐部里，一位足球爱好者说："公牛队今年恐怕没有足够优秀的球员来赢得 NBA 的总冠军。"一位篮球爱好者不满地说："瞧你那倒霉的面相，也来谈公牛队的输赢？"

这里，足球爱好者的观点是否站得住脚暂且不论。单就篮球爱好者的论证而言，它没有给出足球爱好者的观点不成立的理由，而试图通过对足球爱好者的面相的贬低来达到否定其观点的目的。这位篮球爱好者显然犯了人格人身攻击的谬误。人格人身攻击谬误可能导致的结果，就是孔子所说的"因人废言"——因为对方的身份或品格等可能有问题从而完全否定对方的观点。

处境人身攻击是依靠诋毁对方的出身、经历、职业、地位等各种处境来否定对方的观点，属于间接人身攻击，是人身攻击的处境形式。

【例2】刘歆教授是哲学系主任，声称昨晚看见了飞碟。由于她是个哲学家而不是物理学家，因此，她的报告是不可信的。

显然，刘歆教授的身份并不能够决定她的报告是否可信。论证者以其身份作为根据断言其观点不可信，这是典型的处境人身攻击。

4. 诉诸感情。在论证中，不是依靠充分的论据和合乎逻辑的推理以理服人，而是借助感情促使他人同情和相信自己，接受自己的论点。以可怜的言辞激起他人的怜悯心；以慷慨激昂的演讲激起他人的义愤；以危言耸听引起他人的恐惧感，如此等等，都是诉诸感情的表现形式。

例如，美国有一个名叫达洛的律师在一次法庭辩护中说："我在这里并不想仅仅因为吉德个人请求你们，我是为那许许多多知名的和不知名的，死去了的和活着的，曾在地球上创造了大量财富却遭富人们踩躏和掠夺的穷人们，请求你们。我为这些请求你们，他们日出而作，日落而息，世世代代贡献出了他们的生命、力量和劳动，使他人富有、生活愉快，我要为现代财富的创造者——

劳动妇女们请求你们,要为活着的和尚未出世的孩子们请求你们。"

吉德到底犯了什么罪?是否应该开释?达洛只字不提,却通过长篇大论,以图博得法官和陪审团的同情。

5. **诉诸众人**。在论证中,盲目援引众人的意见、观点或信念进行论证而不考虑这种观点是否有令人信服的论据。

例如:孔子弟子曾参住在费城时,当地一个与他重名的人杀了人。一个人跑来对曾母说:"曾参杀了人!"曾母很了解自己的儿子,说:"我的儿子不会杀人!"她继续织布,不为此言所动。又有一个人跑来对曾母说:"曾参杀了人!"曾母照样织布,不予理睬。而第三个人又跑来说:"曾参杀了人!"这时曾母害怕了,弃梭越墙而逃。

曾参是否杀人?曾参母亲认为,既然许多人这样说,那么事实一定如此。因为众人之言所惑,曾参母亲失去了正常的判断力。诗人李白曾对此评论说:"曾参岂是杀人者?谗言三及慈母惊。"可见,诉诸众人谬误的危害之大。

6. **诉诸私利**。在论证中,把论题的真假与听众的利益混为一谈,指出自己的观点或立场是符合听众的利益的,以求得听众对自己论题的信任和支持。

例如:莎士比亚的剧作《尤里乌斯·恺撒》中,写到罗马统帅恺撒与将领安东尼共同密谋消灭共和秩序,建立专制的个人独裁政权。后来恺撒被共和党人刺死了。安东尼站在恺撒尸体旁边,发表了富于煽动性的演说。他把恺撒身上的23处伤痕指给群众看,还当场宣布了伪造的恺撒遗嘱:恺撒要把自己的全部遗产分给民众。他的演说激起了人们对恺撒的同情和感激,竟将这个独裁者的罪恶抛之脑后,反而对共和党人产生了仇恨,他们将共和党人赶出了罗马,恺撒分子乘机建立了专制政权。安东尼借助尸体上的伤痕,使人们产生怜悯之情;借助伪造的遗嘱,用物质利益引起人们的感激之情,而众人竟因此丧失了辨别是非的能力。

7. **诉诸无知**。在论证中,以某个论题没有得到证实或证伪为根据,从而断定其真假。

主要包括两种形式:①由于不能证明某一论题为真,所以,这一论题为假;②由于不能证明某一论题为假,所以,这一论题为真。

诉诸无知谬误在超越人类理性能够确认的认识领域中经常出现。

例如:许多科学家相信,在宇宙中存在居住着高级生命的星球。他们认为,在宇宙的演化中,大约有十万分之一的概率,会形成像地球这样的具备生命产生条件的星球。可是,仅凭概率并不能证明这样的星球真的存在,因为有一定概率出现的事件未必一定发生。实际上人类从未发现有关外星人存在的任何证据。可见，关于外星人和居住着高级生命的星球存在的看法，不过是某些科学家为满足其好奇心而编造的虚假的科学神话。

上述论证所包含的论证形式是：因为不能证明某一论题为真，所以这一论题为假。事实上，不能证明某一论题为真不等于该论题就是假的。同样，不能证明某一论题为假不等于该论题就是真的。例如，我们不能因为无人能证明鬼神不存在，就说世上是有鬼神的。

8. 诉诸无关事实。在论证中，论证者列举并加以确认的事实与所要证明的论题无关。

例如：某县法院受理了一起伤害案，法院审理后对被告做出了"免予刑事处罚"的判决。根据什么做出这样的判决呢？法院的判决书中列举了这样几件事实：

（1）被告人已赔偿了受害者的医药费、营养费100元。
（2）被告人已被行政拘留了15天。
（3）被告人打伤了受害人后，并无新的犯罪活动。

本案中法院判决所依据的事实，与所要证明的论题"免予被告刑事处罚"是否相关？表面上看二者具有一定的联系，但事实并非如此，因为《刑法》中并不存在这样的法律条款，也找不到类似的法律依据，认为被告只要赔偿了受害人的医药费、营养费，被行政拘留过且无新的犯罪活动就可以免除对原有行为的处罚。某县法院在该案的判决中实质上犯了诉诸无关事实的谬误，其所列举的判决依据不能证明判决结论的正确性。

（二）歧义性谬误

语言是思想表达与交流的工具，语言只有清楚明确，才能达到交际的目的。而语言的含义和结构又是复杂的，常常容易产生歧义，从而构成谬误。这主要表现在语词歧义、语句歧义、强调的谬误以及复杂问语等。

1. 语词歧义。自然语言中的语词常常具有多义性。当人们有意或无意地混淆一个语词的几个意义时，就产生了语词歧义谬误。

【例1】有这样一个债务纠纷案件，在庭审中原告甲出具了一份欠款字据，上面记载的内容是："甲欠乙人民币6700元整"。如上事实甲乙双方没有异议，双方的争执点在于该欠条下方所批示的一行小字："还欠款5700元"。对此，原告甲解释说，这句话的意思是"乙还欠我5700元"。可是被告乙的意见完全相反。他说："欠条上那句话的意思是：我已经偿还了原告甲5700元，实际上我还欠原告1000元。"

这是一个典型的由语词歧义造成的法律纠纷案件。问题的关键在于，汉语中的"还"是个多义词：作动词时读"huan"，意思是"偿还、归还"；作副词时读"hai"，意思是"仍然、仍旧"。甲乙双方中的某一方，试图利用对"还"字的两种不同理解，掩盖客观事实，论证自己的错误观点。

语词歧义的形成，有时与话语所使用的语境相关。如果在语境已经发生变化的情况下，仍然坚持语词的原有意义，也会导致语词歧义的谬误。

【例2】有一个人捡到了一枚戒指拒不上交。警察问："你捡到戒指为何不上交？"那个人理直气壮地回答说："我原本是打算上交的，可是，当我看到戒指后面刻的那句话时，我就打消了这个念头。"警察问："戒指后面刻的什么？"那个人回答说："永远属于你。"

这段话包含了一个由语境变化所导致的语词歧义谬误。作为一个索引词，"你"的含义和所指应当随着语境的变化而变化。在这例中，捡到戒指的人故意歪曲"你"的含义和所指，为自己的错误行为辩解，这显然是站不住脚的。

语词歧义谬误的形成，还可能源于语词的构型歧义，即语词在语法上难以切分而导致在结构上具有某种不确定性。

【例3】北京有个地方叫"东四十条"，其本意为"东四·十条"，但是，由于该短语在语法上难以切分，不少人产生了错误认识，把它理解为"东·四十·条"。

2. 语句歧义。自然语言中的语句常常具有不同的含义。当人们有意或无意地混淆一个语句的几个意义时，就产生了语句歧义谬误。

【例1】那张名单上有小王和小李的朋友。

说话者的本意是说："那张名单上有小王，还有小李的朋友。"但是，该语句在语法结构上的不确定性，使得听话者把它理解为："那张名单上有小王和小李（共同）的朋友。"这是典型的由构型歧义而产生的语句歧义谬误。

语句歧义谬误的形成，还可能源于不了解某一语句的具体语言环境。

【例2】据《吕氏春秋·察传》记载：鲁哀公听到"夔一足"这句话，感到非常惊讶，于是向孔子请教："说乐正夔一足，您相信吗？"孔子解释说："过去舜想用音乐教化天下，于是叫重黎把夔从民间推举出来，任命为乐正。夔按照舜的意图正六律，和五声，成绩很大。重黎又想多找几个像夔这样的人，舜说：'像这样的人有一个就足够了。'所以'夔一足'并不是说要这个人天生只有一只脚。"

在这例中，鲁哀公正是由于不了解舜使用"夔一足"的具体语言环境，产生了误解。

3. 强调的谬误。在交流或论辩过程中，通过不恰当地强调特定的语词或语句，误导人们接受某种暗示或隐含的意义，形成错误的认识和判断，就会产生强调的谬误。

【例1】"班长今天没有迟到。"

这句话如果以平常的语气说出，是一个意思；如果把重音放在"班长"两个字上，则可能产生"班长今天没有迟到，而其他人可能迟到了"的意思；如果把重音放在"今天"两个字上，则可能产生"班长今天没有迟到，但过去很可能一直迟到"的意思；如果把重音放在"迟到"两个字上，则可能产生"班长今天没有迟到，但可能没来"的意思。显然，这同一个语句由于重音不同，所强调的成分不同，衍生的意义会有很大差异。如果故意错置重音，暗示、误导人们接受某种隐含的意义，就产生了强调的谬误。

【例2】市场上大部分电动修剪机在修剪时都可以发挥适当的功效，但许多修剪机的操作是危险的，未经训练的操作者可能会受到严重伤害。鲍特勒公司生产的修剪机曾由国立实验室检测，这是安全检测方面最权威和最让人信任的实验室。因此，如果你买了鲍特勒的电动修剪机，你就买了安全最有保证的产品。

这是通过特定语句的强调促使人们接受某种暗示意义的一个典型例证。权威部门对于产品的检测当然十分重要，但是，检测结果如何实际上更为重要。这则广告试图通过强调产品检测部门的"权威性"和"可信性"，使人忽视产品检测的结果并使人确信被检测产品的"安全性"。

通过特定语词或语句的强调，造成局部的放大作用，是广告商们经常使用的手段。比如，在美国与西班牙作战期间，美国海军曾经广为散发海报，招募兵员。当时最有名的一个广告是这样说的："美国海军的死亡率比纽约市民还要低。根据统计，现在纽约市民的死亡率是千分之十六，而尽管是战时，美国海军士兵的死亡率也不过千分之九。"这一广告试图通过数字大小的比较，强调"到海军服役并不比在后方城市中生活危险"。事实上，海军士兵正处于身体最佳状态，造成其死亡的几乎唯一的原因是战争。而纽约市民中包括生存能力较差的婴儿和老人，如果处于后方的纽约市民具有和海军士兵相同的身体状态，前者的死亡率无疑比后者要低得多。。再如，星云牌香烟广告宣称，该品牌香烟的焦油含量只有10mg，属同类最低。这无疑是在暗示消费者，该品牌香烟对消费者健康造成的危害最小。但事实上，低焦油不等于低危害。该低焦油香烟中尼古丁和其他有害物质的成分并未降低，因此，并不比普通香烟更安全。强调谬误的危害就在于它能产生某种误导，造成某种错觉，从而干扰人们的认识和判断，因此，在实践中要特别予以重视。

4. 复杂问语。暗含假定的问语，在逻辑上称为复杂问语。这种谬误的产生，是在问话中把两个以上的问题合并为一个问题，诱使对方作为一个简单问题来回答。对于这种问语，既不能简单地作肯定回答，也不能简单地作否定回答。

例如：黑格尔在《哲学史演讲录》中曾谈到复杂问语。他说："有人问梅内德谟，他是否停止打他的父亲了？人们要想使他陷入困境，不管他的回答是'是'还是'否'，在这里都是危险的。如果说'是'，那么就是打过父亲，如果说'不是'，那就是还在打父亲。梅内德谟回答道：'我既没有停止，也没有打他。'这是一个两方面的回答。"

（三）论据不当

论据不当是指由于不能提供恰当的论据来证明论题所造成的谬误。在论证中，论据只有真实并且充分，才能有力地支持和证明论题。以偏概全、预期理由、虚假理由、错认因果、循环论证、机械类比、强词夺理等都是论据不当的具体表现形式。

1. 以偏概全。在论辩中，从片面的特例出发不恰当地概括出一般规律，或者把一整体中局部的特殊性不适当地夸大，当做整体的普遍性，就会导致以偏概全的谬误。显然，某个特例只是一类对象的一个特殊情况，不能作为这类对象的概括。

例如：1934年，汪懋祖借口"此生或彼生"这一文言表达要比"这一个学生或那一个学生"的白话表达"省力"，断定文言文优越，建议中小学课本改用文言文。对此，鲁迅写文章反驳道：这五个字，除了上面的一种意思外，"至少还可以有两种解释：其一，这一个秀才或是那一个秀才（生员）；其二，这一世或是未来的别一世"。"文言比起白话来，有时的确字数少，然而那意义也比较含糊。"最后，鲁迅说："我就用主张文言的汪懋祖先生所举的文言文的例子，证明了文言文不中用了。"

汪懋祖只从"字数少"这个片面就得出"文言优于白话"的结论，无疑是以偏概全。鲁迅巧妙地运用反推论辩法，借助汪懋祖提供的例证，驳斥了汪懋祖的观点。

2. 预期理由。在论辩中，以真假未定的命题作为论证的根据，就会产生预期理由的谬误。

例如：有人曾作出这样的论证：飞碟肯定是从外星球飞到地球上来的。现代自然科学告诉我们，外星球存在着像人一样高级的生物是完全可能的，甚至存在着比人更高级的生物也是可能的。可见，外星球生物发射宇宙飞行器到地球上来是很自然的事情。

上述论证中，作为论据的命题只表明了一种可能性，其真假尚未确定。论证者把这样的论断作为根据，显然不能证明论题的真实性。

3. 虚假理由。在论证中，以本身为假的命题作为论证的根据，或者以本身虽然为真，但与所要证明的论题无关的命题作为根据，这时，所列举的理由就会形同虚设，构成虚假理由的谬误。

例如：甲与乙之间关于"迟到"的一段对话：

甲：你一连迟到3天，领导自然要批评你，难道批评得不对吗？

乙：当然不对！

甲：怎样做才对呢？

乙：他应该表扬我！

甲：俗话说，再一再二没再三，你接连迟到，属于屡教不改，凭什么还要表扬你？

乙：比如你身上有一百个缺点，你能一下子全部改掉吗？我第一次迟到15分，第二次迟到10分钟，第三次迟到5分钟，这说明我在不断改正错误，这难道不是进步吗？所以说你应表扬我，而不应该批评我！

甲：假如有这样一个人，他第一次抢劫了一家大银行，抢走几千万元；第二次抢劫了一家中等银行，抢走数百万元；第三次抢劫了一家小规模银行，抢走几十万元。当局是不是应该对他的这种"进步"之举大加赞赏、重奖鼓励呢？

本例中，乙的论证具有非常强的迷惑性，但其所列举"理由"的虚假，经过甲的类比反驳加以放大后，就非常明显了。以本身虚假的理由作为论证的出发点，显然达不到证明的目的。

4. 错认因果。即在因果问题上的错误论证。因果现象是一种普遍现象，但它不是任意的，而是存在于特定的事物或现象之间。如果任意指认因果关系，在不具有因果联系的事物或现象之间嫁接因果联系，就会产生错认因果的谬误。这类谬误包括以先后为因果、强加因果、片面原因、因果倒置等多种表现形式。

【例1】希伯来人观察到健康的人身上有虱子，有病发烧的人身上没有虱子，便认为虱子能使人身体健康。

这是典型的因果倒置。事实上，当一个人发烧时，虱子就会觉得不舒服，就会离开病人。因此，应该说身体不健康是虱子离开身体的原因。

【例2】律师为一桩行凶打人的刑事案件的被告人辩护说："本律师认为，被告人动手打人，系事出有因，因为被告人发现原告在争吵时也铁青着脸，气势汹汹，大有企图打人的预兆，为了防止出现自己被动挨打的局面，被告人果断地先发制人，以迅雷不及掩耳之势，抢先突然袭击，掌握住了这场斗殴的主动权。这完全是一种临危不惧、攻其不备的针锋相对的举动。虽然算不上法律上的正当防卫，但情有可原，姑且称作'准正当防卫'。其次，任何问题都要一分为二。原告脸部挨打固然疼痛不已，然而，被告人迅猛出击的拳头也是血肉之躯。有道是'十指连心痛'，在原告脸部肌肉与骨骼的强烈反作用力碰撞下，被告人手上所承受的创伤也丝毫不逊色。这个道理很简单，即是物理上力与作用力的缘故。实际上双方都是受害者，而不能仅指控本案被告。"

这位律师在辩护中不顾法律与事实，在明显不具有因果联系的现象之间强加因果联系为被告行凶打人的行为进行辩护，其论证荒唐可笑，当然没有任何说服力。

5. 循环论证。又称"乞题谬误""无进展谬误"。在论辩中，如果论据的真实性直接或间接地依赖于论题来证明，就会产生循环论证的谬误。

【例1】在讨论是否应该废除死刑问题时，一个同学说："我们应该实行死刑，因为如果一个人夺取了一条生命，他就必须偿命。"

这位同学的观点是"我们应该实行死刑"，但他所引用的论据，不过是把所要论证的观点换了一种语言表达形式重复了一遍，即"如果你夺取了一条人命，你就必须偿命"。这种论据直接重复论题的论证，使得论据的真实性反过来又要依赖于论题来证明，所以是典型的循环论证。

【例2】宇宙是有限的，因为宇宙围绕地球这个中心运行，而宇宙之所以以地球为中心运行，是由于宇宙是有限的。如果宇宙不是有限的而是无限的，那么宇宙为什么竟然在一昼夜就能围绕它的中心运行一周呢？

这里，"宇宙是有限的"的论据是"宇宙围绕地球这个中心运行"，但"宇宙围绕地球这个中心运行"这一论据的真实性，反过来又要依赖论题"宇宙是有限的"来证明。这种论据间接地重复论题的循环论证，具有较强的迷惑性，给人感觉好像做出某种论证的样子，但只不过是在玩文字游戏，实际上什么也没有论证。

6. 机械类比。在论辩中，如果仅以事物或对象间表面上存在的某些相同或相似的情况作为依据进行类比，就会出现机械类比的谬误。

例如：李名在杂志上看到一则关于飞鸟牌自行车的广告，售价是348元。他来到商店准备购买时，发现店里的同类型自行车没有装车灯，而广告上那辆自行车却装有车灯。对此，经理回答说："348元的售价并不包含车灯；如果要安装车灯的话，需要另外加钱。"李名很气愤："这种做法是很不老实的。既然那盏灯已经登在广告上，那就应该包括在你们所定的售价里。"经理一本正经地答道："是啊，先生，在我们所登的广告里，车上还坐着一位姑娘呢。可是，我们在出售自行车时,也并不给买主提供一位姑娘啊!"

车灯是自行车的附属物,而姑娘并不是自行车的附属物。经理用"出售自行车并不给买主提供一个姑娘"来类比"不提供车灯",显然犯了机械类比的谬误。

7. 强词夺理。即在论辩中,不能针对论点展开论证,而是节外生枝、无理强辩。

例如:《阿Q正传》中,阿Q肚子饿了,跳进静修庵的围墙内偷萝卜吃,被老尼姑发现了。老尼姑质问:"阿Q,你怎么跳进园里来偷萝卜!"阿Q说:"我什么时候跳进你的园里来偷萝卜?"老尼姑指着他的衣兜说:"现在……这不是?"阿Q说:"这是你的?你能叫得它答应你么?"

阿Q无法正面否认偷萝卜这一事实,就采用了强词夺理、胡搅蛮缠的办法。

三、研究谬误的意义

真理总是与谬误相互比较而存在、相互斗争而发展的。因此,我们一方面要研究正确思维的规律、规则,另一方面,也要对错误的思维形式有一个清楚的认识和了解。亚里士多德在《辩谬篇》中指出:"在某个特殊领域里有知识的人,其职责就是避免在自己的知识范围内进行荒谬的论证,并能够向进行错误论证的人指出错误所在。"[1]

谬误的研究已有几千年的发展历史,几乎从人类把思维形式作为研究对象开始,谬误就已成为其中的重要组成部分。谬误可以说种类繁多、变化多端。要想揭示谬误,避免谬误,就应对之在理论上有一个清楚的认识。正如有人所说的:如果每一种花招都有一个简短、明白、恰当的名字,那么,这将是一件大好事。如果我们对每种谬误都有一个名称来概括它,并且指出它们的错误实质,那么人们一旦遇到这些谬误,就能清楚地识别它、反驳它。

思考题

1. 什么是对话?论辩是哪种类型的对话?
2. 论辩的准则有哪些?论辩的各准则所起的作用分别是什么?
3. 常用的论辩方法有哪些?各具有什么特征?
4. 什么是谬误?常见的谬误有哪些?
5. 如何在思维实际中避免谬误?

---

[1]《亚里士多德全集》(第一卷),中国人民大学出版社1990年版,第552页。

练习题

一、请指出下列对话是否违背论辩准则。如果违背论辩准则，请指出违背了哪个准则。

1. 父亲："证据表明过量饮酒能引发心脏病。过量饮酒也与身体其他许多严重失调有关。过量饮酒有害健康。所以，你不应该过量饮酒。"

   儿子："你就常常醉酒，你有什么资格让我少饮酒？"

2. 甲："我认为被告是有罪的。"

   乙："你为什么这么认为呢？"

   甲："你能证明被告无罪吗？"

3. 甲："吸烟过多易导致肺癌。"

   乙："你的意思是，不吸烟的人就不会得肺癌了？"

4. 甲向乙夸口说："我有学话的才能，无论你讲出什么，我都能一字不差地复述出来。"乙对此表示怀疑，于是两人开始验证：

   乙："每一个母亲都有孩子。"

   甲："每一个母亲都有孩子。"

   乙："每一个孩子都有母亲。"

   甲："每一个孩子都有母亲。"

   乙："错了。"

   甲："没错。"

   接着，两人开始就甲的复述能力争吵起来，谁也说服不了谁。

5. 赵："如果你不在办公室抽烟而是到室外抽烟是不是更好呢？"

   钱："吸二手烟没那么可怕，可怕的是每天骑车上下班会吸进的汽车尾气。有个年轻人烟酒不沾还喜欢跑步，可就是因为跑步的沿途有大量汽车尾气结果得肺癌死了。"

6. 学生甲：林教授只给他的老乡好成绩。王华和李明的成绩最好，他们都是林教授的老乡。

   学生乙：王华和李明的确是平时学得最好也是期末考试中对问题解答得最好的学生。他们以自己的努力和实力取得了好成绩。

   学生甲：我承认你说的都是事实。但我还是认为林教授偏向他的老乡，只给他的老乡好成绩。

二、分析下述论辩，指出其中所用的论辩方法。

1. 《资治通鉴》记载：上问魏征曰："人主何为而明，何为而暗？"对曰："兼听则明，偏信则暗。昔尧清问下民，故有苗之恶得以上闻；舜明四目，达四

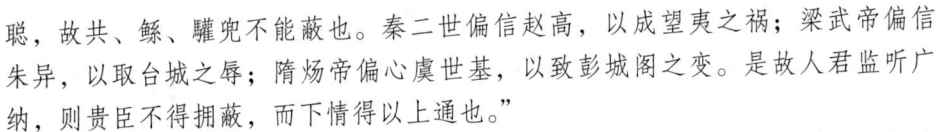

聪，故共、鲧、驩兜不能蔽也。秦二世偏信赵高，以成望夷之祸；梁武帝偏信朱异，以取台城之辱；隋炀帝偏心虞世基，以致彭城阁之变。是故人君监听广纳，则贵臣不得拥蔽，而下情得以上通也。"

2. 甲和乙就"人性本善"这一论题展开论辩。甲说："人性本善。正因为人性善，人才能放下屠刀，立地成佛。"乙当即反驳道："如果人性本善，人们怎么可能拿起屠刀？"

3. 告子与孟子辩论人性问题。

告子说："人性就像水性一样，你在东边开出缺口，它就向东边流；你在西边开出缺口，它就向西边流。"

孟子反驳道："水性不分东西，难道也不分上下吗？人性向善，就像水性必然向下一样，那是一种与生俱来的本性啊！"

4. 从前有个游士去逛庙。庙里的老和尚见他衣着寒酸，便对他十分冷落。而对一些达官贵人，老和尚却满脸堆笑，恭敬备至。游士不满，质问老和尚。老和尚辩解说："你不懂，按照本庙的规矩，恭敬就是不恭敬，不恭敬就是恭敬。"游士听罢，哈哈大笑，猛然抄起一把扫帚朝老和尚打去。老和尚边躲边说："你为何打人？"游士答曰："既然你说恭敬就是不恭敬，不恭敬才是恭敬，那么，我打你就是不打你，不打你才是打你了！"老和尚无言以对。

5. 某部队发生一起盗枪案。被告人盗窃手枪4支，子弹100余发。根据《军职罪条例》的解释，盗窃大量枪支弹药，属情节特别严重，要判处较高刑期。在法庭上，辩护人说："被告人的行为不属情节特别严重，因为4支手枪、100多发子弹不能算是'大量'。如果说这就是'大量'，那么一个兵工厂生产了4支手枪、100多发子弹，难道能说是生产了大量枪支弹药吗？"对此，公诉人反驳道："生产枪支和盗窃枪支是性质完全不同的两回事，怎么能够类比呢？按照辩护人的逻辑，一个人盗窃了1万元人民币也不能说是大量，因为制币单位如果只印了1万元人民币，能说是'大量'吗？显然，辩护人的逻辑是十分荒谬的。"

6. 甲和乙就各自对上帝的认识展开论辩。

甲：上帝将人从沉沦中拯救出来，所以他是仁慈的。上帝使世界和谐，所以他是全能的。他仁慈而全能，所以我诚心信奉他。

乙：如果上帝是全能的，他一定知道世界上存在这么多的丑恶和不平现象；如果上帝是仁慈的，他一定不会允许这些丑恶和不平的事情发生。可是，事实如何呢？我们的现实生活不是处处都有丑恶和不平吗？上帝究竟是不知道还是不愿意消灭它们呢？

7. 《战国策·齐策》记载：邹忌朝见齐王，说："臣诚知不如徐公美。臣之妻私臣，臣之妾畏臣，臣之客欲有求于臣，皆以美于徐公。今齐地方千里，百二十城，宫妇左右莫不私王，朝廷之臣莫不畏王，四境之内莫不有求于王。由此观之，王之蔽甚矣。"

8. 从前，有一个杠铺老板摆下了一个"比文擂台"，要和天下能言善辩的人比个高低。他在擂台前挂了一块招牌，上面写道："比文擂台，胜我者赢银百两，负我者输银十两。"

一天，孔圣人和神仙李铁拐从擂台经过，二位见了招牌，不由得顿时火冒三丈。

"何人如此狂妄？"孔子不由分说便奔上擂台："杠头，仲尼前来比擂！"

杠铺老板一见，说道："哎呀，圣人驾到，有失远迎。"

孔子翘了翘胡子说："不必多礼，我来与你抬杠。"

老板问："谁先开言？"

孔子："让你先说。"

老板问："圣人今天去何方？"

孔子："周游列国。"

老板问："圣人的双亲可健在？"

孔子："母亲健在。"

杠铺老板听罢，哈哈一阵大笑："圣人云：'言必信，行必果'，可你自己就行有所悖。"

孔子一听大怒道："简直信口雌黄！"

杠铺老板不慌不忙地说："圣人说过，'父母在，不远游'，为何您的老母健在，您却去周游列国？"

孔子顿时被问得哑口无言，满面羞愧，只得放下白银十两，败下擂来。

李铁拐又奔上擂台："杠头，李铁拐和你比擂。"

杠铺老板一见，说："原来是神仙到了，有何贵干？"

李铁拐傲慢地说："抬杠！"

老板问："谁先开言？"

李铁拐："你先说吧。"

老板问："大仙因何下临凡界？"

李铁拐："为拯救黎民百姓。"

老板又问："有何济世仙方？"

李铁拐答："我葫芦里装的灵丹妙药，能医治百病。"

杠铺老板听罢，又是一阵哈哈大笑："你说你葫芦里的灵丹妙药能医治百病，我看不尽然。"

"你说什么？"李铁拐一听，气得几乎要跳起来。

杠铺老板又不慌不忙地说："既然能治百病，为何不把你那条瘸腿治好？"

李铁拐顿时张口结舌，无言以对，只得掏出白银十两，走下擂台。

9. 1937年，郭沫若不计个人安危，从日本回国参加抗战。上海各界人士集会，欢迎郭沫若回国和与此同时获释的沈钧儒等"七君子"返沪。会上国民党代表鼓吹"一党专政"和抗日必须统一于"政府"之下。郭沫若针对这种说教，做了精彩的反驳："政府好像是个火车司机，人民好比火车上的乘客。司机、乘客是向着一个目的地，乘客应该一致服从司机开车，才能达到共同的目的地。但是，如果替我们开车的司机是个喝了酒的醉汉，或者他已经睡着了，这个时候乘客都将有生命之虞，更不能安全到达目的地了。这样，我们就不能再服从他，而且应该叫醒他。"这时，全场响起了热烈的掌声和喝彩声。郭沫若接着说："即使他没有醉，没有睡着，而这个司机不是个好司机的话，那他也是不会注意行车安全的。若前面轨道上堆放着许多石头、障碍物，他还是硬向前开，全车乘客的生命安全危在旦夕，这时我们全车的人，为着自己的生命，为着顺利到达目的地，也就不能盲目地服从他，大家应该命令他停车，应该赶快下车，一起动手把石块、障碍物搬掉。"此时，全场又一次爆发了雷鸣般的掌声和欢呼。

10. 春秋时期，晋文公有一次吃烤肉，发现肉上缠有头发，不禁大怒。在盛怒的晋文公面前，厨子连忙磕头认罪："小臣该死。小臣的罪过有三条：一是我切肉的刀非常锋利，肉被切碎而头发没有断；二是我用铁条把肉串起来烤，反复翻动，却没有发现头发；三是肉被烤熟，可是缠在外边的头发却不焦。"

11. 钱钟书先生是个"甘于寂寞的人"，他不愿被人炒作，也不愿抛头露面，只想一心做学问。一天，一位英国女士打来电话，说喜欢《围城》，想见见钱先生，被钱钟书婉言谢绝。但是那位女士十分执着。最后钱钟书实在没有办法了，便以其特有的幽默语言对她说："假如你吃了一个鸡蛋觉得不错，你认为有必要去认识那只下蛋的母鸡吗？"

12. 春秋战国时期，楚庄王想进攻小国陈国，派人前去侦察陈国国情。不久，侦察人员回报说："陈国不可伐，陈国城高沟深，防卫严密，而且储备丰富。"楚庄王听后哈哈大笑说："这是亡国征兆。陈这样的小国，军需储备丰富，其赋税必定繁重。赋税繁重则百姓会身怀仇恨。而且这样的小国，城高沟深，必然劳役深重，百姓一定疲惫不堪。"于是楚国发兵，一举击破了陈国。

13. 首届国际华语大专辩论会初赛场上，反方同学在反驳正方论点时说：温饱绝不是谈道德的先决条件。古往今来，没有解决衣食之困的社会比比皆是，难道这些社会都不要讲道德了吗？今天，在衣不蔽体、食不果腹的埃塞俄比亚就不要讲道德了吗？在国困民乏、战火连绵的索马里就不要谈道德了吗？

三、分析下列论述中包含的谬误。

1. 运动是绝对的，这个18世纪的命题宣称在一定的时间里，客体位置的变化可以不参照其他物体的位置便能测定出来。但是，一位颇有声望的物理学家声明，这一立论是前后不一致的。所以，运动不可能是绝对的。

2. 我不知道杀人是有罪的，所以我杀了人不能判我的罪。

3. 20世纪初所签订的中俄边界条约是平等的，因为在这个条约上双方是签过字的。中俄双方之所以在条约上签字，就因为这个条约是平等的。如果这个条约是不平等的，双方又怎么会在上面签字呢？

4. 许多唯物论者不相信美人鱼的存在，可是却拿不出美人鱼不存在的证据来。可见，美人鱼还是存在的。

5. 一位司机超速驾驶，被警察发现要给予罚款处理。司机对警察说："警官，这回就让我过去吧。我们生活在这个行星上，它以每小时1000英里的速度自转的同时，还以每小时66 000英里的速度绕着太阳转。而且太阳还以每小时上百万英里的速度绕着银河转。你怎么好因为我在限速30英里的区域内行驶35英里而给我一张罚款条？"

6. 中世纪经院哲学家托马斯·阿奎那曾有这样的论述：铁之所以能压延，是因为铁有压延的本性。

7. 李某盗窃案中，律师在法庭上为李某辩护时说："李某家庭经济十分困难，工资低到难以维持全家人的生活。儿子上学需要钱，妻子看病需要钱。如果李某锒铛入狱，谁来照顾其有病的妻子和可爱的孩子呢？为了不毁掉这个家庭，建议法庭从轻处罚。"

8. 某食客在茶楼吃叉烧包，发现包内没有叉烧，于是质问老板，老板答："叉烧包不必然有叉烧，难道'老婆饼'还要附送一个老婆不成？"

9. 庞葱与太子质于邯郸。谓魏王曰："今一人言市有虎，王信之乎？"王曰："否。""二人言市有虎，王信之乎？"王曰："寡人疑之矣。""三人言市有虎，王信之乎？"王曰："寡人信之矣。"

10. 17世纪法国哲学家笛卡尔曾经这样来证明神的存在。他说："我的神的观念是非常明晰的，神是尽善尽美的，无所不包的，因此也包含了'存在'的性质；如果说尽善尽美的神缺乏这一重要性质——即说他不'存在'，是自相矛盾的。因此，神是存在的。"

拓展阅读书目

1. 董志铁：《名辩艺术与思维逻辑》，中国广播电视出版社 2007 年版。

2. 李伶伶：《他将战犯送上绞架：国际法院法官倪徵燠》，中国青年出版社 2005 年版。

3. ［美］德肖微茨：《最好的辩护》，唐交东译，法律出版社 1994 年版。

拓展阅读材料

罗伯特议事规则

后 记

古希腊思想家亚里士多德在其《政治学》中借安提西尼斯之口讲述了一个寓言：据说安提西尼斯说过："兔子在议会发言要求大家都应平等，狮子答道：'你的爪子和牙齿在哪里？'"亚里士多德讲述这个寓言并非要人们崇尚狮子的爪子和牙齿的力量，恰恰相反，他一直强调并期待人的理性的力量。他指出，人不像其他任何动物，他有 Logos（即理性），因此能够区别善恶，自己治理自己。我还想说，具有理性并不保证人就不犯错，但丧失理性必定会留下洗刷不清的污点。对于法律人来说就更是如此。古希腊雅典人对苏格拉底的审判就是一个明显的例证。上下两千余年，逻辑的声音延绵不绝，并且令人们不由自主地走近它和感激它。这其中的原因恐怕就是：它能够洞察和唤醒人的全部理性，它也很愿意帮助我们认知和把握这变幻无穷的世界。逻辑的法则是理性的法则，逻辑的世界是理性的世界。本书就是要和读者们一起走入逻辑的世界，探寻理性的基本力量。

我在中国政法大学讲授"逻辑导论"课程时，曾就本教科书的框架和一些内容，与逻辑学研究所的同事们有过充分的交流和探讨，与逻辑学界和法学界的许多同事、前辈与朋友们也有过深入的交流，所有这些交流是必要和有益的。正是这些交流促使我们在以往教科书的基础上按新的框架如期完成本书。我要对他们表示衷心的感谢！我要感谢中国政法大学通识教育委员会、教学指导委员会和教务处将"逻辑导论"纳入我校通识主干课程和精品课程。感谢他们对逻辑学教学的高度重视与大力支持！我要感谢中国政法大学教务处对"法律逻辑教学改革研究"项目的资助，本教科书也是这个项目的主要成果之一。我要感谢中国政法大学出版社长期以来对逻辑学著作出版的鼎力相助。感谢编辑同志们为本书出版所做的大量严谨细致、富有创造性的工作！我要感谢杜汝楫教授、黄厚仁教授与黄菊丽教授等逻辑学研究所的老前辈，他们为我校逻辑学教学与教材建设奠定了坚实的基础，本教科书的许多篇章和文字都凝聚着他们的

后 记

心血与智慧！我还要感谢我的同事们，倘若没有他们的默契与通力合作，这本教科书也难以问世。最后，我要感谢本书援引的参考文献的作者们，他们的工作是出色的和值得尊敬的！

王 洪
2016年春天于北京